世界中国学系列丛书

荷兰的中国研究
过去、现在与未来

[荷] 伊维德 / 编
Edited by Wilt L. Idema

耿勇 刘晶 侯喆 / 译

CHINESE STUDIES IN THE NETHERLANDS
Past, Present and Future

上海社会科学院出版社
SHANGHAI ACADEMY OF SOCIAL SCIENCES PRESS

世界中国学系列丛书

顾　问
王德忠　王　振　黄仁伟

编委会
主　任：朱国宏
副主任：沈桂龙　周　武　吴雪明

委　员（按姓氏笔画排序）：
　　　　王圣佳　王海良　王　震　乔兆红
　　　　张　焮　姚勤华　梅俊杰　焦世新
　　　　樊慧慧　潘玮琳

目　次

荷兰的中国研究	伊维德（Wilt L. Idema）	1
筚路蓝缕，以启山林：莱顿大学的早期汉学家（1854—1911）		
	包乐史（Leonard Blussé）	28
在荷属东印度群岛与语文学之间（1919—1974）		
	田海（Barend ter Haar）	75
重新发现中国宗教与当代中国	田海（Barend ter Haar）	113
荷兰汉语语言学的历史	司马翎（Rint Sybesma）	139
荷兰的当代中国研究	彭轲（Frank N. Pieke）	177
在金钱与求知欲之间：荷兰与佛兰德斯的中国文学研究与翻译		
	林恪（Mark Leenhouts）	212
中国的艺术和物质文化	莫欧礼（Oliver Moore）	234
荷兰汉学与博睿出版社	何世泰（Albert Hoffstädt）	280
中国意识、区域研究、高中汉语教学：本土化趋势及展望		
	柯雷（Maghiel van Crevel）	292
参考文献		304
作者信息		330
译后记		335

荷兰的中国研究

伊维德(Wilt L. Idema)

自荷兰与中国的海上商人首次在爪哇(Java)海岸相遇以来,荷兰人与中国人的直接交往已经有400年的历史。这一漫长时期关系中的起起伏伏,已经在其他地方被详细地讨论过了[1],所以在这里,我仅对其中某些重要的时刻提供一个粗略的梗概,尤其是那些影响到荷兰的中国学术研究的时刻。

江日昇《台湾外记》中讲述了一个可以追溯到清初的传说,告诉我们郑和(1371—1433)在一次下"西洋"的远航中,曾经到达过"红毛夷(Red-Haired Barbarians)"之地。郑和意识到,如果这些人来到中国的话必然会引来麻烦,所以当他们向郑和索要那些不可思议的帆船的设计时,郑和试图用毛笔在纸上画出一些让人难以理解的点和线来糊

---

1 Leonard Blussé, *Tribuut aan China: Vier eeuwen Nederlands-Chinese betrekkingen*(《朝贡中国:中荷四百年关系史》)(Amsterdam: Otto Cramwinckel Uitgever, 1989)。该书亦有中文译本,见包乐史:《中荷交往史 1601—1989》(路口店出版社,1989)。该书的修订本,见 Leonard Blussé and Floris-Jan van Luyn, *China en de Nederlanders: geschiedenis van de Nederlands-Chinese betrekkingen 1600-2007*(Zutphen: Walburg Pers, 2008)。收录于 *The History of the Relations between the Low Countries and China in the Qing Era (1644-1911)*(Leuven: Leuven University Press, 2003)一书中的大量文章,聚焦于比利时与荷兰传教士的活动。

弄他们。有谁会知道这些狡猾的化外之人能够精确地按照这个图纸继续建造出船只,更奇怪的是,这些船舰的航行速度比中国船只更快——他们甚至能够逆风航行!这些装备了加农炮的船舰一旦抵达中国沿海,就会给这一海域带来相当大的麻烦。[1]

的确,中国人与荷兰人的早期交往经常是互相敌对的。在荷兰人对于自由贸易的要求被断然拒绝之后,他们组建了荷兰东印度公司(Dutch East India Company),并在巴达维亚(Batavia,今雅加达)建立了港口城市,但他们没有能够成功地从葡萄牙手中夺取澳门,在澎湖列岛建立了设有防御工事的贸易据点之后,他们最终在明朝当局的建议之下,将其转移到台湾。起初,他们帮助郑芝龙(1604—1661)构建了自己的贸易和私人网络,但最终被郑芝龙的儿子郑成功(1624—1662)驱逐出台湾,郑成功当时在荷兰以"中国海盗国姓爷(the Chinese Pirate Koxinga)"而知名。尽管他们为清廷打击郑成功的部队提供了很多帮助,却不再被允许返回台湾,这意味着如果荷兰人想要与中国进行贸易,要么依靠华人中间商,要么接受清廷所颁布的外国商人在广州交易的条件。

如果说荷兰文化经历过一个文字层面上的中国热的早期阶段的话,那么这个阶段应该是在17世纪中叶,那时阿姆斯特丹是出版业的国际性都会。实际上,正是在这里,耶稣会士卫匡国(Martino Martini)出版了著名的中国地图集(译者按,即《中国新地图志》),以及其关于明

---

[1] Wilt L. Idema, "Cannon, Clocks and Clever Monkeys: Europeana, Europeans and Europe in Some Early Ch'ing Novels," in *Development and Decline of Fukien Province in the 17th and 18th Centuries*, ed. E.B. Vermeer (Leiden: E.J. Brill, 1990), pp.471-472.《台湾外记》记述了郑氏家族在1682年被清朝征服之前的兴衰历程。

王朝的崩溃和随后的清廷统一全境的记录（译者按，即《论鞑靼之战》和《鞑靼战纪》）。该地也出版了荷兰东印度公司使节出使北京宫廷的报告。这些刊行的出使报告都是大部头，包括很多依据现场草图而绘制出的诸多中国景物的大幅和细致的摹画。其中一位使节彼得·范·侯尔恩（Pieter van der Hoorn）甚至依据一名耶稣会士所翻译之《论语》（the Analects）的手抄本，撰写了一首有关中国人美德的长篇诗歌。[1] 两名荷兰编剧撰写了一部有关明朝覆亡的悲剧作品。[2] 甚至一些17世纪前半叶的学者也开始对中国的风物抱有兴趣，但是他们的出版物中没有任何跟进性的研究成果。荷兰人开始欣赏中国的瓷器（并仿制出"代尔夫特蓝瓷"），穿着中国丝绸，学习饮茶，但是很快就失去了对中国风物的求知欲。18世纪后期，富人们的居所充斥着中国的物品，但是法国对于一个由哲人统治的国度的过分吹捧，很难影响到荷兰共和国，后者已经在制度上远比大多数勇敢的革命前的法国思想家所能够想象的要民主得多。像罗耶（J.Th. Royer，1737—1807）这样竭尽全力在自己海牙住

---

[1] Wilt L. Idema, "Confucius Batavus: het eerste Nederlandse dichtstuk naar het Chinees"（《孔子在荷兰：从中文文献而来的第一首中国诗歌》），*Literatuur: tijdschrift over Nederlandse letterkunde* 16 no.2（1999）：pp.85-89. 彼得·范·侯尔恩的儿子琼·范·侯尔恩（Joan van Hoorn，1653-1711）官至荷属东印度总督，在其中国医生周美爷的陪伴下，于临终之际返回荷兰。参见 Leonard Blussé, "Doctor at Sea: Chou Mei-yeh's Voyage to the West（1710-1711），" in *As the Twig is Bent...: Essays in Honour of Frits Vos*, ed. Erika de Poorter（Amsterdam: J.G. Gieben, 1990），pp.7-30。

[2] 有关中国和中国文学对荷兰文学之影响的详尽编年史，参见 Arie Pos, "Het paviljoen van porselein: Nederlandse literaire chinoiserie en het westerse beeld van China（1250-2007）"（《瓷亭：荷兰文学中的中国风与西方的中国形象》）（PhD diss., Leiden University, 2008）。有关17世纪荷兰文学中中国形象的详细讨论，参见 Edwin Van Kley, "Qing Dynasty China in Seventeenth-Century Dutch Literature," in *The History of the Relations between the Low Countries and China in the Qing Era（1644-1911）*, eds. W.F. Vande Walle and Noël Golvers（Leuven: Leuven University Press, 2003），pp.216-234。

所二楼创建中国博物馆的人,是一个例外。[1]

在整个17和18世纪,巴达维亚的荷兰东印度公司当局乐于接受来自中国的商人和移民。或许可以公正地说,如果没有定居于爪哇和其他岛屿的海外华人的贡献,东南亚荷兰殖民帝国就不可能建立。尽管荷兰人与东南亚华人之间的关系通常情况下是友好和协作的,但也应该指出,他们大多数各自居住,而不是杂居,这为人们之间的误解和不信任并升级为武装冲突提供了可能性,例如1740年的巴达维亚华人大屠杀。[2] 如果在台湾的荷兰人与中国人混居,或者他们在荷属东印度群岛更长时间的混居,都没有使对中国风土人物的学术研究繁荣起来,那一定是因为居住在这两个地方的荷兰人和华人都不是学者。相反,他们是那里的过客,希望尽可能快地赚到更多的钱财,然后返回家乡。到18世纪末,荷属东印度公司统治了爪哇岛的大部分地区,它比较喜欢将实际的管理工作交给当地的统治者,这首先是因为这家贸易公司非常清楚治理与调查的成本。

事情在19世纪有了变化。自拿破仑战争终结以及维也纳会议造就荷兰共和国以来,蒸汽轮船很快大大地缩短了欧亚之间的距离,而1869年苏伊士运河开通之后,这一距离又被缩短到只有数周的时间。在整个19世纪,西方殖民强权不断扩张其能够有效控制的领地,并加强其在地方层面行政管理中的参与。[3] 同时,第一次鸦片战争(First

---

[1] Jan van Campen, *De Haagse jurist Jean Theodore Royer (1737-1807) en zijn verzameling Chinese voorwerpen* [《海牙律师罗耶(1737—1807)及其中国藏品》](Hilversum: Verloren, 2000).

[2] Leonard Blussé, *Strange Company: Chinese Settlers, Mestizo Women and the Dutch in VOC Batavia*(《奇怪的伙伴:荷兰东印度公司时期巴达维亚的华人移民、混血妇女与荷兰人》)(Dordrecht: Foris Publications, 1986).

[3] 有关20世纪荷兰殖民统治期间华人在荷属东印度群岛的法律地位,参见 Patricia Tjiook-Liem, *De rechtspositie der Chinezen in Nederlands-Indië 1848-1942*(《荷属东印度群岛华人的法律,1848—1942》)(Leiden: Leiden University Press, 2009).

Opium War，1839—1842）后中国的被迫开放，使得其与中国的交往容易起来。进一步受到当时大型种植园引进新作物对中国劳动力需求的刺激，来到荷属东印度群岛的华人移民不断增多，进而导致了19世纪臭名昭著的苦力贸易。为了要紧盯中国血统的属民，殖民当局愈发意识到需要中国专家，但首先需要的是华侨通，而非中国通。在各种试图在巴达维亚培养本土的中国专家的尝试失败之后，有关当局最终同意将培训中国语言的工作移往当时已经是东方研究中心的莱顿大学。[1]

莱顿的汉学家们将荷兰中国学术研究的起点追溯到1877年莱顿大学任命施古德（Gustaaf Schlegel，1840—1903）。年轻的施古德跟随日文教授霍夫曼（Johann Joseph Hoffmann，1805—1878）学习中文，后者曾跟随郭成章学习过中文，而郭成章则曾经作为日本研究者菲利普·弗朗兹·冯·西博尔德（Philipp Franz von Siebold，1796—1866）的助手，于19世纪30年代早期在莱顿居住过数年。施古德在厦门熟练掌握了口语和书面语，并在荷属东印度生活了很多年，发表了各种各样的涉及比较语言学与华人秘密会党主题的论著。1874年，他开始教导他最早的一批学生。从莱顿毕业之后，这些学生也会先去厦门继续书面语和口语的学习，然后进入荷属东印度的殖民行政机构中。在其他国家，殖民主义与东方主义之间的关系或许相对不简单，然而在荷兰汉学的实例中，这种关系是明显而清楚的：一直到第二次世界大战，莱顿大学中国语言文学教授最主要的功能是为现今位于印度尼西亚的荷兰殖民当局培训职业官员。[2] 他们非常清楚这项职责，而且没有任何人公开地对殖民体系提出质疑。

1　有关19世纪后半叶莱顿大学的东方学研究，参见 Willem Otterspeer，ed.，*Leiden Oriental Connections*（Leiden：E.J. Brill/Universitaire Pers Leiden，1989）。
2　Willem Otterspeer，ed.，*Leiden Oriental Connections*.

三位中国语言与文学教授［施古德、高延（Jan Jakob Maria de Groot，1854—1921）和戴闻达（Jan Julius Lodewijk Duyvendak，1889—1954）］中，前面两位在荷属东印度服务过很多年，第三位曾在北京的荷兰公使馆担任过七年的翻译。尽管他们的学生在莱顿大学接受过扎实的中文阅读训练和基本的口语训练[1]，但在赴荷属东印度履职之前，他们会被殖民政府送到中国去提高口语能力。在19世纪的最后几十年中，地方行政部门希望这些中国专家们能够扮演翻译和顾问的角色，而在20世纪前半叶，他们被集中到中国事务司（后来是东亚事务司），密切关注民族主义的中国和日本帝国主义的政治发展，以及荷属东印度的华人和日本人社区。[2]

尽管从19世纪70年代一直到第二次世界大战期间，莱顿大学的中文教学没有发生根本性的变化，研究的特性却发生了彻底的变化。尽管施古德的著作涵盖了相当宽泛的主题，其中很多仍旧直接或间接地与殖民管理的事务相关。此外，高延对于中国宗教的历史产生了特别的兴趣，并完成原计划为20卷《中国的宗教体系》一书的6卷，尽管他经常乐意依据诸如《古今图书集成》等二手资料汇编，他在这本书中将当时中国尤其是闽南的仪式实践和宗教信仰追溯到早期的经典和佛经。戴闻达在以荷兰语发表了当代中国文化与政治发展的论著的同时，也凭借其有关《商君书》的文献学学识以及他的博士生所展示出来的语言学训练，获得了国际性的学术声誉。巴黎方面的发展也大致与莱顿汉学研究的文献学转向同调，有两个方面的原因。第一个原因是到19世纪末，欧洲一流的汉学家已经达到了能够正确评估清代以来代表中国文本研究顶峰的中国学者的文献学学问的程度。第二个原因是19世纪的欧

---

1 毕业后与殖民当局签订为期十年的合同的学生，将在整个学习期间获得大量的奖学金。
2 Tjiook-Liem, *De rechtspositie der Chinezen*, pp.60-64.

洲汉学作为一门学科，本身是以古典学或很大程度上是以中东研究为原型的。

我们不应该忽略19世纪中期欧洲大学的性质。尽管德国方面的情况已经开始发生变化，但是其他大多数国家的大学依旧首要是高等教育机构，而不是研究机构。在荷兰，索贝克（J.R. Thorbecke，1798—1872）这位在19世纪五六十年代的政府中发挥了重要影响的人物，曾经表达过，一名教授应该在大学任命典礼举行之前就已经完成了他的研究。而且，大学讲授的科目在数量上非常有限，主要是神学、法律和医学。人文与社会科学学院的主要任务是为这三个领域的学生们提供基础入门课程。随着《1876年高等教育法》(Higher Education Law of 1876) 的颁布，这种情况有所改变，该项法案解除了两个学院的这项负担，并允许它们开展自己的研究计划。[1] 由于这种新型研究型大学的德国学术所做出的贡献，古典文献学研究在19世纪后半叶达到了它的全盛时期，并为立足于细致研究异质文化书面文献基础之上的异质文化研究提供了一个看似完美的范式。

站在20世纪中期的立场，批评最早一代的汉学家缺乏学科方法（尤其是社会科学方法的缺失）或许看似自然，但我们不应该忘记在18世纪的大多数时间里，现代语言学与社会科学本身并未成为学术化的学科——甚至历史学也极少有专门的教席。因此，完全可以理解中国研究如同中东研究曾经所做的那样，选择了将基于语言学路径和文献学方法的享有高度声望的古典学研究作为自身的模范。当然，一个很大的讽刺是，当文献学在20世纪初期成为欧洲汉学主流方法的时候，很多年轻

---

[1] 有关19世纪莱顿大学的详细介绍，参见 W. Otterspeer, *De wiekslag van hun geest: de Leidse universiteit in de negentiende eeuw*（《心灵的翱翔：19世纪的莱顿大学》）(The Hague: Stichting Hollandse Historische Reeks, 1992)。

的中国学者也恰在此时,转而反对其曾经受过训练(将其方法运用到突出过往神圣的确定性之上)的传统文献学学问,并到海外寻求一种将研究与教学作为核心任务的新型大学教育方式。与此同时,这些西方大学通过将科学与社会科学(从历史学到经济学)整合为独立的学科,极大地扩展了它们的影响范围。然而,当哈佛大学在 20 世纪 20 年代试图推动东亚研究的时候,它依旧努力通过从巴黎引进重要的文献学学者们 [首位经由这一方式转至该校的是令人敬畏的文献学家伯希和(Paul Pelliot,1878—1945),但他于一年后离职] 来达到这一点。哥伦比亚大学同时也在尝试争取戴闻达离开莱顿大学。

然而,当第二次世界大战之后中国研究在美国开始蓬勃发展的时候,社会科学已经在其部门之中创立起来了。即使是在 20 世纪 50 年代或可成为美国的中国研究方法代言人的费正清(John King Fairbank,1907—1991),如果生活在 19 世纪的话,也终将成为一名旧式的汉学家。美国的学科部门毫不犹豫地进入中国研究的领域,一部分是因为他们无所顾忌的自信心,一部分是因为冷战时期的政治急迫性,但更重要的是因为他们拥有可以教授这一科目的中国学者。同时,在欧洲,社会科学的发展之中很少涉及有关中国的研究。如恭敬地与古典学的神圣殿堂保持距离一般,社会科学也很乐意将中国研究留给设立已久的中国研究教席。然而应当指出的是,欧洲在 20 世纪 50 年代并没有像美国那样涌入了高资质的中国学者。[1]

---

[1] 有关从 16 世纪到 20 世纪后期中国研究的更为详细的概述,参见 Harriet T. Zurndorfer's "Introduction" in her *China Bibliography: A Research Guide to Reference Works about China Past and Present* (Leiden: E. J. Brill, 1995), pp.4-44. 有关中国研究中文献学传统的详细讨论,参见 David B. Honey, *Incense at the Altar: Pioneering Sinologists and the Development of Classical Chinese Philology* (New Haven: American Oriental Society, 2001).

从 19 世纪末到 20 世纪中期，汉学研究中这种文献学的倾向往往或多或少地伴随着新教徒式的倾向，即寻找一种特定文化的最初表现形式中最为原始和特别的特征，并将其之后的发展视为"退化"。这种趋势效仿神学、古典学，在 19 世纪后半叶的诸多东方学领域中非常明显。至于中国研究，这种从汉代一直到最近之前的世纪对于文本的偏爱，与中国明清两代文献学家们的实践非常一致，即将中国经典与早期哲人们从近两千年注疏误解的层累之中解脱出来，并重建其原始形态和意义。这样的文献学学问可能是精彩的，它当然对解决日常生活中的实际问题几乎没有贡献，并且欧洲汉学从一开始就遭到了中国通们的嘲笑，他们指责这样的研究是铺张浪费，或者嘲讽其为老古董。

然而，任何有关中国的深入研究，无论它关心的是甲骨文还是当代的区域经济，都离不开有关中文文献与中国学术的知识，而要理解中文文献，就必须将之置于正确的时间、地点和文化语境中。这不仅对过去有效，对现在亦然。如果说汉学家必须要掌握其所选择的研究领域所必需的学科复杂性的话，那么想要专门从事中国研究的专业学者也必须要掌握必需的"汉学"知识。然而，事实证明，学科化的规划迄今为止极少愿意为语言和文化一类的研究提供充足的资金，而后者为研究诸如中东和亚洲等以自身丰富的历史文化为荣的高度复杂的文明社会所必需。

美国的中国研究在第二次世界大战之后经历了惊人的成长，而这些研究在同时期的欧洲却在凋萎，其中尤以荷兰为甚。印度尼西亚独立之后，中文学生具体的职业前景荡然无存了。中华人民共和国成立之后的三十年中，中国对西欧几乎所有人完全封闭，情况变得更加糟糕，在那些在朝鲜战争爆发之前就已经承认中华人民共和国并与台湾当局断交的北欧国家中，这种影响最为强烈。尽管何四维（Anthony François Paulus Hulsewé，1910—1993）由于其自身高水准的学术研究以及作为

《通报》(*T'oung Pao*)[1]共同主编的角色,维持了莱顿汉学的国际声誉,但整个20世纪五六十年代的学生数量仍旧很少。

然而,20世纪六七十年代繁荣发展的经济使荷兰的大学得以发展,学生人数也有所增加。甚至在20世纪70年代注册中文(的学生)开始缓慢增长以前,中文学院就得到了扩充的机会,直到20世纪80年代开始激增。随着学院的发展,以及意识到美国学术发展的提升,教职员们也在日益专精于学科专业。早期的汉学家们也有其专业研究领域,例如荷属东印度殖民管理的需求刺激了对于中国法律的研究,但是从20世纪60年代开始,清晰的学科专业化变得更加明显。某些教职员基本上将自己视作中国历史学家,而另一些则受训为语言学家。传统与现代中国文化成为某些人偏爱的研究领域,而当代中国的经济和政治则吸引了其他人。然而,除了少数例外,尽管存在这种专业化,中国研究的学者们仍然集中于单一的领域。阿姆斯特丹大学激励现当代中国研究的尝试并未像预期那样取得成功,并且中国艺术史教席在第一位任职者退休之后就不复存在了。在相当长的时期中,莱顿大学以外的中国研究一直裹足不前,因为莱顿大学是荷兰唯一一所提供中国语言课程的大学(当20世纪70年代在中国大陆和台湾进行学术研究变得可行的时候,它经历了很大的进步)[2],且是唯一一所拥有一个内容充实的中文图书馆的大学,随着20世纪80年代来自中国的出版物的供应大量增加,图书馆得到进一步扩充。尽管在2000年以后,越来越多的大学与中国大学之间建立

---

1 《通报》由施古德与其法国同行考狄(Henri Cordier,1849—1925)于1890年创刊,是第一本专门针对东亚研究的学术期刊,但它很快就聚焦于中国研究。它自创刊以来,均由博睿(Brill)出版社发行。

2 在马斯特里赫特,马斯特里赫特理工东方语言与交流学院(School of Oriental Languages and Communications of the Maastricht Polytechnic)提供一个四年制的课程,学生可以在中国语言中选择专攻中文。

了合作研究计划，并且拥有从事中国特定方面研究与教学的教职员，莱顿大学依旧是唯一一所提供中国研究学士课程的大学。[1]

当与欧洲其他国家的中国研究进行比较的时候[2]，荷兰的中国研究在第一个七十年中因其与殖民管理之间的密切关联而脱颖而出。在这一方面，荷兰的中国研究是非常独特的。法国与俄罗斯早期的中国研究或许与这些国家在17和18世纪帝国的雄心存在关联，但是与殖民背景下直接管理华人属民没有关系（当法国在东南亚大陆建立其殖民帝国之时，其汉学传统就已经形成了）。此外，尽管其他欧洲国家的早期汉学传统经常使用满语作为中介语言，但这在荷兰从未发生过，故而莱顿大学东亚图书馆所藏的满语资料极为有限。尽管从施古德某些早期作品中，可以看出其明显受到了在整个19世纪席卷了德国的比较语言学的影响，但这并没有给他或者其他荷兰汉学家造成持续性的影响。同样值得注

---

[1] 莱顿大学在亚洲研究硕士项目中也提供了中国课程。

[2] 有关欧洲主要国家中国研究发展状况的实用的概述，参见 Ming Wilson and John Cayley, eds., *Europe Studies China: Papers from an International Conference on The History of European Sinology*（London: Han-Shan Tang Books/Chiang Ching-kuo Foundation, 1995）。有关英格兰与苏格兰中国研究历史的简要介绍，参阅 Timothy Barrett, *Singular Listlessness: A Short History of Chinese Books and British Scholars*（London: Wellsweep, 1989）。以人物为主线的瑞典汉学史的专著，参阅 Perry Johansson, *Saluting the Yellow Emperor: A Case of Swedish Sinography*（Leiden: Brill, 2012）。奥地利早期汉学的繁荣与之后的衰落，参见 Bernhard Fuehrer, *Vergessen und verloren: Die Geschichte der oesterreichischen Chinastudien*（Bochum: Project Verlag, 2001）。有关纳粹1933年上台后离开祖国的德国汉学家的考察，参见 Martin Kern, "The Emigration of German Sinologists 1933-1945: Notes on the History and Historiography of Chinese Studies," *Journal of the American Oriental Society* 118.4（1998）: pp.507-529。关于德国汉学困扰之历史的大量文章，收录于 Helmut Martin and Christiane Hammer, eds., *Chinawissenschaften, Deutschsprächlige Entwicklungen: Geschichte, Personen, Perspektiven*（Hamburg: Institut für Asienkunde, 1999）。德国的纳粹化和第二次世界大战以后德国的分裂与1989年后的统一，都对德国汉学产生了深远的影响。龙伯格（Knud Lundbaek）和魏汉茂（Hartmut Walravens）已经就先前几代数位汉学家发表了很多文章。

意的是，传教士和领事官员的强大影响是缺席的，例如在英国，理雅格（James Legge，1815—1897）和翟理思（Herbert A. Giles，1845—1935）成为创立汉学传统的中心人物。在 20 世纪前半叶的中国天主教传教士中，也不乏许多荷兰传教士，但唯一一位在荷兰大学教授中文的佛兰芒传教士是闵宣化（Jozef Lodewijk Maria Mullie，1886—1976），曾任乌得勒支大学（University of Utrecht）中文教授。此外，由于其任教的时间（1939—1956）与第二次世界大战及其后的大部分时间相吻合，故而他对荷兰的中国研究的影响微乎其微。

第二次世界大战爆发后，莱顿大学于 1940 年年末至 1945 年被德国当局关闭，在此之后，荷兰汉学可以说越来越多地融入了欧洲汉学的主流。何四维是最后一位在被派往中国和日本之后进入荷属东印度群岛荷兰殖民机构服务的中国语言与文学教授。1961 年，他的继任者伊维德（Wilt L. Idema，生于 1944 年）和许理和（Erik Zürcher，1928—2008）被任命为新的东亚历史教授，整个职业生涯都在学术界度过，并且 20 世纪 50 年代以后就任的教职员们均是如此。每年一度的青年汉学家大会（Junior Sinologues Conference）是战后欧洲资深与年轻的汉学家之间加强联系的主要渠道，它从 20 世纪 40 年代后期开始缓慢发展，于 20 世纪五六十年代成为欧洲中国学者主要的聚会场所，每年聚集了 200 多位与会者，至 1975 年由组织更为正式的欧洲中国研究协会（European Association of Chinese Studies）取代。[1]

---

1 费正清在其《费正清中国回忆录》[*Chinabound: A Fifty-Year Memoir*（New York: Harper and Row, 1982）] 第 372—373 页 和牟复礼（Frederick W. Mote）在其《中国与 20 世纪的历史职业：回忆录》[*China and the Vocation of History in the Twentieth Century: A Personal Memoir*（Princeton: East Asia Library Journal, 2010）] 第 185—189 页，给我们留下了他们对于 1955 年 9 月在莱顿郊外 Oud-Poelgeest 举行的第八届青年汉学家大会的回忆。关于欧洲中国研究协会的活动，参见其网站 www：chinesestudies.edu/。

尽管中华人民共和国方面例如"文化大革命"一类的进展，深深地影响到了像是法国和德国等一些欧洲国家的中国研究，造成了师生之间在意识形态上的分裂，但这些事件并没有给荷兰的中国研究带来持续的深远影响。在这一方面更为重要的是中国从 1978 年开始的改革开放，这导致了整个欧洲的学生人数的激增，而欧洲大陆的大学对此是措手不及的，因为他们被期待录取任何一名专为进入大学而做准备的中学毕业生。学生的数量在 20 世纪 80 年代后期缓慢下降，并在 20 世纪 90 年代和 21 世纪初期随着中国经济的持续发展而再次增加。虽然汉学研究所在 1969 年已经增设了当代中国资料与研究中心（Documentation and Research Center for Contemporary China）[1]，但或许可以公平地说，教学和研究（以较慢的速度）向当代政治、经济、社会和文化学科（现在还包括电影、艺术和流行音乐）的重大转变，到 20 世纪 80 年代才发生，当时大量学生有机会到中国大陆和台湾学习，并卷入中国的"文化热（cultural fever）"之中。

在第二次世界大战之后的最初几十年中，欧洲的中国研究系所一直在试图使其教授中文的目的明确起来，这是因为他们的毕业生缺乏明确的职业前景。在 20 世纪五六十年代，学生人数往往很少。在荷兰，这些毕业生的数量是很少的，使得他们中的绝大多数都能够在外交部或学术界找到工作。尽管这些机构在继续招聘拥有中国研究背景的青年人，但自 20 世纪 80 年代以后的毕业生数量还是大大超出他们的需求。一些学生在新闻业开创了自己的事业；那些试图进入商界的学生，尽管其

---

[1] 有关当代中国资料与研究中心前 25 年的历史，参阅 *Reminiscences and Ruminations: Playful Essays to Celebrate the 25th Anniversary of the Documentation and Research Center for Contemporary China*, Leiden, Supplement to *China Information, A Quarterly Journal on Contemporary China Studies* 9/1（summer 1994）。《中国情报》（*China Information*）于 1986 年由当代中国资料与研究中心创办。

中一些人做得很好，但在大学阶段没有为此做好准备的人则面临着一个竞争激烈的世界。自20世纪80年代以来，莱顿大学与鹿特丹伊拉斯姆斯大学（Erasmus University in Rotterdam）合作开设了多种多样的课程来满足对于从事商业有兴趣的学生的需求。有关这一点，应当指出的是，由于荷兰没有开设一门文科通识课程，事实上使得中国语言和文化系以外的学生不可能修读中文课程获得学分，即使是莱顿大学的汉学系多年来一直在为其他系的学生提供专门的汉语课程，注册的人数还是很少。

自20世纪80年代初以来，一个彻底改变了荷兰中国研究性质的现象就是荷兰与中国之间日益加强的学术合作与交流。荷兰教育、文化与科技部（the Dutch Ministry of Education, Culture and Science）、荷兰皇家艺术与科学院（the Royal Netherlands Academy of Arts and Sciences）、荷兰科学研究组织（the Netherlands Organization for Scientific Research）与中国方面诸如教育部、中国科学院（Chinese Academy of Sciences）、中国社会科学院（Chinese Academy of Social Sciences）、国家留学基金管理委员会（China Scholarship Council）等各部门之间达成的协议，荷兰大学与中国大学之间诸多的双边协议，促进了这一进程。[1] 莱顿大学的合作院校，包括大陆方面的北京大学、厦门大学、北京语言大学、山东大学、清华大学、武汉大学，台湾方面的台湾大学、台湾师范大学、台湾政治大学和台湾清华大学。其中一些正式的关系可以追溯到20世纪80年代初期。[2] 这种在国家与大学层面的

---

1 有关荷兰皇家艺术与科学院、荷兰科学研究组织与中国的相应机构间合作项目的概况，参见 *Based on Science, Built on Trust*（Amsterdam/Den Haag：KNAW/NOW，2012）。这本书包含了在荷兰方面管理下的这两个国家机构从事合作研究的16位中国和荷兰学者（主要是科学家）的采访。
2 詹姆斯·梁（James C.P. Liang）在很多关系的建立中发挥了重要作用。

紧密的协议网络，不仅促进了学生、学者与教师之间的交流，而且促成了包括人文、科学与社会科学等诸多领域在内的越来越多的合作研究项目。最后，莱顿大学和格罗宁根大学（University of Groningen）目前都设有孔子学院（Confucius Institutes）。

这并不是第一个有关荷兰的中国研究的历史梳理。然而，早期的梳理非常简短，并没有超出一篇文章的范围。这些文章通常的重点在于书目解题，强调那些历经时间考验的学术贡献，而忽略了那些更具时事性、从当代角度看似被误导的学术贡献。[1] 本书希望通过将中国研究的发展置于当时政治与文化的语境中，关注参与其中的人物，对其教学与研究进行更为综合的评估，来克服这一局限。本书前三篇采用历史方法的文章，尝试描述荷兰在特定时期的中国研究。

我们很高兴能够收录包乐史（Leonard Blussé，生于1946年）那篇以施古德与高延这两位卓越人物为中心，讨论荷兰自19世纪中叶至

---

1 J.J.L. Duyvendak, "Early Chinese Studies in Holland," *T'oung Pao* 32（1936）: pp.293-334；J.J.L. Duyvendak, *Holland's Contribution to Chinese Studies* (London: The China Society, 1950); A.F.P. Hulsewé, "Chinese and Japanese Studies in Holland," *Chinese Culture* 10/3（1969）: pp.67-75; Wilt L. Idema, "Dutch Sinology: Past, Present, and Future," in *Europe Studies China: Papers from an International Conference on the History of European Sinology*, eds. Ming Wilson and John Cayley, pp.88-110; Wilt L. Idema, "Chinese Studies in the Netherlands," *European Association of Chinese Studies Surveys* no.6（1996）。后面的研究提供了20世纪90年代早期荷兰中国研究相对详细的概况，它还包括了一份1990—1995年相关学者代表性论著的目录。这一概述亦可在欧洲中国研究协会网站（http://www.chinesestudies.eu/index.php/conferences/83-resources/publications）上查阅到。有关中文学界的荷兰中国研究的历史概述，可参见郑海燕：《荷兰中国研究的历史发展》，《国外社会科学》2005年第3期，第61—65页；王祖望：《荷兰篇》，载黄长著、孙越生、王祖望编《欧洲中国学》（北京：社会科学文献出版社，2005），第420—444页；何培忠：《当代国外中国学研究》（北京：商务印书馆，2006），第214—242页。熊文华《荷兰汉学史》（北京：学苑出版社，2012）对于四个世纪以来的中荷文化关系，进行了详细的研究，这为从最初到21世纪初的荷兰中国历史文化研究提供了一个背景。

第一次世界大战间汉学研究的修订之作。[1] 施古德是第一位中国语言与文学教授,并将其成果以荷兰语、德语、法语和英语发表。他的著作直至现在仍被参考,这主要不是因为他的理论见解,而是他对于中国东南与荷属东印度华人生活的第一手观察。事后看来,他对于中国研究最为重要的贡献或许是与其法国同道考狄创建了《通报》,它很快就发展成为欧洲出版汉学研究的主要场所。他对莱顿大学中国研究传统的另外一项持久性的贡献是"读,读,读"的谆谆教导,重点是阅读大量的中文文献。[2] 高延是施古德最早一批学生之一,但他实在不喜欢他这位沉迷于生活肮脏一面的老师。在殖民地服务之后,高延于1891年返回莱顿大学,担任荷属东印度人类学教授,并以此身份就荷兰在印度尼西亚殖民属民等问题对年轻的威廉明娜女王(Queen Wilhelmina)进行指导。1903年施古德去世以后,他才不情愿地接任中国语言与文学讲席。他在中国宗教方面的著作使其在当时成为世界范围内的知名人士,他在这一主题上的长篇论著因其在19世纪最后几十年对中国东南部宗教实践进行的第一手观察,即使在今日仍然值得进一步深入研究。他在中国居住期间搜集的民族志物品,现在分布于莱顿的民族学博物馆(Museum

---

[1] 这篇文章首次发表于Willem Otterspeer所编 *Leiden Oriental Connections* 一书第317—353页。诸多的修改建立在高柏(Koos Kuiper)的博士论文的研究之上。

[2] 完整之引文为:"烧掉你的中文语法书,只需要阅读、阅读、阅读,以及翻译、翻译、翻译中国作家的作品,直到你自己能像中国人的思想方式一样思考(Jetez vos grammaires chinoises au feu. Lisez, lisez, lisez—traduisez, traduisez, traduisez des auteurs Chinois, jusqu'à ce que vous soyez entrés dans l'ordre d'idées chinois, et que vous pensiez comme eux)。" Gustave Schlegel, "Stèle funéraire du Téghin Giogh et ses copistes et traducteurs chinois, russes, et allemands," offprint of the *Journal de la Société Finno-Ougrienne* 8 (Leiden: E.J. Brill, 1892), p.48. 这篇文章是对甲柏连孜(Georg von der Gabelentz, 1840—1894)译作的全面抨击,甲柏连孜当时因其完备的中文语法而闻名。在充满情绪化的引文中,施古德强调了句法在中文语法中的重要性,并且称赞马若瑟(Prémare)的《汉语札记》(*Notitia linguae sinicae*)是一部基于汉语语言特质的语法书。

of Ethnology）与里昂的集美博物馆（Musée Guimet）。在莱顿任职的后期，高延受到了亨利·博雷尔（Henri Borel，1869—1933）的尖锐批评，后者是殖民地政府中一名年轻的汉学家，他强烈意识到海外华人中间民族主义的高涨。高延坚决反对当时学生兄弟会中间所有真实的和假定的同性恋倾向和活动的迹象，因此他在莱顿无法立足，最终在第一次世界大战前夕前往德国，柏林大学（Berlin University）曾多次以丰厚的报酬邀请他。

田海（Barend J. ter Haar，生于1958年）为此书贡献了两篇文章。第一篇接续了包乐史所做的历史概述，描述了从第一次世界大战到20世纪60年代间荷兰的中国研究。高延离职之后，中国语言与文学教授一职悬缺。[1] 直至1930年，这一职位才再次由戴闻达接任，他从1919年开始就以讲师的身份在莱顿大学教授中文，并在1928年顺利通过博士论文答辩之后升任教授职位。戴闻达曾于1912—1919年间在荷兰驻北京大使馆担任翻译，其在莱顿的任命，是荷兰当局对中华民国的成立以及荷属东印度群岛日益高涨的中国民族主义的一个明确的反应。事实上，当第一次世界大战中期张勋（1854—1923）于1917年复辟失败，向中

---

[1] 应当指出，1913年至1933年间，海因里希·弗里德里希·哈克曼（Heinrich Friedrich Hackmann，1864—1935）担任阿姆斯特丹大学（University of Amsterdam）宗教史与《旧约》训诂教授（Chair for the History of Religions and the Exegesis of the Old Testament），这位德国神学家曾于1894—1901年间任上海德国福音派社区的牧师，并在1901—1903年间游历过中国、朝鲜和日本。哈克曼主要感兴趣的领域是中国佛教，但是他也经常发表中国道教、中国哲学方面的文章。有关哈克曼作为一名中国宗教研究学者的评价，参见J.J.L. Duyvendak, "Levensbericht H. Hackmann"（H. Hackmann: a biographical sketch）, *Jaarboek Koninklijke Nederlandse Akademie van Wetenschappen* 1935-1936: pp.239-248。有关哈克曼作为一名神学家的细致研究，参见Fritz-Günther Strachotta, *Religiöses Ahnen, Sehen und Suchen von der Theologie zur Religionsgeschichte: Heinrich Friedrich Hackmann, 1864-1935*（Frankfurt a. M.: P. Lang, 1997）。

立的荷兰使馆寻求庇护并在移居天津以前在其中居住一年的时候，荷兰当局就非常深刻地认识到荷兰汉学需要中国政治方面的专家。在北京的岁月中，戴闻达密切关注着当代文化的进展［他是最早就1917年文学革命（Literary Revolution of 1917）和梁漱溟（1893—1988）哲学发表文章的西方人之一］，并且在返回荷兰之后就立即发表了关于1900年义和团运动（Boxer Rebellion）的作品[1]，但是他作为一名文献学家获得声誉是凭借1928年对于《商君书》（The Book of Lord Shang）的注解翻译。成为正教授以后，在庚子赔款基金（Boxer Indemnity Funds）的资助下，他于1930年创立了汉学院（Sinological Institute）以及在博睿出版社启动了名为《莱顿汉学书系》（Sinica Leidensia）的丛书，最初多为莱顿大学的博士论文。除了从事中国古代哲学的研究，戴闻达还对中西交通史非常感兴趣，并且发表了有关荷属东印度公司赴华使节以及15世纪早期集宦官与将领于一身的郑和所领导的舰队前往印度洋沿岸国家的文章。戴闻达的继任者是何四维这位对中国法律有着研究兴趣的荷兰汉学家。与诸如范可法（Marius Hendrikus van der Valk，1908—1978）和梅杰（Marinus Johan Meijer，1912—1991）等学者从事当代议题不同，何四维的研究对象最早可以追溯到秦朝和汉朝的现存法律。高罗佩（Robert van Gulik，1910—1967）是目前为止最为著名的荷兰汉学家，他起初是戴闻达的学生，但最终是在乌得勒支大学获得博士学位。进入外交部以后，他大部分的时光都在日本和中国等东亚地区度过，他喜欢与旧式绅士交往，并且练习了传统的书法、绘画、古琴演奏，研究了女性化的传统学问。基于对这些主题深入的实践知识，他发表了有关古代中国的绘画艺术、古琴、秘戏图与房中术的原创性著作。当他开始出版

---

[1] 戴闻达确信在 De gids 上发表了大量关于中国最近发展的文章，博雷尔在同一期刊上也发表了抨击高延的长篇作品。

狄公案小说的时候，他在汉学界以外就变得广为人知。这些侦探小说以7世纪的官员狄仁杰作为侦探主角，然而是以明朝（1368—1644）社会为背景，并且经常使用传统中国犯罪故事的元素作为它们的情节。这些小说另外一个引人入胜的特点是其插图，由高罗佩自己绘制。这些小说最初用英文出版，20世纪五六十年代被翻译成多种语言。1978年以后，它们也被翻印成中文，继续广受欢迎，并且被改编成电视剧。他去世以后，莱顿大学汉学院的图书馆获得了其中文藏书。

在田海的第二篇论文中，他借由对21世纪的讨论尤其是将重点放在中国历史方面的研究，继续对荷兰汉学的发展进行了编年式的考察。这一讨论的中心人物是许理和。许理和曾随戴闻达问学，也曾花时间跟瑞典历史学家喜仁龙（Osvald Sirén, 1879—1966）与出生于瑞士的中国佛教专家戴密微（Paul Demiéville, 1894—1979）学习。许理和早年因其出版于1959年的《佛教征服中国》(*The Buddhist Conquest of China*)建立了学术声誉，这是一项关于从1—4世纪中国士人在佛教传播到中国之后如何接受与改造它的研究。他很快地就升任新设立的东亚历史讲席的正教授，尤其是在中西接触方面。[1] 终其一生，许理和保持着对于中国接受外国思想体系并用中国文化对之进行改造的兴趣。在继续发表有关佛教在中国接受情况文章的同时，他还在考察马克思主义的接受情况，尽管他几乎没有发表关于该主题的文章（除了为他的学生们提供课程大纲以外）。他在1969年创立当代中国资料与研究中心方面起到了重要作用，并在最初的几年中积极参与了该中心的活动。但是，从20世纪60年代起，他最为关注的话题是从16世纪晚期到17世纪晚期耶稣会在中国的传教活动以及天主教教义如何适应中国的政治和文化现

---

[1] 我记得1963年秋天，我还是大一新生，当时看起来还很年轻实际上也很年轻的许理和，因为未能提供学生证而被警卫拒绝让他进入原本要去上课的讲堂。

实。尽管他的挚友谢和耐（Jacques Gernet，生于1923年）在其出版于1982年的《中国与基督教：行动与反应》（Chine et christianisme: action et réaction）一书中认为高度发展的新儒学与传教士的天主教之间不存在真正的了解，许理和则认为在一个略显低水平的社会，疗愈和奇迹般的人或物是最为令人信服的论据，接受天主教的教义是很有可能的。他在这一方面的研究被其学生钟鸣旦（Nicolas Standaert）继承和进一步发展，他此后成为鲁汶大学（Catholic University of Leuven）的教授。如果许理和讲席的名称暗示了大学冀望他在研究荷兰东印度公司与荷兰殖民事业中发挥核心作用，那么许理和没有做到这一点。他参与了莱顿欧洲扩张史及其反应研究中心（Leiden Center for the History of European Expansion and Its Reactions）早期的活动，但是将荷兰东印度公司在中国、日本的研究和东南亚海外华人的研究留给包乐史。在获得硕士学位以后，包乐史在中国台湾地区和日本度过了很多年，建立了广泛的合作网络。立足于莱顿大学历史系，他在复兴荷兰在东亚贸易网络的研究方面发挥了核心作用，这一方面表现在其整理出版的大量原始资料出版物、论文、专著，另一方面则是数个由他发起的培训亚洲国家青年学者使用丰富的荷兰档案研究亚洲历史的项目。1993年许理和退休以后，他的教席改为"中国历史"，并由著名的道教学者施舟人（Kristofer Marinus "Rik" Schipper，生于1934年）充任，他在巴黎接受训练，并在台湾居住了很长一段时间以后，在巴黎教了很多年的书。施舟人的继任者是田海，他发表了大量有关中国民间宗教史的作品。在许理和与施舟人期间，早期中国历史与哲学的研究由贝克（Burchard Jan Mansvelt Beck）进行，此外还有社会史家宋汉理（Harriet T. Zurndorfer），通过创办和主编《男女：中国的男性、女性与性别》（Nan Nü, Men, Women and Gender in China），对中国性别研究有着重要的影响。

尽管荷兰汉学强调原始文献，但是直到20世纪70年代，很少有荷兰汉学家成为合格的语言学家。在论及中国语言学的最新进展之前，司马翎（Rint P.E. Sybesma，生于1960年）在他的章节中回溯了荷兰学者参与编写诸如词典和语法等语言学习工具书的情况。这些努力开始于17世纪初期的巴达维亚，当时赫尔尼俄斯（Justus Heurnius，1587—1651/1652）与一名来自澳门的中国合作者一起编写了大部头的中-拉-荷字典，其手稿至今仍存。荷兰人在19世纪中叶之后开始学习中文，编写了许多重要的词典。这一领域最为杰出的成就是施古德四卷本的《荷-汉词典》，该词典为19世纪末荷属东印度殖民政府的翻译者可能提出的问题提供了答案。施古德对中文与印欧语言之间可能性关系的调查是广泛而富有创造性的，但在很大程度上被误导了，并没有长远的影响。然而，沙昂克（Simon Schaank，1861—1935）有关中国音韵学的著作深具影响，因为他为瑞典汉学家高本汉（Bernhard Karlgren，1889—1978）开拓性地重构古代汉语开辟了道路。这些荷兰第一代汉学家们对语言学的早期探索，数十年来未有承继。闵宣化是一名优秀的语言学家，出自传教士传统，他在中国北方担任传教士的同时完成了大部分的著作。他的语法专著以细致的分析以及他在描述现代语言的过程中对于实际所说的北方官话（当地普通话）的详细观察而著称。不幸的是，闵宣化为了便于与其同道的弗拉芒传教士使用，其大多著作用荷兰语以油印的形式刊行，这对其著作的国际性影响不利。尽管其著作受到戴闻达的称赞，但他在荷兰汉学后来的发展中没有留下任何痕迹。荷兰中文语言学持续性的传统，则要等到20世纪70年代范德博（Marinus E. van den Berg）和詹姆斯·梁的任命。后者虽然不是一个多产的学者，但在莱顿和奈梅亨（Nijmegen）担任语言学学位论文的（共同）

导师时发挥了重要的促进作用。卫玉龙（Jeroen M. Wiedenhof，生于1959年）与司马翎继承了这一传统，每个人都有自己的理论重点，郑礼珊（Lisa L.S. Cheng，生于1962年）担任莱顿大学普通语言学教授（Chair of General Linguistics）更加强化了这一传统。现在，很少有中国以外的大学能拥有如此高水平的中国语言学家。

彭轲（Frank N. Pieke，生于1957年）在对荷兰社会科学以及其在当代中国处境的研究中，聚焦于这样一个难题，即尽管荷兰的中文教学始终由当代社会的需求激发（殖民地政府的需求，或是当今政治和文化互动的需要），20世纪的荷兰汉学家在研究中，却压倒性地转向过去。这种出版物方面对于过往的强调给莱顿之外的世界造成了一个挥之不去的印象，即荷兰汉学对当代中国丝毫不感兴趣。当然，这是由怀有进入中国研究领域雄心的外部机构坚持不懈塑造的形象。彭轲既追溯了过去的不可否认的吸引力，也追溯了莱顿大学内部及外部为了促进更为现代的中国社会研究的尝试，并特别关注了阿姆斯特丹大学在"文化大革命"期间对于革命中国研究的活动。维姆·韦特海姆（Willem Frederik Wertheim，1907—1998）在这些活动中发挥了中心作用，然而在20世纪70年代后期中国经济改革之时，他就丧失了对于中国的兴趣。进入加州大学伯利克分校攻读博士学位之前，彭轲在大学期间跟随在20世纪八九十年代任教于阿姆斯特丹大学的班国瑞（Gregor Benton）学习社会人类学。

在彭轲的文章中，对荷兰（以及更为普遍的欧洲）社会科学系所未能涉足中国（至少要到20世纪后期）的挫折感是显而易见的。这一失败的结果是，在欧洲运用社会科学方法研究中国不得不在中国研究系本身发展出来。随着1969年当代中国资料与研究中心的开设，莱顿大学的中国研究开启了这一路径，但是在该处工作的第一代学者们一直接受汉学家的训练，因此他们在社会科学方面的训练是很初步的，甚至是不存在的。［爱德华·维米尔（Eduard B. Vermeer）拥有历史学硕士学位，现在致力于当代中国经济的研究。］直至接受政治学训练的托尼·赛奇［Anthony（Tony）Saich］、接受社会人类学训练的彭轲以及同样具有政治学背景的吴德荣（Tak-Wing Ngo）上任，这一境况才有所改变。最近，新的任命进一步加强了莱顿大学汉学院从事当代中国社会、经济和政治议题研究的学者们在社会科学方面的训练，但是很多学术部门仍然用不适当的（而且往往是很肤浅的）方式继续研究中国，令人惋惜。然而，以积极的方式脱颖而出的一个研究领域是荷兰的（当代）中国法律研究，在莱顿大学法学院［位于冯·沃伦霍芬研究所（Van Vollenhoven Institute）］和阿姆斯特丹大学法学院，后者最近任命刘本（Benjamin van Rooij）为新设立的中国法律与法规教授（Chair of Chinese Law and Regulation）。[1]

正如林恪（Mark Leenhouts）在其文章中所指出的，尽管施古德担任了中国语言与文学教授，但是无论是他抑或是其之后的继任者，都没有对纯文学（*belles lettres*）表现出很强的兴趣。对于他（以及他同时代的人）来说，其头衔中的"语言（taalkunde）"仅仅指的是积极地掌握语言，而"文学（letterkunde）"指的是使用书写传统的方方面面。尽管戴闻达偶或发表有关中国文学的文章，但这并不是他的主要兴趣。他的继任者何四维尽管指导了杜威·佛克马（Douwe Fokkema，1931—2011）和我的博士论文，但是他出版的论著仍然局限在早期中国的法律史和制度史。佛克马此后成为乌得勒支大学的比较文学教授（Professor of Comparative Literature），他在那里的研究集中于非汉的

---

[1] 参见 *Based on Science, Built on Trust*, pp.52-55，但是刘本在 2013 年夏从阿姆斯特丹大学转入加州大学尔湾分校。

主题。[1] 至于我，是彭轲规律的一个完美的案例，即汉学家们倾向于在其研究中回到过去。在获得博士学位之前，我曾在当代中国资料与研究中心工作，担任社会发展研究（侧重于"文化大革命"中的教育改革）的专员（specialist），但一有机会我就会离开现代中国的领域，教授古汉语与中国文学，我的博士论文事实上研究的是中国传统白话小说的起源。自 1976 年被任命为中国语言与文学教授以来，我很荣幸成为其中第一位专门研究文学之人。在我将自己的主要精力集中于前现代文学，尤其是白话文学的同时，汉乐逸（Lloyd L. Haft）的领域是现代文学，分析现代中国诗歌。哥舒玺思（Anne Sytske Keijzer）开始教授现代小说与电影的时候，莱顿对于中国文学研究有了进一步的拓展。林恪在本书中讨论的主要议题是在 20 世纪 80 年代得到极大推动的现代中国文学翻译，当时新的一代从中国学成归国，他们对当时新文学的发展充满了热情。这不仅导致了大量当代小说和诗歌的翻译，而且也形成了现代中国文学研究领域学位论文的高潮。在莱顿的教学与研究中，这种全新的对于文学尤其是现当代文学的重视，进一步体现在 1999 年任命柯雷（Maghiel van Crevel）这位当代中国诗歌专家为本人中国语言与文学教席的继任者。到 20 世纪 90 年代，合格翻译家的数量已有很多，促成了一群弗拉芒和荷兰翻译家发起和创立《慢火》(Het trage vuur)，这是一本专门针对中国文学译作的荷兰语季刊，出版于 1996 年至 2009 年。尽管《慢火》培养新一代中国文学翻译者的使命可能未及成功，但是多年以来，它为荷兰读者提供了来自华语语系世界中各个地方的众多华语作家的精湛译作。

---

1 然而，他的最后一部专著是 *Perfect Words: Utopian Fiction in China and the West*（Amsterdam: Amsterdam University Press，2011）。佛克马在 20 世纪 80 年代及以后，以国际比较文学学会干事和会长的身份，经常访问中国，讲授现代文学理论。

本书中的学术性章节以莫欧礼（Oliver Moore）的贡献为终结，他考察了荷兰的中国艺术与民族学博物馆的收藏，并追溯了中国艺术和物质文化研究的发展。19世纪初期，罗耶收藏的18世纪晚期的中国艺术品，被并入皇家珍奇屋（Royal Cabinet of Rarities），后来转至莱顿的国立民族学博物馆（National Museum of Ethnography）与位于阿姆斯特丹的国立博物馆（Rijksmuseum，National Museum）。正如前文论及，高延的大量民族学藏品，最终流散到莱顿的国立民族学博物馆与里昂的集美博物馆。尽管18世纪富有家庭已经开始收藏中国瓷器和外销瓷（chine de commande），荷兰却未能拥有大批其他形式的私人中国艺术藏品。对中国艺术具有审美趣味的鉴赏直至20世纪上半叶才得以实现，当时亚洲艺术之友协会（Vereniging van Vrienden der Aziatische Kunst）着手收藏亚洲（包括中国）艺术藏品，这些收藏最终成为国立博物馆亚洲艺术藏品的核心。与很多省立博物馆一样，国立博物馆也藏有大量的瓷器和外销瓷藏品。[1] 亚洲艺术之友协会收藏了范围广泛的文物，纳尼·奥特马（Nanne Ottema，1874—1955）专心于瓷器和外销瓷的收藏，现今是吕伐登公主博物馆（Princessehof in Leeuwarden）的镇馆之宝。中国瓷器很快就吸引了荷兰历史学者的注意。其中，约尔格（Christiaan J.A. Jörg）这位格罗宁根博物馆（Groninger Museum）多年以来的馆长，因其诸多优秀著作脱颖而出。亨利·阿尔伯特·范·奥尔特（Henri Albert van Oort，1916—2001）是迄今为止唯一一位荷兰的中国艺术史教授（执教于阿姆斯特丹大学），他的博士论文是关于景德镇为1916年袁世凯登基称帝做准备

1　Christiaan Jörg, *Oriental Porcelain in the Netherlands: Four Museum Collections*（Groningen: Groninger Museum, 2003）.

而生产出来的洪宪瓷器。随着由何四维及其夫人之财产资助的莱顿大学何四维-瓦兹涅夫斯基中国艺术与物质文化研究推动基金会（Hulsewé-Wazniewski Foundation for the Advancement of the Study of Chinese Art and Material Culture）的设立，中国艺术与物质文化研究始才获得一个稳定的立足之地。该基金会支持设立了中国艺术讲师一职，资助艺术史出版物之购置，并为博士和博士后研究以及诸如讲座与研讨会等定期的主流学术活动提供资金。

从一开始，荷兰的中国研究就从莱顿的博睿出版商那里受益匪浅。早期，博睿出版社从殖民事务部购得用于印刷汉字的字模，此后不久，它便为欧洲主要的印刷商和包括汉字在内的著作的出版商所用，不仅印刷了荷兰学者撰写的字典与专著，还印刷了很多其他学者的著作。博睿自成立以来就出版《通报》，1931年以后还一直是《莱顿汉学书系》的发行者。博睿对于中国研究的贡献也是何世泰（Albert Hoffstädt）讨论的主题，他是博睿的编辑，在拓展包括期刊和丛书等在内的中国领域的出版活动中发挥了重要作用，而且努力扩大博睿的业务范围，以涵盖现代和当代中国。

本书的结尾是柯雷的一篇文章，他在评估了荷兰和整个欧洲高等教育最近的机构变革以后荷兰中国研究的现状之后，概述了未来可能之发展。在研究了荷兰全国各地的大学对于中国日益增长的兴趣以及随之而来的机构变革以后，他非常详细地讨论了两个问题。首先是将莱顿大学的中国研究重新定义为新区域研究（New Areas Studies）的一部分，重点放在当今全球化、多极世界的特点、语言和关系结构的问题，而且持续意识到贯穿本书的区域与学科之间的联系。其次是对作为一门高中课程的中文的兴趣日益浓厚，博雷为此倡导一个广阔的视野，不应只涵盖商业机遇，而是同样涵盖学习中文的内在和文化兴趣。

除何世泰以外，本书所有的作者均为荷兰汉学家。人们可能很想知道他们在多大程度上是最适合书写自身学科历史之人。迄今为止，学术史已经成为公认的历史学的分支学科。的确，专业的思想史家可能已经觉察出作为东方研究领域之一的中国研究的历史较大的范式，但这却逃过了中国研究学者自身的注意。而且，同样是这些学者因其以属于特定的传统为荣，且由于对其老师之尊重，很可能没能关注到外人很容易看到的现象。在世学者的著作与其应该受到的评价，有时候可能获得了更大的宽容和更为不锱铢必较的对待。同时，该领域的学者们从与前辈学者的私下来往中受益匪浅（以及熟悉这一领域的口述传统），也许比局外之人更能衡鉴其前辈作品的持久价值。每一名作者都在努力与荷兰中国研究的传统保持一个临界的距离。中国研究从一开始就是一项非常国际化的事业，使这一点变得更加容易。一代又一代的众多汉学家们竭尽所能地为其国人同胞提供有关中国过去和现在的最新讯息，并始终向国际同行们提供其原创研究，保持了与东亚、欧洲和北美间密切的国际联系。所有对本书做出贡献的汉学家们均曾在中国、日本等国外的其他地方生活过很多年，其中很多人已经在荷兰以外的大学任教多年，其本身具有启发性的经验，有助于将荷兰对中国研究的贡献置于国际和比较的视野。即便如此，本书也无法臻于完美。诸如对中国法律研究等方面，毫无疑问地受益于更为详尽的新闻报道。另外，莱顿大学以外的大学的中国研究或许没能得到足够详尽的介绍。

本书的每一位贡献者都从各自的角度描述了荷兰中国研究的发展，因此对每位学者及其作品的评价与未来发展的愿景并不总是一致的。这些文章共同提供了过去和现在荷兰中国研究诸多方面的迷人形象，并提出了未来潜在的趋向，有时会异常详细，而有时则很宽泛，但是本书所有的贡献者均就一个问题达成共识：中国值得进一步研究！

筚路蓝缕，以启山林：莱顿大学的早期汉学家（1854—1911）

包乐史（Leonard Blussé）

有人提出，荷兰的汉学研究起源于17世纪早期。确实存在某些值得一提的开拓这一领域的事例，例如赫尔尼俄斯于1628年编纂的汉-荷词典；在此之后30年，何留斯（Jacob Golius）对于波斯历法中有关中国干支纪年的研究[1]；或者是18世纪末出版于费城的荷兰特使范罢览（A.E. van Braam Houckgeest）在北京觐见乾隆皇帝的纪实。[2]

然而，在这些先驱者中间，唯有何留斯与莱顿大学有着直接的关系。更为重要的是，他们在汉学研究上的尝试并未被此后的研究所继承。显然，莱顿的汉学家们不能也不应该声称与这些先驱在智识上有直

---

1 J.J.L. Duyvendak, "Early Chinese Studies in Holland," *T'oung Pao* 32（1936）: pp.293-344; J.J.L. Duyvendak, *Les études hollando-chinoises au XVII ième et au XVIII ième siècle*（Leiden: Brill, 1931）; Koos Kuiper, "The Earliest Monument of Dutch Sinological studies: Justus Heurnius's Manuscript Dutch-Chinese Dictionary and Latin-Chinese *Compendium Doctrinae Christianae*（Batavia 1628），" *Quaerendo* 35/1-2（2005）: pp.109-139.
2 A.E. van Braam Houckgeest, *Voyage de l'ambassade de la Compagnie des Indes Orientales, vers l'empereur de la Chine, dans les années 1794-1795*, 2 vols.（Philadelphia: L'Éditeur, 1797-1798）.

筚路蓝缕，以启山林：莱顿大学的早期汉学家（1854—1911） 29

接血统，他们与其说是一片处女地的开发者，不如说是童话世界的漫游者。因此，尽管荷兰最古老大学的阿拉伯研究者或许完全有理由以拥有一个几乎未能中断的 400 年的传统而自豪，而莱顿大学想要溯寻一个知识系谱的中国文明研究者们必须满足于更加恰如其分的说法。

第一批种子是在大约 160 年前"为荷兰东印度政府服务的日语翻译"，其中之一就是霍夫曼博士。[1] 这位出身莱顿的学者，自 1849 年 11 月 13 日起在家中教授一名 9 岁男孩中国古文的基本知识。正如将要在下文更加详细讨论到的是，这名学生——施古德在 8 年之后被送至中国去学习中国东南沿海省份的方言。在厦门和广州生活 4 年之后，他转至巴达维亚，在那里他担任了 10 年之久的荷兰东印度政府的中文翻译。[2] 1873 年，在施古德返回荷兰的一年内，应其要求，他在莱顿大学训练中文译员。两年之后，他被授予中国语言教授一职。1877 年，一个全职的教授职位为他创设，荷兰汉学的时代自此来临了。

1877 年 10 月 27 日，施古德在其就职演讲中，简要概述了欧洲和中国的中国研究状况，并且总结说荷兰绝无可能拖延设立这一新的职位。[3] 周边国家在此之前很少或者完全没有尝试在大学层次引入正规的中国语言教学。施古德说，关于欧洲 18 世纪 70 年代的汉学研究，即使是早在 1814 年就于法兰西学院设立一个教职的法国，也只有"完全可以忽视和屈指可数的爱好者"。当中堪称前辈的理雅格博士，直至 1876

---

1 有关他的传记，参见 H. Kern, "Levensbericht van J.J. Hoffmann"（《霍夫曼传》），*Jaarboek Koninklijke Nederlandse Akademie van Wetenschappen* 1878：pp.1-20。
2 施古德的肖像和传记，参见考狄撰写的详细的讣告"Nécrologie, le Dr. Gustave Schlegel"，*Toung Pao* NS 4（1903）：pp.407-415；以及本人的文章 *Biografisch woordenboek van Nederland Dln.3*（The Hague：Instituut voor Nederlandse geschiedenis, 1988），pp.530-532；或是其网络上最新的版本。施古德写其姓氏，既作"Gustaaf"，又作"Gustave"。
3 G. Schlegel, *Over het belang der Chineesche Taalstudie*（《论学习中文的重要性》）（Leiden：E.J. Brill, 1877）。

年10月27日才被任命为牛津大学中国研究教授,以及施古德在此一年以后象征性地选择同样的日期进行他的就职演讲,告诉我们长达多年的争论在理雅格获得任命之前就已经实际存在。为数甚少且很难被其学术圈的同事尊重的研究遥远中国的学者们,在欧洲就像是无水之鱼。

此外,施古德指出在中国内部,西方汉学正在欣欣向荣,茁壮成长。一个国家的语言和文化很明显在当地能够得到最为深入的研究。然而需要指出的是,中国直到相当晚近的时代才对西方人展开双臂。在1842年签订《南京条约》,五个主要的港口被确定为通商口岸、香港岛被割让给英国之前,欧洲学者几乎不可能在中国学习中文。[1]

1860年,在内部纷乱及与欧洲强权之间偶发性冲突持续约20年之后,中国政府向外国势力屈服,并放弃其闭关政策。自此以后,西方使节能够常驻京城,西方商人可以在中国的海港进行贸易,甚至在其中某些地方享有治外法权,同时,新教和罗马天主教也获准在中国的"异教徒兄弟"间传播福音。

施古德不仅认为基督教的传教催生了一些很有才华的汉学家(包括上文提及的理雅格),他还令其受众注意到英国外交部门也吸引了一些优秀的学者。在中国,"英国政府放弃任命贵族或者出身显贵之人担任使节和领事的常规性政策,更倾向于选派那些中文翻译出身之人出任这些职位"[2]。

施古德的就职演说简直就像是在审视胸怀壮志的汉学家的工作机

---

[1] 规则当然也有例外,例如英国东印度公司的著名翻译马礼逊(Robert Morrison, 1782—1834),他在澳门的私人教师和少数身处北京朝廷的罗马天主教神父那里获得知识。当伦敦传道会(London Missionary Society)于1818年决定设立一所中国语言训练中心时,仍然不得不选址于马来半岛的马六甲。

[2] 此前的中文翻译例如威妥玛(Thomas Wade,1818—1895)与梅辉立(William Frederick Mayers,1831—1878),当时在北京朝廷代表他们的国家分别出任公使、秘书之职。

会,为其学生们展示一种光明的未来。然而应该指出的是,他的学生们的实践领域并不是中国,而是荷属东印度。施古德曾经被特地选派为东印度殖民部门培训中文翻译,尽管他认为他应该培养语言学家而非将来的总督,他可能是希望他的学生的职业前景不会因为其专业学术训练而受到过分的限制。[1]

一、莱顿大学中国研究简述

施古德在莱顿大学执教期间(1876—1902),不是一群翻译的无足轻重的培训者。作为一名知识广博的学者,他引导他的学生们涉足汉学研究领域内的不同主题。施古德编纂荷-汉词典,训练荷兰印刷工的学徒成为中文排印工,以及与他的法国同事考狄共同创立深具影响的汉学学术刊物《通报》,为汉学研究打下了基础。施古德,尽管有着明显的缺陷——据说他在整个职业生涯中愈来愈暴躁、尖刻和自负——也许是莱顿汉学研究者站在其肩膀上扩展与加深理解中国社会的那个巨人。

由于莱顿大学的这所汉学研究机构基本上是一个为荷兰东印度殖民政府服务的只有一名教师的中文翻译培训机构,因此其主要贡献集中在荷属东印度华人社群与其广东、福建等中国沿海原乡之间关系的实践研究上面,也就不足为奇了。施古德的继任者高延聚焦于中国宗教,同样延续了这一研究方向。在他于1912年从莱顿大学离职转任柏林大学中文教授之后,(莱顿的汉学研究)进入了一个漫长的停滞期,延续这种研

---

[1] 回顾往事,施古德肯定很高兴看到他的一位年轻的同事——翻译葛路耐(W.P. Groeneveldt,1841—1915),以中文普通话翻译发迹,最终在19世纪90年代升任荷属东印度议会副议长。

究方向的必要性引起了争论。[1]

最终，高延之前的一位学生戴闻达于1919年被任命为汉学讲师。戴闻达曾于1912—1918年间任职于外交部门，他在很大程度上摆脱了与殖民地的关联，将自身的研究和部分（汉学）课程集中于中国本身。[2] 在他的领导下，莱顿大学的汉学家们跻身中国研究的主流，并一直延续至今。[3]

中国民间宗教和秘密社会的研究，被古典哲学家和中国典章制度的研究所取代。聚焦于例如闽南语或客家话等南方方言的教导，也让位于标准化的国家通用语言国语的训练。换句话说，对于中国"大传统"的研究取代了中国"小传统"的研究。这一方向的转变既不是纯粹的巧合，也不是戴闻达个人喜好的结果，它是发生在中国与荷属东印度的激烈政治变化之后不可避免的结果。

在中国，清朝被推翻后，共和政府取而代之。随后几年中，民族主义热潮造就了一场名副其实的"文化复兴"，它改变了中国的教育体系，并为这个国家提供了一套全新的批判性观点去审视她的过去。在荷属东印度，处于少数族群地位的中国人的解放，逐渐使中文译员的工作出现了过剩的情况。曾经令人尊敬的中文译员队伍被整合进"中国事务司"，乃至于此后的"东亚事务司"。[4] 除了处理荷属东印度华人的社会和经济

---

1 高延生平和著述的概况，参见 M.W. de Visser, "Levensbericht van J.J.M. de Groot"（《高延传》）, *De levensberichten van de Maatschappij der Nederlandsche Letterkunde te Leiden 1921-1922*: pp.1-16, 亦可参考 R.J. Zwi Werblowsky, edited by Hartmut Walravens, *The Beaten Track of Science: The Life and Work of J.J.M. de Groot*（Wiesbaden: Harrassowitz, 2002）。
2 戴闻达的生平和著述，参见 P. Demiéville, "Nécrologie: J.J.L. Duyvendak（1889-1954），" *T'oung Pao* 43（1954）: pp.1-33。
3 最近具有实用性的荷兰有关中国和日本研究的概述，参见 A.F.P. Hulsewé, "Chinese and Japanese Studies in Holland," *Chinese Culture* 10/3（1969）: pp.67-75。
4 "中国事务司"的最终结局，参见 Liem Ting Tjaij, "De dienst der Chineesche zaken"（The office for Chinese affairs）, *Orgaan der Centrale Chung Hsioh* 4/7（1928）: pp.188-189。

生活以外，这些机构主要担负对华情报搜集和决策咨询方面的任务。简言之，至20世纪20年代，荷兰汉学的研究旨趣发生了急剧的转变，集中在中国本身，而非荷属东印度的海外华人社群。东南边缘让位于腹地重心，以及——尽管我不愿意这么直白地表达出来——应用性的学术也为一个更具思辨性的路径所代替。

在戴闻达执教莱顿的35年间（1919—1954），荷兰汉学烙上了他深刻的个人印记。他是一位蜚声国际的学者，也是一名全能型的行政长材。对于荷兰的广大读者而言，他是一位伟大的中国通。其通俗文章和中国通史拥有极为广泛的读者，属于了解中国的必读书籍。戴闻达树立了一个非常令人难忘的形象，除了数则讣告与一份由他偶尔为之的历史概述，今人对其前辈之著述所知甚少。[1] 在记忆更加淡化以前，这里很有必要探究荷兰汉学研究在戴闻达出现之前的第一个50年中是何种面貌。

正如我所指出的，荷兰的汉学家——译员聚焦在来自中国东南沿海省份之移民社会的应用研究上。他们的一些作品很好地经受住了时间的考验，因为它们所依据的细致入微的田野调查，现今已经没有可能重复进行了。其他一些语言学和法律问题的著作因为丧失其相关性，已被淡忘。然而就整体而言，早期汉学家的研究自有其活力、一致性与当时明确的服务目标。戴闻达在就职演讲中将任何汉学专业的学子不得不度过的第一年，称为"一个砍柴与挑水的阶段（a period of woodhewing and waterdrawing）"。[2] 这样个性化的描述同样适用于莱顿汉学的先辈们。

---

1 J.J.L. Duyvendak, "Het Sinologisch Instituut"（汉学研究所）, *China, een driema-andelijksch tijdschrift* 5/4（1930）: pp.253–260; J.J.L. Duyvendak, *A Bird's Eye View of European Sinology*（New York: China Institute in America, ca. 1929）.

2 Inaugural lecture on the assumption of the professorship of Chinese Studies, October 8, 1930, *Historie en Confucianisme*（《历史与儒学》）（Leiden: E.J. Brill, 1930）, p.32.

我们首先要细究形塑这些早期汉学家事业的社会政治的决定性因素，深入探讨莱顿大学为培训服务于殖民政府的汉学专业学生的计划是如何创立的。唯有如此，我们才能进一步分析早期荷兰汉学家兼翻译所要服务的目标，以及他们在殖民政府的政策范围内发挥作用之方式。

二、海外华人与荷兰人：变化中的殖民关系

最早有关荷兰与中国商人相遇的历史记录，出现在荷兰第一批前往远东的远征者于 1596 年 6 月 26 日抵达爪哇万丹港（Bantam）之时，该地是当时东南亚最为重要的国际贸易中心。根据《首航日志》(*Eerste Schipvaart*)的记载，中国商人聚居在一个四周竖有坚固栅栏的区域。据说，他们的寓所是城中最为漂亮的所在。[1]

印度尼西亚中国商人之富有与其在市场中所发挥的主导性角色，令荷兰人印象十分深刻。他们很快就意识到中国商人是其竞争对手，但同时也承认唯有与其合作，才能渗透进区域经济领域之中。事实上，荷兰东印度公司自于爪哇成立之日起，在其长达两百年的统治中，一直雇用华裔中间人来处理与当地土著的商业事务或征收赋税。

在荷兰东印度公司时期（1602—1795），爪哇华人社区的居民住在被分配给他们的专属区域，即所谓的"华人营（Chineesche Kamp）"，并由他们自己的"头家"管理。荷兰殖民当局任命华人头人（majoor）或长官（kapitein）。《荷兰东印度告令集》(*Nederlandsch-Indisch Plakaatboek*)这部地方行政命令与决议汇编记载，（荷兰东印度公司）

1　G.P. Rouffaer and J.W. IJzerman, *De eerste schipvaart der Nederlanders naar Oost-Indië onder Cornelis de Houtman, 1595-1597* (The Hague: Linschoten Vereeniging VII, XXV, XXXII, 1915-1929), Vol. 2, p.25.

做出了一些特殊的安排，使得华人社区能够依据自身的规则来运行。大量的中国法律被吸收进巴达维亚法典（Batavian Code of Law），即所谓的"Bataviasche Statuten"。[1] 因为这些措施，尽管北爪哇的华人移民社群受到了与当地居民通婚的某些影响，但是大体上能够保持其在语言、法律与文化上的延续性。殖民地政府偶尔尝试让当地的荷兰青年去巴达维亚的华人私立学校上学，进而熟悉中文，但是这些为东印度公司培训中文译员的努力最终都付诸东流。[2] 马来语仍然是东印度公司官员与华人职员之间的通用语（lingua franca），因为后者主要是通晓双语的峇峇娘惹（peranakan，生长于爪哇的华人），所以这样非常适应当时的实际情况。

19世纪中叶，所有这一切都发生了变化。在英国统治了5年（1811—1816）之后，荷兰于1816年恢复了统治，殖民地政府重新进行在此前就已发轫的行政改革。主要的挑战是将殖民地的资产从亏损转为赢利。荷兰在这一方面相当成功：臭名昭著的强迫种植从18世纪30年代被引入爪哇，很快就为世界市场提供了大量热带经济作物，并实现了结算盈余。

为了维持较低程度的行政开支，赢利水平不高的外岛（Buitengewesten）推行了一项名为"有限帝国（reluctant empire）"的政策。爪哇岛以外的大多数领地依照法理要受到巴达维亚的约束，但

---

[1] J.A. van der Chijs, *Nederlandsch-Indisch Plakaatboek*（Batavia：Landsdrukkerij/The Hague：Nijhoff，1885-1900），Vol. 7，pp.476-490. 荷兰东印度公司时期华人法律文献之汇编，存于Koninklijk Instituut voor Taal-，Land-en Volkenkunde，Leiden，Manuscript Collection，no.II 458。

[2] J.A. van der Chijs, *Nederlandsch-Indisch Plakaatboek*（Batavia：Landsdrukkerij/The Hague：Nijhoff，1885-1900），Vol. 7，p.427. 也可参见Victor Purcell，*The Chinese in Southeast Asia*（London and New York：Oxford University Press，1951），p.478。

在事实上却处于独立的地位。然而，当其他欧洲竞争者开始在此地浑水摸鱼的时候，巴达维亚政府被迫进行介入。它通过政治计谋与偶尔为之的武力恫吓相结合的方式，逐步增强了其对苏门答腊和婆罗洲的管辖权或是对管辖权的主张。直至20世纪初，在北苏门答腊的亚齐安定下来之前，这种增加对地方事务的干预、扩展行政控制范围以及巩固权力的漫长历程才得以完结。

行政控制范围的扩张也对殖民政府与其华人属民之间的传统关系产生了影响。殖民当局再也不愿意通过公馆（Kong Koan）管束其属民的华人雇员的调解，来支撑起一个相对松散的关系。[1] 在很多方面实际上是殖民地经济润滑剂的华人社群，必须受到更为严格的法律管控。1855年[2]，殖民当局宣布民法典和商法典之中的欧洲财产法适用于华人，其在此之前是由"内地"法庭处理。

促使政府强化对华人管控，并进一步将之纳入行政框架当中的政治因素主要有以下几点：新加坡的崛起，1819年，英国殖民官员莱佛士（Thomas Stamford Raffles，1781—1826）在中国海上贸易商人的帮助之下开辟了这个自由港，并对荷兰殖民政府构成了挑战。在成立之后的短短几年内，英国的这个自由港取代了巴达维亚，成为群岛内部的商贸中心，而荷兰当局认识到其在殖民地经济领域中对华人的控制力有所削弱。

移入荷属东印度的中国移民自身的特殊问题，是另外一个严重的问题。传统上，帝制中国禁止其臣民向海外迁移，并且谴责那些移居"南洋"之人是卖国贼或叛徒，因为他们背弃了守护祖先庐墓的习俗。然而，1842年《南京条约》之后，清廷在西方的压力下不得不改弦更张，

---

[1] Leonard Blussé and Chen Menghong, eds., *The Archives of the Kong Koan of Batavia* (Leiden and Boston: Brill, 2003).

[2] Purcell, *The Chinese*, p.504.

颁发上谕允许自此以后移民，导致赴外苦力的人数急剧增加。东南亚获得了大量寻求工作的移民。该地区的苦力贸易被居住在新加坡或海峡殖民地的掮客所垄断，他们为万丹岛、勿里洞岛以及马来半岛上的锡矿招聘工人。当日里（Deli）地区开放烟草种植业以后，华人苦力于1863年之后大量涌入北苏门答腊。

西婆罗洲的情形则有所不同：早在1780年就开始定居在三发（Sambas）地区的华人金矿主在这里建立了规模较小的"共和国"或者"公司（kongsi）"，它们拒绝接受荷兰殖民政府的最高统治地位，荷兰殖民政府于1850—1854年通过军事远征将其逐一征服。这种情形下，殖民当局在爪哇北部沿海、新加坡附近廖内群岛、班加、北苏门答腊和西婆罗洲的华人定居地缺乏华人事务顾问，成为殖民政府日益关心的问题。

三、翻译的需求

19世纪30年代，英国新教传教士麦都思（Walter Henry Medhurst，1796—1857）表明了欧洲中文翻译所提供服务之宝贵。他在伦敦传道会设立于马六甲（Malacca）[1]的语言培训中心（译者按，该语言培训机构即英华书院）学习中文，后于1822年迁至巴达维亚，在当地城镇的华人和马来人中间传播福音。除了进行传教工作，这位拥有非凡进取心的人设立并经营着爪哇语、马来语和汉语的印刷机构、数所学校以及成立于1933年的著名的巴拉巴特孤儿收容所（Parapattan Orphan

---

1 其生平与著述的概况，参见 J. Paulus, ed., *Encyclopedie van Nederlandsch-Indië*《荷属东印度群岛百科全书》）(The Hague: Nijhoff, 1917-1941), Vol. 2, pp.692-693。

Asylum)。麦都思也腾出时间从事汉语、日语与朝鲜语的基础性词汇学研究，并出版了这些语言的词典。有时候，他也担任荷兰殖民当局华人事务的翻译和顾问。

殖民政府当然要在其法务部门中聘用能够完成中文和马来文交互翻译的中文译员。巴达维亚的这些中文翻译（Djoeroebasa Tjina）发挥了三个层次的功能：警务部门的翻译（即所谓的"Djoeroebasa Bahasa Tjina di politie-rol di dalam kota"），稍高一级隶属于巴达维亚地方官员的翻译，以及高等法院的翻译。然而在实际上，几乎不能指望这些华人将官方文本所使用的荷兰法律术语通过口译或笔译准确无误地翻译出来，这使麦都思的协助非常重要。因此，麦都思1842年启程来华，使殖民当局警觉起来，意识到他们再也不可能在任何有需要的时候找到一个可靠的翻译了。这是第一次有人提出有关培训欧洲中文翻译以便在殖民地工作的紧迫性。一如官僚圈子间所通常发生的那样，争论很快就集中在哪一个部门愿意买单的问题上。罗滋生（Jan Jacob Rochussen，1845—1851年在任）总督曾经触及这一问题，但是直到阿尔伯特·雅克布斯·杜伊玛·凡·特威斯特（Albertus Jacobus Duymaer van Twist，1851—1855年在任）总督面对前任留下的一大堆亟待处理的中文问题，才决定采取行动。

杜伊玛·凡·特威斯特在1853年9月18日一封写给殖民事务大臣查尔斯·费迪南德·帕胡德（Charles F. Pahud）的信中，提醒后者留心殖民政府与华人属民间的诸多问题：最近与西婆罗洲公司的冲突，马来半岛秘密会党渗透进万丹岛矿区，以及爪哇日益泛滥的中国商人和包税商的欺诈。某些麻烦是新出现的，而其他一些则众所周知：它们的共同之处在于，缺少华人事务方面专家的协助就很难解决。杜伊玛认为迫切需要培训中文译员，"因为政府充分了解到居住于东印度群岛的华人的上述情况，这是一个规范良好的社会所不能容忍的"[1]。因此，他提议成立一支中文翻译的团队，并派遣具备多种语言能力的荷兰年轻人到中国进修。有关这一问题，杜伊玛与英国驻广州副领事弗雷德里克·金（Frederick King）取得了联系，后者答应给他提供帮助，并建议他将学生送到附近的澳门。

收到这封信后，帕胡德咨询了当时住在莱顿的日语翻译霍夫曼。[2]多年以来，霍夫曼在尽心尽力地协助西博尔德编写日后的代表作《日本植物志》（*Nippon, Archiv zur Beschreibung von Japan und dessen Neben und Schutz Ländern*），并因之在荷兰东印度政府获得了特别为他而设的日语翻译一职。因为霍夫曼曾经跟随郭成章（西博尔德在19世纪30年代从巴达维亚带来的日本项目的华人助手）[3]学习过古文，他被认为有资格对设立一所中文学校一事发表意见。正如我们将要呈现的那样，这种信任并非没有根据。

四、一项总体的计划

霍夫曼在给大臣的回信中，就三个在他看来似乎至关重要的问题，

---

1 Nationaal Archief（正式名称为 Algemeen Rijks Archief，简称 ARA），Ministry of Colonial Affairs 1849–1900（Min. Kol.）*toegang* 2.10.02，*inventaris* 311，*verbaal* 17 January 1854，no.19，"naarmate het bestuur meer bekend geworden is met de daden en verrigtingen van in Indië gevestigde Chinezen, welke in eene geordende Maatschappij niet geoorloofd zijn".
2 NA, Min. Kol., inv. 309, minute 11 January 1854, no.6, letter of November 25, 1853.
3 拼法亦可作 Ko Tsching-dschang（Tsing-tsang）。严格意义上讲，郭成章因此可被视作荷兰汉学的创始者，参见 Kern, "Levensbericht," 3 and 10 and G. Schlegel, ed., "Levensschets van Hermann Schlegel"（《霍夫曼传》），*Jaarboek Koninklijke Nederlandse Akademie van Wetenschappen*, 1884, p.80，在西博尔德的《日本》中也可找到郭成章的相关图片。

提供了答复：在培训中文过程中应当特别考虑的方面；符合预期的学习效果应该如何获得，可能的人选应该满足哪些要求；训练一个职业中文翻译需要多长时间。[1]

霍夫曼特地指出，学习中文最大的绊脚石是"中文书写与发音之间的特殊关系"。按照他的讲法，汉字的知识、意义与发音应该优先于方言的训练，因为整个中国接受过相同教育的人尽管在发音上有所不同，但都能够理解汉字的字面意思。中国各地区口语差别太大，以至于一个北京人难以让一个广东人懂得他说的话。由于中国的官僚们不仅要通过书面，也要通过口头进行交流沟通，官场中间因此使用一种源自北京方言的通用语言。与方言比较起来，这种所谓的官话（后来被标准化为国语）"像是国道之于省道"。尽管供职于荷属东印度的中文译员难以避免地使用闽南话和客家话进行工作，霍夫曼坚持他们应当接受这一通用语言的培训。为了增强论据，他补充说马礼逊、麦都思、郭士立（Karl Gützlaff，1803—1851）和帕克等当时最著名的汉学家都支持他的论点。

霍夫曼赞同选择广东作为培训学员的适当地点。尽管他从没有到访过荷属东印度，但他坚信在爪哇几乎不可能找到适任的师资，而在广东找到一名愿意教导外国学员的科举出身之人，并不困难。

就怎样挑选合适的人选这一问题，霍夫曼深信这项事业最终的成功，取决于青春年少（13—15岁）、语言天赋与良好的视觉记忆力。因为少量可资利用的教材不是法语就是英语，这些人选也应当精通数种欧洲语言。他在此处援引了法国第一流汉学家儒莲（Stanislas Julien，1797？—1879）的译作、雷慕莎（Abel Rémusat，1788—1832）的

---

[1] 9-12-1853 报告包括三个附件，参见 NA, Min. Kol., inv. 311, minute 17 January 1854, no.19。

《汉文简要》和马礼逊的《华文语法》。霍夫曼认为，学会阅读中文文本与能够使用中文进行交流，至少需要 4 年的时间。在表达了这些观点之后，他补充说："在过去几年，我为了满足政府对于熟稔中文之人的需求而做了种种尝试，我不应当只字不提自己所付出的这些努力。"

原来，霍夫曼已经在教导两个年轻人：一个是年轻的传教士，他在一段时间之后就放弃了；另一名是其好友、莱顿自然历史博物馆（Leiden Museum for Natural History）的管理员赫尔曼·施古德（Hermann Schlegel，1804—1884）的儿子。经过在霍夫曼家中为期 4 年的培训课程，13 岁的施古德已经能够阅读孔子的著作。霍夫曼相信这个男孩儿"长大之后肯定能够成为语言与文学的权威"，因此建议帕胡德大臣拨付给他一份奖学金，激励他进一步学习。在收到霍夫曼的报告之后，帕胡德大臣于 1854 年 1 月 11 日向国王汇报了调查结果，并请求单独划拨一笔资金用以选送两名受训者前往广东。他还建议给年轻的施古德发放津贴。[1]

除了旅费，两名学生在广东学习 3 年的花费大约为 22 500 弗罗林或荷兰盾。相较之下，施古德的津贴显得有些微薄：霍夫曼估算为期 3 年、每年 500 弗罗林，其中 300 弗罗林用于每日的拉丁语和希腊语课程，200 弗罗林用于学习法语、英语和德语。尽管如此，帕胡德可能依然认为这是一个相当高的预算，因为他在上呈给国王信件的空白处潦草地写道："我相信 300 弗罗林就可以了。"国王的批准在 6 天之后下达：两名学员可以被派至广东，施古德因此获得每月 25 荷兰盾的津贴，"这使得他能够接受私人辅导，减少了到莱顿市立中学（Stedelijk

---

[1] NA，Min. Kol.，inv. 309，minute 11 January 1854，no.6.

Gymnasium）上那些太费时间的课"。另外，荷属东印度军队的三等药剂师格里斯（Carolus F.M. de Grijs，1832—1902），曾经临时跟随施古德博士学习在荷属东印度群岛为其博物馆及莱顿植物标本馆搜集和识别动物、植物、矿物与热带植物的基础知识，（此次）也获得特别假期，去参加一个霍夫曼的中文速成班，以便他能够攻读中文自然史论著。

在极具影响力的殖民地刊物《荷印期刊》(*Tijdschrift voor Neêrlands-Indië*) 1855年春季号中，编辑霍威尔（W.R. Baron van Hoëvell，1812—1879）告诉他的读者们，根据可靠消息，目前正在为了在中国培训职业中文翻译而选拔两名青年。[1] 对他来说，派遣青年人到中国学习中文是"相当罕见的"，在巴达维亚培训他们不是更加省钱吗？毕竟，"数千名居住于爪哇的华人中间存在非常聪明的人，其中很多人的荷兰语非常流利，一些人甚至精通法语"。霍威尔同时建议应该像通常那样在荷属东印度挑选候选人，而不是从荷兰本土高级官员的子弟中挑选。他的请求部分地被满足了。阿尔布雷赫特（J.E. Albrecht）与法伯尔（M. von Faber）这两名被选拔出来的候选人，的确是在当地出生和接受教育的，他们一并被送往广东，接受荷兰领事的监管。殖民政府为其在广东的受训拨付每人每年3 000弗罗林的款项（囊括食品、住宿与教育）。[2]

同时，在莱顿，事情也在同步进行。霍夫曼新增加了两名学生，分别是佛兰肯（Johannes J.C. Francken，1838—1864）和斯哈尔遮（Maurits Schaalje），他们与施古德年龄相仿。两年之后，当时已经（自1855年3月21日起）受聘为中文和日文名誉教授的霍夫曼，于

---

[1] *Tijdschrift voor Nederlandsch-Indië* 17/1（1855）：p.266.
[2] *Tijdschrift voor Nederlandsch-Indië* 18/1（1856）：pp.160-161.

1857年1月30日汇报了他们的进度。格里斯到巴达维亚后，很快就被送往中国深造，他选择到厦门学习并兼任副领事，闲暇时间，他还搜集中国植物标本。已经16岁半的施古德，"正在完全掌握中文的过程之中"。按照霍夫曼的讲法，佛兰肯"是一个成就赞不胜赞的非凡天才"，正在成为"最为优秀的中国语言文化研究者之一"。斯哈尔遮的勤奋程度不亚于前者，也有令人满意的进步，但尚缺少"理解语源学和基础语言学原理所不可或缺的常识"。霍夫曼认为将他们送至中国学习印度尼西亚群岛（华人）所说方言的时机已经成熟。斯哈尔遮被劝告在莱顿多留一年来学习拉丁语。[1] 6月16日，施古德和佛兰肯真正地以"中文学生（kweekelingen voor de Chineesche taal）"的身份进入殖民机构。数日之后，这两名青年登上"海姆总督（Commissaris des konings van der Heijm）"号启程前往东方。[2] 一场伟大的冒险开始了。

五、中国的学生岁月

施古德和佛兰肯经由巴达维亚抵达澳门，在那里停留3个月之后，他们在香港登上了驶往厦门的海船。这两名举止得体的青年善加利用了他们的中途停留：他们礼节性地拜访了著名汉学家理雅格。多年之后，施古德这样回忆此次会面：

> 这次拜访给我年轻的心灵留下了不可磨灭的印象，使我坚信学习中文的唯一途径应如他所做的——不是在语法的帮助之下——

---

[1] NA, Min. Kol., inv. 613, minute 16 June 1857, no.1.
[2] Gustaaf Schlegel, Johannes Jacobus Cornelis Francken, Maurits Schaalje, NA, Min. Kol., Stamboeken van Indische Ambtenaren, M, A905.

而是通过多加阅读和学习本土作者这种稍费心力但更加有效的方式。[1]

最终,这两名学生于1858年6月1日抵达厦门。他们在这个中国东南沿海的通商口岸,学习闽南语这种大多数定居于荷属东印度的华人所说的语言。格里斯当时以驻厦门代理副领事的身份居于厦门,并被委以监管学生之责。在他的引领下,很快就开辟了新局面。

当时,作为华人移民劳工的主要输出地之一,厦门这座城市因脏乱而声名狼藉。狭窄、泥泞、蜿蜒的小巷两旁,挤满了妓院和旅店,用来满足难民、流民以及不知道目的地在哪里的苦力们的需要。由于当时英法海军横行于中国沿海水域,不夸张地说,这座城市的总体氛围是仇外的。冷清的莱顿大学城,与弥漫着排外气氛与充满人群和货物嘈杂喧嚣声的中国港口之间的落差,可想而知。

由于住在鼓浪屿,施古德和佛兰肯不必每天受到小镇外来的影响。这座距离厦门仅有一小段航程的崎岖岛礁,是西方居民享有治外法权的世外桃源。然而,生活在其吃牛肉的同胞中间,花费是高昂的,学员们对其困境之描述太过动人,以至于他们居住在荷兰的父母深感同情,并就其子弟津贴之微薄致信大臣:"他们在一个令人讨厌的小镇度过最美好的青春时光。"[2] 这些不愉快的迹象,是由文化冲击引起的,还是源自学生们抱怨父母或奖学金颁发机构给予待遇之吝啬的悠久传统,都还不是很清楚。

在厦门学习具有特殊的吸引力:我们知道施古德继承了其父对于自

---

[1] G. Schlegel, "Nécrologie, James Legge," T'oung Pao 9 (1898): p.60.
[2] Letter of 1 November 1860, NA, Min. Kol., inv. 1029, minute, 9 February 1861, no.33/172. 现今的厦门以其干净整洁以及位于海边的美丽的名校校园而为世所知。

然和狩猎的热爱，他很乐意抛开书本，陪着格里斯越过海湾去寻找当地的动植物标本。莱顿大学自然历史博物馆至今仍珍藏着这些"战利品（hunting trophies）"。[1] 这两名学生甚至在一次法国的军事行动中发挥了小小的作用。1860年6月，法国运输船"利泽尔号（L'Isère）"在鼓浪屿附近触礁沉没，全体船员放弃船只，登陆避难。可以理解，厦门居民所给予的对待是冷漠的。数周之后，甚至有一群当地的暴徒袭击了船员的临时住处，被船员击退。幸亏这些荷兰学生，中国当局抓获和惩罚了这些暴徒。几年以后，为了表彰他们提供的帮助，施古德（佛兰肯当时已经逝世）荣获"柬埔寨皇家骑士勋章（Commandeur de l'Ordre royal de Cambodge）"。[2]

厦门的学生生活充满了兴奋，但我们绝对不能忽视学生课程之中相对单调的话题。佛兰肯、施古德和格里斯（他有充裕的时间来进行语言训练）每天上当地闽南方言的课程，并且担负着为编撰一部词典而搜集材料的沉重任务：佛兰肯准备中-荷部分，施古德准备荷-中部分。英文和法文的中文词典已经存在，但是除此之外，对于荷兰语中文词典的需求仍然存在。这根本上是因为荷兰语是印度尼西亚群岛的官方语言，故而意味着定居此地的华人在正式商贸往来中要使用它，也因为这部词典专注于闽南方言，彼时尚无任何一种字典收录这种语言。

正如亨利·博雷尔在涉及这一问题的论著中所指出的，师生之间的关系是非常亲密的。博雷尔作为职业翻译在厦门生活了近30年，但是实在没有理由相信当时他得到的指导与施古德和佛兰肯得到的训练没有本质上的差别。在《我的中文老师赵晓云》一文中，博雷尔写道：

1　Schlegel，"Levensschets，"p.63.
2　Cordier，"Nécrologie，"p.409.

与住在拉彭堡的一所房子中，纽扣系着缎带的非常杰出与博学的教授（他指的是施古德）完全不同，他与包括兄弟们在内的亲戚们住在一条巷弄旁不起眼的、昏暗的宅子里。在过去大约20年或更长的岁月中，他每天教授荷兰学生4小时，每月薪酬仅为12墨西哥元（约19.2弗罗林）。他是一个50多岁的老人，穿着一件长长的丝质长袍，脚蹬厚底鞋子，走起路来慢吞吞的，长长的辫子地垂在脊背上，鼻梁上架着一副大大的眼镜……

我在很短的时间内——就如我了解他所用的时间一样——认识到他实际上是我的父亲，而雇用他的我其实是他的孩子。这位弱小的教师每月从我这里获得12墨西哥元，每天早晨像个被雇用的仆人一样准时到达，以一种非凡的方式，用几个含义深邃的词语，以及博学多识的欧洲教授绝不做的潇洒手势，传授孔子和老子的智慧……

同时，赵老师还插手我的家务，欺诈他推荐给我的仆人，在他介绍给我的商铺中哄抬价格以便获得私底下的好处。他表现得好像我以难以置信的低价买到东西均拜他所赐。直到很久以后，我才明白赵老师是如何依靠微薄的收入来生活的。在那些蔑视他的行为，又对其睿智感慨不已的人看来，他们应该要么烧掉《圣经》及其他宗教和哲学著作，要么永远不要涉及交易！ [1]

除了学习口语，学生们还接触到了中文书写的秘诀：他们花很多时间用毛笔、砚台进行书法练习、草拟或翻译官方法令以及信笺写作等。施古德觉得只有通过练习写作中文信札，方能学会"如中国人一样

---

[1] H. Borel, *Van Leven en Dood*（《有关生与死》）(Amsterdam: Veen, 1925), pp.31-33.

思考"。在后来的岁月中,他不厌其烦地告诉其在莱顿的学生们他将所写的第一封中文信件自豪地呈交给老师的轶事。在读到内容之后,中文老师皱着眉头评论道:"这封信写得不好,不够含蓄,太过直白了。我会写一封信给你,收信人一丁点儿也弄不明白它的意思。"他说到做到,旋即草拟了一封意图晦涩、线索暧昧的杰作。当年轻的施古德抗议(它的)信息已经丧失的时候,他的中文老师严厉地训斥他:"这没有关系,收信人完全不知所言,要比他什么都知道要好。"[1]

至1861年,施古德与佛兰肯对于闽南方言的掌握已经到了一定程度,他们有能力前往广东的城市去攻克广东方言。从施古德依据在这个南方港口搜集到的中国妓女的资料而做的卖春研究来看[2],学生们的生活似乎富有趣味。读者可能会觉得佛兰肯和施古德通过枕边话学习到了粤语,以下是他们第一次参观一条广东花船,也就是流动妓院的经历:在一个美妙的夏日傍晚,这两个学生偷偷摸摸溜进船中,没有被发现,他们想出了一个进入对话的办法:

> 我们要求——当然是用汉语——一名仆人给我们的雪茄点火。
> "你们会说中文?"那个仆人非常吃惊地喊道。
> "是的,一点点。"我们回答说。
> 这几句话把一名老年官吏从精神恍惚之中惊醒,当时他正在离他不远的左右两边各有一个入口的房间内吸鸦片。
> "谁在那儿?"他询问刚刚是谁在说话。

---

[1] G. Schlegel, *La loi du parallélisme en style chinois*(Leiden: E.J. Brill, 1896), p.2, p.3.
[2] G. Schlegel, "Iets over de prostitutie in China"(《中国娼妓札记》), *Verhandelingen van het Bataviaasch Genootschap van Kunsten en Wetenschappen*(*VBG*) 32 (1866): pp.1–25.

"两个鬼佬。"他答道。

当我们走近他的躺椅时,那位老先生起身,用中文问我们:"你们是谁?"

"鄙人是到中国来学习您伟大国家语言的人。"我们回答说。

"呀,"他说,"你们是传教士。"

"您误解了,"我们回答,"传教士是不会贸然到这种船上的。我们是鄙国派到中国学习中文的学生,将来要作为翻译服务于居住在爪哇岛上您值得尊敬的同胞们。"

那位老先生一听到这些话,他跳了起来,几乎忘记了他的烟枪,大声说:"快进来!快进来!我怎么能让两名西儒站在门口?"[1]

1862年6月,这一非同寻常的培训步入尾声——殖民服务正在召唤。佛兰肯和施古德在花船上为他们的两位中国老师,一名是广东人,另一名是厦门本地人,精心安排了一场聚会。当学生们坐在八仙桌上的时候(4位男士与4位女士围着它共进晚餐),可能很难想象一个月后到达巴达维亚的生活境况,尤其伴随着女性那令人愉悦的小调的声音:

> 手抚琴瑟拨几声
> 云板才响板鼓停
> 和煦春风一曲罢
> 郎君称觞寄浓情[2]

---

1 G. Schlegel, "A Canton Flower-boat," *Internationales Archiv für Ethnographie* 7 (1894): pp.2-3.

2 G. Schlegel, "A Canton Flower-boat," *Internationales Archiv für Ethnographie* 7 (1894): pp.7-8.

筚路蓝缕，以启山林：莱顿大学的早期汉学家（1854—1911） 49

当佛兰肯、格里斯和施古德在中国努力学习之时，霍夫曼仍在继续为莱顿大学的中国研究添砖加瓦。他先是结识了正在读大学最后一年的斯哈尔遮，也吸收了一批新的学生：布鲁克（J. de Breuk）、布丁（J.A. Buddingh）、葛路耐以及1862年的米特（P. Meeter）。此处不重点介绍霍夫曼作为日本学家取得的成绩，因为福斯（Frits Vos）教授在其他地方已有介绍。[1] 然而，一项既有益于中国研究者，同时又有益于日本研究者的计划，应被提及。早在1855年于阿姆斯特丹召开的皇家科学院会议中，霍夫曼已经提到需要一整套中文印刷字模。因为寄来的样品质量很差，在日本购买一套的首次尝试最终失败了。1858年12月，霍夫曼收到了格里斯寄来的一套原属于香港伦敦传道会印刷所的5 375个中文字模。[2] 或有人说霍夫曼面临着一些阻碍——其中之一是荷兰政府众所周知的吝啬——在他能够购买这个"二手货"之前。[3] 然而，霍夫曼自己的说法却与此相反：依照他的说法，当局非常愿意帮助他。他要解决的首要问题是如何重新将这些字模依序排列整齐，因为装载这些字模的箱子抵达鹿特丹后，愚蠢的海关人员没有盖严箱盖就径直送到莱顿大学。霍夫曼和他的学生花费了好几个星期重新排好这些字模，这项活动毫无乐趣可言。他们随即订制了几十个电铸字模来试用所收到的字

1　Frits Vos, "Mihatenu yume—An Unfinished Dream: Japanese Studies until 1940," in Willem Otterspeer, *Leiden Oriental connections 1850-1940*（Leiden: Brill/Universitaire Pers Leiden, 1989）, pp.354-377.
2　J. Hoffmann, *Mededeeling van J. Hoffmann aangaande de Chinesche matrijzen en drukletters krachtens magtiging van Z.M. den Koning en op last van Z.E. den minister van staat, minister van Koloniën, J.J. Rochussen vervaardigd*（Amsterdam: van der Post, 1860）, p.4.
3　E. Zürcher, "East Asian Studies," in *Tuta sub aegide Pallas, E.J. Brill and the World of Learning*（Leiden, 1983）, pp.62-63.

模。据此，他们对所有5 375个模具的制造费用进行了总体估算。这项计划的总共费用高达12 047.37弗罗林，政府于半年之内进行了拨付，故而所有的材料于1860年1月31日准备完毕。荷兰已经拥有了一整套能够有效运行的中文印刷设备，最早保存于莱顿赛特获夫（Sijthoff）出版社。[1]

六、施古德的崛起

荷属东印度地区荷兰籍中文翻译的大致历史，仍然留待撰述。[2] 在本文中，我不会处理诸如社会背景与居留时间之类的问题，甚至也不会试图列出1860年至1900年间25名毕业生的姓名。我不想专注于他们的职业生涯，而是重点介绍这些中文翻译在殖民地生活经历当中某些最为重要的研究主题。唯一无法轻易越过的是施古德的职业生涯。

1862年8月20日，施古德被任命为巴达维亚的中文翻译，并与法伯尔一同工作。这两名翻译在工作中得到了来自狄德庆（译者按，据音译）与黄哲清（译者按，据音译）这两位中国教师的协助，两人全都是因此目的而聘用自中国。[3] 从同时期英国人的作品中，我们知道这些中国教师和文书们在中国的领事馆为其雇主工作得很出色。实际上是这些人，而不是来自英国的翻译，将文件翻译成中文："把你想要说的主要

---

[1] Hoffmann, *Mededeeling*, pp.5-6. 有关赛特获夫印刷字型库的资料，参见莱顿大学图书馆手稿部的赛特获夫档案，卷1975。数年之后，这些字模为博睿出版社购获。

[2] 这项工作目前由高柏负责，他是莱顿大学中、日稿本及旧印本特藏的管理者。对高柏给予本文的建设性评论，深表谢忱。

[3] 参见NA, Min. Kol., inv. 7333, Resolution 20 August 1862, no.25。

意思告诉他们,他们会非常典雅地翻译出来。"[1]

但是正如施古德所指出的那样,荷属东印度的境况大有不同:

> 我们的殖民地大约有 30 万华人,除其社会风俗,他们要受到东印度法律的完全管辖。[2] 因此,绝大多数东印度政府颁发的法律、条例、命令,以及政府租赁契约、地方条例和法规等,都需要被翻译成中文。如今,尽管在中国一名翻译能够写出娴熟的、具有学术涵养及学识的中文信函,他在东印度必须以某种方式与刚刚毕业的中国学生相处,这些人在别人的劝诱之下离开自己的祖国并以文员的身份追随一名翻译,冀望在东印度大展宏图。基于自身的经验,我们知道这些文员除了抄录翻译出来的文章,他们对于中文(荷兰)翻译的帮助较少。[3]

施古德开启了一段硕果累累的研究阶段,在此期间,他将其在法律案件中担任调解人和翻译的专业职责,与对于天文学和比较语言学的个人爱好结合起来。这其中的第一个爱好可以追溯到他的学童时期,当时著名的天文学家弗里德里希·凯撒(Friedrich Kaiser,1808—1872)是其父母的世交,教授给了他宇宙的奥妙。至于施古德对于语言的热爱,是受到他精通多种语言的父亲的影响。

1866 年,施古德的第一部巨著《天地会:中国与荷属东印度华人的秘密社会》(*Thian Ti Hwui. The Hung-league or Heaven-Earth-*

---

1 引自 G. Schlegel, *Nederlandsch-Chineesch woordenboek met de transcriptie der Chineesche karakters in het Tsiang-tsiu dialekt*(Leiden:E.J. Brill,1884-1890),Vol. 3,Introduction,p.6.
2 这里的"东印度法律",指的是由荷属东印度殖民政府颁布的法律、法规。
3 Schlegel, *Nederlandsch-Chineesch woordenboek*, Vol. 3, Introduction, p.7, p.8.

League. A Secret Society with the Chinese in China and India）问世。这是一部惊人的著作，它以殖民当局搜查出来的中文材料为基础。[1] 这是西方人第一次搜集和剖析有关中国秘密社会礼仪的信息，而外界在此之前无法对之进行分析。直到《天地会：中国与荷属东印度华人的秘密社会》的问世，荷属东印度群岛及马来半岛当局才能够制定针对当地华人会党的特定政策并付诸施行。

1872年出版的《汉语-雅利安语》（*Sinico-Aryaca*）是对汉语与梵语的比较研究，施古德尝试将进化理论应用到比较语言学之中，他同时代的人却对此反响寥寥。[2] 杰出的语言学家赫尔曼·诺布朗纳·范·德·图克（Herman Neubronner van der Tuuk，1824—1894）尽管没有否认这一研究的博学多识，却形容它是"语言学领域中的幻想"。[3] 出版于1875年的《星辰考原：中国天文志》（*Sing Chin Khao Youen, Uranographie Chinoise ou preuves directes que l'astronomie primitive est originaire de la Chine*）受到了广泛称赞。这项开创性的研究，由于作者稍显过头的想象而受到激烈的讨论。[4] 中国科技史家李约瑟（Joseph Needham，1900—1995）认同这些批评，他说这本书的部分理论基础是站不住脚的，因为施古德试图证明中国天文学是所有天文学的源头。尽管如此，

---

1 Gustave Schlegel, "Thian Ti Hwui. The Hung-league or Heaven-Earth-League. A Secret Society with the Chinese in China and India," *VBG* 32（1866）.

2 G. Schlegel, *Sinico-Aryaca, ou recherches sur les racines primitives dans les langues chinoises et aryennes*（Tirage à part du XXXVIe volume des transactions de la société des Arts et des Sciences à Batavia）. Batavia：Bruining & Wijt，1872.

3 H.N. van der Tuuk, "Fancy op Taalkundig gebied"（《语言学的幻想》），*Algemeen Dagblad van Nederlandsch Indië*，8–10 January 1876，pp.1-15.

4 Gustave Schlegel, *Uranographie Chinoise ou preuves directes que l'astronomie primitive est originaire de la Chine, et qu'elle a été empruntée par les anciens peuples occidentaux à la sphère chinoise*（Leiden，E.J. Brill，1875）.

他仍将之视为中国天象学最为重要的参考书。[1] 这三本书中，只有第一本与施古德的日常活动直接相关。其学位论文《欧洲的中国风俗与游戏》（*Chinesische Bräuche und Spiele in Europa*）之主旨是中国人的消遣娱乐，与他担任法院翻译工作之间的关联较少，尽管如此，这项微不足道的研究使他于 1969 年获得了耶拿大学的博士学位。或许正是由于华人赌徒频繁触及法律，才使他走上了这条研究之路。

殖民当局应该是注意到了施古德似乎有大量的空闲时间——他们一定想知道："他怎么会花那么多时间来从事研究？"——计划让他负责培训巴达维亚新进人员的职业翻译，从而减轻霍夫曼在莱顿所担负的这些职责。官方的说法是，迄今为止，"莱顿大学著名的霍夫曼教授所进行培训的缺陷业已显现，而且成本很高"。

施古德和法伯尔因此制订了一项计划，他们估算，在他们的指导之下，整个学程可以缩减至在巴达维亚学习 4 年，在中国学习 1 年。他们需要中国教师的协助来进行日常口语的训练，此外也明确要求他们每月的工资应当增加 100 荷兰盾。[2] 基于自身在中国留学的经验，他们认为奖学金的财务管理不应该由当地领事负责，而是建议给予每名学员每月 125 墨西哥元：

> 致力于认真学习中国语言这样艰苦生活的特定年龄段的青年，既不同意也不愿意他们的事情由其他人管理，好像他们是生活无法

---

1 J. Needham, *Science and Civilisation in China*, 7 vols.（Cambridge, Cambridge University Press, 1954-present）, Vol. 3, p.183.
2 附有回函的报告，参见 NA Min. Kol., inv. 1900, minute 11 April 1867, no.22。关于中文教师的薪金，施古德指出巴达维亚的华人每月支付 50—125 荷兰盾给其孩子的中文老师。有关这种形式的中文教育，参见 J.E. Albrecht, "Het schoolonderwijs onder de Chineezen"（《华人的蒙学教育》）, *Tijdschrift voor Indische Taal-, Land- en Volkenkunde*（*TBG*）25（1879）: pp.225—241。

自理的小男生或学童。

在施古德和法伯尔开列的学习用书名单之中,出现了一些新作,例如卫三畏(Wells Williams, 1812—1884)《英华分韵撮要》(*Tonic Dictionary of the Canton Dialect*)、《简易汉学课程》(*Easy Lessons in Chinese*)与麦都思的《词典》,这表明较之霍夫曼10年之前所制订的计划,教材有了快速的发展。在这些中文文本中,我们发现有《康熙圣谕》(*Sacred Edict of Emperor Kangxi*)、《三字经》(*Three Character Classic*)、《千字文》(*Thousand-Character Text*)、《三国演义》(*Romance of the Three Kingdoms*)和《四书》(*Four Books*)。

在爪哇展开翻译培训的最初目的是节省经费。仔细推敲的话,它是徒劳的。两名学生在东方5年培训计划的费用预估为31 500弗罗林,或者是每人每年3 150弗罗林。这与在莱顿培训的数字相比并不算少。

我们可以从下表很清楚地看出这一点,该表将布丁和葛路耐(他们都在莱顿接受霍夫曼的训练,并被派往中国两年)的实际开销,与在一名荷属东印度翻译指导之下受训的粗略花费,进行了比较。

莱　　顿		巴达维亚	
1858年9月1日至1861年9月	1 850弗罗林	4年奖学金	7 200弗罗林
书本费和热带地区置装费	900弗罗林	4年中文教师的学费	2 400弗罗林
赴巴达维亚旅费	536弗罗林	返回中国旅费	1 200弗罗林
赴厦门旅费	600弗罗林	居留中国1年	3 750弗罗林
1862年3月至1864年8月间居留中国	5 738弗罗林		
返回巴达维亚旅费	600弗罗林		
6年总计	10 224弗罗林	5年总计	14 550弗罗林

筚路蓝缕，以启山林：莱顿大学的早期汉学家（1854—1911） 55

尽管莱顿的培训计划要多用一年的时间才能完成，但它实际上却比巴达维亚的替代方案更为便宜。造成这种差异的主要原因似乎是莱顿的学费过低，那里的学生得到的奖学金非常微薄。除了这些经费方面的因素，他们很快就意识到很难在荷属东印度找到合适的学生，以及——最为重要的是——目前对于翻译的需求已经饱和。根据一份 1864 年绘制的表格，当时的翻译已有以下数人[1]：

巴达维亚	法伯尔和施古德
三宝垄（Semarang）	格里斯
泗水（Surabaya）	阿尔布雷赫特
井里汶（Ceribon）	布鲁克
文岛（Moutok，Banka）	布丁
廖内（Riau）	斯哈尔遮
坤甸（Pontianak）	葛路耐

尽管佛兰肯于 1864 年 2 月 6 日逝世并由阿尔布雷赫特代替，翻译的供给仍然是充足的。

施古德和法伯尔制定出了一份教学大纲，但是直到 4 年之后才在巴达维亚挑选出一名合适的学生。[2] 不幸的是，施古德身体出了问题，并于 1872 年夏被送回荷兰休病假两年。[3] 次年，施古德请求殖民大臣按照巴达维亚的先例，批准在荷兰设立一个中文翻译的培训课程。因为他是唯一能教授厦门话这种大部分爪哇华人所说之方言的人，所以获得了霍夫曼的支持。随着不久之后布丁的去世以及施古德自身生病造成的

---

[1] NA，Min. Kol. minute 28 October 1864，no.10.
[2] 1867 年，施古德正式被委以在巴达维亚培训翻译之任，参见 NA，Min. Kol.，inv. 1900，minute 11 April 1867，no.22/469。这名学生是勒洛夫斯（J.J. Roelofs）。
[3] 施古德离任之后，法伯尔又招收了一名在巴达维亚出生长大的学生，名字是杨（J.W. Young）。

空缺，施古德于两年之后向内政部秘书长（Secretary General of Home Affairs）呈交了一份名为《关于请求在荷兰设立一所中文翻译培训学校》的备忘录。[1]

七、汉学讲席的设立

在备忘录中，施古德强调"每三年或者四年，一位特别任命的教授应该培训两名学生，以保持翻译人员的满额"，但是这名教授不单单从事这样的培训，他还要编纂一部上乘的荷-汉与汉-荷词典。当时唯一的英-汉词典价值200荷兰盾，不仅内容不够完备，而且只能单向查阅。"人们可以使用它翻译布道词和宗教小册子，但是显然不能翻译东印度的条规与命令。"出于这一原因，施古德谈到他在过去15年中一直在编纂一本荷-汉词典。由已经过世的佛兰肯编撰的厦-荷词典（最终由格里斯完成）正在由巴达维亚政府印刷部门印刷，"但是因为只允许工人们在下班之后开展这项工作，这部词典的出版可能需要数年之久——在过去的两年，只有16页被印刷出来"[2]。

最后，施古德指出莱顿培训殖民事务公务员学校的学员，也应该学习华人这一（印度尼西亚）群岛最为勤劳的人群的法律、风俗与宗教实践，因为"东印度地区华人的抵抗和叛乱，完全归咎于我们东印度公务员对于华人民族性格的无知"。这一建议无可非议地获得了众人的认可。莱顿应当立即设立中国研究的讲席，而且作者冒险为这一职位推荐了一

---

[1] NA, *Ministry of Home Affairs*, Cabinet, entry 2.04.26.02, inv. 180, 1875 dossier 144.
[2] 由佛兰肯与格里斯编纂的《厦-荷大词典》(*Chineesch-Hollandsch woordenboek van het Emoi-dialekt*) 直至1882年方才出版。那时，杜嘉德（Carstairs Douglas, 1830—1877）更为出众的《厦-英大词典》(*Chinese-English Dictionary of the Vernacular or Spoken Language of Amoy*) 业已出版。

名完美的候选人：他自己。

1873年10月，施古德被委以培训3名职业翻译之责。1875年，又增加了3名学生，他于同年成为"荣誉教授"。[1] 两年之后，他又从这一职务升任正式教授。

施古德满怀热情和干劲儿，投身于新的工作之中。他重新启用了霍夫曼于19世纪60年代用来印刷诸如《日文语法》(*Japanese Grammar*)等日本研究作品的一套中文印刷设备。他将字模运送到博睿出版社，并亲自教导工人们如何使用它。在一部纪念博睿的书中，许理和对此做了生动形象的描述。他回忆自己在20世纪40年代后期还是学生的时候，接触到最后一位排字工人马基恩大师（Master Martijn）——最后的莫西干人——的情景。他尽管不懂一句中文，但却能够像任何一位中国排字工一样，迅速地使用214部部首系统排好一个中文文本。[2] 据说，著名法国汉学家伯希和曾经相当尖刻地评价施古德说，对于这些学徒工的培训"或许是他所做过的最为出色的工作"[3]。毫无疑问，这对施古德来说是极其不公平的，但在那个时候，汉学家从来就不以对其他人非常友好或富有同情心而闻名，而且施古德本人同样随时准备好批评别人，这也是咎由自取。[4] 无论如何，伯希和的言论的确表明，这样的基础工作对于学术而言是非常重要的。实际上，施古德于1875年出版的《星辰考原：中国天文志》，牢固地树立了博睿出版社

---

1 参见 NA, Min. Kol., inv. 2827, minute 15 October 1875, no.17, 正式任命的副本包含于其中。
2 Zürcher, "East Asian Studies," p.62.
3 J.J.L. Duyvendak, *Holland's Contribution to Chinese Studies* (London: The China Society, 1950), p.22.
4 戴闻达这样说："施古德是一个某种程度上有些好斗的人，他非常确定他比任何人都要知道得多……然而，他遇到过无数个犯错的机会，而他并不总是错过这些机会。" Ibidem, p.22.

的声誉，使之成为欧洲首屈一指的中国研究作品出版商。

施古德在参与印刷活动的同时，其煞费苦心编纂的荷-汉词典也进展顺利。这部四卷本的巨著终于在1882—1891年间杀青了。对于作者来说，这既是一个解脱，同时也有空落落的灰心失意。《荷华文语类参》(*Nederlandsch-Chineesch Woordenboek*)受到国际学术界的交口称赞。法国汉学界授予它"儒莲奖（Prix Stanislas Julien）"，德国新闻界称赞它是"世纪巨著（Riesenbauten unseres Jahrhunderts）"，并将之与福斯桥（Forth Bridge）和埃菲尔铁塔（Eiffel Tower）相提并论。[1] 然而，归根到底，这部词典注定只有少数的荷兰汉学家使用。在一篇呈交于1883年的会议论文中，施古德试图使其这一领域的欧洲同行相信荷兰语实际上作为欧洲汉学家阅读中文文本的媒介是非常合适的，他所编纂的符合语言习惯内容的词典，可以轻松自如地与荷-英词典或是英-荷词典一起搭配使用。[2] 当然，这些话毫无用处。其实，施古德充其量不过是在自欺欺人罢了，因为每位听众都能领悟其弦外之音。现今，这部词典对于在国家档案馆中奋力阅读荷兰语华人或东南亚历史档案文件的年轻汉学家帮助甚大。然而，令人啼笑皆非的是，大量未经装订的印刷出来的库藏本在博睿出版社被小心翼翼地保存至20世纪70年代，而在1977年，被一位工作效率极高的库房经理丢进了碎纸机。

我已经提到过施古德对于语法的厌恶以及其对大量阅读的提倡——中文表示学习或是练习的汉字"习"，实际上是由"羽"和"白"构成，

---

[1] G. Schlegel, "Het Godsdienststelsel van China"(《中国的宗教系统》), *De Indische Gids* 14/1（1892）: p.1133.

[2] G. Schlegel, "Sur l'importance de la langue hollandaise pour l'interpretation de la langue chinoise," *Actes du 6e Congrès International des Orientalistes*, 4ième partie, Extrême Orient（1883）, pp.121-142.

通常与练习飞行的幼鸟振动翅膀关联起来。他教导他的学生敏锐地观察中国散文的特定习语和结构特征。发表于 1896 年的著名论文《中文形式之中平行结构的规则》(*La loi du parallélisme en style chinois*)，对这种方式给予了有力的论证。作为一名老师，施古德既严厉又有趣，他在讲课中夹杂着很多的逸闻趣事，但是就像他的一些论著一样，他常常被自己的想象所左右。他对学生也非常用心，尽可能去帮助他们。然而其对于包括下流故事在内的奇事逸闻的嗜好，并没有给他的学生高延留下好感，后者偏爱对于中国文化更为系统性的介绍。后者不仅对中文语法进行了探究，而且也涉足中国的宗教与政治体制等议题。[1]

创建一本汉学期刊的神奇故事，已经被讲述过很多次了。1889 年，当施古德、考狄与两名来自博睿出版社的编辑乘坐往返于斯德哥尔摩和克里斯蒂安尼亚（奥斯陆）间的火车，前往参加东方学会议的时候，他们提出了这个想法，因为印刷设备位于博睿出版社，故而编辑的合作是非常重要的。致力于"东亚历史、语言、地理与艺术"的《通报》，直至今日依旧是学界的顶级学术期刊。[2]

八、翻译的作为

正如本文此前曾指出的，荷兰的中文翻译派驻在爪哇岛上三个最为重要的城市（巴达维亚、三宝垄和泗水），以及外岛上其他几个拥有大量华人居民的重要聚点。因为大约有 30 万华人受荷兰殖民政府管辖，所以翻译们要将各级殖民政府颁布的法律、条例和法令翻译成中文。然

1　Werblowski, *The Beaten Track*, p.16.
2　Cordier, "Nécrologie Schlegel," pp.407-408.

而，在某些需要专门安排和组织的社会活动中，例如婚丧嫁娶，翻译所扮演的角色是非常关键的。他们经常担任遗产和孤儿院的特派委员。因此，他们发表了一些有关丧葬习俗和殡葬行业等卓有趣味的研究。施古德在华人遗嘱、捐赠、继承法，以及华人在泗水从事商业活动等方面做出了开创性的贡献。[1] 杨于1873年至1875年间在巴达维亚跟随法伯尔学习中文，发表了有关中国与荷属东印度华人墓地的研究文章。[2]

在本文之中，大量涉及婚姻风俗、华人婚姻法律与华人新娘地位等问题的文章，无法一一提及。它们主要发表在与殖民事务相关的荷兰期刊上，但是在哲拉德（Gerard A. Nagelkerke）《印度尼西亚的华人》（The Chinese in Indonesia）的参考书目之中，可以很方便地查找到。[3]

秘密社会是另外一个为翻译们喜欢的研究主题，因为他们频繁地接触到这些组织的成员，并对施古德有关天地会的研究进行评论和补充。[4] 特别是，杨和斯哈尔遮在这一点上所做之贡献有目共睹，应该被注意到。杨对比了英国与荷兰在海峡殖民地与荷属东印度地区有关秘密社会的法律。斯哈尔遮在廖内群岛（靠近新加坡）和棉兰（Medan,

---

[1] G. Schlegel, "Chineesche Begrafenis-en Huwelijksonderneming（gevestigd te Soerabaya）"（《泗水的殡葬业者》）, Bijdragen tot de Taal-, Land-en Volkenkunde van Nederlandsch-Indië（TBG）, 4th series, 8（1885）: pp.1–43.

[2] J.W. Young, "De begraafplaatsen der Chineezen, zoo in Nederlandsch Indië als in China"（《荷属东印度群岛与中国的华人墓地》）, De Indische Gids, 9/2（1887）: pp.1522–1560.

[3] Gerard A. Nagelkerke, The Chinese in Indonesia, a bibliography, 18th century-1981（Leiden：Library of the Royal Institute of Linguistics and Anthropology, 1982）.

[4] 1885年2月11日，葛路耐在呈交给总督的专家意见中批评性地指出："施古德研究了这些秘密社会的外部特征，却没有向我们介绍它们的本质与目标。他所提出的观点的依据是假设，而非基于观察，因此是与实际经验截然相反的。"NA, Min. Kol., inv. 3854, minute 8 May 1885, no.10.

三宝垄北部）度过了职业生涯的绝大部分时光，他经常在各类期刊上发表与当地秘密组织相关的材料。[1] 在保存于莱顿大学图书馆的斯哈尔遮的文章之中，仍可以找到他大量尚未发表的研究秘密社会的论文。在同一特藏之中，尚有斯哈尔遮撰就于 1864 年的《厦-荷词典》(*Emoisch-Hollandsch Woordenboek*)，以及其三卷本《厦门方言实用手册》(*Handboek bij het beoefenen van het Emoi dialect*)，后者是在施古德 4 卷本的荷兰-漳州书面语字典中的 3 卷问世之后，斯哈尔遮于 1889 年编纂的一部荷兰-厦门白话词典。[2] 这些著作从未出版过。

另一名早期汉学家格里斯的部分文章，也藏于莱顿大学图书馆，他曾任副领事，也是中国植物标本的收藏者，最后与佛兰肯共同编纂了汉-荷词典。因为格里斯的论著全部是用荷兰语发表，他现今已经被彻底遗忘了。此外，他翻译了《洗冤录》(*The Righting of Wrongs*) 这部官方法医学手册，因为他曾受药物学的训练，中文知识丰富，很适合做这样的工作。其档案中的文件包括与 1863 年《中荷天津条约》(*Dutch-Chinese Treaty of Tientsin*) 相关的材料、中文法律文献、厦门地方志

---

[1] J.W. Young, "De wetgeving ten aanzien van geheime genootschappen of broederschappen onder de Chinezen in de Strait's Settlements en in Nederlandsch-Indië"（《荷属东印度群岛有关华人秘密社会与会党的法律》），*Tijdschrift voor Nederlandsch-Indië*，NS 19（1890）：pp.179-200, pp.241-291; M. Schaalje, "Bijdrage tot de kennis der Chineesche Geheime Genootschappen"（《华人秘密社会论稿》），*Tijdschrift van het Bataviaasch Genootschap* 20（1873）：pp.1-6.［斯哈尔遮在该刊同期的第 30—37 页，亦发表了《中国女性的裹足》("De kleine voeten der vrouwen in China") 一文。］

[2] Leiden University Library, BPL 2104-06. Schaalje collection. 有关 BPL 收藏的说明，参见 Koos Kuiper ed., *Catalogue of Chinese and Sino-Western manuscripts in the Central Library of Leiden University*（Leiden：Legatum Warnerianum in Leiden University Library，2005）。

以及《东征集》(*Expedition to the East*) 这本以 18 世纪台湾动乱为主题的专著的部分翻译。[1]

出于显而易见的原因，几乎所有任职于坤甸（西婆罗洲）的翻译们细致地研究了公司这一华人社会制度。这些组织最初被殖民当局归类为秘密社会，汉学家很快就懂得它们是移民为了在各类事务中互相扶持而形成的经济与政治组织。这一制度在婆罗洲具化为金矿公司。尽管高延有关婆罗洲金矿主的"共和国"的专著或许已经人尽皆知——他对比了公司与南非的布尔共和国，从而使人们能够认识到其积极意义——应当指出的是，杨和沙昂克也就这一主题撰写了非常重要的长篇论文。[2] 此外，沙昂克与比他年轻的同事范德斯达特 (Peter Adriaan van de Stadt, 1876—1940) 一样，深入地研究过客家方言。这是一种在婆罗洲矿工、邦加岛和勿里洞岛矿区之间广泛使用的语言。这一研究的成果是沙昂克的一系列语言学研究，以及一部由范德斯达特编纂的荷兰语–客家语词典。[3]

到目前为止，我已经对与翻译们日常活动密切相关的议题做了简要的概述。如果对翻译们提交给殖民政府的、涉及各种各样主题（诸如苦

---

1 由蓝鼎元（1680—1733）所著。Leiden University Library, BPL 1780-1784, de Grijs collection. C.F.M. de Grijs, "Gerechtelijke geneeskunde," *VBG* 30（1863）.
2 J. J. M. de Groot, *Het Kongsi wezen van Borneo*（《婆罗洲的公司》）(The Hague: Nijhoff, 1885); S.H. Schaank, "De Kongsi's van Montrado"（《打劳鹿的公司》）, *TBG* 35（1893）: pp.498-657, and 36（1893）: pp.417-418; J.W. Young, "Bijdrage tot de geschiedenis van Borneo's Westerafdeeling"（《婆罗洲西部史论稿》）, *TBG* 38（1895）: pp.99-550; J.W. Young, "Then Sioe Kim Njong, in de Westerafdeeling van Borneo bekend als Njonja Kaptai. In memoriam," *BKI* 37（1883）: pp.149-153.
3 S. H. Schaank, "Ancient Chinese Phonetics," *T'oung Pao* 8（1897）: pp.361-377, pp.457-486. 后续部分，参见 *T'oung Pao* 9（1898）: pp.28-57. 补充资料，参见 *T'oung Pao* NS 3（1902）: pp.106-108. 有关沙昂克的记述及传记，参见 R. H. van Gulik, "Nécrologie, Simon Hartwich Schaank," *T'oung Pao* 33（1937）: pp.299-300; P.A. van de Stadt, *Hakka-Woordenboek*（《客家词典》）(Batavia: Landsdrukkerij, 1912).

力、鸦片专卖、爪哇华人经销行业等）的报告做一些提纲挈领式的总结，这一考察尚可以得到进一步拓展。这其中的很多文件，仍然留待历史学家或者社会科学家在海牙的殖民档案中进一步发现。[1]

我们现在转到与其工作相关性不太密切的研究主题上。

首先，我必须提到的是《南洋群岛文献录》(Notes on the Malay Archipelago and Malacca)，这是一部中国有关东南亚一带地理记录的选集，由翻译官葛路耐选编一些涉及南洋地区的古代中文论著。[2] 这项研究与其同时代人牵强附会的史地之学形成了鲜明的对比，至今仍是了解15世纪东南亚港口最为基本的入门书。葛路耐的职业生涯完全不同于他的那些同事们。从1864年直至1872年，他在坤甸和巴东担任翻译官。之后，他在上海停留了两年（他在荷兰领事馆工作的同时，也为其研究搜集材料）。他在第二次回巴达维亚短暂地出任翻译官之后，就被调任到与其汉学背景几乎不相关的官僚机构。他的公务员职业生涯相当成功，最后官至东印度议会副议长。作为中国事务的荣誉顾问（éminence grise），他实际上所发挥的影响力要比仍然担任翻译官大得多。1895年退休之后，他仔细研究了中国与荷兰之间的关系。这项研究只完成了第1卷。[3] 他的一位年轻同事郝廷柯（B. Hoetink），曾经于20世纪初以翻译官和检察官的身份参与了苦力劳动管理条例的草拟工作，退休之后，也投身于中国历史的研究，并发表了数篇有关17、18

---

1 对于这些档案，有一本非常好的指南，即 F.G.P. Jaquet, *Sources of the History of Asia and Oceania in the Netherlands* Part II: Sources 1796–1949（Munich: Saur, 1983）。

2 W. P. Groeneveldt, "Notes on the Malay Archipelago and Malacca, Compiled from Chinese Sources," *VBG* 39（1880）: pp.1–144. 有关葛路耐之生平，参见 *Encyclopaedie van Nederlandsch-Indië*（The Hague, 1917–1940）, vol. 1, pp.819–820.

3 W. P. Groeneveldt, *De Nederlanders in China*（《荷兰人在中国》）, 2 vols. *BKI* sixth series 4（1898）: pp.1–598.

世纪巴达维亚地区华人军事头领的论文。[1]

从一开始，唯一的一名职业翻译对学术事业表现出了抱负——尽管正如我们看到的，他没有回避实用性的问题——高延是施古德在莱顿最早也是最为优秀的学生。这名汉学家与其老师之间形成了有趣的反差：施古德在很多方面都是启蒙传统的传承者，并且涉足很多不同的主题（他撰写过大约200篇论文和专著），高延则是专心致志于现代宗教社会学的研究。

九、第二个世代

高延于1854年2月18日出生于斯希丹（Schiedam），在一个虔诚的罗马天主教家庭成长，但在莱顿大学就读期间经历了一场严重的宗教危机，并最终放弃了自己的信仰。[2] 高延在施古德指导下经过三年不太平静的学习之后（他跟他老师一样，性格反复无常），动身去厦门开展实地学习。高延性格独立，有自己的一套见解，他几乎将这一年全部用来研究当地的宗教风俗，用在学习上的时间不多。[3] 他游遍福建全省，

---

1 B. Hoetink, "Chineesche officieren te Batavia onder de Compagnie"（《荷属东印度公司时期巴达维亚的华人官员》），*BKI* 76（1922）：pp.1-136；"Nihoekong, kapitein der Chineezen te Batavia in 1740"（《1740年巴达维亚华人甲必丹连富光》），*BKI* 74（1918）：pp.447-518；"So Bing Kong, het eerste hoofd der Chineezen te Batavia, 1619-1636"（《巴达维亚首任华人甲必丹苏鸣岗（1619—1636）》），*BKI* 73（1917）：pp.344-415 and 79（1923）：pp.1-44；"De weduwe van kapitein Siqua—Djanda Kapitein Siqua", *Chung Hwa Hui Tsa Chih*, II—1-2（1918）：pp.16-25, pp.98-107.

2 参见 de Visser, "Levensbericht," p.1.

3 Ibidem, p.2. 据高延在厦门那令人恼火的中文老师赵少勋说，比起经典文学，他更喜欢阅读小说。的确，高延在其一部专著的引言部分，告诉读者他将"使读者熟悉一类自汉代以来被称为'小说'或'闲话'的文学作品"。参见 H. Borel, "De Nederlandsche Sinologie"（《荷兰汉学》），*De gids* 76/1（1912），p.269.

参观祠堂、寺观，以一名参与性的观察者的身份研究佛教僧侣的生活，并为其与厦门年节祭日及风俗习惯相关的学位论文搜集材料。[1] 高延首次在井里汶短暂担任翻译官期间，几乎无事可做，拥有充裕的时间编辑这些材料，并准备将之出版。调任坤甸之后，他掌握了客家方言的知识，并在陪同荷兰人到华人矿区旅行的时候，搜集到了兰芳公司（即前面提及的矿工群体）的重要资料。1883年5月，高延返回荷兰休病假，其有关厦门节庆风俗的研究于该年在巴达维亚出版。这使他在1884年获得了莱比锡大学（University of Leipzig）的博士学位，并于次年出版了关于兰芳公司的专著。[2]

高延尚在校订这些著作的校样之时，就计划使用系统方法研究中国宗教的不同表现形式。在此之前，西方作者（大多数是传教士）已经将中国的超自然世界解释为各式信条、哲学和迷信手段的大杂烩，以增进现世生活的好处，确保来世的解脱。在高延看来，对此提出挑战以及"深入揭示中国宗教生活的深层本质"的时机已经成熟。他尚是学生的时候，当他为了研究厦门的节庆风俗搜集那些杂乱无章的原始资料之际，就在这个方向上进行了早期尝试。他对于现代社会科学理论比较熟悉，制订出一个雄心勃勃的研究计划。尽管因为涉及大量的文本研究，这一研究计划只能由汉学家来进行，但它应该遵循"宗教学与社会学研究的一般科学常规"。[3] 正如其所指出的，高延意图描绘"一幅民众实践

---

[1] J.J.M. de Groot, "Jaarlijksche feesten en gebruiken der Emoy-Chineezen"（《厦门中国人的节庆风俗》），*VBG* 42（1882）：pp.1-644.

[2] *Het kongsiwezen van Borneo. Een verhandeling over den grondslag en den aard der Chineesche politieke vereenigingen in de koloniën, met eene Chineesche geschiedenis van de kongsi Lanfong*（《婆罗洲华人公司制度》）(The Hague: Nijhoff, 1885).

[3] J.J.M. de Groot, *The Religious System of China*（Leiden: E.J. Brill, 1892-1910），Vol. 1, Introduction.

礼仪、仪式、行为准则和规范的图景",以及"勾勒出制约这些(实践)的思想与信条"。换句话说,他的目标是梳理中国宗教,并概括出其对家庭和社会生活的影响。

最后一点至关重要,因为如果高延想要获准到中国进行为期三年的田野调查,那么就极有必要将研究计划纳入一个更大的框架,更不用说要从其雇主殖民事务部获得经济资助。1884年11月18日,这一计划转交给殖民事务大臣雅各布斯·彼得鲁斯·斯普伦格·冯·艾克(Jacobus Petrus Sprenger van Eyk),后获得许可(在葛路耐从内部和施古德从外部的推动之下),其目的被确定为更好地了解中国南方社会及其海外移民运动的根源及动因。[1]

1885年5月8日,尽管东印度政府对其研究计划中的某些细节表示保留,但高延被批准继续进行这项计划。在接下来的6个月里,高延做好了充分的准备,学习拍摄和冲洗照片,并拜访民族学领域的著名学者。其中,著名的法国收藏家爱米尔·吉美(Émile Guimet,1836—1918)力劝他为其位于里昂的博物馆搜集宗教艺术品。

等到高延于1886年1月启程前往巴达维亚的时候,他被告知其在中国的数年之旅,将不可能仅仅是学术研究。得知高延将在中国进行学术考察,日里(位于苏门答腊东北部)种植园主委员会与总督奥托·范·里斯(Otto van Rees,1823—1892)接洽,向他询问这名翻译官能否作为其在中国的代表。在新加坡,为苏门答腊招募苦力的问题十分严重,迫切需要专家的帮助。来自新加坡劳工经纪的反对,以及驻华公使费果荪(Jan Helenus Ferguson,1826—1908,被公认为契约

---

[1] 包含有研究计划的请愿书,收入 inv. 3819, the minutes of 29 December 1884, no.18 (NA, Min. Kol., inv. 3854, minutes of 8 May 1885, no.10)。

劳工的反对者）出乎意料的无所抵抗，使得此前所有为了从中国到苏门答腊的直接移民而做的努力都付诸东流。因此，高延被命令在前往中国之前，先去参访文岛和日里。

高延如何经过两年不懈的奔波努力，真正实现了这种直接移民，别处已有论及。[1] 他的积极参与为其赢得了种植园主终生难忘的感激，也因为踩了费果荪一脚而受到总督的正式谴责。[2] 一言以蔽之，这名学习宗教礼仪的学生从未退缩到学术研究的象牙塔之中，而是孜孜不倦地为殖民政府服务。

1891年，在其返回荷兰一年之后，高延获任为莱顿大学地位显赫的荷属东印度群岛人类学教授，这一职位自威尔金（G.A. Wilken，1847—1890）逝世之后就一直悬缺。从高延就职演说的标题《从政治与学术的视角来看中国知识对于荷兰殖民地的重要性》可以判断，这名新获任命的教授强调的是东印度地区居于少数的华人的重要性，故而人们倾向于认为他的兴趣仍然集中在中国之上。[3] 然而，一直以来很喜欢比较人类学方法的高延，满腔热情地投入到分析东南亚文化和社会的新工作中。在准备研究中国宗教体系的同时，他并没有将所有精力放在中国，而是讲授了多种多样的主题，例如苏门答腊岛上巴塔克族多巴人的结婚礼仪与米南卡保人的母系社会。正如其家人所说："这个看似平静、

---

1 F. van Dongen, *Tussen Neutraliteit en Imperialisme, De Nederlands-Chinese betrekkingen van 1863 tot 1901*（《在中立主义与帝国主义之间：1863—1901年间的中荷关系》）(Groningen: Wolters, 1966), pp.124-132; H.J. Bool, *De Chineesche Immigratie naar Deli*（《日里地区的中国移民》）[n.p., (ca. 1902)].

2 参见 NA, Min. Kol., Mailrapporten no.6474, letter of 22 June 1889, "Berisping voor de tolk in de Chineesche talen, J.J.M. de Groot, belast met werving van arbeiders in China"（《因受托在中国招聘劳工而对中文翻译高延所作之申饬》）。

3 J.J.M. de Groot, *Over het belang der kennis van China voor onze koloniën, uit politiek en wetenschappelijk oogpunt*（《从政治与学术的视角来看中国知识对于荷兰殖民地的重要性》）(Leiden: E.J. Brill, 1891).

孤独、学究的隐者，实际上拥有一种躁动、活泼的天性，这促使他付诸行动，以及在更为宽广的领域不停地工作、再工作。"[1]

《中国宗教体系》(The Religious System of China) 第1卷于1892年问世，荷属东印度政府资助了该书一半的出版经费，另一半由日里公司（Deli Company）提供。1893—1910年，另外5卷相继出版，但这一最初计划为12卷的巨著最终没能完成。该书的重要主题——与丧葬相关的风俗、有关灵魂的理论、道教、民间崇拜、人类灵魂的抚慰（节庆、祛除时疫病的仪式）、佛教和国家宗教——只有前两部分出版发行。

借由这一不朽研究，以及诸如1894年的《中国的大乘经》(The Mahayana Code in China)、1903—1904年的《中国的宗派主义及其宗教迫害》(Sectarianism and Religious Persecution in China) 等译作，高延对中国宗教研究产生了深远的影响。他将从田野调查中获取的原始材料与古代传承下来的仪式文本联系起来，或如英国人类学家莫里斯·弗里德曼（Maurice Freedman）所指出的："力图在古代经典之中为现今所看到的（仪式）寻找到依据。"[2] 事后来看，这一研究方法是相当牵强的，而且有违历史事实。与许多他在这一领域的同事一样，高延借助中文类书的帮助，按照从古到今的编年顺序整合他所搜集到的资料。曾有人恰如其分地指出："这种方法的结果是几个世纪（材料）摞在一起的层累，没有能够深入到其中的任何一个世纪。"[3]

---

1 De Visser, "Levensbericht," p.8.
2 对高延的研究方法与其对中国宗教研究所做贡献抱有兴趣之人，应该阅读弗里德曼对于高延和法国汉学家葛兰言有趣之比较，参见 "On the Sociological Study of Chinese Religion," in M. Freedman, *The Study of Chinese Society*（Stanford：Stanford University Press, 1979）：pp.351-369。
3 这是戴闻达对日本学家德微瑟（M. W. de Visser）做出的评价，他与同时代的高延使用了一样的方法。

随着岁月的流逝，高延厌倦了对正在迅速衰落的中国宗教机制的精细研究，他的兴趣转向了其他主题。毫无疑问，这种兴趣的减弱，与其对帝国当局对于宗教采取的态度密切相关。世纪之交，当他目睹了义和团运动中宗教团体与基督传教遭受到残酷迫害之后，他对宽容和自由主义的赞同转为憎恶。

高延身边的环境也越来越让他神经过敏。在与馆长发生理念冲突之后，他带回来的大量文物，没有按照既定方案入藏位于莱顿的国立人类学博物馆，而是流散到许多其他的博物馆。他还以笔为矛，讨伐滥用权力的恶劣行径，尤其是大学兄弟会每年"入会受辱"期间猖狂的欺凌，他陷入一场与其学生甚至是本院及其他学院同事之间的激烈争论。

1904年，高延不情愿地放弃了人类学教授的职位，去填补施古德留下的空缺。数年以前，他就已经拒绝了出任哥伦比亚大学和柏林大学教授的邀约。当他于1911年被柏林大学再次邀请的时候，便欣然同意。那时，他的生活已经被关于兄弟会入会者的争论所困扰（他甚至因此而辞去教职）[1]，此外，对于大学校务会未能聘任其一位友人，他表示反对。在柏林大学，高延事业上的成就，并没有获得一个圆满的结局。尽管他设法发表了有关早期中国对于中亚记述的重要研究[2]，但还是身不由己地卷入德国的战争准备之中，直至战争结束，其在柏林苦心创建的汉学研

---

1 W. Otterspeer, *De opvoedende kracht van den groentijd: Het Leidse ontgroenschandaal van 1911*（《受辱的教育权力：1911年莱顿欺凌事件》）(Leiden: Burgersdijk en Niermans, 1995). D.E. Mungello 在他的 *Western Queers in China: Flight to the Land of Oz*（Lanham: Rowman and Littlefield, 2012) 中的第75—80页对高延进行了讨论，尽管他提出令人信服的理由证明高延很可能是没有出柜的同性恋者，但他并未讨论这如何影响到了他的学术工作，以及如何影响到我们对其工作的理解。

2 J.J.M. de Groot, *Chinesische Urkunden zur Geschichte Asiens*, 2 vols. (Berlin: W. de Gruyter, 1921, 1926).

究所的倒闭，逐渐成为一个挥之不去的阴影。1921年，这个幻想破灭的男人去世了。

十、十字路口的汉学

正如我在前文中所提及的，高延留下的空缺在八年之后由他此前的学生戴闻达填补。荷兰政府为何花费如此长的时间才决定挑选一名合适继任者的谜团，需要进一步研究，仅仅是因为不再迫切地需要为荷属东印度政府培训新的翻译官吗？直到今天，仍然没有一个令人满意的答案，但是如果我们聚焦在亨利·博雷尔这位被高延说成是"使荷兰汉学声名狼藉的"极具争议性的人物上，至少会得到部分的解释。[1]

1888—1892年，亨利·博雷尔在莱顿大学跟随施古德学习，此后在厦门度过了两年的时光。他在廖内开始担任翻译的前几个月，一名记者在1894年4月24日的《总商报》（Algemeen Handelsblad）上发表了一篇文章，讨论了荷属东印度地区中文翻译官的处境。这位匿名作者指出，翻译们几乎不再像此前一般行事了，而变成了薪水微薄且建议很容易被否决的顾问。翻译官的行政地位已不再与其职位和昂贵的训练相称。这篇文章在官场内部引起了极大的震动，开始讨论重组中文翻译官队伍的可能性。[2]

---

1 引自德·布莱恩（A.G. de Bruin，1874—1947）的小册子《神秘的事件》（Een onopgehelderd geval）[与《愤怒的教授》（Een verbolgen hoogleraar）一书同时出版]。按照高延的说法，荷兰民众"再也无法通过扎实的研究来识别肤浅的垃圾"。奥黛丽·海因茨（Audrey Heijnts）目前博士论文研究的正是博雷尔的职业生涯。
2 参见NA, Min. Kol., inv. 4926, minute of 22 April 1895, no.23，它包括一份由戴闻达撰写的报告以及一份由总督提交的长篇摘要。1895年4月26日，荷兰颁布第16号皇家法令，"中国语言的欧洲翻译"办公室重组为"中国事务司"。

根据1863年的指令，每当司法和行政当局需要中文翻译的时候，他们就必须提供笔译服务。一经要求，他们也要就华人事务向地区行政首长提供建议，并视需要尽可能经常地陪同他们到地区视察。实际上，几乎没有翻译被视作顾问，至于寻求建议与否，仅仅取决于行政官员个人一时的兴致。

1895年，皇家法令重新规定了翻译们（现改名为"华人事务官"）的职位、构造、称呼的形式、培养和薪资。此番改组最为重要的变化是汉学家们将主要作为司法与行政当局的顾问，而不是根据要求或者是自己主动提出。从此以后，翻译的工作就退居其次了。[1]

亨利·博雷尔对殖民社会的社会弊病有着敏锐的观察，但在官方关系上又惊人地不够圆滑和谨慎，实际上陷入了这场改组所带来的困惑之中。当翻译官的职责必须要被检验与进一步完善时，他起草了批判性的报告，提出了措辞强硬的意见，以至于他的评论被迅速地束之高阁，放到故纸堆里面。[2] 从长远来看，他的许多见解是正确的，因此可以得出结论，他既是自己热心的牺牲品，也是行政部门反应迟缓的牺牲品。他的职业生涯，是一个起起伏伏、时而被辞、时而得不偿失的故事，随着1916年的光荣卸任而最终结束，而那时他已经在荷兰"特别休假"4年之久了。

值得称赞的是，博雷尔首先觉察到并且描述了中国正在酝酿的民族主义情绪，以及荷属东印度内部中国民族主义运动的抬头。他撰写了有关华人社会发展的权威论文，但与此同时，他还写通俗小说以及

---

[1] 参考条目"Ambtenaar voor Chineesche Zaken"（中国事务司），*Encyclopaedie van Nederlandsch Indië*, pp.477-478，至于为这一职务选拔候选人的过程，参见 Liem，"De dienst der Chineesche Zaken," p.189。

[2] 参见"Henri Borel, op zijn zestigsten verjaardag"（《六十岁的博雷尔》），*Bijvoegsel van Zaterdag 23 november 1929, behoorende bij het Algemeen Handelsblad*。

对于远东或严肃深刻、或不切实际的评论，这使他的读者们感到困惑。他还把孔子、老子和孟子的著作以丛书的形式介绍给了受过教育的荷兰读者。这套丛书题为《为非汉学家解释中国哲学》(*De Chineesche filosofie toegelicht voor niet-sinologen*)，隐含了博雷尔强烈地意识到其作为荷兰本土中国哲学普及者的使命，也表明了他对其专业同行著作的观点。离职之后，博雷尔放弃了汉学研究，成为海牙当地一份具有影响力的报纸《祖国报》(Het Vaderland)的戏剧与文学评论家，并因其持续不断的倾注而变成一名学术杂家，拥有一批忠实的追随者。

这里，我们既不关心艺术评论家，也不关心艺术家和天资卓颖的音乐家，而是关心这名壮志未酬的翻译喜欢将高延当作他论证莱顿的汉学研究对"真实之中国"知之甚少的对象。博雷尔指责高延是一个"与世无争的"（即在他自己的世界中）学者，他可能确实"创建了一座论据的仓库，它们是精心地从现实生活之中收集的，并且可以使用过往时代的残编断简予以解释"（他谨慎地使用了高延自己的话），尽管他是出色的语言学家和人类学家，却缺乏宗教与哲学的深刻见解。[1] 他还质疑在中国处于极度动荡和革命边缘之际，高延有关中国宗教的著作，是否能够真正恰如其分地作为对中国的一种解释。

这些话听起来，与越南战争期间关心亚洲学者（Concerned Asian Scholars）和美国各大学亚洲研究部门掌舵者之间进行的短兵相接，有惊奇的相似性。[2] 这实际上是一场所谓的"社会责任感的学者（socially

---

1　Borel,"De Nederlandsche Sinologie," p.263,"Een eminent taal-geleerde stamelt […]als een kind over religie en filosofie".
2　*Bulletin of Concerned Asian Scholars*（1968- ）.

engaged scholar）"与那些不太关注道德和政治影响的为学术而学术的学者之间的斗争。在博雷尔与高延冲突的事件中，甚至可以进一步（解释）：这是两位代表不同世代甚至不同世界的汉学家之间的争论。概言之，高延在道德方面几乎无可指摘（参阅其有关宗教迫害的论著），也不能因为没有表现出将自己的能力用于实用目的的意愿而受到责备。[1]一方面，每当他介入时，他都是忠实地为一个力图解决与华人属民相关的实际问题的殖民政府而服务。另一方面，博雷尔拒绝将荷属东印度群岛的华人仅仅视为"东方异族（vreemde oosterling）"。在他看来，实话实说，他们是世界现存最古老文明的代表者，正处于一场史诗般的复兴之战中，汉学家应该力图在这场进步浪潮之中发挥影响，而不是专注于埋头梳理那些逐渐被弃用的宗教风俗！无论博雷尔的批评公正与否，这都对荷兰的公众舆论造成了影响，足以造成高延学术隐士的形象（沉湎于正在消失的宗教仪轨的琐碎研究），现时迫切需要的，是能够真正解释中国实际上正在酝酿着何种风雨变革之人。

辛亥革命或多或少证实了博雷尔一年之前在其著名的《晚清游记》（*Het daghet in den Oosten*）之中的预言。[2] 在这个转折点，当荷兰公众已经意识到需要一名真正中国专家的时候，性情多变、兴趣过于广泛的博雷尔，以及其荷属东印度的翻译同事们，都不能胜任。八年之后，高延的学生戴闻达为其将来的工作在北京受训，承担起古代中国和现在中

---

[1] 博雷尔在 1911 年这样说："距离我在拉彭堡上施古德教授的课不像是 20 年，而像是已经有数世纪之久了；如果有人将当今中国的简明教科书，与关注第一流的优秀汉学家（例如高延）精心撰写的论著进行对比……那么这些书看起来不像是隔了几年，而是隔了几个世纪。" Henri Borel, "De nieuwe banen der Sinologie"(《汉学的新方向》), *De Gids*（1911）: p.307.

[2] *Het daghet in den Oosten*（Amsterdam: L.J. Veen, 1910）. 英文书名为 *The New China: A traveller's impressions*, 由蒂姆（C. Thieme）译自荷兰文, 于 1912 年出版。

国解释者的重担。戴闻达很好地汲取了他的教训，在莱顿大学的整个职业生涯中，他平衡了对于古代的研究和对现实中国的兴趣之间的关系。

十一、结　语

在过去的 100 年之中，荷兰与中国官方及其民众的接触已经历经了不可思议的变化：殖民统治者与其东南亚华人属民之间的不稳定关系，已经变为两国在平等基础之上的互相交往。现在，随着中国作为经济增长最快的新兴大国，荷兰正在重新表现出对东南亚市场的兴趣。荷兰汉学先驱者的语言学、法律和人类学研究，对从事发展事务的社会科学家而言有一定价值，只要他们努力去重新审视这些早期的论著。高延和博雷尔都无法预见到这一点，不过挑水者和砍柴人也都无法知道他们的开创性工作将会收获些什么。

在荷属东印度群岛与语文学之间
（1919—1974）[*]

田海（Barend ter Haar）

  的确是时候论及汉学研究中的莱顿学派了。第一次和第二次世界大战之间，大多数莱顿学派的成员受训于戴闻达。很大程度上，这一学派的特点在于其严谨的语文学研究。但是，正如我下面将要说明的，这并不代表这一学派的研究成果不与时俱进，对20世纪的中国或者世界其他地方的华人的发展不感兴趣。已有各种文章概括了莱顿学派的基本史实。但是，随着时间的推移以及一个作者和他所描述的历史事件之间时间距离的增加，采取一种更加批判的态度去真实地评判自身的过往就会变得更加容易。这篇文章的目的正是如此，但同时我也希望以一种平衡的方式公平地对待自己的前辈和老师们。在必要时，我会同时指出莱顿学派的优势和弱点。[1] 这篇文章关注的焦点是汉学研究的学术层面，以

---

[*] 在这篇文章和接下来那篇文章的写作中，我从伊维德和高柏那里学到的知识令我受益匪浅。我会在适当的地方为这篇文章中出现的历史人物添加出生和死亡日期。

[1] 感兴趣的读者可以在下面的文章中找到更多相关事实（包括莱顿大学博士论文列表等）：A. F. P. Hulsewé, "Chinese and Japanese Studies in Holland," *Chinese Culture* 10/3（1969）: pp.67-75; Wilt L. Idema, "Dutch Sinology: Past, Present and Future," in *Europe Studies China: Papers from an International Conference on The History of European Sinology*, eds. Ming Wilson and John Cayley（London: Han-Shan Tang Books/ Chiang Ching-kuo Foundation, 1995）, pp.88-110。

及汉学为荷属东印度殖民政府提供语言专家方面的作用。

一、戴闻达时期（1919—1954）

如果把莱顿学派的特点归结为它对书面文本的密切关注，那么我们可以在莱顿中国研究的基础中找到这一学派的源头。毕竟，从一开始，建立莱顿汉学的主要目的就是为荷属东印度（即今印度尼西亚）殖民政府提供针对本地华人群体的汉语言专家。在莱顿，汉语言训练包括学习文言文、白话文以及口语（例如漳州闽南话），之后还需要至少一年时间在厦门进行语言实践。不可否认，那些完成了此项目并在荷属东印度工作的人也经常有自身的学术兴趣。例如之前说过的施古德和高延，他们最终成了莱顿大学的汉学教授，后者在成为汉学教授之前还做过民族学教授。不过，这些翻译人员的研究兴趣通常较为实用，包括编纂字典，搜集和评估本土资讯（例如有关中国三合会和宗教文化的信息）等。在教学上，他们的语言训练相当直接——就像当时大多数的语言训练一样——那些想要成为翻译员的人们会去学习其所需的语言与当地方言，亦即当时主要的书写语言——文言文、古白话文以及闽南话（漳州和厦门地区的方言）。只要这些翻译人员还在荷属东印度"服役"，他们就几乎不需要主动掌握官话，尽管随着在中国其他地区的荷兰外交代表的增加以及由此产生的对荷兰语-官话翻译员的需求，这种情况会逐渐发生变化。[1]

在此背景下，戴闻达于1919年回到莱顿大学并被任命为汉语讲师，

---

[1] 高柏马上要出版的博士论文将探讨这一情形的更多细节。

这是一个激进的转变,因为他会将课程设置完全转向早期的哲学和语文学。早先以实践为导向的民族志因此被完全放弃,并且也未被荷兰民族学所接纳,这种民族志不会发展出任何对中国以及其他东亚国家的实质兴趣。事实上,在我的学生时代,即 20 世纪 70 年代末到 80 年代初,高延的名字甚至从来没有被提及过,尽管他在中国宗教研究的领域做出了巨大贡献。[1]

作为一位路德宗牧师的儿子,戴闻达生于哈灵根(弗里西亚),但是他中学时却就读于鹿特丹附近的斯特丹文理学校,这也正好是他的老师高延长大的地方。[2] 戴闻达于 1908 年正式成为一名学习荷兰语的学生,此后也从未丧失对本国语言和文学的兴趣,但他很快就被高延的课程所吸引,开始学习起中文。戴闻达后来告诉他的学生许理和,自己的老师是一位非常温和的人,但除此之外,我们对高延的教学水平知之甚少。人们通常认为戴闻达转而学习中文的时间是 1910 年,但这其实不太可能,因为当年九月他就在巴黎跟随法国汉学家沙畹(Édouard Chavannes,1865—1918)等人学习了。他在那里待到了 1911 年 7 月。戴闻达回到莱顿后不久,高延就接受了一个来自柏林的任命,并于当年

---

1 虽然荷兰汉学家们知道他的《中国宗教体系》在台湾地区再版,他们仍然十分吃惊于弗里德曼对高延作品表现出的兴趣。
2 除非另行说明,有关戴闻达职业生涯中的细节主要依据 P. 明德拉(P. Minderaa)的 *Jaarboek van de Maatschappij der Nederlandsche Letterkunde te Leiden*,*1955-1956*:pp.69-81(http://www.dbnl.org/tekst/_jaa003195601_01/_jaa003195601_01_0009.php)中的讣告,以及保罗·戴密微的讣告,载于 *T'oung Pao* 43(1954):pp.1-33(这篇讣告包含戴闻达的所有作品)。有趣的是,戴闻达的一个比他小很多的弟弟最终会成为研究荷属东印度的民族学者,http://www.dwc.knaw.nl/DL/levensberichten/PE00000075.pdf(J.P.B. Josselin de Jong,1947)。我参考了戴密微讣告中所有关于戴闻达出版作品的细节,但除了他最重要的作品之外,在这里只引用了其中的一部分。

年底离开了莱顿。[1] 由于高延在短时间内无法在莱顿大学继任教职，戴闻达就跟随高延先到柏林学习了6个月。另外一位不得不因为高延的离开而到柏林去的莱顿学生是安杰里诺（Arnold Dirk Adriaan de Kat Angelino，1891—1969），他从1911年秋开始学习中文。他会在柏林度过他大部分的学生生涯，直到1914年他离开柏林去厦门，1915年又去北京接受语言训练。[2] 我们一会儿再仔细讲讲他。

戴闻达职业发展中的一个决定性时刻是他没有被送到厦门进行进一步的语言训练，而是在1912年被送往新成立的中华民国的首都北京。他的同学西奥多·德·约塞林·德容（Theodoor de Josselin de Jong，1887—1965）则在1912—1914年先被送往厦门，然后被送往汕头学习潮州话，之后又去往嘉应州学习客家话，后来又去了巴达维亚，这之后才去往北京。西奥多是后来成为著名民族学家的扬·彼得鲁斯·本杰明·德·约塞林·德容（Jan Petrus Benjamin de Josselin de Jong，1886—1964）的弟弟，也是同样有名的人类学家派特里克·爱德华·德·约塞林·德容（Patrick Edward de Josselin de Jong，1922—1999）的父亲。[3] 戴闻达和西奥多在北京相会的原因是荷兰政府也需要会说北方语言的专家来促进与新建立的民国政府的外交互动。[4] 这在当

---

1 R. J. Z. Werblowsky, *The Beaten Track of Science: The Life and Work of J. J. M. de Groot*（Wiesbaden：Harrassowitz，2002），pp.30-31.

2 另一位学生是 J. Th de Moll（1891—1985）。戴闻达非常了解此人，并在有关东印度的议题上会引用他的研究。除了要在厦门学习通常要学习的闽南语外，de Moll 还在广州学习粤语。

3 J.J.L. Duyvendak, *China tegen de Westerkim*（Haarlem：Erven F. Bohn，1927），其中几次提到作为自己同事的此人。J. Fox 写的派特里克的讣告见 http://www.dwc.knaw.nl/DL/levensberichten/PE00001157.pdf，扬为戴闻达的弟弟写过讣告。

4 适用于戴闻达以及他大多数继任者的有关口语人员的规定被发表在 *Staatsblad van het Koninkrijk der Nederlanden*，Koninklijk Besluit d. d.，第156期（1910年6月4日）。

时是一个具有远见卓识的决定,因为北方白话还不是汉语的官方标准。直到 1918 年,戴闻达都是荷兰公使馆的翻译员,当时欧洲正处于战争状态,而荷兰则努力保持中立。1917 年,荷兰政府已经决定任命他为汉语讲师,但直到 1918 年他才开始担任这一职务。他的任命是出于用汉语持续为外交部门和(或)荷属东印度殖民政府培训工作人员的需要。这一任命也遭到一些反对,因为直到 1918 年戴闻达还没有发表过任何成果。一位老一辈的叫作德·布莱恩的荷兰汉学家就认为自己被不公平地忽略了,他甚至将这一观点写了出来,但收效甚微。[1]

戴闻达对汉语资料和西方汉学成果的进一步阅读丰富了他于 1912—1918 年间在中国的生活经历,这一经历为《西方眼中的中国》(*China tegen de Westerkim*)一书奠定了基础,该书是他之前发表过的论文合集。[2] 在这些文章中,他较早描述了所谓的"文学复兴",或者说是用北方白话写作文学的运动。不仅如此,他还叙述了自己与失败的叛军军阀张勋相关的经历。张勋曾向荷兰大使馆寻求过庇护。[3] 较少为人所知的是戴闻达还曾拍过数以百计的照片,其中一些被收录进他的书中。这些照片现在保存在莱顿的国立民族学博物馆的照片馆藏中。[4] 这本书没有显示出他作为语文学家或历史学家的一面(这是大多数研究中国的学生从他之后出版的英文学术著作中可以了解到的),而是显示出

---

[1] 这一小册子与同一作者的另一小册子绑定在一起,可以在莱顿大学图书馆找到,它的名字是 *Een onopgehelderd geval en een verbolgen hoogleeraar*(1920)。德·布莱恩用荷兰语出版了一部苏门答腊华人的研究专著《苏门答腊岛东海岸的华人》(*De Chineezen ter Oostkust van Sumatra*, Leiden: Oostkust van Sumatra-Instituut, 1918)以及一本普通话教程《现代汉语概论》(*Introduction to Modern Chinese*, Leiden: E.J. Brill, 1914—1917)。

[2] Haarlem: Erven F. Bohn, 1927(revised edition 1933)。

[3] 在戴闻达的《西方眼中的中国》中有所讨论,第 99—200 页。

[4] 见 http://www.rmv.nl/collections/,其中包括他在中国不同时期逗留时的照片,至少有他在 1912—1918 年旅居和之后 1935 年访问时期的照片。

他作为时代敏锐观察者的一面。当他于 1935 年再次来到中国时,他将会写出一系列同样流传广泛的报刊文章,这些文章后来收录于他的《悬着的三脚架:再见中国之印象》(*De Hangende Drievoet: Indrukken bij een Weerzien van China*,"悬着的三脚架"用来描绘中国的形象,因为它的命运现在正高悬着)中。[1] 不过,对于荷兰读者来说,他最有名的书则是《中国历史的道路和形象》(*Wegen en Gestalten der Chineesche Geschiedenis*)。这部书是第一部也是好几十年内唯一一部用荷兰语原创的中国历史著作。[2] 用荷兰语写作并不会在大范围内产生影响,不过这也并非戴闻达的本意。毕竟,戴闻达在大学里一开始是主攻荷兰语言文学的,而且他用母语进行写作也会比较容易。他用荷兰语写的最后一本主要的通俗读物是《和中国思想者在一起的时日》(*Uren met Chineesche Denkers*)[3],其中包含了对中国早期哲学家作品的翻译,这是他在历史调研中已经介绍过的选集的延伸。[4]

正如他有关历史事件的照片(例如学生抗议、饥荒赈济,以及张勋和他的军队的暴动)所显示的那样,戴闻达并未将自己的视野局限在荷兰公使馆内,而是对当时中国首都和其他地方发生的事情表现出浓厚的兴趣。不过,虽然作为新标准用语的中国白话在当时正处于新生阶段,戴闻达却一直没有表现出太多对 20 世纪二三十年代中国新文学的兴趣。即便他真的有兴趣,也并未在他之后的学术著作中表现出来。[5] 在学术

---

1 Arnhem:Slaterus,1936.
2 The Hague:Nijhoff,1935,1948 年再版。
3 Baam:Hollandia,1941,1945 年再版。高柏马上要出版的博士论文将探讨这一情形的更多细节。
4 Baarn:Hollandia,1941,1945 年再版。
5 除了翻译鲁迅(当时的荷兰语转译写作"Loe Sjuun",至今仍用这一写法)的一部短篇小说《肥皂》[发表于 *China* 14/1-2(1940):pp.1-12],20 世纪 20 年代中期之后,戴闻达就没有再发表过关于中国现代文学的作品了。

和思想层面，我们并不太清楚他在北京时做了什么，也不太清楚他早年在大学当讲师且尚未获得学位期间（即从 1918 年一直到 1926 年他再次访问北京时）做了什么。从他这一时期发表的文章来看，他的注意力完全集中在当代中国上，其中一些文章后来被收录在上文提到的著作《西方眼中的中国》中。也是在这一时期，他于 1924 年新翻译出版了《景山日记》。这本日记已经流传了一段时日，它的作者是一位目睹义和团运动的满洲官员，通常被认为是义和团运动时期历史事件的可靠记录。威廉·路易森（William Lewisohn）在 1936 年最早对该书的真实性提出质疑，之后戴闻达自己也在 1937 年和 1938 年提出了质疑。即便如此，人们普遍接受这本书是由声名狼藉的埃德蒙·巴恪思（Edmund T. Backhouse）伪造而成，也花了不少时间。[1] 不过这件事对戴闻达的职业生涯似乎影响很小，因为直到 20 世纪 30 年代晚期之前，他的同事们都赞同他对这部日记的正面评价。

同时，戴闻达开始进行自己有关中国早期哲学家荀子的博士研究项目，但当他了解到德效骞（Homer Dubs）正在写一篇相同主题的博士论文时，他放弃了这一研究。德效骞后来成为戴闻达的朋友和重要同事。1925 年或 1926 年的某个时间点，戴闻达终于继续推进他的博士论文写作，这篇论文包含《商君书》的英文校注本，并最终于 1928 年在伦敦出版，名为 The Book of Lord Shang: A Classic of the Chinese

---

[1] 本书的完整记述见于 Lo Hui-min, "The *Ching-shan Diary*: A Clue to its Forgery," *East Asian History* 1（1991）: pp.98-124。戴闻达的译作名为 *The Diary of His Excellency Ching-Shan: Being a Chinese Account of the Boxer Troubles*（Leiden: E.J. Brill, 1924, in a series entitled *Acta Orientalia*）。在他的 "Ching-Shan's Diary a Mystification"，刊于 *T'oung Pao* 33（1937），第 268—294 页，他第一次承认这一错误。

School of Law。[1] 当时，反传统主义的五四运动已经发展起来，以顾颉刚（1893—1980）为代表的疑古派变得十分具有影响力，他们以怀疑对中国早期文本和史学史的传统阐释而闻名。1935 年，戴闻达在自己的历史研究中采用了这一学派的观点，认为夏朝是不存在的，在此之前的统治者都是神话人物。[2] 在博士论文的序言中，戴闻达提到，他在 1926 年访问北京时曾经告诉过顾颉刚自己有翻译《商君书》的打算。顾颉刚告诉他有一个特别版本的《商君书》，并将自己私藏的这个版本的副本交给了他。[3] 因此，他写作这篇特别的博士论文的时间应该相对较晚，大多数工作应该是从 1926 年晚期到 1928 年公众抵制他的论文之前完成的。我怀疑他最终完成这篇论文（我必须加上一点，他在此期间还通过了博士考试，也就是说在一年内完成了所有这些工作！）的直接动机或许是因为比他小很多的弟弟约翰·菲利浦（Johan Philip, 1897—1946）在 1926 年已经在莱顿大学获得了博士学位，他的博士论文是关于荷属东印度的。[4] 在经过七年时间的学术教学和各式学术研究之后，戴闻达的突然发力很有可能可以部分归功于兄弟之间的竞争关系。

The Book of Lord Shang: A Classic of the Chinese School of Law 是一部令人印象深刻的作品，尤其是考虑到它的写作速度之快。这不仅是一部翻译著作，也包含了语文学的分析，它认为《商君书》的文本是层累的。这本著作也研究了《商君书》的政治观点和更广泛的历史

1　J.J.L. Duyvendak, trans., *The Book of Lord Shang: A Classic of the Chinese School of Law*（London: Arthur Probsthain, 1928）.
2　J.J.L. Duyvendak, *Wegen en gestalten der Chineesche geschiedenis*, p.13.
3　J.J.L. Duyvendak, trans., *The Book of Lord Shang: A Classic of the Chinese School of Law*, p.xii.
4　*Het Kakean-genootschap van Seran*（The Kakean-society of Seran）（Almelo: Hilarius, 1926）.

背景。就其本身而论,这一著作和之前中国哲学文本的翻译作品很不一样,之前的译本通常仍然受限于文本本身。在他的研究分析中,戴闻达受到当时还是很新潮的高本汉的研究方法的影响,这一方法使用助词来确定不同的语言和风格,以此来认定较新和较旧的文本层次。[1]

事实上,在戴闻达的研究成果中,我们确实可以看到他与他的前辈们在训练和研究方法上的显著不同。像施古德和高延那样的上一辈莱顿学者都是在厦门(更具体地说,是在鼓浪屿这个小岛上)接受极其地方性的学者的教导,很少能够接触到晚清的学术成果。他们从三手的中文资料汇编入手,并结合宝贵的实地经验重新对一些翻译片段进行再汇编。他们的资料来源之一是《古今图书集成》,这是一部非常便于使用的康熙时期的类书,但是它的内容具有选择性,且文本不佳。但这些早期学者(尤其是高延)基于田野调查的讨论仍然非常有价值,因为他们有时非常善于观察,而戴闻达自己则对当时最新的语文学和历史学研究非常熟悉。他一定是在北京时收获了这些知识,当时在北京已经能够获得这样的研究成果了。他很早就将材料批评引入该研究领域,与他同时代的中国人或他的法国同事,例如伯希和,尤其是马伯乐(Henri Maspero,1882—1945),处于同一研究水平。在语文学的研究方法上,他和晚清的语文学家以及高本汉更为接近,而巴黎学者则更多使用叙事和分析的方法。

一方面,施古德和高延之间存在差异;另一方面,他们和戴闻达之间也存在差异,亦即后者有建立学术网络和研究机构的能力。对戴闻达而言,有利条件是世界形势已经发生了变化,中国现在的国际地位比以前要高很多,而日本对荷属印度群岛的威胁则不断增长。戴闻达的机遇

---

1 Duyvendak, *The Book of Lord Shang*, pp.151-159.

发生在1930年，在这一年里，哥伦比亚大学聘任他为全职教授。[1]同年，他创建了系列丛书《莱顿汉学书系》，这套丛书直到今天仍由博睿出版发行。几十年来，这套书一直是出版莱顿学派图书和博士论文的主要载体，通常由现任莱顿大学的汉学教授担任主编。这一系列于1931年推出，并出版了后来成为国会图书馆员的恒慕义（Arthur W. Hummel，1884—1975）的博士论文。1930年，戴闻达在哥伦比亚大学做客座教授时见过此人，他恰好翻译了上文提及的顾颉刚的自传。顾颉刚是戴闻达和恒慕义共同的熟人。[2]除了恒慕义，戴闻达还在北京见到了拥有荷兰血统的卜德（Derk Bodde，1909—2004）。在宾夕法尼亚大学开始自己非凡的职业生涯之前，卜德也完成并在这套丛书中出版了他的博士论文。戴闻达的一些学生也在这一系列中出版了自己的博士论文，并继续担任教职：戴闻达的继任者何四维和戴闻达最后一批学生之一的许理和在莱顿大学任教。贾保罗（Robert Kramers，1920—2002）在苏黎世任教（这之前他的职业生涯在雅加达和香港开展[3]）。曾珠森（Tjan Tjoe-som，1903—1969）在雅加达任教，他于1942年至1952年担任

---

[1] 他会以客座教授的身份多次回到哥伦比亚大学。

[2] Gu Jiegang, *The Autobiography of a Chinese Historian Being the Preface to a Symposium on Ancient Chinese History*（Ku Shih Pien），trans. and ed. Arthur W. Hummel（Leiden：E. J. Brill, 1931）。此文也是恒慕义在莱顿大学的学位论文（E.J. Brill, 1931）。又见于Edwin G. Beal, "Arthur W. Hummel, 1884-1975," *The Journal of Asian Studies* 35/2（1976）：pp.265-276, esp. p.270。戴闻达指导下《莱顿汉学书系》收录的博士论文，可见高柏马上要出版的博士论文。直到20世纪90年代末，这一系列才扩展到不仅出版和传统中国有关的莱顿学术著作，而且发展成为关于前现代和现代中国的国际化书系。

[3] No author, "Robert Paul Kramers," in *50 Jahre Sinologie 30 Jahre Kunstgeschichte Ostasiens Universität Zűrich*,（http：//www.ostasien.uzh.ch/seminar/geschichte/jubilaeumsbroschuere.pdf）, pp.42-46；Roland Altenburger and Robert H. Gassmann, "In Memoriam Robert P. Kramers（1920-2002）," *Asiatische Studien/ Études Asiatiques* 56/1（2002）：pp.5-13.

图书馆员，并在莱顿大学短暂担任过中国哲学教授。[1] 艾惟廉（William R. B. Acker，1907—1974）在根特任教，在这之前他担任博物馆策展人。[2] 戴闻达的学生范可法开始是在雅加达任教，但是后来他成为莱顿大学的一名中国法律的教授。龙彼得（Piet van der Loon，1920—2002）则会出版很多重要的书籍和论文，尽管他从未跟随戴闻达写作博士论文，在哈隆（Gustav Haloun）的指导下，他在剑桥开始了教学生涯，并于1972年成为牛津大学的一名汉语教授。他虽然没有获得博士学位，但获得了广泛的国际认可。[3]

更重要的是，在莱顿"促进中国学研究基金会"的资助下，戴闻达也于1930年建立了汉学研究所，[4] 这一基金会由庚子赔款资助。[5] 来自基金会的收入可以用来支付图书馆员的薪水和购买书籍。第二次世界大战期间，出于很显见的原因，资金无法被用来购买汉籍，因此，大量关于中国的老旧的西方书籍被收集起来。由于该基金没有以和通货膨胀同步增长的方式进行管理，它与中国研究的相关性在战后显著下降。大多数戴闻达所收藏的汉籍都在莱顿大学中央图书馆（Leiden University Central Library），总计"大约850本"[6]，而在庚子赔款的资助下，该图书馆的馆藏在1950年达到2 554本，但是，由于文集被算成是一本书

---

1 A.F.P. Hulsewé, "Tjan Tjoe Som 曾珠森, 1903-1969," *T'oung Pao* 55（1969）: pp.141-144.
2 Yamada Shoji, *Shots in the Dark: Japan, Zen and the West*, trans. Earl Hartman（Chicago: The University of Chicago Press, 2009）, pp.187-191.
3 J. M. Boltz, "Piet van der Loon（7 April 1920-22 May 2002）," *The Journal of Asian Studies* 62/1（2003）: pp.361-364.
4 不清楚这一机构是否有正式的法律依据，但它无疑是非常成功的商标，并在今天的国际通信中仍然被使用，而该机构的正式荷兰名称则在不断变化。
5 该基金会于2010年解散，剩余资金由位于北京的中国社会科学院和莱顿的中国研究系分别提供。
6 21世纪初，在中央图书馆的书堆里，仍可以找到戴闻达所搬走的图书的书单。

（尽管它们包含很多本书），这些书籍的实际卷数和标题数都远远高于这个数字。在实践中，大多数莱顿学者在很大程度上都继续依赖他们的个人藏书，这一情形因为他们悠闲的学术步伐和在中国早期历史领域中表现出的专业性而成为可能。这一时期，这些领域中的资料仍然可控（因为大量出土文献的出现，现在这种情况已经很大程度上被改变了）。我之后会再讲到莱顿大学中央图书馆，但现在我只想说，当大学机构发生变化之后，汉学研究所在20世纪70年代就正式解散了——但是由于它的名声在国际上太过响亮（现在仍然如此！），许理和在退休之前仍然担任"临时主任"一职。

除了建立研究机构以及和伯希和一起担任《通报》的主编之外（伯希和于1935年邀请戴闻达一起担任主编职位，保罗·戴密微在1946年接替伯希和成为《通报》主编），戴闻达当然在很大程度上仍然是一位学者。他的典型研究是进行详细的资料批评，这使得他在《德道经》的荷语译本（这本书出版于1942年，其修订版出版于1950年，其法文版和英文版分别出版于1953年和1954年）中对《道德经》的文本顺序提出了不同看法。[1] 几十年后汉代考古遗址马王堆中出土的文本证实了他的结论是错误的，而且如果他曾经读过《韩非子》对《道德经》（按其最早的次序）的阐释，即使没有这些出土文本，他也可以知道这一事实。许理和与其他人一起参加了戴闻达的《道德经》课程，而当许理和自己在1981年教授我们这门课时，他非常翔实的课堂笔记仍然很

---

[1] J. J. L. Duyvendak, *Tau-te-tsjing: Het boek van de weg en de deugd* (Arnhem: Van Loghum Slaterus, 1942; revised edition 1950); J. J. L.Duyvendak, *Le livre de la voie et de la vertu* (Paris: Librairie de l'Amérique et de l'Orient, 1953); J.J.L. Duyvendak, *Tao Te Ching: The Book of the Way and Its Virtue* (London: Murray, 1954).

好地帮助了他的教学。我们会发现上述提到的戴闻达的许多学生，例如贾保罗、曾珠森、何四维、龙彼得和许理和，也同样在研究中对语文学的细节予以严格关注。有时人们会想，这在很多情况下是否会导致错误的完美主义，亦即一种抑制的完美主义，这将减缓我们中许多同事的研究进度。在上述列举出的人中，许理和也非常关注翻译，但正如我之后会讨论到的那样，他也能够扩大自己的研究范围，将更广阔的社会和宗教历史背景包括进来。其他人的工作则主要是翻译和生成参考文献，这些工作不管多有价值，都缺乏综合性，这种综合性本可以通过他们对各自领域的透彻了解而达成。卜德是个例外，他将翻译与分析进行了结合，但后来他并没有真正受训于戴闻达。他最早在哈佛大学接受文学训练，并在中国度过了漫长的童年时代（1919—1922）和学生时代（1931—1936）。[1]

戴闻达将基于文本材料的相同方法用于他其他的研究兴趣中，其中尤其包括过去几个世纪中荷兰与中国的交往，以及反之，中国对外部世界的兴趣，特别是明代郑和的"远征"。在这项工作中，他对郑和的大量研究持续吸引着读者。尽管戴闻达的研究仍主要以资料为导向，但与伯希和相比，他更倾向于进行全面的论述，正如保罗·戴密微指出的，伯希和是"被他的语文学热情冲昏了头脑"。最后的结果是，虽然戴闻达对材料的了解十分透彻，但他从未将自己的研究成果综合成一本书。[2]戴闻达对郑和的兴趣也使他投入到对描写郑和的小说《三宝太监下西洋

---

[1] Charles Le Blanc, "Derk Bodde（1909-2004），" *Early China* 28（2003）: pp.vii-ix. E. Bruce Brooks 写过一篇相当好的讣告，见 http://www.umass.edu/wsp/sinology/persons/bodde.html。

[2] "The True Dates of the Chinese Maritime Expeditions in the Early Fifteenth Century," *T'oung Pao* 34（1939）: pp.341-412. 更多的情况可以参考附于戴密微讣告后的书目。有趣的是，这篇文章大部分写于戴闻达某次访问哥伦比亚大学期间。

记通俗演义》的研究中。[1]他将这部小说中的地狱之游和但丁的《神曲》进行比较,和《神曲》中著名诗篇的文学性和宗教复杂性相比,这部中国小说描述地狱的篇幅较为简短,因此将其和《神曲》进行比较,或许是一种太大的荣幸。几乎从关于中国宗教文化的首次文献记录开始,地狱之行就是其中的一部分。然而,和他的老师高延相比,戴闻达几乎对中国通俗宗教完全没有兴趣。真正激发他以及之后很多人想象力的是,中国人在一次郑和下西洋时抵达了非洲这一观点。[2]不久之前,我和我的高年级学生对相关史料进行了批判性的重新研读,得出的结论是,我们一点也不清楚郑和的远洋是否真的到达过非洲。获得有关非洲的知识和是否真的到达过那里是需要做出区分的。此外,郑和与他的随从获得知识(或到达)的地方并不是现代意义上的非洲大陆,而是非洲东部地区,这些地区是阿拉伯奴隶贸易网络中的一部分。然而,就像他以前的法国同事保罗·戴密微一样,戴闻达通过发现新材料并对其进行仔细阐释而做出的重要学术贡献直到今天仍然有价值。

戴闻达对中国和荷兰之间海外交流的兴趣激发他写了几篇内容充实的文章。[3]分别于1938年和1945年完成的有关林则徐(1785—1850)和荷兰使团(1685—1687)访问清廷的两篇博士论文也由此诞生。前者的作者是罗伯特·奥弗迪金克(G.W. Robbert Overdijkink,1905—1984),他曾在荷属东印度工作;后者的作者是费渊(Jan Vixseboxse,

---

[1] 例如,"A Chinese 'Divina Commedia'," *T'oung Pao* 41(1952):pp.255-316。

[2] Edward L. Dreyer, *Zheng He: China and the Oceans in the Early Ming Dynasty, 1405-1433*(New York: Pearson Longman, 2007). 此书很好地对这一领域做出总结,包括对 Gavin Menzies 推测研究的批判式探讨。

[3] 例如 "Early Chinese studies in Holland," *T'oung Pao* 32(1934):pp.293-344;"The Last Dutch Embassy to the Chinese Court," *T'oung Pao* 34(1939):pp.1-137。更多文章可以参考戴密微讣告后的书目。

1916—1986），他在第二次世界大战之后加入了荷兰的驻外部门。[1] 戴闻达从未表现出对荷属东印度的巨大兴趣，考虑到他所在的部门直到第二次世界大战之前的主要任务仍然是为殖民政府培训汉语专家，这一点是有些古怪的。1945 年以后，随着印度尼西亚的独立，汉语言文学系这项培训汉语专家的任务也将自然而然地消失，但毕业的系友们常常继续加入外交部门，在之后的讨论中我们会提到其中数人。幸运的是，其他人会继续研究荷属东印度群岛上的华人，虽然这一传统更多是因为他们可以利用到荷兰东印度公司的档案，而不是受到戴闻达个人研究的启发。我会在本章涉及许理和与他的学生们时探讨这一发展。

戴闻达最后一位真正的学生许理和，曾经在何四维的讣告中描述了在莱顿大学接受的传统训练以及这一训练的弱点：

> （何四维）除了上过一门日语课之外，从戴闻达的福建助教那里接受了厦门话的基本训练，印度群岛的大多数中国人都说这门语言，但这实际上是课程表中和巴达维亚"中国事务官"这一预期职业唯一有关联的课程。戴闻达坚持认为他的学生们需要通过学习文本并运用语文学的方法去熟悉中国古典文明遗产，而且他对学生进行了最为严格的阅读训练。除了这一方法的明显局限之外，这一以文本为导向的研究方法毫无疑问为何四维今后的学术生涯贡献良多：我们可以看到，戴闻达对语文学细节的精心关注，对每一处文本证据的仔细衡量，对笼统陈述和理论推断根深蒂固的反感，都对

---

[1] G.W. Overdijkink, *Lin Tsê-Hsü: een biographische schets*（《林则徐小传》）(Leiden: E.J. Brill, 1938), and Jan Vixseboxse, *Een Hollandsch gezantschap naar China in de zeventiende eeuw（1685-1687）*（《17 世纪荷兰使团访问中国（1685—1687）》）(Leiden: E.J. Brill, 1945).

他最有天赋的学生产生了影响。[1]

在教学层面，事实上也在研究层面，戴闻达在他提供的学术训练中多少都摒弃了荷属东印度，而且他自己的学生中，也很少有人从事和东印度相关的学术研究。[2] 这其中唯一的例外是我们之后会更详细提及的罗伯特·奥弗迪金克。即使是在荷属东印度工作的、受过戴闻达学术训练的学生们，主要的研究对象也是中国。

在他的学术生涯中，戴闻达不仅和海外学者，也和莱顿的同事有所互动。在第二次世界大战期间，他曾参与了1941年学者们反对德国的抗议，虽然他之后曾短暂入狱，但他和他的妻子一起逃走并最终转向地下活动。在这期间，他的学生们给他带来书籍和杂志，以便他继续工作和教学。除了他的学术追求，戴闻达也积极参与行政工作，在1952—1953年间担任莱顿大学校长和人文学院院长。1953—1954年，他担任海牙新成立的社会科学学院的第一任院长。这一机构直到今天都是面向发展中国家学生的教育中心。1954年夏天，由于疏于照料，他的流感发展成为肺炎，并最终因此去世。

在莱顿大学，戴闻达对中国研究的语文学兴趣也有一个并不那么正面的后果，就是由于过于注重阅读而限制了对传统中国的研究。而法国汉学在战前已经朝着更加有趣的方向发展了，它将关于文本的专业知识

---

1 Erik Zürcher, "In Memoriam Anthony Hulsewé（1910-1993），" *T'oung Pao* 80（1994）: p.2. 课程设置比许理和说的多少要宽泛一些，因为学生也被希望熟悉荷属东印度的政治机构和那里华人的情况，以及学习马来语。Liem Ting Tjaj, "De dienst der Chineesche zaken," *Orgaan der Centrale Chung-hsiok*（July 1928）: pp.188-189. Liem也注意到并没有明确理由说要将华人排除在巴达维亚中国事务司（之后被称作东亚事务司）的官员之外，但从来没有一个华人被任命过。

2 毕竟，有影响力的外交官安杰里诺是高延的学生。

和（关于中国和越南殖民地的）汉学领域内的知识相结合。其结果是，法国汉学的影响更长远，只是因法语对外国学者的可及性较弱，其影响力才有所减弱。由于一定程度上受限于材料，或许也受到20世纪30年代晚期以及1949年之后局势的影响，当代中国研究在莱顿受到了短暂的冷落，新建立的标准白话教学也同样受到了冷落。为了扭转局势，何四维与许理和最初都被任命为现代汉语讲师，但被选出的这两人都具有显见的前现代研究背景（虽然何四维的汉语口语非常出色），这也表明当时莱顿中国研究的基本导向。

毫无疑问，就体制层面而言，戴闻达用荷兰语出版的著作和在莱顿大学的工作等，都是他为促进荷兰接受中国研究做出的巨大努力。他培养了相当数量的博士，并且他的一些学生还做出了杰出的学术贡献。莱顿大学的教育仍然是相对传统的，主要聚焦于如何阅读文言文和现代汉语，在20世纪60年代晚期之前只是偶尔和间断性地关注汉语口语能力。戴闻达作为一名学者的重要性则是另外一回事。他对《商君书》的研究和翻译当然是很重要的，而且直到现在，也没有新的《商君书》的英译本问世。他有关郑和的研究文章到现在也仍然被提及，但是由于他没有出版过综合性的相关专著，这些文章的影响力只局限于一些专门领域。而因为近年来重要出土文献，例如马王堆汉简和郭店楚简的发现，他对《道德经》的研究则已经不太有意义了。

二、来自乌得勒支的竞争

戴闻达和他的继任者当然成功地维持了莱顿大学作为中国研究枢纽的地位，这尤其要归功于他们的学术能力以及有时展现出的组织能力。我们已经探讨了戴闻达所发挥的作用，也将会说到许理和的作用，不过现在，我们要先稍微用一点题外话探讨其他地方中国研究的进展，虽然这些研究通常很快就停滞了。通常来讲，由于对中国的研究太过注重为荷兰外交部门培训殖民官员和翻译人员的实际需要，因此并未被纳入学科范畴。有时，荷兰的神学家、历史学家、人类学家、法律专家和政治学家或许或多或少展现过对中国的兴趣，但在大多数时间，这些科系仍然很少会雇用研究欧洲或北美洲之外的专门学者，这种情况直到今天都是如此。[1]然而，不得不说的是，在20世纪二三十年代，乌得勒支大学的"石油系"曾经试图挑战莱顿大学远东研究的霸主地位。

乌得勒支大学的印度学[2]系设立于1924年，现在是荷兰皇家石油（或者说是壳牌）一部分的巴塔夫谢石油公司为其提供了大量补贴。巴塔夫谢石油公司在荷属东印度的石油产业具有重大利益。[3]正因如此，乌得勒支大学印度学系得到一个带有嘲笑性质的昵称——"石油系"。最初设立它的原因是荷兰保守派对许多莱顿教授所谓的"道德政策"有所不满。[4]鉴于荷属印度群岛存在少数华人群体，一位中国学专家也被任命。第一位中国学的"非正式教授"是费妥玛（Thomas Taply Helenus Ferguson，1871—1946），他的任期从1932年一直到1939

---

1 在20世纪一二十年代，莱顿之外最有影响力的"中国专家"是海因里希·弗里德里希·哈克曼，他在1913年至1933年之间在阿姆斯特丹大学教授宗教史和旧约注释。他发表过大量关于中国佛教的研究。

2 "印度学"在这里有"涉及荷属东印度"的意思。

3 荷兰大学是政府资助的，但是法律允许基金会资助"非正式教授"（bijzondere hoogleraarschappen）。这种非正式教授一般是兼职职位，而且必须和大学资助的兼职岗位进行区分，这种岗位被称作"buitengewone hoogleraarschappen"。

4 C. Fasseur, *De Indologen: Ambtenaren voor de Oost 1825-1950*（《印度学研究者：荷属东印度官员》）（Bert Bakker: The Hague, 1993）.此书讨论了训练未来殖民地官员的不同方式，在第412—433页，他讨论了乌得勒支。又见 Willem Otterspeer, "The Ethical Imperative," in W. Otterspeer, ed., *Leiden oriental connections 1850-1940*（Leiden: E.J. Brill, 1989）, pp.204-229.

年。在中国海关工作多年之后,他又在莱顿教了一段时间中文。[1]第二次世界大战前,费妥玛活跃于对中国感兴趣的一个说荷兰语的团体(即中华会)中,除此之外他并没有真正的学术著作。考虑到他所在机构创办的主要目的,这也许并不令人惊讶。这一机构并非培养学术思维和分析能力的学术机构,而是一种培训专业人员的形式,旨在为这些人灌输对殖民主义的积极观念和充足知识,以便使其服务于殖民政府。下面我们将对这一规则中的一个例外人物高罗佩进行说明,他对费妥玛的评价非常之高。

费妥玛在乌得勒支的继任者闵宣化比费妥玛有名得多,他是圣母圣心会(也称作"斯格脱神父")的神父。[2]他隶属于由弗拉芒牧师组成的去往中国北部和蒙古南部的特派团体,[3]他们中的许多人,例如亨利修士(Henri,1911—1983)和司礼义(Paul Serruys,1912—1999),发展出了浓厚的学术兴趣,并有着十分重要的学术生涯。作为一名传教士,闵宣化已经出版了大量关于汉语口语和书面语(例如文言文)语法的书籍。这些语法书以荷兰语出版,但他的汉语口语语法以英文出版。他于1939年被任命为乌得勒支大学的教授,并于1956年退休。这之后,这一职位就被撤销。总而言之,乌得勒支大学确实有人有能力教授中国相

---

[1] 在前章大致提到过的他的父亲费果荪是1872年至1894年荷兰在中国的代表。
[2] 见http://www.kuleuven.be/verbiest/Mullie%20Jozef%20personal%20page.html。他的私人图书馆(以及组织中其他成员的书)现在都在鲁汶大学的司各特纪念图书馆。
[3] 例如,见 Harry Knipschild, "Ferdinand Hamer, 1840-1900. Missiepionier en martelaar in China. Een nieuwe kijk op de missiemethode van de Scheutisten het in noorden van China, en de reactie daarop van de Chinezen"(Ferdinand Hamer, 1840-1900: pioneering missionary and martyr in China: a new perspective on the missionary strategy of the CICM order in northern China and the Chinese reaction)(PhD diss., Leiden University, 2005)。有关圣母圣心会活动的其他论文,见 W. F. Vande Walle and Noël Golvers, eds., *The History of the Relations between the Low Countries and China in the Qing Era (1644-1911)* (Leuven: Leuven University Press, 2003), pp.299-416。

关的课程，但就是单纯无法和莱顿大学、戴闻达的名声相抗衡。我们不得而知闵宣化是否向众人分享了他们系保守的课程设置，但和他的美国同僚们不同，他在语言学上的兴趣很遗憾地并未有学术接班人，在该领域内没有产生新生力量。

三、殖民政府官员、国际外交官和法学生

在我们继续讲述莱顿的中国研究之前，应该简单回顾一下20世纪二三十年代中国学研究的另一面向，亦即在荷属东印度的毕业生的学术活动。由于第二次世界大战之后荷属东印度的独立，荷兰汉学中的这一面，即戴闻达和他的学生们所做的语文学研究，就在某种程度上被忽视了。现在，我们需要重回第一次世界大战开始的前几年，当时一位牧师的儿子安杰里诺进入了莱顿大学。他一开始学习法律，后来于1911年又参加了汉语学习班。仅仅几个月之后，他就跟随他的老师高延到柏林去学习，当时高延在柏林得到了新的教职。安杰里诺在那里学习到1914年，这之后他又到厦门和北京接受闽南话和官话的训练，并自1917年开始在巴达维亚为殖民政府工作。[1] 安杰里诺很快就作为一名才华横溢的分析师而出名，他一开始是分析邦加岛上华人人口的情况（1919年），然后又在1921—1922年华盛顿限制海军军备会议上成为范·卡纳贝克（H. A. van Karnebeek）的顾问。卡纳贝克是荷兰当时的

---

1 除非另行说明，不然参见 P. J. Drooglever, "Kat Angelino, Arnold Dirk Adriaande（1891-1969），" in *Biografisch Woordenboek van Nederland*（《荷兰传记辞典》）（http：//www.historici.nl/Onderzoek/Projecten/BWN/lemmata/bwn3/kat）；C.C. Berg and A.F.P.Hulsewé, "Levensbericht T.S. Tjan, R.H. van Gulik, A.D.A. de Kat Angelino," *Jaarboek van de Koninklijke Nederlandse Akademie van Wetenschappen 1969-1970*：pp.292-293。

外交部长。在荷兰有关这次会议的报告中,安杰里诺表示,他强烈担心此次会议实际上已加强了日本在太平洋地区的地位。[1] 他在国际事务上成为值得信赖的分析师,尤其是当涉及国际联盟的事务时。他外交官职业生涯的最高峰是作为里顿委员会的一员参与调查 1931 年日本对南满洲的侵略。[2] 他的荷语讣告称,此报告很大程度上是由安杰里诺撰写的,但其英语世界的参与者也有其他专家的信息来源。他的事业继续发展到 1937 年,之后根据他在热带地区的服务年限,他的退休金也翻倍了。这之后的几年中,他仍然为荷兰政府执行一些关于日本和荷属东印度的特殊任务。

从学术角度看,安杰里诺最重要的作品是他的两卷本著作 *Staatkundig Beleid en Bestuurszorg in Nederlandsch-Indië*,英文本名为《殖民政策》（*Colonial Policy*）。[3] 当时他被暂时召回海牙的殖民事务部来写这个报告。此报告旨在捍卫荷兰的殖民政策,但同时也对东西方文化进行细致的分析和对比。在这一分析中,他还基于当时可以获得的二手文献,对中国文化和哲学加以关注。尽管现在我们已经不会再认同他的观点了,但该分析仍显示出他令人印象深刻的博学和分析智慧。他有关文化的观点是对奥斯瓦尔德·斯宾格勒（Oswald Spengler）悲观主义的回应。

---

1 N.A. Bootsma, "Nederland op de Conferentie van Washington, 1921-1922"(《在华盛顿会议上的荷兰,1921—1922》), *Bijdragen en Mededelingen betreffende de Geschiedenis der Nederlanden—The Low Countries Historical Review* (*BMGN—LCHR*), 93 (1978): pp.101-126, esp.125-126.

2 Ian Nish, "Intelligence and the Lytton Commission, 1931-1933," in *Decisions and Diplomacy: Essays in Twentieth-century International History: In memory of George Grun and Esmonde Robertson*, eds. Dick Richardson and Glyn Stone (London: Routledge, 1995), pp.42-59.

3 De Kat Angelino, *Staatkundig beleid en bestuurszorg in Nederlandsch-Indië*(《荷属东印度的政府政策和行政责任》)(The Hague: Nijhoff, 1929-1930)[英文出版名为 *Colonial policy* (Chicago University Press: Chicago, 1929)]。

安杰里诺以西方的进步理念取代了悲观主义，并认为应当将这一理念融入东方冥思。由于他支持殖民主义的观点和对东西方文化的简单化对比已经在很大程度上过时了，他的著作在今天已经不再受到关注。然而在当时，安杰里诺却是被广泛阅读并具有极高影响力的关于中国、日本和印度尼西亚事务的专家。[1] 这本书帮助他于1930年从鹿特丹贸易学院（今伊拉斯姆斯大学的前身）获得了荣誉博士学位。1954年，他代表阿姆斯特丹的皇家热带学研究院（以它的荷兰语首字母缩写 KIT 而闻名）撰写了一个报告。直到那时这一机构还主要关注荷属东印度，但因为现在东印度群岛已经取得独立，安杰里诺建议将研究范围扩大至热带国家，以此辅助荷兰公司为寻找新销路而进行的经济扩张。他也建议寻找面向大众的方法，例如建立一个专门面向小学生的"学校博物馆"。[2] 皇家热带学研究院直到今天仍然存在，虽然金融危机（部分基于政府资助）已经让其存在承受了很大压力。针对学龄儿童的部门最近也刚组织了大受欢迎的名为"气"的中国展览。

安杰里诺只是那些为殖民政府和（或）荷兰外交事务处服务的汉学家之一。高罗佩（我们马上就会说到他）的主要传记作家巴嘉迪（Carl Barkman，1919—2006）和伦特耶·德·弗里斯·范德·胡芬（Leentje de Vries-van der Hoeven）即是作为外交官和汉学家认识了高罗佩。巴嘉迪也几次出访中国，但他自己却作为一名苏联问题专家而闻名。在他的自传中，巴嘉迪曾经解释了戴闻达如何在帮助外交事务处

---

1 A.P. Taselaar, "A.D.A. de Kat Angelino en de grondslagen van zijn koloniale theorie"（《安杰里诺和他殖民理论的基础》），BMGN 107/2（1992）：pp.264-284. 此文总结了安杰里诺的文化理论。

2 "Het Koninklijk Instituut voor de Tropen en zijn nieuwe taak en doelstelling"（《皇家热带学研究院及其新目标与任务》）(1954)。

选择汉学家的过程中扮演重要角色。[1] 事实上，在第二次世界大战之前，戴闻达每次为殖民政府成功选取一位汉学家，都会因此获得报酬。这种做法不会像现在我们看起来的那样奇怪，因为依照传统，每当荷兰教授有学生毕业时，他们都会收到报酬。[2]

和过去一样，一些被派往荷属东印度的中国专家也发展出自己的学术兴趣。其中一位是何四维，他是戴闻达最终的继任者。他和他的同学范可法以及梅杰一起专修中国法律史。范可法在莱顿大学时已经将汉学与法律相结合，所以当他和何四维在1931年去北京学习汉语时，他也继续学习现代中国法律。[3] 学习中国法律的一个重要原因可以追溯到最早在荷属东印度工作的荷兰翻译人员，他们需要根据中国的法律传统来裁定华人的内部纷争，这意味着现代法典的汇编及其在中国法院的解释与荷属东印度的殖民管理有着直接关系。[4]1939年，范可法在莱顿大学法学系进行了博士论文答辩，题目是《现代中国家庭法概述》(*An Outline of Modern Chinese Family Law*）。[5] 当时他已经在为荷兰殖民政府工作了。他被关押在日本集中营之后，又在1949年左右成为印度尼西亚大学的

---

[1] Carl Barkman, "Carl Barkman: Herinneringen van een topdiplomaat"（《巴嘉迪：一流外交家的回忆》）interview, *Elsevier*, 5 November 1994, 转载于他的个人网站，http://www.barkman.nl/nl/interview.jsp?nummer=2，虽然巴嘉迪在学术上并非十分活跃，但他热爱写作，而且在1981年退休后出版了大量著作，其中也涉及他在中国的工作经历。

[2] 当我在20世纪90年代晚期在海德堡工作时，那里也存在同样的系统，虽然金钱数额是最低限度的。

[3] Ph. De Heer, "A.F.P. Hulsewé, a biography," in *Thought and Law in Qin and Han China: Studies Dedicated to Anthony Hulsewé on the Occasion of his Eightieth Birthday*, eds. W. L. Idema and E. Zürcher（Leiden: E.J. Brill, 1990）, p.5.

[4] 正因如此，早期的翻译人员带来了有关法律和台湾民俗方面的中国书籍。从巴达维亚现存的图书馆可知，这些书籍以"KNAG系列"为名被保存在莱顿东亚图书馆中。此外，一个重要的华人自治组织，即巴达维亚的公馆，也可以裁决法律冲突。因此，这一档案（现在在莱顿）也包含大量法律文献。

[5] Peiping: Henry Vetch, 1939.

中国法律教授，但 1950 年他的职位被撤销之后，回到了荷兰。他继续出版了大量关于当代中国法律的书籍和文章，并很可能是第一位对 1949 年后的中国有实质关注的莱顿学者。他的职业生涯不可能一帆风顺，因为他经历了日本占领荷属东印度以及殖民地自治化的痛苦过程，这导致他在战争中失去了自己的个人图书馆。[1] 他于 1951 年被莱顿大学的法律系聘为中国法律的临时教授（这一职位在 1968 年成为常规教职），但并未有继任者，而且随着他的退休，这一职位也就终止了。从范可法的博士论文中可以明显看出他受过戴闻达训练的痕迹，特别是他强调通过评估和翻译来对材料进行合理的理解，并且他的论文中缺少总体的分析和结论。不过他之后的研究却进行了一些更加综合的论述。

范可法的学生梅杰确实继续行进在学术道路上，尽管梅杰主要利用的是自己的业余时间。他在第二次世界大战前跟随戴闻达学习，并在殖民政府中获得了一个职位。在范可法的指导下，他于 1950 年完成了博士论文《现代中国刑法介绍》(*The Introduction of Modern Criminal Law in China*)。[2] 印度尼西亚独立后，他进入荷兰外交部工作。荷兰外交部在这之后的几十年间都定期雇用荷兰汉学家，虽然到 20 世纪 70 年代，这些人的汉语口语已经很差了。[3] 梅杰继续自己的研究，出版了著作《中华人民共和国时期的婚姻法规政策》(*Marriage Law and Policy in the Chinese People's Republic*, Hong Kong: Hong Kong University Press, 1971) 和《晚清中国的谋杀与通奸：有关法律和道德的研究》(*Murder and Adultery in Late Imperial China: A Study of*

---

1 有关这个图书馆的细节可以在他的 *Interpretations of the Supreme Court at Peking, Years 1915 and 1916*（Batavia: Sinological Institute, 1949）的序言中找到。
2 Batavia: De Unie, 1950.
3 当我以学生身份于 1979 年访问北京时，北京的荷兰外交官仍在抱怨此事。幸运的是，自从 20 世纪 70 年代之后，这一问题被彻底解决了。

Law and Morality，Leiden：Brill，1991）。虽然范可法和梅杰的研究很多内容都关于当代法律，但他们活跃的20世纪五六十年代实际上是中国法律和荷兰政治失去直接关联的时期，当时中国处于较为封闭的状态。由于他们的著作出版于第二次世界大战的困难时期以及殖民地自治化时期，它们并未得到应有的重视。

在第二次世界大战前以及战争开始的头几年，范可法等人隶属于"东亚事务司"。它于1932年由汉语系和日语系合并而来，并于1935年前沿用这一名称。东亚事务司的任务是追踪中国和日本的事态发展，以及日本在太平洋（包括印度群岛）的计划。它更广泛的作用包括监视殖民地可疑的中国人和日本人。简言之，它是位于当地的反间谍组织。[1]在那里工作的人拥有不同的教育背景，包括汉学、日本学和印度学（在当时，最后这一项目是关于印度尼西亚文化和历史的，目的是培养能为荷属东印度殖民政府服务的学生）。许多莱顿汉学家也是其中一员，例如奥弗迪金克、范可法、梅杰和何四维。在去巴达维亚之前，奥弗迪金克已于1929年去了北京和厦门，并待了三年。1938年，在他第一次休探亲假期间，戴闻达指导他进行了关于林则徐的博士论文答辩。他能够利用戴闻达早年搜集到的资料，因此他的博士论文很大程度上是对已出版资料的有力总结。[2]战后，他继续出版有关荷属东印度的讨论论文，当时荷兰仍然固守其殖民地，这一观点也为奥弗迪金克所认同。[3]

---

[1] 参见 Robert D. Haslach，*Nishi no Kaze, Hare: Nederlands-Indische Inlichtingendienst Contra Agressor Japan*（Nishi no Kaze，Hare：The Dutch East Indies intelligence services against the aggressor Japan）（Weesp：Van Kampen，1985）各处，尤其是第40—42页，第152—154页，第188页。照片见于第1192—1193页。其他关于德·希尔（Ph. de Heer）的信息，来自2012年1月19日发给作者的邮件。

[2] 正如高柏所研究的那样，如果我们考虑到他的资料来源与20世纪30年代戴闻达图书馆的关系时，这一点就变得很清楚了。

[3] *Het Indonesische Probleem. De feiten*（《印度尼西亚问题：事实》）（The Hague：Martinus Nijhoff，1946），and *Het Indonesische Probleem. Nieuwe feiten*（《印度尼西亚问题：新事实》）（Amsterdam：Uitgeverij Keizerskroon，1948）。

范可法和梅杰的个人图书馆与戴闻达、何四维（至少是他的中国和日本藏品），以及其他许多人的图书馆一样，在他们去世后被纳入汉学研究所的图书馆。我们仔细阅读这些文献后，很快就会清楚地知道在中国研究的早期阶段，个人图书馆对于开展研究具有多么重要的意义。大学缺乏建立用途广泛的学术图书馆的途径，而且无论如何，一个人在其职业生涯的很长一段时间中总会远离图书馆。确保拥有必要资源的唯一方法就是获取它们。现在这种办法已经不再可行，因为学者的产出在增加，书籍和杂志也往往费用过高，并且学术观点和趋势的翻转也大大加速了，所有这些都使创建一个真正具有代表性的个人图书馆在财务（如何购买所有东西）和空间（放在哪里）上极为困难。

随着印度尼西亚的独立，汉学为殖民地政府培训语言专家的作用也到了终点。这意味着对学习汉语的学生来说，优越的奖学金和有保障的工作终结了。整个20世纪五六十年代，每年的入学率都非常低，但正如前所述，荷兰驻外事务处将在接下来的几十年中继续招募莱顿大学的毕业生。仅举几例，例如费渊（如前所述）、范登伯格［R. van den Berg，他是扬·范登伯格（Jan van den Berg）的儿子，扬·范登伯格本人曾接受印度学的训练，但在第二次世界大战前也曾跟随戴闻达学习，并于1922—1949年在中国担任了数十年的翻译］以及德·希尔（他是何四维的学生，也是一位日本学专家的孙子，这位专家之后加入上述提到的东亚事务司）。所有这些人最后都成为女王陛下在北京的外交使节。尽管如此，这种职业的自动力已经消失了。我们很难看出这些毕业生对荷兰对华外交产生了何种影响（如果有的话），而避免国别专家在他们的专业领域服务过久又是荷兰的一项长期政策，这种情况下更遑论影响力了。荷兰驻北京大使馆的外交人员中至少有一名汉学家，尽管这一数字最近有所增加。20世纪50—70年代早期的几十个毕业生中，大多数人没有进入殖民政府或从事外交工作，而是继续在学术界、政府甚至是商业领域工作。

然而，殖民地的历史从未完全消失。从20世纪40年代晚期开始，华裔（通常有闽南背景）从原来的荷属东印度（之后也从原来的荷兰新几内亚）移民到荷兰，其他人（通常有客家人背景）则从苏里南来到莱顿，并决定学习汉语。一些人在年轻时就移民荷兰，而另一些人则在退休后才移民。20世纪80年代，香港和内地的中国移民后代紧随其后，他们通常有广东和温州背景。他们中的一些人或从事学术研究，或在中文图书馆工作，或成为博物馆策展人。大多数人则像他们的父母一样成为商人。父母或祖父母在殖民地的生活经历也是上一代学生选择学习汉语的一个原因，上述的德·希尔以及这篇报告的作者亦是如此。今天，激励着人们在莱顿进行中国研究的则是当代中国（有时也是古代中国的文化和历史）。不过这将是本书其他部分才会涉及的内容了。

四、外交家和业余学者：高罗佩

在早期荷兰的中国学专家中，很少有人能在今天的学术界中像高罗佩一样有名。因为他的《狄公探案集》，他也在一段时间内被荷兰以及荷兰之外更广泛的读者所熟知。[1] 这些作品现在很大程度上已经不在英

---

1 除非另行通知，不然本部分内容是基于巴嘉迪和胡芬的 *Een Man van Drie Levens: Biografie van Diplomaat/Schrijver/Geleerde Robert van Gulik*（《三重生活的人：外交家、小说家、学者高罗佩传记》）（Amsterdam：Forum，1993）。该传记被 Raoul Mengarduque 翻译成法语，名为 *Les trois vies de Robert van Gulik: une biographie*（Paris：C. Bourgeois，1997）。施辉业将其翻译成中文，名为《大汉学家高罗佩传》（海口：海南出版社，2011）。有关高罗佩的为人，作为学者和侦探小说作家的其他资料，又见 http://www.rechtertie.nl/welkom/index.jsp。

语世界流通了,但却因其中文译本和电视改编作品而重获新生。他的很多学术著作也被翻译成了中文。这使得中国学者出于对他研究的赞赏定期到莱顿来学习。[1] 虽然高罗佩不能算是正式的莱顿校友,但他很显然属于荷兰中国学研究的阵营,因此也应该在这里被提及。他年少时期的大部分时间都在荷属东印度群岛度过,并在来到莱顿大学之前就已自学过一些汉语。在莱顿大学,他在两年之内(而不是通常所需的三年)获得了两个学士学位,一个关于中国研究,一个关于荷属印度法律。他的目标是成为荷属东印度殖民政府中的一名官员,但在通过考试之后他的奖学金却很快被中止了,原因是在大萧条时期荷属东印度预算的缩减。他只好一边做学生助教,一边继续完成学业。

更重要的是,高罗佩不喜欢戴闻达(好像这种不喜欢是相互的)。[2] 高罗佩后来自己写道,这是因为他对自己作为学者的评价不高,并有着非常不同的学术兴趣。[3] 戴闻达始终是一个深深扎根于自己荷兰文化的西方人,有着强烈的盎格鲁–撒克逊式的同情。高罗佩似乎总有一种无归属感,这很可能是由于他个人的强烈特质、荷属东印度的成长背景(他在巴达维亚度过童年的大部分时光),以及他在语言和写作上的非凡天赋。此外,从一开始,高罗佩就对中国文学、艺术和书法以及佛教密宗都有强烈的兴趣,这些课题从未引起戴闻达的强烈兴趣。戴闻达的学术兴趣主要在中国哲学和历史。出于这一原因,在获得学士学位后,高罗佩就离开了莱顿大学,前往如前所述的乌得勒支大学石油系继续学习。他的硕士论文涉及书法家米芾关于砚的论著,他于1935年答辩的

---

1 最近有关高罗佩的研究著作,例如张萍《高罗佩:沟通中西文化的使者》(北京:中华书局,2010)。
2 基于和戴闻达一位已经去世的侄子的口头沟通。
3 Barkman and van der Hoeven, *Een Man van Drie Levens*, pp.32-33.

博士论文则关注印度和西藏关于马的宗教信仰。随即他走上很多其他莱顿汉学家走过的职业道路,成为一名驻外事务处的学生口译员。

高罗佩最后在中国只待了短短几年,于1943—1946年第二次世界大战时期的陪都重庆度过,但他在日本的时间则长得多。他于1935年开始在日本工作,接下来的七年也都在那里度过。之后,他于1948年到1951年从事另一份工作,最终又于1965—1967年以荷兰大使的身份回到日本。他著名的个人图书馆(现成为莱顿大学东亚图书馆藏书的一部分)由他在重庆期间获得的图书组成,但是其中大多数藏书则是他在日本的最后两个任期中获得的。事实上,他以多种方式从日本的视角来看待中国。在日本,他早年对中国文学和书法的兴趣得到极大的推动。因此,当他在第二次世界大战的混乱岁月中第一次并最后一次来到中国时,他已经成长为自身所希望成为的中国绅士学者。他的《狄公案》小说充分显示出他如何以自己对历史、文学、书法和音乐的阅读为基础,将中国视为理想化文人世界的投影。作为一个拥有强烈本能的人,他也发展出对中国性文化的着迷,而性文化史在他的一生中都曾是学术研究的禁忌。[1] 因此,虽然他对中国的看法很大程度上不能说是基于文本的,

---

1 高罗佩多方面的兴趣(包括对中国文化黑暗方面的着迷)或许可以说明为什么何四维用含蓄的语气为他写讣告。何四维说:"高罗佩并没有试图把汉学作为他的事业,尽管如果他愿意的话,他在很多方面的杰出才能是可以为他赢得一个教授的职位的(在荷兰以外)。但比起在一条已经有很多人行走的路上继续行走(一般会认为这些主路仍未被充分探索,总能让人发现一些新的东西),高罗佩成了一个漫游者。……他的想法十分不安分,并能将这种不安组织起来,以使他能够把注意力暂时集中在自己感兴趣的话题上。除此之外,高罗佩对语文学学术领域内的边缘事物有一种奇特的偏好,这和他的个性相吻合。在那里他发现了音乐、绘画、色情和侦探故事或鸡尾酒。当然,没有人可以精通自己的领域,除非他时不时地在自己的研究中涉及领域中的边缘事物(我不谈及其他的边缘事物),但是高罗佩从一个边缘漫步到另一个,并围绕中心议题起舞。因此其他汉学家称他为外行也就可以理解了。诚然,这种称呼并非不包含赞赏。" Berg and Hulsewé, "Levensbericht," pp.287–293.

但却必定是理想化的。[1]

如果我们看一下高罗佩的个人图书馆（它的一部分于 1977 年被莱顿大学汉学图书馆获得），我们就会发现其中确实很少有关于 20 世纪的内容，并且只有很有限的一些二手研究资料。除了书籍之外，还有他用细致的笔迹手写的目录卡片，他的印章（他自己刻的）和画笔，以及他最初的书桌（尽管现在它已不再是图书馆的一部分）。许多图书馆员致力于通过微缩胶卷或编目的方式使他的藏书服务于更广泛的读者，但其中很大一部分仍未被编目。他的图书馆中有很多关于琴的藏书以及很多传统白话小说。他的学术著作很大程度上反映了他作为一个中国绅士学者的文化兴趣。他不仅出版了关于中国性生活和琴（他将琴称为 lute，这一术语现在更常被用于称呼"琵琶"）的著作，也出版了关于中国法律（很大程度上通过翻译）、中国艺术、长臂猿等的著作。[2] 他早期的兴趣确实是在梵文上，并出版了《中日梵文研究中论》（Siddham: an essay on the history of Sanskrit studies in China and Japan, Nagpur: International Academy of Indian Culture, 1956）。最具持久力的是他关于性文化的分析研究，这部著作被翻译成中文并于最近再版，其中性爱手册中的拉丁语引文已被翻译成

---

[1] 我们可以从下面的目录中了解到他的收藏，见 Sale of the Van Gulik collection of fine Chinese, Japanese and Tibetan paintings and calligraphy; oriental ceramics and works of art, including a fine private collection of rhinoceros horn libation cups and jades (Amsterdam: Christie's Amsterdam B.V, 1983)。

[2] 见 Sexual Life in Ancient China: A Preliminary Survey of Chinese Sex and Society from ca. 1500 B.C. till 1644 A.D. (1961, reprint Leiden: Brill, 2003), Paul R. Goldin 为其写了新引言和参考书目，有关高罗佩作品的详细参考书目已经收录在上述网站和巴嘉迪、胡芬的《三重生活的人：外交家、小说家、学者高罗佩传记》（第 309—312 页）中。

英文。[1]

五、何四维时代：最后的语文学家

何四维于1931年和他的同学范可法一起到达中国，范可法后对何四维有重要影响，使他开始研究中国法律，尤其是唐律。[2] 唐代是一个拥有完整法典的朝代，因此是何四维研究自然而然开始的时间节点。直到1934年年底，何四维都在将法典翻译成英文，并在1939年将部分翻译提交为自己的硕士论文。在他被派遣到巴达维亚之前，他同样被送往日本学习日语（或者说是重新学习日语，因为他在莱顿时已经学习过一些了）。毫无疑问，受到最近安杰里诺的报道以及日本显见的逐渐增长的威胁的影响，荷兰殖民政府认为需要有日本方面的研究专家。对何四维来说，这是一个巨大的优势，因为这能使何四维将自己的日语知识建立在一个稳固的基础之上，并阅读仁井田陞（1904—1966）有关唐令的著作（因为何四维大多数时间都在京都，他很有可能从未见过仁井田陞，因为后者在东京生活）。1935年，何四维开始在巴达维亚的东亚事务司工作。1940年，他转入检察院工作，在那里阅读了数不清的日语信件。由于他曾应召入伍，在军队中做一名军官，他成了军事战俘，并在大部分时间中被拘禁在新加坡，而他的家人仍留在爪哇岛，成了平民战俘。何四维在学术上的下一个重要时刻是戴闻达让他在莱顿大学做讲师辅助

---

1 收录于莱顿大学图书馆数字特别典藏部分（http://www.bibliotheek.leidenuniv.nl/geesteswetenschappen/），感兴趣的读者可以看到高柏制作的一个配有精美插图的虚拟展览，名为"Gao Luopei 高罗佩：De sinoloog Robert Hans van Gulik in wetenschap en kunst"（"汉学家高罗佩的学术与艺术"）。他的部分收藏已经分类，一部分由 IDC 出版商以微缩胶片的形式提供。

2 除非另行说明，否则我所依据的是 Ph. de Heer, "A. F. P. Hulsewé, a biography"。

自己之时。然而,仅仅两年之后,他就失望地发现德国汉学家卡尔·宾格尔(Karl Bünger)已于同时期出版了关于唐代法律史的著作 *Quellen zur Rechtsgeschichte der T'ang Zeit*(1946)。由于错过了这个题目,何四维只好转而研究汉代的法律。戴闻达本人对汉代非常感兴趣,他有几个学生也已经开展了相关研究,这会对何四维的研究有所帮助。

1955年何四维进行了博士论文答辩,但导师不再是戴闻达,因为他已于前一年去世。《汉律辑逸(第一卷)》(*Remnants of Han Law, Vol. I*, Leiden: Brill, 1955)使得何四维在学术界崭露头角,在第二年他被提升为正式教师。虽然他在接下来的几年中时不时地发表研究成果,但似乎教学任务带来的压力,他与外国同事(他非常喜欢和尊重他们)的紧密联系,以及他花在编辑《通报》上的时间,都阻止了他在相当一段时间内出版重要著作。一定是他和鲁惟一(Michael Loewe)的亲密友谊以及他于1975年退休,使他得以首先和鲁惟一一起出版了《中国在中亚:公元前125年至公元23年:汉书第61至96卷翻译注释》(*China in Central Asia: The Early Stage: 125 B.C.—A.D. 23: An Annotated Translation of Chapters 61 and 96 of The History of the Former Han Dynasty*, Leiden: E. J. Brill, 1979),之后又出版了自己的《秦律辑逸》(*Remnants of Ch'in Law: An Annotated Translation of the Ch'in Legal and Administrative Rules of the 3rd Century B.C. Discovered in Yün-meng Prefecture, Hu-pei Province, in 1975*, Leiden: E. J. Brill, 1985)。后来这些年里,何四维还发表了很多重要文章。他的研究基于自己所拥有的丰富藏书——这些书遍布了他的每一个房间,另外还依赖于莱顿汉学研究所的一位图书馆员,他会定期收到何四维手写的索取资料的请求。卜德对秦代的重新阐释无疑是最重要的,这和何四维的著作一样具有影响力。而鲁惟一则为阐释汉代制定了框架，例如出版了《剑桥中国史》的第一卷（1986）。在何四维去世前的几十年中已发现了重要的法律材料，但他从未转回头来接着写《汉律辑逸》的第二卷，尽管他直到1993年去世前都还在定期出版自己的研究。

在前文中，我已经对戴闻达时期以及之后荷兰汉学对语文学的典型关注提出了批判。在这里我希望对此做一些微妙的评价。虽然对语文学的强调导致莱顿的毕业生在现代汉语的口语表达上准备不足，并且惊人地缺乏对当代中国的兴趣，但莱顿的语言训练可以帮助学生们阅读各种体裁的文本。因为扎实的文言文训练对于阅读所谓的白话也有很大帮助，因此这一优点不应该被低估。此外，对早期中国哲学、历史和法律的关注通常意味着需要处理数量非常有限的资料，这就给读者的理解带来无限的问题。翻译——以及由此产生的语文学方法——经常会是掌握这些文本的唯一途径。这种方法的问题在于不能超越翻译和注释的范围，对历史过程和情况做出更全面的评价，换句话说，不能通过更深入的挖掘来寻求进一步的见解。

语文学方法的局限还有另一个甚至更为致命的后果。过去，学习教学的重点是培养学生扎实的文言文阅读能力以及口语的基础知识（最开始是闽南语，后来是北方的新白话）。一直到20世纪20年代之前，考虑到大多数毕业生的要求和传统中国使用两种语言的现状，这一课程安排都进行得很顺利。五四运动对语言的革新并不代表只能由精英掌握的文言文马上就失去了重要性，但这一运动的确对新的书面用语（尤其是在学术和法律出版物中的书面用语）产生了巨大影响。尽管戴闻达一直到晚年都对当代事件保持高度的兴趣，但这在他的教学计划中并不明显。奥弗迪金克有关19世纪早期著名人物林则徐的博士论文由戴闻达指导，时段最为晚近，这一情况在何四维指导论文时也没有得到改善。

鉴于激烈的冷战时期以及何四维之前在日本监狱的痛苦经历，像何四维和许理和这样的人认为中国语言文学系应当远离政治也就不足为奇了。结果就是，直到1969年前，中文口语和当代中国几乎都被完全忽略了。在这方面，情况与许多其他欧洲的大学并没有什么不同，但它很大程度上限制了该领域的影响范围。事实上，在何四维的研究中，或许除了他遗赠给我们的图书中仍带有他曾经抽过的淡淡的爪哇丁香香烟的气味，人们很难找到和他在荷属东印度工作有关的任何事物。

同时，何四维的教学和研究很少涉及中国，新加坡和海外华人也在很大程度上被忽略了。尽管如此，在20世纪六七十年代的大部分时间内，台湾地区实际上是唯一可以学习汉语口语（当然是普通话，而不是台湾话）的地方。遗憾的是，当时去远东的机票还贵得让人望而却步，而且也没有奖学金支持人们去中国大陆或台湾地区（只有去日本的奖学金）。除了我们会在这本书中讨论的包乐史外，很少有人继续对台湾本身产生研究兴趣。这和美国的中国研究环境十分不同。在美国，中国台湾和香港地区被人们作为中国大陆（内地）的替代选项进行田野调查，甚至作为研究中国大陆（内地）的基础。直到20世纪70年代晚期之前，与来自中国大陆的同事建立学术联系几乎都是不可能的，而西方学者与中国台湾地区同事的关系则通常非常紧密。在莱顿，情况却不是这样。幸运的是，情况在1976年之后发生了很大的变化。如今，荷兰有与中国大陆和台湾地区之间的学生交换，而且很多学生甚至发展出对台湾本身的学术兴趣。学术交流也大大增加了。

第二次世界大战刚结束后，几乎没有可以容纳像杰夫·拉斯特（Jef Last，1898—1972）这样的人的空间，他在1918年就被莱顿大学的汉学系录取，但次年就辍学了。他之后成为一名社会主义者，进而成为一名共产主义者，但在1938年就离党了。很多年中，他都是有名的作家和政治活动家，并强烈支持印度尼西亚独立。到了20世纪50年代，他才重拾自己对中国的热情，希望重新开始自己的学习，但是莱顿大学并没有再度接受他，这可能是出于政治原因（因为当时正处于冷战期间），但更有可能是因为他的中文水平已经不再达标。他在德国成为一名记者，并于1957年在汉堡大学进行了博士论文答辩。[1] 他的情况说明冷战在一定程度上给荷兰学术界带来恐惧，尽管可能也存在个人原因：毕竟拉斯特不仅是政治活动家，也是一个非常难相处的人。[2] 但是这并不是拒绝他学习的原因，也不会削弱他在20世纪中期荷兰知识界的重要地位。

在何四维指导过的学生中，有几个已经在学术上取得了进展，尽管何四维并没有像他的老师戴闻达那样建立一所汉学研究院——尽管事实上，他和国际学术界的联系很紧密。他唯一一个对语文学的研究方法有浓厚兴趣并且在学术生涯的大部分时间中研究汉代的学生是贝克。[3] 尽

---

[1] 论文出版名为 *Lu Hsün, Dichter und Idol: Ein Beitrag zur Geistesgeschichte des neuen Chinas* (Frankfurt a. M.: Metzner, 1959)。在他生命的最后二十年中，拉斯特会出版很多关于中国的论著，大部分是以荷语书写的通俗书。

[2] Rudi Wester 所写的传记，见 *Biografisch woordenboek van het socialisme en de arbeidersbeweging in Nederland*（《社会主义传记辞典与荷兰工人运动》）（数字版可见 http://www.iisg.nl/bwsa/bios/last.html），又见 http://www.jeflast.nl/index.html，一个由 Robèrt Gillesse 维护的内容非常丰富的网站。关于此人没有什么很好的印刷出品的老式传记。

[3] 贝克在1986年获得了博士学位。他的博士论文是"The Treatises of the Later Han"，之后被出版为 *The Treatises of the Later Han: Their Author, Sources, Contents, and Place in Chinese Historiography* (Leiden: Brill, 1990)。他倾向于翻译早期的哲学文本：*De vier geschriften van de Gele Keizer: Richtsnoer Wet, Zestien Richtsnoeren, Naamgeving, De Weg de Bron*（《黄帝四经》：《经法》《十大经》《称经》《道原经》）(Utrecht/Antwerpen: Kosmos-Z&K Uitgevers, 1995); *Laozi, Daodejing, opnieuw vertaald uit het Chinees naar de oudere tekstversie met commentaar van Heshanggong*（《道德经》，根据河上公注释的最早的中文版本翻译而来）(Utrecht: Servire, 2002)。

管他不是一位多产的学者,贝克本人却热爱教学,并且由于他会意大利语,因此也在非正式的情况下指导了莱顿大学的不少意大利学生,例如李集雅(Tiziana Lippiello)(她转而继续写作关于预兆的博士论文)[1]以及其他一些人。[2] 其他受训于何四维的学生多少有一些不一样的发展道路,例如李倍始(Ulrich Libbrecht),他完成了一篇关于中国数学的博士论文,其中包括一篇重要的翻译。他先做了一名数学老师,因为语文学训练和科学的融合对他有很大的益处。之后他成为用荷语教学的鲁汶大学(比利时)的第一位中国学教授。李倍始在支持佛兰德斯解放方面表现突出,并为当地接受中国哲学做出了贡献——他一直用荷兰语写作,并始终强调荷兰语的重要性。[3] 伊维德是另外一例,在本书的其他部分会对他有更多的讨论。他从未成为一名纯粹的语文学家,不仅是何四维的学生,也是鲜为人知的容凯尔(Dirk Reinder Jonker,1925—1973)的学生,后者是中国文学的专家。伊维德对原始资料的精确掌握以及他对翻译的嗜好确实结出了语文学传统的果实,他既用荷兰语写作(20世纪70年代以后),又用英语写作。[4] 与此同时,佛克马,一位对中国文学有着强烈兴趣的文学理论专家,也在乌得勒支大学任职。从1981年到1996年间,他在那里担任比较文学系的主任,在本书的其他

---

[1] 这篇学位论文重新修订并被出版为 Tiziana Lippiello, *Auspicious Omens and Miracles in Ancient China: Han, Three Kingdoms and Six Dynasties*(Sankt Augustin Nettetal: Steyler Verlag, 2001)。

[2] 一些知名人士有 Ricardo Fracasso 和 Mario Ceresa。

[3] Ulrich Libbrecht, *Chinese Mathematics in the Thirteenth Century: The Shu-shu chiu-chang of Ch'in Chiu-shao*(Cambridge, MA: Massachusetts Institute of Technology, 1973)。他的哲学巨著是四卷本的 *Inleiding comparatieve filosofie*(《比较哲学导论》)(Assen: Van Gorcum, 1995-2005)。

[4] Maghiel van Crevel, Tian Yuan Tan and Michel Hockx, eds., *Text, Performance, and Gen-der in Chinese Literature and Music: Essays in Honor of Wilt Idema*(Leiden: Brill, 2009), pp.432-452,其中提供了有关他作品的初步参考书目。

地方也会再讨论他。

何四维的另一项遗产就不那么具有知识性了。荷兰不具备私人或公司捐款资助大学的强烈传统。上面记述的一个例外就是在我的学生时代广为人知的庚子赔款基金。另一个最重要的例外就是何四维-瓦兹涅夫斯基基金会，旨在促进莱顿大学的考古学与中国艺术和物质文化研究。基金会是由何四维和他的第二任妻子玛格丽特·瓦兹涅夫斯基（Marguerite Wazniewski）的遗产资助的。它已经资助了一些成功的博士生、讲师、访问学者，有时还资助一些专门书籍的采购（它们在自己的领域往往非常昂贵）。目前，基金资助莱顿民族学博物馆任命一位兼职中国专家，这一职位由莫欧礼担任。由于过去十年来，甚至在 21 世纪初的经济危机之前，来自公共资金的资源几乎一直在减少，因此，这种额外的资金确实是该领域的福音。自 20 世纪 90 年代晚期以来，这些基金还促成了荷兰中国学领域的分支——艺术史的创立。在莱顿任职期间，尽管何四维是大学资助的忠实参与者，他却并不是一个主要的机构创立者。然而在他去世后，他为该领域留下一笔意料之外的财富。

六、戴闻达的遗产

在以施古德和高延为代表的第一个荷兰汉学时代之后，以戴闻达为代表的新时代开启了。这并不包括人们所接受的基本训练，因为直到第二次世界大战时，中国语言文学系进行培训的主要目的仍然是为荷属东印度和外交事务提供翻译人员。这种训练主要是语言方面的，专注于阅读文言文和一些白话文，而获得必要的口语和听力技能则很大程度上需要去中国继续学习（不管是在厦门还是在北京）。与他的前辈相比，戴闻达确实成功激发了学生们的学术好奇心，还吸引了很多外国人来莱顿读博士。他还负责设立机构，成功创办了拥有专门图书馆的汉学研究所。

第二次世界大战之后，莱顿的汉学受到了严重打击，因为政府不再急需培养中国学专家。中华人民共和国在20世纪70年代晚期以前的封闭也排除了对中国商业的强烈兴趣的兴起，不过当然还是存在对中国封闭时期的学术兴趣。这种兴趣并未转化为学生人数的显著上涨。不过莱顿大学相对保守的课程设置也对具有政治动机的学生在那里的长时间学习产生了不利影响。

戴闻达留下的不仅仅是学术遗产，还有莱顿大学享誉荷兰内外的盛名。除了荷兰政府提供的微薄资金外，他还给中国语言文学系捐助了额外的款项。他吸引高质量的博士生和激励其他人继承学术的能力或许和他的学术素质同样重要。虽然对语言的良好掌握这一概念先于戴闻达产生，但是他在自己的教学和研究中对此进行了强调性的延续。戴闻达和何四维都非常重视自身专业领域的国际性，总是像他们的前辈那样将自己的著作出版成英文，并和他们学术上的同事保持广泛往来。相比较而言，他们对注释和翻译的强烈关注很符合中国传统，但这也限制了他们在该领域的分析能力。一个例外是高罗佩，他在莱顿大学获得学士学位之后继续在乌得勒支大学学习，并主要依赖自身继续发展学术生涯。戴闻达于1954年去世后，中国语言文学系错过了将重点转移到现代中国的机会，并直到1969年，才再次向这一方向迈出了第一步。这一情况将在后文进行讨论。

重新发现中国宗教与当代中国

田海（Barend ter Haar）

1947年，一位年轻人来到莱顿大学，想学习埃及学。这个志向并没有持续很长时间。他在几十年后接受学生采访时解释道，因为他在躲避学生组织令人生厌的仪式时遇到了颜昌德（Gan Tjiang Tek）。由于当时的埃及学是比中国学更小的领域，而且埃及学的那位兼职教授也没什么意思。颜昌德劝说他汉学更加有趣，让他换了专业。[1] 这个年轻人就是许理和。由于他对画画很有热情（也在文字书写方面表现出色），很显然，他对埃及学和汉学的兴趣有一部分是被这两个学科书写系统中的书法元素所激发。自20世纪60年代起，许理和在改变莱顿大学的课程和领域的方向上发挥至关重要的作用，围绕他来组织本章节很合适。当然，这种改变也不仅仅是因他而起。20世纪60年代，几位莱顿大学的学生对当代中国产生了兴趣。在将这种兴趣制度化的过程中，许理和发挥了关键作用，这也与他自己的研究相一致。他关注中国与佛教和基督教的宗教文化之间的互动，以及共产主义。然而，尽管许理和有着几

---

[1] 关于许理和最好的讣告是杜鼎克（Adrianus Dudink）所写的"In Memoriam"，*Sino-Western Cultural Relations Journal* 30（2008）：pp.1-16，在杂志的卷首插图中有其优美的书法作品。

十年来作为学者和教师的盛名,但是不能用讲述戴闻达的学生组成核心团体这样的方式来论及一个新的莱顿学派的形成。[1]

一、聘用许理和

许理和开始主要是对中国艺术感兴趣。甚至在他1953年毕业之前,他的老师戴闻达送他去了瑞典著名的艺术史学家喜仁龙那里实习。后来他(在巴黎)跟早期佛教和敦煌资料专家戴密微学习了一年。由于戴密微是戴闻达在《通报》的前同事,这种联系应该很容易就安排好了。许理和高度精通中国书法,从第一版的《佛教征服中国》中可以看出来,其中所有字都是许理和自己写的。他对艺术的热爱从未消退,1977年,当莱顿学生建议开设中国视觉文化的课程时,他开始用幻灯片讲授这一课程。自这个课程始,而后他还在20世纪80年代末与90年代开发了一个称为"中国图像文献库(ChinaVision)"的大型项目。这一项目旨在通过视觉方式向新生们介绍中国历史(我会在后面再简要讨论"中国图像文献库")。奇怪的是,尽管许理和一生都对艺术感兴趣,在他活跃的学术生涯中,他一直反对教授艺术本身,理由是荷兰缺少重要的亚洲艺术收藏。

1947年,在许理和进入大学之后不久,国际形势剧烈变化。荷属东印度群岛在1949年独立,在那里工作的荷兰汉学家很快就要离开。其中很多人进入了荷兰外交部,其他人继续在其他地方做学者。1949年末,由于中国实行较为封闭的政策,因此几十年来,与中国的互动成为问题,访问也基本无法进行。其中有短暂的政策调整期。在这期间,

---

[1] 除了在脚注中明确引用的来源外,很多是依赖伊维德和我的一些回忆。

1963年，许理和首次（也是后来很多年中的最后一次）访问大陆几个月。他与好朋友颜昌德一起进行了这次访问。颜昌德当时是莱顿国立民族学博物馆中国部门的策展人。尽管许理和后来将访问台湾，然后于20世纪70年代后期再次访问大陆，但他没有在那里花费更长的时间来学习语言。他天生的语言天赋（包括精通母语）意味着他仍然会说普通话，但是，除了英语之外，法语成为他积极进行学术交流的主要语言。

1959年，许理和进行论文《佛教征服中国》答辩。他立即借此在学术界扬名，尽管当时的汉学界比今天要小得多。这本书的影响很大，所以在1972年、2007年两次重印。要想了解关于这本著作的详细讨论，读者可以参考司空竺（Jonathan Silk）与太史文（Stephen F. Teiser）的讨论。[1] 现在当我们回顾这部杰作时，必须指出，尽管他非常依赖佛教学者汤用彤（1893—1964）的著作，但也很好地利用了西方、中国和日本的文献和工具。尽管是作为语言学家受系统训练的，但他也试图将社会经济的视角纳入其中。在这方面，由于他的研究结合了翻译和分析，许理和不仅仅只是老式的语言学家。通常他会按时间和类型来组织自己的资料，而不是根据宏大理论。他在课堂上会介绍不同形式的文化交流，这类分析内容从未完全发表过，但可以在许多资料中找到其中的部分内容。[2] 这种洞察力是他对佛教、基督教以及共产主义思潮理解的基础。同时，这种洞察力也让他在莱顿参与到一种新形式的殖民史

---

1 Jonathan Silk, "In memoriam, Erik Zürcher (13 Sept. 1928—7 Feb. 2008)," *Journal of the International Association of Buddhist Studies* 31/1-2 (2008): pp.3-22; Stephen F. Teiser, "Social History and the Confrontation of Cultures: Foreword to the Third Edition," in Erik Zürcher, *The Buddhist Conquest of China* 3rd ed. (Brill: Leiden, 2007), pp.xiii-xxxvii.
2 最好的总结来自他的学生 Nicolas Standaert, "Erik Zürcher's Study of Christianity in Seventeenth Century China: An Intellectual Portrait," *China Review International* 15/4 (2008): pp.476-502。

研究中。这一殖民史以"欧洲扩张及其反应的历史"为题。

顺带一提,高延的作品似乎从未对许理和的作品产生过巨大的启发。总体而言,许理和本人对"活着"的佛教传统或当代宗教文化并不特别感兴趣。鉴于他的世俗背景,这并不令人惊讶(他的父亲曾是共产党的一员,他本人则更多地沿袭了偏乡的远方宗支)。因此,我不得不自己探索,发现高延于20世纪80年代在福建的佛教寺院中住了几个月,并在一本鲜为人知的法国著作《大乘法典》(*Le Code du Mahayana en Chine*)中详细讲述了这些经历。[1] 对许理和来说,佛教在很大程度上是文本研究的对象,而不是宗教上仿效的对象甚或是民族志的兴趣对象。实际上,1963年,在他首次访问中国时,佛教并不活跃。因此,他可能直到20世纪70年代后期才在台湾地区目睹了活跃的佛教,甚至那时相关活动还不是很多。

在许理和的整个职业生涯中,在他烟雾缭绕的办公室里,一直存着图书馆的台湾重印的大正教规(Taishō canon)(原版在科恩印度学研究所)以及道教教规和许多其他重要的研究工具。结果,大体上只有学生能接触到这些书,因为他们要请求进入办公室(当然总会获得准许,但首先要敢问)并穿过重重烟雾。在整个20世纪六七十年代,他继续从事佛教主题的工作,包括汇编鸠摩罗什在翻译中使用的中文语法。就像他告诉我的,最棘手的部分是找到简单语法问题的例子。尽管有几章已经完成,并且由他的秘书兼好友安克·梅伦斯(Ank Merens)女士打了出来,但这项研究中得以见天日的部分仅是一篇有关于早期佛教翻译中白话元素的重要文章,以及几篇后

---

[1] Amsterdam: Johannes Müller, 1893.

续。¹ 可悲的是，他退休后遗失了完整章节的光盘，在他自己的图书馆或研究所的档案中也找不到任何打印版本。他关于佛道交流的文章广为人知，但据我所知，他于1979年以后基本上不在莱顿讲授关于佛教的进阶课程。² 出于某种原因，除了我本人（尽管我研究的是居士信仰的主题，但是与之前的中国佛教课程相比，他关于耶稣会传教的研究生讨论课给我更多启发）³ 和瓦伦蒂娜·乔治（Valentina Georgieva，她在早期佛教尼姑的研究领域获得博士学位，⁴ 目前正在翻译六世纪的《著名僧侣传记》，或称《高僧传》）之外，他在这一领域培养的学生寥寥无几。不知何故，尽管他1959年的论文为这一领域做出了巨大贡献，他从来没有觉得可以或愿意在这一艰苦的领域培养别人。即使与莱顿同事维特（T. Vetter）一起从事佛教项目，他似乎也只是稍稍参与其中。

1961年，许理和被任命为海事史系主任（在那之前，是殖民史系主任）。他的工作任务是教授"远东，特别是东西之间相遇"的历史。⁵ 20世纪60年代，他以中国社会和文化如何采用外国思想体系为内容来分析共产主义，并为学生制作学习手册。这一主题也是他持久的学术兴趣所在。同时，他也在整个荷兰讲授在中国发生的奇特事件。

---

1 E. Zürcher, "Late Han Vernacular Elements in the Earliest Buddhist Translations," *Journal of the Chinese Language Teachers Association*, vol. 12/3（1977）: pp.177-203. 关于此主题讨论的更多二次文献，参见 Stephen F. Teiser, "Ornamenting the Departed: Notes on the Language of Chinese Buddhist Ritual Texts," *Asia Major Third Series* 22/1（2009）: pp.201-237.
2 但是他在20世纪80年代和90年代在莱顿以外的地方讲授有关佛教资料阅读的强化课程。退休后，他于一天下午在莱顿教授了一次简短的佛教课程，但只有一次。1976年，他写了荷兰语的佛教概论，至今仍被我们中教授佛教入门课程的人所使用。
3 Barend ter Haar, *The White Lotus Teachings in Chinese Religious History*（《中国历史上的白莲教》）（Leiden: E.J. Brill, 1992）.
4 "Buddhist Nuns in China from the Six Dynasties to the Tang," PhD diss., Leiden University, 2000.
5 Fasseur, *De Indologen*, p.474.

1969年,由于不断的游说,他建立了一个功能完备的当代中国资料与研究中心。此后不久,他将社会主义中国的研究工作交给了该中心的新任人员。本书的其他文章全面讨论了他的这一举动。[1]

与这个新中心密切相关的是,同年开始现代汉语专业教学,任命了范德博和一位专门的语言老师——已故的韩云虹(英年早逝但被许多人铭记,既是一位老师也是一个优秀的人),这预示着现代汉语会话教学的巨大进步。随后又启动了语言实验室,这是第一个培养具有活跃语言技能的学生的项目。下一步就是于1977年聘用詹姆斯·梁,他让教学计划进一步专业化。后来随着入学人数的增加,也聘请了额外的语言辅导员。不可避免地,这也意味着前现代汉语教学份额的逐渐降低,但就算到现在,当学生可以选择在第二年放弃该学科时,系里仍然成功吸引了一些最好的学生参与这一领域。当然,对于许多子领域(例如哲学、文学和宗教文化),文言文也是一种极其有用的技能,学习它可以极大提高一个人现代汉语的阅读能力。

在莱顿的大人文学院内,向社会科学方法而非现代语言的文学或语言学研究转变的情况很少见。尽管如此,到20世纪80年代早期,在中国研究系内部,对当代社会的研究已完全整合在教学计划中,但是,1977年李克曼(Simon Leys)荷兰文版的《中国的影子》(*Ombres chinoises*)[2]出版时,引发了关于中国计划经济体制时期的辩论,荷兰中

---

[1] 许理和指导的第一篇论文是爱德华·维米尔的 *Water Conservancy and Irrigation in China: Social, Economic and Agrotechnical Aspects*(Leiden: Leiden University Press, 1977)。

[2] Simon Leys(Pierre Ryckmans), *Ombres chinoises*(Paris: Union générale d'éditions, 1974); Simon Leys, *Chinese schimmen*, 包括高斯布鲁克(Rudy Kousbroek, 1929—2010)的引言和许理和与佛克马的后记(Amsterdam: De Arbeiderspers, 1977)。

国专家实际上基本没有参与其中。相反，著名的荷兰散文家高斯布鲁克站在了李克曼的一边，而阿姆斯特丹大学的教授维姆·韦特海姆在当时站在了李克曼的对立面。巧合的是，高斯布鲁克和韦特海姆都与前荷属东印度群岛/印度尼西亚有着密切的联系。高斯布鲁克在日本集中营中度过了他的部分青年时期，而韦特海姆是著名的印度尼西亚发展社会学专家。他最初在荷兰殖民地政府任职，后来在巴达维亚做过法学教授，并且也在日本集中营待过。[1] 韦特海姆赞成印度尼西亚独立，并提出了许多人不愿听到的荷兰殖民政府的负面部分。他对左派的同情也被解读为对社会主义中国的同情，这在当时的欧洲知识分子中很普遍，但事后证明，这种见解并不成熟。在20世纪70年代，一味揭露中国不是一个受欢迎的话题，莱顿的中国专家基本上没有这样做，他们拒绝在此类辩论中持任何立场。[2] 同时，荷兰殖民遗产仍在被消化。许多截然不同的问题源自这一殖民遗产，这些问题歪曲了那些年的讨论。因此不参与当时的主流讨论是可以理解的，但也错过成为公共讨论一部分的机会。然而，在接下来的几十年中，一些莱顿的中国学者在幕后活跃起来，就各种主题向政府机构提供咨询。我在中国学习期间（1979—1980）仍然很明显能看到计划经济体制的影响。对于还是一个年轻学生的我来说，不专攻当代中国的主要原因是所有这一切的情感本质与计划经济体制影响这两个因素。尽管对我来说还是挺顺利的，但从工作角度而言，回避它并不是一个明智之举。

---

1 关于维姆·韦特海姆，参见国际社会史研究所网站上他的荷兰语生平，http://www.iisg.nl/archives/en/files/w/ARCH01623full.php，也可参见本书《荷兰的当代中国研究》一章。
2 有趣的是日本集中营的经历对个人层面的影响不同，特别是当我们考虑到尽管曾是战俘，但何四维从来没有公开宣称他的经历。

与 1969 年成立当代中国资料与研究中心一样重要的是，许理和参与了欧洲扩张研究的工作组，他是 20 世纪 70 年代的定期参与者。在某种程度上，他为研究一家一直主要关注荷兰殖民扩张的企业提供了不同的视角，时间段主要是从荷兰东印度公司和西印度公司活跃直至拿破仑占领之前。[1] 必须注意到，中国在很大程度上是一个抵抗西方殖民扩张的国家典范。尽管如此，这仍给中国带来了极大的痛苦。正如许理和指出的那样，中国以各种方式应对了涵盖整体范围的外部思想文化和宗教压力。慢慢地，工作组转移了工作重点。尽管出于预算原因在 21 世纪头十年初期正式取消了工作组，但参与工作组的研究人员现在已经在欧洲扩张和全球历史上建立了一个共同的焦点，并将更多的精力投入相关的地方社会中。

从中国研究的角度来看，该中心的主要代表是汉学家包乐史。由于精通中文和日文，他成为十七八世纪荷中贸易以及荷日贸易的专家。[2]

---

[1] 关于详细的讨论，参见 H.L. Wesseling, "Expansion and Reaction: Some Reflections on a Symposium and a Theme," in *Expansion and Reaction*, ed. H.L. Wesseling (Leiden: Leiden University Press, 1978), pp.3-14。

[2] 关于这位学者的质量较好的介绍，参见 C.M. Scholte, A.F. Schrikker, and F.P. van der Putten, "The Red-Haired Barbarian from Leiden: An Interview with Leonard Blussé," *Itinerario, European Journal of Overseas History* 35/2（2011）: pp.7-24。对于懂荷兰语的人，可以参见 J. Thomas Lindblad 和 Alicia Schrikker 编辑的纪念文集: *Het Verre Gezicht: politieke en culturele relaties tussen Nederland en Azië, Afrika en Amerika, opstellen aangeboden aan Prof. dr. Leonard Blussé*《远观：荷兰与亚洲、非洲、美洲的政治与文化关系，呈给包乐史教授的文章》（Franeker: Van Wijnen, 2011），其中包括关于这位学者的几篇文章和他详细的作品目录［关于另一本纪念文集，参见 Nagazumi Yoko, ed., *Large and Broad: The Dutch Impact on Asia—Essays in Honor of Leonard Blussé*（Tokyo: The Tokyo Bunko, 2010）］。关于他对 17、18 世纪东亚海上贸易及其贸易港口的广泛的比较方法，参见其作品 *Visible Cities: Canton, Nagasaki and Batavia and the Coming of the Americans*《看得见的城市：东亚三商港的盛衰浮沉录》（Cambridge MA: Harvard University Press, 2008）。

更重要的是，包乐史出版了从日本长崎的荷兰东印度公司的工厂以及中国台湾地区热兰遮城（靠近台南）获得的1629年至1662年间的《每日记录》(*Dagregisters*)。¹ 包乐史在论文中也表现出他对荷属东印度群岛上华人社区历史的兴趣。² 20世纪90年代后期，他在将巴达维亚的中国孔关（中国理事会）的档案转移到荷兰方面发挥了重要作用。他组织保存这些档案并将其提供给学术界。³ 虽然他自己的研究主要集中在17和18世纪，但他偶尔也从事后面历史阶段研究，并指导了关于19和20世纪荷属东印度群岛上华人生活的很多重要的博士论

1　L. Blussé et al., *The Deshima Dagregisters: Their Original Tables of Content*（Leiden: Centre for the History of European Expansion, 1986-present; 13 volumes so far）; L. Blussé et al., *De dagregisters van het kasteel Zeelandia, Taiwan 1629–1662*, 4 Vols（The Hague: Instituut voor Nederlandse Geschiedenis, 1986–2000）; L. Blussé et al., *The Formosan Encounter: Notes on Formosa's Aboriginal Society: A Selection of Documents from Dutch Archival Sources*, 4 Vols（Taipei, 1999–2010）. 此外，还包括许多在此基础上进一步衍生的研究成果。

2　*Strange Company: Chinese Settlers, Mestizo Women and the Dutch in VOC Batavia*. Dordrecht: Foris Publications, 1986. 包乐史还写了两部绝佳的关于殖民社会妇女的传记: *Bitters bruid: een kolonial huwelijksdrama in de Gouden Eeuw*［Amsterdam: Balans, 1997, 英文译本为 *Bitter Bonds: A Colonial Divorce Drama of the Seventeenth Century*（《苦涩的结合: 17世纪荷兰东印度公司的一出离婚戏剧》）（Princeton: M. Wiener publishers, 2002）］, 以及之后他的 *Retour Amoy: Amy Tan—een vrouwenleven in Indonesië, Nederland en China*（《回到厦门: 谭恩美, 一个女性在印度尼西亚、荷兰和中国的生活》）（Amsterdam: Balans, 2000）。

3　可以从包乐史与 Chen Menghong 编辑的书中的研究开始阅读: *The Archives of the Kong Koan of Batavia*（Leiden, Brill, 2003）, 但是自那以后很多荷兰文、中文与英文的其他研究也纷纷出现, 例如 Chen Menghong, "De Chinese gemeenschap van Batavia, 1843-1865: Een onderzoek naar het Kong Koan-archief"（《巴达维亚的中国群体, 1843—1865: 孔关档案研究》）, PhD diss., Leiden University, 2009; Monique Erkelens, "The Decline of the Chinese Council of Batavia: The loss of authority and prestige of the traditional elite amongst the Chinese community," PhD diss., Leiden University, 2013. 部分档案在厦门出版: 包乐史、吴凤斌编《公案簿: 吧城华人公馆（吧国公堂）档案丛书》, 厦门大学出版社, 2002年至今; 十一卷已出版, 六卷已列入出版计划。

文。[1] 近年来，包乐史组织了两个大型项目，向亚洲和西方学生介绍亚洲荷兰殖民时期丰富的档案资源。TANAP（"迈向合作的新时代"）通过为他们提供在荷兰写论文的机会，旨在训练亚洲国家的学生在他们本国和荷兰使用荷兰东印度公司档案的能力。ENCOMPASS（"在亚洲经历一个共同的过去"）更多是为硕士学生设计的。[2] 因此，得益于不懈努力的包乐史，许理和对欧洲扩张研究小组的适度投入取得了出色的成绩。

20 世纪 80 年代开始，许理和本人开始朝向新的研究方向发展。早在 70 年代末，他就已为这一改变做准备，并从巴黎和其他地方的图书馆收集了许多罕见的明末基督教文献。

有时他仍会出版他的旧研究领域的内容，即早期佛教，但中国明晚

---

[1] 近几十年来关于中荷关系以及荷属东印度群岛的华人的论文包括：Cheng Shaogang, "De VOC en Formosa 1624–1662: Een vergeten geschie-denis"（《VOC 与台湾：一段被遗忘的历史》）, 2 vols., PhD diss., Leiden University, 1995（本论文包含了所有现存的台湾总督的年度报告的中文译本，并以中文发表为程绍刚：《荷兰人在福而摩莎》，联经出版事业公司，2000）; M.T.N. Govaars-Tjia, "Hollands onderwijs in een koloniale samenleving: De Chinese ervaring in Indonesië 1900–1942," PhD diss., Leiden University, 1999 [用英文发表为 Ming Govaars, *Dutch Colonial Education: The Chinese Experience in Indonesia*（Singapore: Chinese Heritage Center, 2005）]; Yuan Bingling, *Chinese Democracies: A Study of the Kongsis of West Borneo（1776–1884）*（Leiden: CNWS Publications, 2000）; F.P. van der Putten, *Corporate Behaviour and Political Risk, Dutch Companies in China, 1913–1941*（Leiden: CNWS Publications, 2001）; Yong Liu, "Golden Years: The Chinese Tea Trade of the Dutch East India Company, 1757–1781," PhD diss., Leiden University, 2006; Ch'iu Hsin-hui, "Entangled Encounters: 'The Formosans' and the Dutch Colonial Project（1624–1662），" PhD diss., Leiden University, 2007; Ellen Cai Xiang-yü, "Christianity and Gender in South-East China: The Chaozhou Missions（1849–1949），" PhD diss., Leiden University, 2012; Cheng Wei-chung, "War, Trade and Piracy in the China Seas（1622–1683），" PhD diss., Leiden University, 2012; Frederic Delano Grant, "The Chinese Cornerstone of Modern Banking: The Canton Guarantee System and the Origins of Bank Deposit Insurance 1780–1933," PhD diss., Leiden University, 2012.

[2] 参见 http://www.tanap.net 和 http://www.hum.leiden.edu/history/cosmopolis/about/encompass-encountering-a-common-past-in-asia.html。

期的基督教成为他新的研究方向。1976—1977 年以及 1980—1981 年，他教授了几门关于这一主题的进阶讨论课。我参加了第二批讨论课。这对像我这样有志于学术的学生来说振奋人心，因为我们有机会研究独特的重要资料和有趣的文化交流问题。许理和最终指导了三篇关于耶稣会传教以及中国回应的重要博士论文（下面会详细讨论）。许理和也和他的两位学生一起，撰写了有关耶稣会传教士在此期间活动的书目。[1] 他撰写了许多有影响力的文章，并对 17 世纪耶稣会传教士艾儒略（Giulio Aleni）和他的福建籍学生之间的谈话进行了详尽的注释翻译（和介绍）。[2] 总而言之，在他职业生涯的后半段，他在第二个研究领域的成果比他以前从事佛教研究时要多得多。

　　许理和对明末清初的基督教研究，意味着要分析这种复杂的宗教文化在不同的社会教育水平上全部或部分（当然以改变了的形式）融入中国文化的方式。他的学生钟鸣旦（现在在比利时鲁汶大学）一直采用这种方法，可以认为这是红极一时的范式方法。与此同时，许理和驻巴黎的《通报》联合编辑、法国著名的中国史学家谢和耐在《中国与基督教：行动与反应》中更为悲观地指出，这种文化融合是不可能的。谢和耐的思维方式与 18 世纪的中国礼仪之争一致。该论断认定基督教与中国的思维和社会习惯是不相容的。耶稣会士（最终输掉了辩论）坚持认为，例如，祖先崇拜不是宗教习惯而是社会习惯。但是，从方济各会-多明我会的角度来看（可能更准确，最终占据上风），祖先崇拜是异教

---

[1] Erik Zürcher, Nicolas Standaert and Adrianus Dudink, eds., *Bibliography of the Jesuit Mission in China (ca. 1580–ca. 1680)* (Leiden: Centre of Non-Western Studies, 1991).

[2] Erik Zürcher, int. trans. ann., Kouduo richao: Li Jiubiao's Diary of Oral Admonitions, *A Late Ming Christian Journal*, 2 Vols (Sankt Augustin Nettetal: Institut Monumenta Serica/Brescia: Fondazione Civiltà Bresciana, 2007).

徒的宗教仪式，需在信奉天主教的中国人中禁止。相比之下，按照许理和的路径，很显然，任何宗教的所有传教活动（包括在公元头几个世纪将一个微小的犹太教派转变为我们现在所说的基督教）都总是需要进行改变和适应的。因此，相信基督教会与中国文化从根本上不相容的观念确实是一个以欧洲为中心的想法（鉴于过去几十年来信奉宗教的信徒人数不断增加，因此在实证上也是不正确的）。[1] 实际上，在一定程度上受许理和作品的启发，我已经对福建北部和浙江南部的一个佛教信徒团体进行了较为详细的分析，他们也拒绝了对塑像和祖先的崇拜。分析来看，许理和从佛教到基督教主题的转变并没有像人们想象得那么大，因为文化翻译和变革的内在问题仍然是相同的。此外，这一特殊情况表明，拒绝祖先崇拜不一定是（或必须是）障碍。

特别是从20世纪60年代至90年代，许理和成为欧洲和国际汉学交流中极其活跃的参与者，这从他在汉学研究所档案保留下的信件中可以得到证明。直到晚年，他才真正开始使用互联网。他甚至从未真正用过打字机。他将这些相关任务交给了他的妻子（从他的论文来看），后来又交给了他信赖的秘书安克·梅伦斯。无法掌握新信息技术导致他的第三个主要项目"中国图像文献库"失败，该项目旨在基于大型幻灯片制作教材。他们遵从1977级学生的愿望来开设一门视觉文化课（它被称作这个名字，而没有提到艺术和物质文化）。在互联网和PowerPoint出现之前（也没有中国艺术专家，直到20世纪90年代后期才有了莫欧礼），课程开始于一台老式的幻灯机（后来同时有两台）。艺术和物质文化构成了教学大纲的关键部分，但许

---

[1] 除了钟鸣旦的讣告，参见Howard Goodman与Anthony Grafton的这篇好文章（部分是谢和耐作品的述评）："Ricci, the Chinese, and the Toolkits of Textualists," *Asia Major*, Third Series 2/2（1990）：pp.95-148。

理和也讨论各种社会和宗教史的主题。在几位助手的帮助下，他最终进行了一系列演讲，其中评论和视觉材料被完全整合在一起。直到21世纪头十年初期，该课程由他和其他人一起教授，此后出于预算削减和人员退休的原因而取消。该项目最终一无所获，因为与书籍和期刊的视觉信息有关的版权问题从未得到解决，而且从未能实现从幻灯机到数字技术的飞跃。莱顿的学生和研究人员可以在本地使用可视化数据库中的一大部分材料。许理和结合对中国历史和文化的丰富知识，佐之以艺术和物质文化的插图，同时与图表和地图相结合，精心设计课程材料。这些材料现在只能做成A5尺寸的卡片放在金属盒中。

像他的前任施古德、戴闻达和何四维一样，许理和长期担任巴黎-莱顿学术期刊《通报》的编辑，与谢和耐合作密切。太史文（在许理和的《佛教征服中国》2007年序言中）指出，许理和与谢和耐在佛教和基督教上都有兴趣，但也必须看到两者之间的差异。谢和耐首先是一位知识史学家，同时也是社会历史学家。许理和可能大体上把自己看作一位社会历史学家，他对一手资料本身有浓厚的兴趣。的确，从他的出版物和他在《论语》和《道德经》相关课程中的授课方式来看，许理和实际上并不是思想史家，而是专攻文本和文化传播的学者。因此，他从未从事过佛教学的研究。佛教学是研究佛教教义的领域，在西方，这一领域比研究佛教的社会或宗教史要重要得多。尽管他是一个熟练的翻译家，但这也不是他的工作路径，而且他并不特别关心任何研究领域的当代理论。他以自己的方式做事，通过细细梳理的方式仔细阅读特定的资料，翻译重要的片段，然后分析其内容，从而处理这些资料。

就学生而言，许理和与他的前辈所处的时代截然不同。20世纪60年代后期，随着西欧尤其是荷兰经济财富的不断增长，用于研究的资金已大大增加。因此,有更多的资金用于设立讲师职位。同时,大学入学人数显著增加,继而又增加了讲师职位。另外,还有更多的国家经费用于博士学位培训,让许多人能够完成论文。由于经费拨付是根据个人的研究才能而不是导师的研究兴趣,因此主题差异很大。像他这一代的大多数教授一样,在这些论文的写作过程中,许理和并不占主导地位。这可能让人感到沮丧,但优势在于,那些成功完成学业的人很大程度上是按照自己的计划进行的。我认为,没有任何一个其他导师会让我在一个论文项目中处理"白莲教教义"这一宏大课题。幸运的是,大多数项目比我的更切实可行。无论如何,在许理和指导下撰写的所有论文都显示出对一手资料的细致关注,反映出我们所受的训练。尽管许理和从未真正将一群学生带入他自己的佛教研究领域,但我和瓦伦蒂娜·乔治除外。从20世纪80年代开始,他就越来越热情,积极地致力于撰写晚明基督教传教的社会历史。这导致至少三篇成功的论文:一篇是他的主要学生钟鸣旦关于杨廷筠的研究,[1] 另一篇是杜鼎克撰写的关于反基督教迫害的文章,[2] 第三篇是安国风(Peter M. Engelfriet)写的关于克里斯多夫·克拉维斯(Christophorus Clavius)拉丁版本的欧几里得元素的部分中文翻译〔由利玛窦(Matteo Ricci)和徐光启翻译〕。[3] 关于这些博士生,由于缺乏学术工作前景,安国风不得不中止他的汉学生涯。在加入基督教会并完成他神学以及与中国相关的进一步训练后,钟鸣旦成为鲁汶的中文教授,在那里他继续从事许理和的工作。杜鼎克最终成为钟

---

1 出版为 Nicolas Standaert, *Yang Tingyun, Confucian and Christian in Late Ming China: His Life and Thought*(Leiden:Brill, 1988)。
2 出版为 Ad Dudink, *Christianity in Late Ming China: Five Studies*(Leiden:Brill, 1995)。
3 出版为 Peter M. Engelfriet, *The Genesis of the First Translation of Euclid's* Elements *in 1607 and Its Reception up to 1723*(Leiden:Brill, 1998)。

鸣旦在鲁汶的亲密合作者。在杜鼎克和其他同事的帮助下，钟鸣旦完成了《中国基督教手册：卷一：635—1800》(Handbook of Christianity in China: Volume One: 635-1800, Leiden: Brill, 2000)。接下来，钟鸣旦和杜鼎克还开发了中文基督教经文数据库（CCT-Database），其中包含了中文的基督教经文（http://www.arts.kuleuven.be/info/eng/OE_sinologie/CCT/），并在几个来源出版物中处理了大部分文本的重印（数据库中包含对其的引用）。尽管这项工作是许理和在20世纪70年代发起的书目工作的延续，但却将他的灵感带到了全新的高度。的确，钟鸣旦可以被视作许理和作品真正学术上的继承者。钟鸣旦将他的分析方法推向了新的高度，并接着许理和的努力来开发学习工具。

许理和的另一个博士生鲁克思（Klaas Ruitenbeek）遵循莱顿深入文本研究的传统，翻译了著名的木匠指南，鲁班的经典著作《鲁班经》(Classic of Lu Ban)。他还对文本的印刷历史进行了详细研究，并提供了大量早期木匠指南的背景知识以及木匠法术和巫术的实践。[1] 鲁克思后来是阿姆斯特丹、慕尼黑和多伦多的策展人和中国艺术教授，并于2010年成为柏林-达勒姆的亚洲艺术博物馆的馆长。[2]

如前所述，尽管许理和很早就对中国艺术感兴趣，但他的大部分职业生涯并没有集中于对中国艺术的研究，因为荷兰没有像美国那样收藏重要的中国艺术作品。然而，何四维-瓦兹涅夫斯基基金会一建立，莱

---

[1] Klaas Ruitenbeek, *Carpentry and Building in Late Imperial China: A Study of the Fifteenth-Century Carpenter's Manual Lu Ban Jing*（Leiden: Brill, 1993）.

[2] 德·希尔边从事外交事业，边完成了他的论文：*The Care-Taker Emperor: Aspects of the Imperial Institution of the Fifteenth Century, as Reflected in the Political History of the Reign of Chu Ch'i-yü, Seventh Ruler of the Ming Dynasty*（1449-1457）（Leiden: E.J. Brill, 1986）.

顿大学就聘用了莫欧礼担任中国艺术专家。莫欧礼在剑桥大学获得博士学位，学位论文涉及唐朝的考试仪式。[1] 随后他在大英博物馆工作，并在那里接受杰西卡·罗森（Jessica Rawson）的训练。他目前正在研究中国摄影史，同时将他在大学的职位与在莱顿国立民族学博物馆的职位结合起来。在博物馆，他负责中国收藏的策展工作。

二、中国期刊

我们已经提到过《通报》，它是由考狄和施古德于1890年共同创立的。直到2009年，它一直由一位巴黎的教授和一位莱顿的教授共同管理。尽管偶尔会遇到缺稿以及在欧洲维护学术期刊成本的压力，但它是所有语言中存在时间最长的汉学期刊，并且仍然长盛不衰。它在亚洲也广为人知，即使是几乎不懂英语的同事也知道它的名字。莱顿的各类中国专家还创立了其他期刊，有时是在莱顿出版公司艾维特·简·博睿（E.J. Brill，现在就叫博睿）的参与下，有时是独立的。1976年，包乐史和乔治·维尼乌斯（George Winius）创办了《行程·莱顿欧洲扩张史中心简报》(*Itinerario. Bulletin of the Leiden Centre for the History of European Expansion*)，作为上述提到的研究小组实际研究成果的体现。由于莱顿大学在过去的二十年中一再削减预算，该杂志经历了一些艰难的时期。但是由于它的学术意义加上编辑的努力，这份杂志得以生存。[2] 现代中国研究学者爱德华·维米尔和他的同事们于1986年

1　重新修改并出版为：*Rituals of Recruitment in Tang China: Reading an Annual Programme in the Collected Statements of Wang Dingbao*（870-940）(Leiden: Brill, 2004)。

2　Stolte, Schrikker and van der Putten（2011）。

创立了《中国情报》，这在本书的其他文章中会讨论到。1990 年，施聂姐（Antoinette Schimmelpenninck）和她的丈夫高文厚（Frank Kouwenhoven）创立了《磬：欧洲中国音乐研究基金会杂志》(*Chime: Journal of the European Foundation for Chinese Music Research*)。她丈夫早先还创立了中国音乐研究基金会"磬"。[1] 1997 年，施舟人创立了致力于人口统计资料的新期刊《三教文献・中国宗教研究资料》(*Sanjiao wenxian. Matériaux pour l'étude de la religion chinoise*)，这也是他在北京搜集人口统计资料项目的一部分。可悲的是，此后它只是断断续续地出版（到目前为止已经出版了四期）。中国史学家宋汉理与其他人一起，于 1999 年创办《男女：中国的男性、女性与性别》，由博睿出版。从那以后，她一直担任该杂志的编辑，该杂志已成为西方研究传统中国性别的主要场所。[2] 最近，该杂志扩大了范围，涵盖了现代和当代问题。最后，一群对中国文学感兴趣的比利时（弗拉芒的）和荷兰专家经营了专门的高质量荷兰语翻译期刊，名为《慢火》，从 1996 年一直持续到 2010 年。

三、汉学图书馆

从 1969 年起，中国学系逐渐转变为一个可以研究过去和现在中国

---

1 在过去的二十多年中，"磬"一直非常活跃地组织音乐会、研讨会和会议，成为将音乐家和音乐学家聚集在一起的渠道。
2 宋汉理从伯克利拿到了博士学位，论文是关于徽州的社会史。她把这一主题的研究结集成书：*Change and Continuity in Chinese Local History: The Development of Hui-chou Prefecture 800–1800*（Leiden：E.J. Brill，1989）。在创办《男女：中国的男性、女性与性别》之前，她是《东方社会经济史杂志》的编辑。

的涵盖广泛内容的研究所。尽管这一情况可以更早开始，但在更大的欧洲语境中，这仍可以算是起步很早的。这一过程涉及建立一个更充实的图书馆。自1942年的曾珠森以来，许多不同的学者，例如容凯尔和艾惟廉也曾当过图书管理员。直到1970年，才聘用了陈庆云（H.W. Chan），他的首要身份不是老师或学者。陈庆云来自中国香港地区，是作为学校老师而不是图书管理员受训的，但是他发挥了很大作用。传统上，协助编目的学生和那些此刻查询图书卡片目录的学生（是的，即使今天，有一部分藏书也只能以这种老式方法找到）会偶然发现许多过去的学生留在卡片上的笔迹。到20世纪70年代初期，这种做法终于告一段落。[1]

随着1969年当代中国资料与研究中心的建立，现代中国馆藏的建设迅速开始，并购入了大量民国和中华人民共和国的期刊和报纸的缩微胶卷，每年订阅及购入有关现代中国的期刊和书籍。几年后，图书馆聘用了一位来自美国的高水平的图书馆员马大任（John T. Ma，生于1920年，1976—1985年在莱顿）。随着他的到来，图书馆的扩建工作近在咫尺。在随后的几年中，一个优秀的且极具有代表性的图书馆建立起来了，从而可以无须前往远东进行基础研究。越来越多的教师继续参与选书，其中最引人注目的是文学专家和书呆子伊维德。他一直或多或少地独自参与选书过程，直到他于1999年离开去哈佛。马大任由乔伊斯·吴（Joyce Wu，1986—2003）和雷哈诺（Hanno Lecher，2004—2009）接任，直到2009年图书馆被正式纳入莱顿大学图书馆中。尽管汉学部门不再构成一个独立的组织单位，但它仍然拥有自己的

---

[1] 最近，莱顿大学图书馆已获得资金，用于对1990年前购买的中文书籍的目录进行数字化。

图书馆工作人员,他们负责订购和分类书籍。而且,我们很幸运仍然能够在图书馆中作为一个独立单元存在。我们可以向访客展示出一些有着特别有趣的历史渊源的书籍。例如口袋本大小的迷你版《四书》或罕见的手写弥赛亚文本(分别在1900年和1949年复制——显然都是重要的年份)。

20世纪70年代开始,图书馆的扩张伴随着对有趣的私人图书馆的收购,例如高罗佩和荷属东印度的前中国商人高祥乐(Go Siang Lok,1874—1937)的私人图书馆。戴闻达、范可法、梅杰、何四维(部分)和其他人的私人收藏现在也是图书馆的一部分。通过皇家艺术与科学院,图书馆还获得了一些其他藏品,包括19世纪初期的一组地方史册。从荷兰传教会(或更确切地说是其法定继承人)那里,传教士郭士立的大量译本进入了收藏。2004年年初,荷兰皇家地理学会(Koninklijk Nederlands Aardrijkskundig Genootschap,简称KNAG)拥有的中文书籍被正式捐赠给图书馆,其中包括4位19世纪荷兰汉学家的个人中文收藏的部分内容。他们曾在荷属印度做过口译工作[施古德、格里斯、斯贝克(J. van der Spek)和维图姆(B.A.J. van Wettum)],同时还有54名新教徒的作品。得益于图书馆稀有书籍编目者高柏的不懈努力,我们现在也越来越能详细了解我们的藏书如何随时间的增长而增长,以及稀有藏书的学术优势。馆藏中最古老的印刷书籍可追溯到15世纪初,高柏还描述了图书馆中的许多其他子馆藏,包括小册子、私人历史的书籍、各种圣经和其他基督教文献等。[1] 高柏确实是做这件事的

---

[1] 关于这些收藏的大多数信息都是荷兰语的。有兴趣的读者最好写信给莱顿大学图书馆的中文部门(关注高柏)以获取更多详细信息。也可以参见 Koos Kuiper comp. and ed., with contributions from Jan Just Witkam and Yuan Bingling, *Catalogue of Chinese and Sino-Western Manuscripts in the Central Library of Leiden University* (Leiden: Legatum Warnerianum in Leiden University Library, 2005)。

合适人选，他目前正在完成有关第一代荷兰汉学家的社会历史的综合性博士论文。这些汉学家在19世纪末至20世纪初曾在荷属印度的殖民政府担任口译。[1] 自然而然，图书馆的许多册子都涉及多年来我们老师从事的研究课题，从而形成了传统法律、早期哲学、日本对传统中国的研究、中国宗教文化、高雅文学、大众文学和当代中国等方面的丰富藏书。当然，由于预算有限（并且正在缩减），而且图书馆空间（以及图书馆专家的数量）也受到限制，因此馆藏中仍然存在许多空白。

尽管现代的重印和在线数据库让越来越多的传统和现代的主要资料可供各地的研究人员使用，实现了资料使用的民主化，但图书馆仍然是教授学生进行研究的起点。而且，至少在目前，将书放在手边有很多优点（每本书代表计算机上的一个"打开的窗口"，而无须购买大量笔记本电脑即可达到这种效果）。莱顿汉学研究所的西方图书馆仍以其巨大的语言广度为特征，涵盖了自19世纪以来大多数的英语、法语和德语的二手文献。令人遗憾的是，我们领域的许多新一代学生和学者不再阅读法语或德语文献，除非那是他们的母语。

四、1993年和2000年的两次演替

在1993年，为许理和找到一个合适的继任者是一项很难的任务。经过大量的内部讨论，著名的荷兰-法国道教专家施舟人被任命为中国历史系主任。那时，施舟人在法国已经拥有出色的职业生涯。在荷兰，由于他先前的学术声誉和大方举止，他很快成为知识界的知

---

[1] "Dutch interpreters of Chinese in the Netherlands Indies: their training and work (1854-1910)."

名公众人物。他出生于瑞典,在荷兰长大,自1953年以来,他曾在法国向诸如石泰安(Rolf Stein,1911—1999)和康德谟(Maxime Kaltenmark,1910—2002)这样的伟大汉学家学习汉学。他仍然是法国式的具有语言学专长的汉学家,大笔如椽。让更多人知道这种专长的是他著名的《道体论》(*Le corps taoïste: corps physique—corps social*)[1]。他因此获得了著名的法国儒莲奖。这本书在很大程度上是散文式的,很难厘清它到底属于什么种类,书中一些背后的经验证据概括有多少。施舟人在台湾的漫长岁月中,通过理解道教礼仪专家使用的文本,追溯早期几个世纪的道教历史,留下了自己的印记。这些文本与早期几个世纪的道教历史文本有部分相同。换句话说,他和他的几个老师以及同学在巴黎研习的固有传统仍有勃勃生机。当然,事实证明,高延早已知道这一切。高延也曾在未发表的日记中指出,巴黎有明代道藏的副本,但是,在那时,人们并没有据此有所作为。像马伯乐和石泰安这样的人,他们对现存的宗教文化的了解主要基于第二次世界大战前越南的状况。虽然马伯乐确实开始了对道教文本的研究,但最终是施舟人建立了与现存的宗教文化之间的联系。那时,中国大陆(内地)的道教仪式文化已经衰弱了几十年,并且直到1976年之后才逐渐恢复,然而,在中国台湾、略有差异的香港地区以及东南亚大陆的海外华人社区中,尽管这些传统受到抑制并被精英忽略,但仍然存在。

1963年至1970年在台湾旅居之后,施舟人回到巴黎,开启了卓越的教学生涯。在众多合作者的帮助下,他为道教著作和重要的会议论文(很可惜的是,其中一些从未真正出版)以及若干道教研究的国际会议

1　Paris: Fayard, 1982.

编制了有价值的索引。在与大多数欧洲同事的合作下，他开始编制书目公告和提要。有赖于此，几十年后，他和一位学生傅飞岚（Franciscus Verellen）编辑出版了《道藏通考》(The Taoist Canon: A Historical Companion to the Daozang, Chicago: Chicago University of Chicago Press, 2004)。直到最近，他的大部分文章仍散落在许多不同的地方，因此很难整体获得，但幸运的是，其中许多文章已于 2008 年被搜集和重印。[1]

1993 年，当施舟人来到莱顿时，他的确继续了他的早期研究，还花了一些时间培养年轻的荷兰学者，例如梅林宝（Mark Meulenbeld，现在在威斯康星大学）和葛思康（Lennert Gesterkamp，直到最近在浙江大学）。[2] 重要的是，他将庄子和老子的作品完整地翻译成荷兰语。[3] 他 1983 年的经典著作《道体论》已经被翻译成荷兰语，名为《道：中国的宗教》(Tao: de levende religie van China, Amsterdam: Meulenhof, 1988)。自 1993 年起，这些著作使他在荷兰成为中国有关对话的热门参与者。1999 年退休后，他移居中国，在那里他继续积极从事学者和翻译的工作。尽管他在该领域做出了巨大贡献，但是他的莱顿任期太短，因而无法在此留下深刻的

---

[1] 其中很多最近重新出版在 Kristofer Schipper, La religion de la Chine: la tradition vivante (Paris: Fayard, 2008)。

[2] Mark Meulenbeld, "Civilized demons: Ming Thunder Gods from ritual to literature," PhD diss., Princeton University, 2007; L. Gesterkamp, The Heavenly Court: Daoist Temple Painting in China, 1200-1400 (Leiden: Brill, 2011).

[3] Zhuang Zi, De volledige geschriften: het grote klassieke boek van het taoïsme (《全本：道教经典》), trans. Kristofer Schipper (Amsterdam: Augustus, 2007); Lao Zi, het boek van de Tao en de innerlijke kracht (《老子：道书与内在动力》), trans. Kristofer Schipper (Amsterdam: Augustus, 2010).

影响。[1]

1999年和2000年,有几项新的任命,包括由我接替施舟人的工作。像我的几位前任一样,我也从事宗教文化研究,但是就研究兴趣或受到的训练而言,高延、许理和、施舟人和我之间并没有直线联系。[2] 高延的研究从描述性的民族志田野调查开始,结合对历史文本的选择性阅读。许理和从事中国早期佛教和明末基督教的研究。施舟人研究道教,而我则从事地方宗教文化的研究。我们四个人都彼此独立地选择了我们的研究主题。高延在荷兰没有传人,他在德国的学生在该领域也没有影响力。许理和的研究方向则由他在鲁汶的学生钟鸣旦清晰地传承下去。施舟人的研究方向则由他早年在巴黎或世界其他地区的学生沿袭。至于我自己,我于2013年离开莱顿出任牛津大学的邵氏汉学教授。

---

1 在他于莱顿退休之际,被赠予了一本纪念文集: *Linked Faiths: Essays on Chinese Religions and Traditional Culture in Honour of Kristofer Schipper*, ed. Jan A.M. De Meyer and Peter M. Engelfriet (Leiden: Brill, 2000)。

2 近期中国史的博士论文包括: Masayuki Sato, "Confucian State and Society of Li: A Study on the Political Thought of Xun Zi," PhD diss., Leiden University, 2001 [修定并出版为 *The Confucian Quest for Order: The Origin and Formation of the Political Thought of Xun Zi* (Leiden: Brill, 2003)]; Tjalling Halbertsma, "Nestorian Remains of Inner Mongolia," PhD diss., Leiden University, 2007 [修定并出版为 *Early Christian Remains of Inner Mongolia: Discovery, Reconstruction and Appropriation* (Leiden: Brill, 2008)]; Dirk Meyer, "Meaning-Construction in Warring States Philosophical Discourse: A Discussion of the Palaeographic Materials from Tomb Guodian One," PhD diss., Leiden University, 2008 [修定并出版为 *Philosophy on Bamboo: Text and the Production of Meaning in Early China* (Leiden: Brill, 2012)]; Annika Pissin, "Elites and their Children: A Study in the Historical Anthropology of Medieval China, 500–1000 AD," PhD diss., Leiden University, 2009; Piotr Adamek, "A Good Son is Sad if he Hears the Name of his Father: The Tabooing of Names in China as a Way of Implementing Social Values," PhD diss., Leiden University, 2012; Fei Huang, "Landscape Practices and Representations in Eighteenth-Century Dongchuan, Southwest China," PhD diss., Leiden University, 2012。

在撰写本文时，正在寻找我的继任者。

与我被任命为中国史教授大约同一时间，另外两个教授也被授予了职位。1999年，柯雷被任命为中国语言文学系主任。他是作为伊维德的继任者被任命的（伊维德则是在1976年于同一职位被任命为何四维的继任者）。2000年，施耐德（Axel Schneider）被任命为现代中国研究的新系主任。所有这些任命都意味着莱顿大学中国研究的全世代转换。在随后的几年中，机构不仅面临越来越多的财务困境和预算缩减（甚至在当前的经济危机来临之前）带来的令人不快的结构调整，还必须应对中国研究领域发展重点的变化，即朝着强调当代中国的方向转变。幸运的是，在最初学生人数减少之后，又开始回升，这使得现在相当大的中国研究系得以生存。其中，仍然有3名专家（大约13名教职人员）专门从事该项目中的传统中国研究。因此，该系可以提供所有级别的文言文课程，但在更高的学术水平上功能有限。几年前学校还认定，让所有人学习过多的古典语言没有道理。但是，考虑到传统书面语言的文化意义，以及即使到今天，它仍然对理解各种书面体裁具有重要意义，我们决定将这些课程定为头两年的必修课。

叶波（Paul van Els）开发了一套全新的文言文课程，其最初灵感是由罗伯特·恰德（Robert Chard，牛津大学）和邓海伦（Helen Dunstan，悉尼大学）设计的课程所激发的。叶波是早期中文文本专家，也在莱顿受训，现在于母校教授文言文。[1] 开发一种新教学方法的目的是结合一种结构化的方法，选择让人感兴趣的文本并辅之以适当的

---

[1] 他获得博士学位，论文关于文子，"The Wenzi: Creation and Manipulation of a Chinese Philosophical Text," PhD diss., Leiden University, 2006。

背景信息来介绍语法。[1] 此外，课程练习册中还包含许多示例照片，这些示例直到今天仍在使用文言文。在开始的 8 周中，课程教给学生越来越复杂的句子，并逐步介绍语法要点。而后是选择更为复杂的文本，而不是采用原先的标准教学程序。所谓的标准程序往往是从孟子的长篇文章开始，并将许多语法问题作为词汇项教授，但并没有很好地解释它们。学生仍然可以阅读早期哲学家的作品，不过是根据他们在课程特定阶段的情况来选择的，例如《道德经》的段落以及《庄子》中的简单故事。迄今为止的教学结果显示前景光明。实践证明，可以在两年内培训非母语人士阅读文言文，其中一些人已经非常熟练。除了中国研究领域的学生，本课程还吸引了这些领域中对传统欧洲中心视角之外的哲学和宗教研究感兴趣的人。将语言教学法引入文言文领域的这种方法与这种语言的传统教学方式相去甚远。传统方式主要是通过翻译，不断重复和死记硬背，这一方法仍然被经常采用。

因此，始于 19 世纪中叶的莱顿中国研究已经走了很长一段路。曾几何时（但不是很久以前），教授文言文（或仅仅是"书面汉语"）是必须的，因为它是政府采用的语言（以及许多其他方面会用到的语言）。此外，莱顿的学生不得不学习阅读白话，尽管直到第一次世界大战之前他们很少学习讲普通话，而是学习了漳州和厦门（Amoy）的南方当地方言。这也是居住在荷属东印度群岛的华人的书面和口头语言。20 世纪 20 年代以后，尽管文言文与中国政治、社会、经济、文学和文化生活的许多方面越来越不相关，但文言文教学仍然是语言课程的核心，尤其是在 20 世纪 50 年代和 60 年代。这导致了一个非常尴尬的局面，例如，有时人们进入外交部门，却几乎不会说现代汉语。实际上，了解文

---

[1] Paul van Els, *Van orakelbot tot weblog: lesboek Klassiek Chinees*（《从甲骨到网志》），2 vols（Leiden: Leiden University Press, 2011）.

言文在学习阅读现代语言方面非常有用，但是保持对文言文的重视变得越来越难。因为越来越多的学生并未先受过古典欧洲语言培训，没有经历过逐句阅读难读课文的训练。相比之下，该系的每一位毕业生在现代汉语和现代中国知识方面都有坚实的基础。如果愿意的话，他们也能专注于传统中国。直到20世纪90年代后期，该系的正教授仍是专门研究传统中国的。现代中国和现代汉语系主任的职位是个人性的，而不是永久的，仅当任职者在莱顿期间才存在，但如今，有多达四位正教授，其中只有一位专门研究传统中国。现在，所有关于传统的主题都归于这位教授，他必须涵盖一切，一位学术万事通正在勉强应付这一切。

荷兰汉语语言学的历史[*]

司马翎（Rint Sybesma）

一、词典、词汇表与其他有用的著作

（一）初期：赫尔尼俄斯与罗耶

根据戴闻达的记载，第一位有记录的对中国语言感兴趣的人是"一名来自莱顿的年轻学者"赫尔尼俄斯。[1] 赫尔尼俄斯在学习医学与神学之后，于1624年作为新教传教士被派往荷属东印度的巴达维

---

[*] 本章聚焦于汉语语言学研究的成就。包乐史在他的章节中描述了绝大多数这些尝试，尤其是早期尝试的历史背景。我由衷地感谢高柏提供的帮助，没有他提供的资源，我无法写出这篇文章。我还要感谢卫玉龙、叶达安（Daan van Esch）、沃尔夫冈·贝林格（Wolfgang Behr）、瓦瑟·西贝斯玛（Watse Sybesma）和伊维德。在呈现转录的中文时，我依据的是闽南语和客家语的原始文献，但是对于普通话，我使用的是拼音（在适当之处增加声调），除非有理由不这样做。在必要的时候出于某种原因才插入字符。

[1] J.J.L. Duyvendak, "Les études hollando-chinoises au 17me et au 18me siècle," *Quatre esquisses détachées relatives aux études orientalistes à Leiden* (Hommage aux membres du XVIIIième congrès international des orientalistes offert par la société orientaliste néerlandaise)[Leiden：Brill（日期不明，但第19界会议召开于1932年）], 28: "un jeune savant de Leiden".

亚。[1]面对巴达维亚相对大量的华人，以及认识到传教士们只有使用潜在皈依者自己的语言来布道，传教工作才能获得成功，1628年，他编纂了一部名为《汉语词典》(*Dictionarium Sinense*)的荷-拉-汉词汇表。[2]至今，仍有数个抄本留存于世，最原始和最完整的一部藏于牛津大学。赫尔尼俄斯并不懂汉语，但得到了"一位懂拉丁语并在澳门接受教育的华人教师"的协助。[3]《汉语词典》的部头是相当大的：牛津抄本的条目数量几乎有3 900个。它不仅包含单词，也有大量的短句（例如"他是那个人"）。正如高柏指出，赫尔尼俄斯与他那位姓名不可考的在澳门受过教育的助手之间的共同语言是拉丁文，如果赫尔尼俄斯懂得一些汉语，或是他的助手懂得一些荷兰语，很多的错误是可以避免的。高柏提到的一处错误是"书（boeck）"的中文翻译为"自主，无主人管"，意思是"自己做主，没有主人控制"。考虑到拉丁语中的书"liber"也意味着"自由"，这个错误是可以理解的。然而必须强调的是，《汉语词典》的中文翻译整体上是正确的。[4]

中文翻译使用了两种不同的注音系统：一种是由弗拉芒传教士金尼阁（Nicolas Trigault，1577—1628）设计的，另外一种很可能是由赫尔尼俄斯自己与其脑海中的荷兰语使用者（读者）共同创造的。

有趣的是，赫尔尼俄斯《汉语词典》中的"汉语（Sinense）"是

---

[1] Koos Kuiper, "The Earliest Monument of Dutch Sinological Studies. Justus Heurnius's Manuscript Dutch-Chinese Dictionary and Chinese-Latin *Compendium Doctrinae Christianae*（Batavia 1628）," *Quaerendo* 35/1-2（2005）: pp.109-139. 文中与赫尔尼俄斯及其字典相关的所有信息，均出自高柏的论文。

[2] 关于完整的书名及其他的书目信息，参见 Kuiper, "The earliest monument"。

[3] 高柏对赫尔尼俄斯一封荷兰语信件进行的翻译；参见 Kuiper, p.112。

[4] Kuiper, p.117。

官话，不是古汉语，亦非诸如闽南语、客家语等荷属东印度华人所说的其中一种汉语语种。在这个方面，该书与一般的字典并不一样，也与我们将在下文看到的荷兰官员和传教士此后在荷属东印度群岛编写的常用语手册与教科书有所区别。

下一个对汉语抱有语言学兴趣的线索要追溯到一个多世纪以后，那时罗耶编纂了《中国简报》（*Nomenclator Sinicus*），这是可作为字典基础的汉语–拉丁语词汇表。[1] 罗耶是一名对中国深感兴趣的律师和司法官员，《中国简报》是其搜集的与中国相关的诸多议题的笔记的一部分。范·坎彭被称为"业余学者"或"博学的业余爱好者"[2]，罗耶是一名活跃于包括图书和钞本在内的中国艺术和其他文化物品的收藏家。《中国简报》包含了 356 个字，并且附有注音（显然是官话）、意义，某些情况下附有注释。罗耶在汇整这份词汇表的过程中，参考了很多中文辞书和一本为中国儿童识字之用的蒙学读物，他在注释当中还参考了几位同时代人的著作。他为何没能完成这部字典，尚不清楚，然而范·坎彭认为一个可能的原因是罗耶在某一个时间点意识到，由于不精通汉语与缺少一名中国助手的帮助，完成这项计划是非常困难的。[3] 我们必须牢牢记住罗耶居住在荷兰，尽管他拥有诸多可资参考的书籍，但从未到过中国，只有以中文为母语的人来协助过他两次。[4] 除此之外，他唯一一次

---

1 我所有关于罗耶的信息来自范·坎彭（Jan van Campen），参见 Jan van Campen, *De Haagse jurist Jean Theodore Royer（1739–1807）en zijn verzameling van Chinese voorwerpen*（Hilversum: Verloren, 2000), esp. Chapter 1 and pp.61ff; 亦可参见 Koos Kuiper, Jan Just Witkam, and Yuan Bingling, *Catalogue of Chinese and Sino-Western manuscripts in the central library of Leiden University*（Leiden, Legatum Warnerianum in the Leiden University Library, 2005), pp.11-12. 《中国简报》可能早于 1780 年；Campen, "De Haagse jurist," p.53.

2 Campen, p.7: "amateur-geleerde", "geleerde amateur".

3 Campen, p.65.

4 Campen, pp.80–82.

获得其他语言的指导竟然是通过信件!

(二)19世纪晚期

经过一个世纪的沉寂之后,词典编纂和教材编写的活动突然变得活跃起来,所有的焦点都集中在闽南语和客家语之上,这是荷属东印度群岛华人最为广泛使用的中国语言。这一时期最为杰出的人物毫无疑问是施古德,不仅因为他是莱顿大学1877年任命的首位中国语言与文学教授[1],也因为他编写了具有里程碑意义的荷-汉词典。

施古德9岁时就开始学习中文,在"我父亲最好和最亲近的朋友"[2]霍夫曼那里补习,顺带一提,他并没有告诉他的父亲这件事。霍夫曼本人是曾经到过巴达维亚和日本的医生西博尔德的助手,后来成为莱顿大学甚至是荷兰首位汉语和日语教授。[3]一段时间之后,施古德还参加了

---

[1] 1875年,施古德被任命为莱顿大学名誉教授(titular professor),1877年,被任命为正教授(ordinary professor)。参见其就职演说:Gustave Schlegel, *Over het belang der Chineesche taalstudie. Redevoering bij de aanvaarding van het hoogleeraarsambt aan de Hoogeschool te Leiden, uitgesproken den 27sten October 1877*(《论学习中文的重要性——1877年10月27日就任莱顿大学教授一职的就职演说》)(Leiden: E.J. Brill, 1877), p.15;考狄宣称讨论中的教授一职是"专为他打造"的,见 Henri Cordier, "Nécrologie: le Dr. Gustave Schlegel," *T'oung Pao* NS 4(1903): pp.407-415。有关其传略,我也参考了 J.L. Blussé van Oud Alblas, "Schlegel, Gustaaf(1840-1903)," *Biografisch Woordenboek van Nederland*, accessed March 2, 2012 at http://www.historici.nl/Onderzoek/Projecten/BWN/lemmata/bwn3/schlegel;以及 E. Bruce Brooks, "Sinologists. Gustaaf Schlegel, 1840-1903," accessed March 8, 2012 at http://www.umass.edu/wsp/sinology/persons/schlegel.html。有关施古德及其时代更多的背景,请参阅本书中包乐史所写之章节。

[2] Schlegel, *Over het belang*, p.12.

[3] 严格来说,霍夫曼实际上是荷兰第一位汉语教授。然而,他更关注日语,编写了一部非常成功的语法书,并为字典奠定了基础。在汉语方面,他仅发表了一篇语言学评论:J.J. Hoffmann, "Iets over het werk: *Anfangsgründe der Chinesische Grammatik*, von Stephan Endlicher, Wien 1845," *Algemeene Konst-en Letterbode*, nos. 50, 51(1846)。此外,他还撰写了一些供其使用的手稿,其中对汉语语法进行了大量注释。非常感谢高柏提供给我的这些讯息。有关这些以及其他手稿的详细信息,请参见他的目录。

由霍夫曼同时设立于莱顿大学的官方翻译培训课程。1857年10月，施古德与其同学佛兰肯启程前往厦门，经停巴达维亚和澳门，于数月之后到达。在厦门，他与格里斯重聚，后者是一名军队的药剂师，曾在莱顿学习过中文，并且是该地的代理副领事。他们居留的目的是学习当地语言，即荷属东印度群岛绝大多数华人所说的一种汉语。正如施古德在其词典导言部分所描述的，他与佛兰肯决定编写双语词典，来使日后翻译的工作变得更加方便。他们对工作进行了分工：佛兰肯负责编写一本汉-荷词典，并专注于口语；施古德则编写对应的荷-汉部分，并特别注意书面用语。他们即刻就开始搜集材料。同时，施古德还为其父搜集以动物为主的自然标本，他的父亲任职于莱顿自然历史博物馆，日后成为馆长。

1862年，施古德被任命为巴达维亚法院的翻译。在其1877年的就职演说之中，施古德近乎喜形于色地回忆，在其被任命为法院翻译后不久，由于他修正了一份由当地翻译所做的草率译作，两名因盗窃和谋杀已被判处死刑的华人，改判为无罪并释放。1872年，影响他健康的"气候（climatological）"条件迫使他返回莱顿，在那里他负责翻译的培训，并被任命为教授。

到1877年施古德成为教授之时，他已经发表了近40篇文章——严肃的研究与面向公众的文章，篇幅从1页到250多页不等，涉及的主题从欧洲人到达之前中国的火器和火药，到中国的"彩蛋（Easter eggs，春节时赠送的彩色鸡蛋）"。到1902年，其论著之数量已经增至250种，包括评论、讣文和致编辑之信函。[1] 其中，只有约15篇至20篇以某种方式关注汉语，多数是发表在自己创办的期刊《通报》上的只

---

1 *Liste chronologique des ouvrages et opuscules publiés par le dr. G. Schlegel*（Leiden：E.J. Brill，1902）.

有一页内容的简短札记。但是,天平的另一端却是,其论著目录包括了我们接下来就会讨论到的四卷本词典,在中国和爪哇岛期间,他开始搜集资料,于担任莱顿大学教授时撰写成书。

1. 闽南语

佛兰肯在 25 岁时就去世了,未能完成他的半部词典。在他去世 20 年以后,《厦-荷大词典》最终由格里斯完成并出版。[1] 不幸的是,格里斯在导言当中已经提到,当《厦-荷大词典》印刷到一半的时候,杜嘉德的词典[2]问世了,"其广泛性超过(我们的)"。[3] 易言之,他们的作品在问世之前就变得毫无用处了。

这部词典有 774 页,超过 6 000 个条目,每个条目包括了很多的词组与复合词——这部词典约有 30 000 个单词、复合词和词组。特定词目下列出的复合词并非都以该词目开头,例如,在 "倚 oá"(意为依靠)词条下,我们发现既有意思是 "交付一艘船"的 "倚船"这样的词组,也有意思为 "路径"的 "近倚"这样的复合词。它们使用施古德设计的注音系统,按照字母顺序排列汉字。中文单词也列出汉字,除非没有常用字(尽管没有说明)。

三页半的引言专门关注了这一语言的发音。其中两页的内容用于专门介绍音调,并进行了详细描述。连续变调(tone sandhi)的现象也被提及,但没有总结出规律。有趣的是,有一段文字专门介绍了重音

---

1 Johannes J.C. Francken and Carolus F.M. de Grijs, *Chineesch-Hollandsch woordenboek van het Emoi-dialekt*(Batavia:Bataviaasch Genootschap van Kunsten en Wetenschappen, 1882).

2 Carstairs Douglas, *Chinese-English Dictionary of the Vernacular or Spoken Language of Amoy, with the Principal Variations of the Chang-Chew and Chin-Chew Dialects*(London, Trübner, 1873).

3 Francken and de Grijs, *Chineesch-Hollandsch woordenboek*, p.iv.

（stress）。尽管有人认为它"未能给出可靠的规律"[1]，但它提到在所有多音节词当中，一个音节是被重读的，以及在某些情况下，重音位置在语义上是独特的，例如 hong ts'e，取决于重音所在的位置，意思是"风吹"（一个词组），或是"风筝"（一个单词）。[2]

无论从哪个方面来看，毫不夸张地讲，施古德卷帙庞大的《荷华文语类参》[3] 这部荷–汉词典，大大超越了佛兰肯和格里斯的作品。根据韩可龙（Henning Klöter，生于 1969 年）的说法，它"之所以具有一定的历史意义，是因为其庞大的规模"，他还补充说："到目前为止，（施古德的词典）仍然是有史以来出版的闽南方言最为全面的参考著作。"[4]

施古德的词典共有 4 卷，除了 61 页的附件［包括专有名称列表（主要是地名）、附录和勘误表］及 27 页的引言，共有 5 217 页。这部令人钦佩的作品究竟包含了多少条目，没有办法简单地计算出来。这部词典包含了书面（标准）用语和白话，但主要集中在前者，标出的发音是漳州话，在某些情况下会标示"文读"与"白读"。使用的发音来自"当地最好方言词典中的十五音"，并用施古德本人设计的注音方法标示。[5]

---

1 Francken and de Grijs, p.viii: "klemtoon ... waarvoor geen steekhoudende regels te geven zijn".
2 这里没有标出汉字，但是如果我们在字典中查找这些要素，则会发现它们分别是"风吹"与"风筝"。
3 Schlegel, Gustave, *Hô Hoâ Bûn-Gí Luī-Ts'am. Nederlandsch-Chineesch woordenboekmet de transcriptie der Chineesche karakters in het Tsiang-tsiu dialekt; hoofdzakelijk ten behoeve der tolken voor de Chineesche taal in Nederlandsch-Indië*, 4 vols (Leiden: E.J. Brill, 1886–1890；施古德自己的目录将出版日期定为 1882—1891 年).
4 Henning Klöter, "Written Taiwanese," PhD diss., Leiden University, 2003, pp.125-127［该书的商业版于 2005 年由哈拉索维兹（Harassowitz）出版］。
5 参见施古德词典第一部分中的引言，第 20 页，第 23–24 页。这一部分包含了许多我在此处忽略的变音符。

在引言之中，施古德强调这部荷-汉词典是专门为翻译人员而编写的作品，也就是说，它不是为了希望查找中文单词的荷兰语翻译的华人而设计的——尽管它也可能因此目的而被查阅——而是为了对于有关荷兰文中不同中文等效词的语境和用法等特定信息有所需求的翻译们而设计的。这就造成像"brief（信）"这一单词用了6页的篇幅（在第一卷）。我们不仅可以找到书中词语搭配（"打开一封信""写一封信""您最有价值的信""一封写得很好的信"）及许多完整的句子（例如"这封信已于七个月之前寄出，但仍未收到回复"），也可以找到很多在不同的语境之中都表示"信"的不同词汇之概述。这包括情书、邀请信、吊唁信等，甚至罗列了同级别、不同级别官员间互致信函如何称呼，军事领域中所写之信也有相同的详细程度。的确，这对翻译和口译人员具有重要的价值。这种深入的程度还导致了诸如"疑词（vraagwoord）"等条目的出现（在第四卷）。除了提供该词本身"疑词"的翻译，这一条目给出一条有趣的概述，主要包括不带注释的示例，超过二十个在疑问句中常见的起功能作用的成分。我们认识了例如"乎（hō）""与（î）""哉（tsai）"等起疑问作用的成分，与"何（hô, how）""岂（kʼí, how）""害（hat, why）""谁（suî, who）"等疑问词，也认识了用于构成疑问句的否定标记的不同方式：带有"不（put, not）"的正反问句（或极性疑问句），使用"么（moh, not have）""未（bi, not yet）""否（hó, or not）"标记的句子。细言之，我们在第三卷中发现——再举一个例子——"onze"被翻译为"我们的（ngó bún tik）"，精确表达了该词本身。另外一个给译者的提示是在"高级语域（higher registers）"中复数不被表达出来，一个人说"我（ngó）"，所以"this is our business"就是"此乃我事（tsʼú naí ngó sū）"，"our government"就是"我朝（ngó tiaô）"。

施古德的词典的确是一部令人钦佩的作品。这里汇总的大量数据，无论是对于研究闽南语的人，还是其他研究汉语史、词典编纂和殖民态度的人，都是很有用的。

2. 客家话

至于客家话，荷属东印度群岛这一时期的成果虽然不算太多，但同等重要。首先要提及的研究是沙昂克有关客家话的著作，这是一种西婆罗洲华人所说的起源于广东北部的陆丰方言。[1] 沙昂克是一名在荷属东印度任职三十年（自1882年起）的政府官员，并曾在莱顿大学随施古德学习两年。[2] 这本关于陆丰方言的226页的书，主要是一本附有词汇表的常用语手册。简要的介绍性章节（22页篇幅）主要是关于音节结构：它以表格形式罗列陆丰客家话之中所有可能的音节列表，这些表格按照中国的传统样式来组织，从头（垂直）到尾（水平）。它也为某些语音的发音提供一些提示。尽管书里提供了一些有关音调的讯息（陆丰话有7种音调），但是并没有提供如何实际发音的线索，仅仅罗列了一份详尽的列表，建议请说该种语言之人为你读出。第二章与第三章（总计66页）包含了单词、句子与对话，它们依据主题（旅行、商业、航运、宗教等）松散地排布，其中也有被称作"比喻与对比"的一类。这些句子经过精心组织，有许多具有启发性的最小语言对（minimal pairs）和最小三连音（triplets），但是没有任何的解释：我们所获得的只是符合语言习惯的翻译（甚至没有注释）。于是我们知道"我有钱（ngai jiú ts'ian）""我没有钱（ngai mo jiú ts'ian）""你有钱吗（nji jiú ts'ian mo）"，读者必须要依靠自己来弄清楚具体是什么以及为什么。

---

1 Simon Schaank, *Het Loeh-Foeng dialect*（《陆丰方言》）(Leiden：E.J. Brill，1897).
2 R.H. van Gulik, "Nécrologie," *T'oung Pao* 33（1937）：pp.299-300.

第四章是 60 页的按字母顺序排列的荷兰语-陆丰话词汇表，其中包括一页半的外来词。第二章至第四章完全没有任何汉字。第五章中，同样按字母顺序排列（并根据音调进行细分）。有趣的是，这份列表中的汉字未提供翻译，"因为可以在任意词典中找到它"。[1] 最后一章约有 10 页，与其他客家方言的音系做了简明扼要的比较。

总之，因为其中包含了许多原始而且敏锐的观察，该书在客家研究中常被提及。例如，余霭芹（Ann O. Yue）指出，"沙昂克首次观察到了指示词〔'这个'（li-kài/liá-kài, this）、'那个'（kai-kài/ká-kài, that）、'那些'（un-kài, yonder）〕与方位词〔'这里'（li-tse, here）、'那里'（kai-tse, there）、'那边'（un-tse, yonder）〕的三重区分"，并补充说"这可能是汉语当中这种区分的最早记录"。[2]

其次是政府中国事务的官员范德斯达特的《客家词典》（*Hakka-Woordenboek*）[3]，反映了居住在邦加岛和勿里洞岛的来自福建和广东等中国不同省份的华人所说的客家话。因为这部词典是出于实用的目的而编写的，所以范德斯达特专注于口语，包括——如沙昂克之前所做的那样——一些来自马来语和荷兰语的借词，如果这些恰巧是邦加岛和勿里洞岛客家使用的通用方言（例如，tó-lông "help" < 马来语 toeloeng；*lûi* "money" < 马来语 doeit < 荷兰语 duit "cent"）。这部词典的荷兰语-客家语部分有 324 页，超过 7 000 个条目，其中很多包含数个子条

---

1 Schaank, *Het Loeh-Foeng dialect*, p.133: "daar deze in ieder woordenboek kan worden nageslagen".

2 Ann O. Yue, "The Grammar of Chinese Dialects," in *The Sino-Tibetan Languages*, ed. Graham Thurgood and Randy LaPolla（London: Routledge, 2003）, p.89.

3 P.A. van de Stadt, *Hakka-Woordenboek*（Batavia: Landsdrukkerij, 1912）. 范德斯达特自 1898 年至 1907 年间是一名中国事务的官员，但于 1912 年成为勿里洞公司（Billiton Company）的总代理。

目。书中也包含了一个 82 页的客家语-荷兰语词汇表，包括 4 750 个左右的中文"词干（stem）"（或单音节），每个均有一个荷兰语翻译的词。

客家语以带有注音的文字列出，用小圆圈表示尚不清楚的文字的部分。为数颇多的圆圈证实了范德斯达特的说法，即他收录了很多口语材料，他所使用的注音方法是不同字母的发音遵循荷兰语的拼写规则。范德斯达特给出了一个转换表，将其系统与纪多纳（D. MacIver，1852—1910）¹ 和沙昂克所使用的系统进行了比较，但区别是很细微的。

这部词典还包含了 7 页有关客家语发音和语法的内容，简要涉及一些有趣的主题。关于"客家话的发音"，他写道："对荷兰人来说毫无困难，它没有无法轻松形成的声音。但是，确实需要练习来区分某些听起来令人困惑的相似的声音。"² 在声音部分的结尾，他补充说，学习音调的困难非常大。他没有提供有关音调的描述，而是效仿沙昂克的建议，只是推荐请一名"有学养的华人"大声重复朗读所选之文字，并仔细聆听。³ 至于语法，他的观察是"汉语不存在曲折形式，因此我们很难用印欧语系的观念来讨论语法……性别、数量、情况、时态以及语气，只能从句子的上下文中推断出来"⁴。

---

1 D. MacIver, *A Dictionary of the Hakka Dialect*（Shanghai：American Presbyterian Mission Press，1905）.
2 Van de Stadt, *Hakka-Woordenboek*, p.vii: "Het Hakka biedt in zijn uitspraak voor Hollanders geen moeilijkheid; er komt geen klank in voor, die niet met gemak gevormd kan worden. Wèl kost het oefening om verschillende klanken die verbijsterend veel op elkaar lijken te leeren onderscheiden".
3 Van de Stadt, p.ix.
4 Van de Stadt, p.ix: "Het Chineesch heeft geen buigingsvormen, en van een grammatica in den zin der Indo-Germaansche talen kan dan ook nauwelijks sprake zijn.（...）Geslacht, getal, naamval, tijd, wijze moeten uit het zinsverband worden opgemaakt".

范德斯达特称量词为"辅助数字（hulptelwoorden）",这是一个有趣的做法,他还清楚地解释了"唔打倒人（m tá táu nyîn, not hit fall man）"与"打唔倒人（tá m táu nyîn, hit not fau man）"之间的区别：在第一种情况下,可能根本没有击倒,而在第二种情况下,肯定是命中了,但未能达到使人倒地的目的。[1]

最后,我想提一下多米尼加传教士卡尼修斯·范·德·芬（Canisius van de Ven, 1902—1980）的客家语教科书,尽管它出现的时间较晚（1938年）,但也符合这一传统。[2]虽然这本书是在北京出版的,但它聚焦于荷属东印度所说的客家话之上。从有关借词的章节可以很明显看出,它概述了人们在"西婆罗洲所说客家话"[3]中所发现的外来词。这些成分主要来自马来语,偶或来自荷兰语,一些"新词"据说出自英语［例如意为"民主"的"tè-moe-kè-la-si（democracy）",意为"烟草"的"tham-pa-koe（tabacco）"］。

所有的客家语材料均以汉字和范·德·芬自己设计的注音方法呈现出来。他还提供了一张表格,用于与其他的注音方式进行比较,例如与范德斯达特所使用的那种方式相比,只存在极小的差异（例如 oe 与 u）。为了便于华人教师,他还增添了汉字,并在引言之中进行了说明。该书解决了并不是所有客家语均采用一个标准的书写形式这样一个问题——范德斯达特使用小圆圈来弥合这些分歧——通过使用借用其发音之汉字（例如,"礼"表示完成分词"lè²","么"表示"mo²"）等

---

1 Van de Stadt, p.x.
2 Canisius van de Ven, *Leerboek voor het praktisch gebruik van het Hakka-dialect*《客话指南》(Beijing：Drukkerij der Lazaristen, 1938).
3 Van de Ven, *Leerboek*, p.100："In het Hakka, zoals het op West-Borneo gesproken wordt".

"借字"。[1]

该书由三部分构成。在第一部分有关客家话语言的简短介绍之后,深入第三部分之前——第二部分提供了语法的综述。在近 90 页的内容中,读者获得了有关客家话主要的语法特点的概述与大量的例句。它从基本语序事实开始[中文是"主谓宾（SVO）"语言,修饰词在被修饰之前出现,因为缺少音调变化,单词在语句中的位置至关重要],也包含对于话题化（当然,没有那样称呼）的简短注解。语法部分以复合句结尾。在中间,它引起我们对于这些事实的注意,例如,很难像荷兰语那样清楚地区分词类,以及客家语存在三种不同表达比较的方式（他高过我 ki²ko¹ko⁴ngai²,他比我高 ki²pi³ngai²ko¹,他比我过高 ki²pi³ngai²ko⁴ko¹）。它还介绍了称为"回音（naklanken）"的语尾助词。然而,范·德·芬在强调了这些助词对于使句子用中文听起来自然的重要性以及错误使用它们的危险性以后,他说学习者只有聚精会神地听才会收到好的成效,而且"这就是为什么我们认为最好在这里对其保持沉默"[2]。

二、词汇表之外的语言学：施古德与沙昂克

到目前为止,我们所看到的中国语言学的特征可以说是具有明确的实用取向,而且参与到这些事业中的人员并不是专业的语言学家。这一实用取向从词典和教科书这些早期成果之中可以明显看出。多数这些作

---

1 这是用中文给华人教师所做的注解,参见 Canisius van de Ven, *Leerboek voor het praktisch gebruik van het Hakka-dialect*（Beijing：Drukkerij der Lazaristen，1938）, pp.xii-xiii。

2 Van de Ven, p.97: "Reden waarom wij menen er hier beter het zwijgen toe te doen"。

品的作者是政府官员和传教士,他们对于新职业环境的语言怀有强烈的兴趣,并且通常具有语言天赋。总体而言,他们没有分析和深思的目标。

然而,在19世纪后期,我们见证了语言学的专业化和复杂化发展的开端,这与学术的发展息息相关(尽管政府官员和传教士的参与仍然持续了一段时间)。施古德与沙昂克这两位语言学家体现了此种发展。

(一)施古德的《汉语-雅利安语》

出版于1872年的《汉语-雅利安语》,与上文提及的词典一道,是施古德著作目录之中重要的语言学作品。这一时间是很重要的:他是在从荷属东印度返回荷兰之前,并且在学术环境以外(与学术界没有任何联系),撰成此书。[1] 施古德在这本由三个章节(加上一篇引言和一篇结论)构成的书中,试图证明中文和印欧语系的语言拥有一个共同的祖系语言。他并非第一个提出中文与欧洲语言之间存在历史联系的人:艾约瑟(Joseph Edkins,1823—1905)以及可能其他人都曾提出相似的观点,但是施古德在《汉语-雅利安语》中相当详细地阐述了这些观点。尽管在20世纪下半叶该书几乎未被提及,但是在其出版之后的二十或三十年中,确实具有相当的影响力。[2]

《汉语-雅利安语》的出发点是,首先,由于入侵印度的雅利安人与原中国人(proto-Chinese)彼此住得很近,因此他们的语言很有可能存在关联。其次,有一种观点认为原始语言很可能都是单音节的:毕

---

[1] Gustave Schlegel, *Sinico-Aryaca, ou recherches sur les racines primitives dans les langues chinoises et aryennes*(Tirage à part du XXXVIe volume des transactions de la société des Arts et des Sciences à Batavia)(Batavia:Bruining & Wijt,1872).

[2] 但是请注意,汉-印-欧语言的观点尚未完全消失,参见沃尔夫冈·贝林格对于简·乌伦布鲁克(Jan Ulenbrook)*Zum Alteurasischen. Eine Sprachvergleichung*(Bettendorf:Kultur-Institut fur interdiziplinare Kulturforschung,1998;Imago Mundi, Studienreihe, Bd.12)一书的评论,刊于 *Oriens* 36(2001),pp.356-361,见 http://www.jstor.org/stable/1580497。

竟，人类发出的第一个音节一定是基于喜乐、恐惧与痛苦的哭声，而这些都是单音节。而且由于梵语和汉语这两种语言之中，汉语保留了最大程度的原始成分——也就是单音节——汉语相较梵语更加接近原始汉-印-欧语言。因此，如果我们要寻找共同祖系语言的根源，则最有可能在汉语中找到它。[1]

这本书的前面两章介绍了很多追溯到其推测的汉语起源的词语。第一章中的例子存在一个共通点，那就是出于这样或那样的原因，施古德认为涉及梵文的派生词并不令人满意。例如"人"这个词，施古德指出，梵语中表示"人"的"manus""manushya""mantu"的公认词源是表示"想"的动词性词根"man"——一个"思考者（thinker）"是人。施古德感到这种词源是"荒谬可笑的"。他认为人们在有一个像他们自己这样更具体的词语之前，能够想出一个像是"思想（thought）"这样抽象的词语是不可思议的！我们很显然需要另一个词根，而施古德用汉语的"民"（作为一个集体的人）来与之相对应。他指出，这个字的原形是由被植物覆盖的山峦与一个蹲在其下的人构成，因此表达了"人们像山上的草丛一样聚集在一起"[2]的意义。他继续说明该词的古音是"人"（仍然保留于粤语中），因此它毫无疑问是梵语的"man"，以及哥特语的"man""man-a""mann-isks"，盎格鲁-撒克逊语的"mann""man"，古德语的"manisco"的词根。随着"man"在某些汉语类别中转变为"民"，我们可以在波斯语的"men-ush"、盎格鲁-撒克逊语的"menn-esc"、德语与荷兰语的"men-sch"以及英语的"men"中找出同样的词根。梵语不存在具备这种同样具体意义的词根。施古德得出结论，即它肯定已经不存在：它曾经肯定存在过，并且

---

1 Schlegel, *Sinico-Aryaca*, pp.1-3.
2 Schlegel, p.12: "hommes accumulés ensemble comme l'herbe des montagnes".

"人"意为"思考"是从它那里派生出来的。也就是说，施古德认为梵文是从"man"派生出"think"一词，而非相信"man"是从"think"这个公认的词源派生出来——拥有思想是人的特点（人是一个思考者）。

当我们着眼于像是法语"moulin"、立陶宛语"malunas"、爱尔兰语"meile"、波希米亚语"mlyn"、拉丁语"mola"、荷兰语"molen"这些意为"碾磨"，以及哥特语"malan"、凯尔特语"malin"、德语"mahlen"和拉丁语"molo"这些意为"磨"的词汇，我们则会发现类似的情况。根据施古德的说法，尽管他没有解释原因，当时将词源与梵语中表示"粉碎、揉搓"一词的"mrid"联系在一起是站不住脚的。施古德提出一种学说，即这些语言中的词语与梵语中的任何一个词根都不存在任何的联系，并提出这些词语反而是从汉语"磨"中的一个词根派生出来。再说一次，梵语可能曾经存在，但是后来却不存在了。[1]

第二章也将梵语纳入讨论，当施古德引用语言学家奥古斯特·弗里德里希·波特（August Friedrich Pott，1802—1887）的观点，即如果要确认两种语言是否源自同一个祖先，必须要寻找到它们共同拥有但又不太可能被借用的词汇，这为汉语-雅利安语学说提供了一种理论支撑。动词的可借用性低于名词，但在借词之中尤为罕见的是代词、虚词和基数词。为了证明印欧语系和汉语拥有一个共同的祖先，施古德展示了很多这类例子（超过 50 个）——主要是动词，也包括形容词、副词甚至是代词。为了简要说明这些例子，我们将古代汉语中第二人称代词之一的"汝"纳入考虑，施古德将其发音标为"yu"，使之与英语"you"，荷兰语"jij"（主格）、"jou"（非主格）和"u"（敬语）非常相似。[2]第三人称代词之一的"伊"，也与梵语"i（d）"、古德语"iz"、拉丁语

1　Schlegel，pp.16-17："n'est point soutenable"．
2　Schlegel，pp.27-28．

"is"、荷兰语"hij"和英语"he"存在相似之处。[1] 意为"走"的"行"（古音为"gang"，上海话为"ging"，粤语为"hang"），在印欧语系中也存在相似发音，例如梵语的"inkh"、爱尔兰语表示"移动"的"ing"、荷兰语和德语中表示"步态"的"gang"以及表示"过去"的"gingen"。[2] 更不必说在其他诸多例子当中也存在此类情形，例如"给"，厦门话是"khip"或"kip"，粤语是"khap"，看起来与立陶宛语意为"我带来"的"gabenu"，德语意为"给"的"geben"、意为"给的是"的"gib"、意为"已给"的"gab"以及英语"give"相似。[3]

第三章长达一百多页，从一个完全不同的角度提供了更多与之相似的内容。施古德利用汉字通常包含一个提示其所属语义范畴的元素这一事实（独立于其发声方式），试图找到词根的根源，一个基于一组由包含相同元素的词素构成的词语基础之上的音义对，随后从中衍生出印欧语词。在这篇简短的概述当中，很难对这一章的深度与独创性进行公正的评价，但是如果我们看一下"利（li）"这个例子，就会有所感想。[4]"利"这个汉字，由表示"谷物"的"禾"与表示"刀"的"刂"构成，意为"锋利的"及"赚钱的"。按照施古德的说法，我们在与这些含义中的任何一个相关联的字中可以发现它，例如意为"噪音"的"唎"字，与"锋利的"相关，而反过来我们可以在梵语中找出意为"吼叫"的"rī"。"赚钱的"这个意义，我们可在梵语意为"繁荣"之"ridh"中找到它。"锋利的"与"赚钱的"（或是"谷物"和"刀"）最终导致了一个不同的含义——后来的"犁"字（等同于梵语中意为"使

---

1 Schlegel, p.35.
2 Schlegel, p.39.
3 Schlegel, p.42.
4 Schlegel, pp.159-176.

受伤,使用犁冲开泥土"之"ri"),即在水淹的田地里跟随耕地者缓慢的步态[1],转而产生了含义为"走"的"邌（lí）"字,我们可以在梵语中辨别出意为"走"之"ri"的这个词根。因为耕地是团体合作,这也造成了"人群"含义的出现,并被写作已经被用作"犁"字变体的"黎（lí）"字。因为人们通常在清晨犁地,那时天色仍然昏暗,所以"lí"亦有"黑"之含义,被写作"黎"或"黧"。

施古德接着说,中国人习惯称呼他们自己为"黎民"。施古德无法接受其他人所提出的"黎民"意为"有黑头发之人"的观点,因为每个人都拥有黑色的头发。他反而认为"黎民"应该被理解为"犁民",即"犁地之人",而这将他引向印欧语系。然而,尽管施古德意识到"arya"衍生于"ri-ya",他却宣称此一"ri"并不是意为"走"之"ri",而是意为"犁"之"ri"。当时有关"arya"词源的一个观点,是将其与意为"走,提升自己"的"ri"联系起来,因此"arya<ri-ya"意为"在上位者、贵族"。换句话说,"ri-ya"实际上与"黎民"（中国人称呼自身为"耕地之人"）一词相同。

值得注意的是,这些全都追溯到意为"锋利的"和"赚钱的"的"ri"这一词根之上:正如我已经说过的,这是一部具有原创性并经过深思熟虑的著作。然而,问题仍然存在:施古德能否为其所宣称的印欧语系与汉语源于同一个原始语提供一个令人信服的例子呢?并不见得。那么,为何诸如将粤语"犬（hün）"与英语"hound（猎犬）"等日耳曼语形式,将粤语"乐（lok）"与德语"lachen（笑）"联系起来,以及上文所提及的大多数事例无法令人信服?

首先,如果施古德将其所做之比较与对于共同词根的研究,限制

---

[1] Schlegel, p.162: "la marche lente du laboureur labourant son champ inondé".

在一套古老的或是重构的原始语之中的话，从方法论上会显得更加合理。然而，他将古汉语与现代德语、现代法语以及拉丁语和梵语相比较。他的语言组也未做充分限制。尽管存在一个几乎总是出现的核心群组（包括拉丁语、古希腊语、梵语、哥特语），除此以外，语言的选择则取决于语音形式符合要求的词语的实用性。因此，吠陀梵语、教会斯拉夫语、威尔士语、波斯语、奥塞梯语、葡萄牙语、波希米亚语、马嘉语（源自尼泊尔）偶尔出现一两次。立陶宛语出现了四次或五次。托斯卡纳语、藏语与荷马时代希腊语出现了一次或两次。施古德似乎并没有意识到他的主张未能得到四种日耳曼语（哥特语、盎格鲁-撒克逊语、荷兰语、德语）中间三种语言的支持。在汉语方面，情况相对会好一些，但是仅就所使用的少数语言的意义而言：除了标准的普通话形态以外，我们还会发现通常伴有"古音"的粤语、厦门话，偶尔也会涉及上海话。他之所以提供粤语和厦门话的原由是很清楚的：这些语言的形态更好地反映了上古阶段的汉语。[1]但是如果他意识到时间深度的问题，那么为何他没有将自己限制在"古音"呢？ [2]

　　第二个不足之处是他没有尝试呈现系统的语音对应或系统的语音变化。从未存在一组词语在语音或含义上经历过相同的发展。施古德意识到语音定律（sound law）的现象，因为他提到已经在印欧语言中观察

---

[1] Schlegel, p.178.
[2] 考狄在其讣文中指出，尽管施古德具备扎实的学识与广博的知识，他有时候还是会因其想象力而失去理智（"Malgré sa solide érudition et l'étendue de ses connaissances, Schlegel a souvent fait la part large, trop large même à son imagination, dans quelques unes de ses dissertations philologiques et scientifiques"），并特别以《汉语-雅利安语》为其例子。Cordier, "Nécrologie," p. 412.

到"声音变化的规律(lautverschiebungsgesetz)"[1][运用可以追溯到1822年雅各布·格林(Jakob Grimm)最早的理论阐述],但是他认为没有必要将这一定律的刚性运用到自己所提出的推论之上。[2]

从21世纪的视角来看,这不仅仅是无端的批评。早在1876年,荷属东印度群岛土著语言专家赫尔曼·诺布朗纳·范·德·图克就在一篇对《汉语-雅利安语》的评论之中,提出了(和其他人)非常相似的方法论观点。[3]在他的评论当中——第一句即是"进行冒险性的词汇推导对于门外汉和学者同样是一种令人愉悦的消遣"[4]——他借由点出汉语音节在结构上十分简单以至于人们"有点儿鲁莽"就能读懂任何其所想要的,强调方法论严密之必要。[5]

范·德·图克还对施古德所宣称的由于汉语是单音节,进而肯定它是一种原始语言提出异议。范·德·图克指出,不存在所有语言均源于单音节语言的证据。的确,单音节词衍生自双音节词的情况有很多:印度斯坦语表示"火"的"ag"来自"agni",法语意为"血"的"sang"来自"sanguis",英语"skull"与荷兰语"schedel"比较像。他进一步说,我们也知道汉语单音节词"佛"是基于一个双音节的梵语词汇!

范·德·图克质疑汉语是一种原始语言还有另外一个原因。"它是一种非常逻辑化的语言,干瘪且毫无诗意",而且由于人类在创造语言

---

1 Schlegel, p.58.
2 沃尔夫冈·贝林格曾经向我指出,语音变化规律的概念直至《汉语-雅利安语》出版六年之后的1878年才正式出现,因此这种批评可能有点儿不公平。
3 以"Dewâri"之名撰写,这篇题为《语言学的幻想》的评论,发表并分布于两期,见 *Algemeen Dagblad van Nederlandsch Indië*, 8-10 January 1876。
4 Van der Tuuk, "Fancy": "'t Maken van avontuurlijke woordafleidingen schijnt een aangename bezigheid te zijn voor leeken zowel als voor geleerden".
5 Van der Tuuk: "uit zulk een taal kan men, met een weinig driestheid, alles lezen wat men wil".

之时肯定是一名诗人，他将性别赋予并无生命的事物，来使他的环境变得充满生机，而汉语作为一种无性语言，"在这方面比英语更甚"，因此他不可能说汉语。[1]

施古德是一位兴趣广泛的饱学之士。考察其在汉语语言方面的贡献，我们可以看到他的语言学兴趣主要局限在词语的层面。他对词语的含义、含义如何产生和变化、词语的来源以及如何书写和注音等，做了详细而有价值的研究，并提供了深刻的见解。[2] 当然，这从其词典及《汉语-雅利安语》均可以很明显地看出来。同样地，《荷兰语对于中文解释之重要性》（*Sur l'importance de la langue hollandaise pour l'interprétation de la langue chinoise*）[3] 中对于词语的浓厚兴趣再次浮现，他在文中指出，一个荷兰语词汇可被用来对应翻译古典汉语的某些词语，而在英语和法语中间，则必须根据语境选择不同的词汇。举例来说，施古德主张"迪（theih）"这一要素，在各种语境之下可被翻译为荷兰语的"voorgaan"，而在理雅格对于不同经典的译文中，该词被

---

[1] Van der Tuuk: "het is een zeer logische taal, maar droog en ondichterlijk. De mensch moet bij de wording der taal een dichter geweest zijn. Hij bezielde zijn omgeving, en maakte er persoonen van. Hij gaf daarom aan levenlooze voorwerpen ook geslacht. Dit toekennen van geslacht aan levenlooze voorwerpen, voor ons onnatuurlijk, moet een bewijs zijn van oorspronkelijkheid, en hierin staat het Chineesch zelfs beneden 't Engelsch".

[2] 参见 "The Secret of the Chinese Method of Transcribing Foreign Sounds," *T'oung Pao* NS 2/1, pp.1-32; 2/1（1900）: pp.93-124; "On Some Unidentified Chinese Transcriptions of Indian Words," *T'oung Pao* NS 2/4（1900）: pp.327-333; "Chinese Loanwords in the Malay Language," *T'oung Pao* 1/5 [1890（1891）]: pp.391-405; "On the Causes of Antiphrasis in Language," *T'oung Pao* 2/4（1891）: pp.275-287。一个可能的意外是其 *La loi du parallélisme en style Chinois*（etc.）（Leiden: E.J. Brill, 1896）一书，但这是一部文体分析之作，而非语言学研究。

[3] Gustave Schlegel, *Sur l'importance de la langue hollandaise pour l'interprétation de la langue chinoise*（*Travaux de la 6ᵉ session du Congrès international des Orientalistes à Leide*, Vol. II.）（Leiden: E.J. Brill, 1884）.

译作"teach""lead""develop""manifest"等。[1]

（二）沙昂克与韵图

除了前面提及的有关陆丰方言的研究以外，沙昂克所做的有关重新构建古汉语的工作，亦值得铭记，他在《通报》上发表了一系列关于这一方面的论文。[2] 他对有关重新构建汉语早期阶段的贡献，包括了对所谓的"音韵图"所做之新颖的分析，这类系统的音节表由中国人自12世纪开始编写，也是考察那个时期（或者更早）汉语语言的重要信息来源。沙昂克对于客家话语言的充分了解帮助他形成自己的观点。由于涉及的专业术语，很难用大而化之的方式来解释沙昂克的贡献，因此我在此处不再对这一问题进行阐述。然而，在荷兰汉语语言研究的历史回顾中，沙昂克的重要性不言而喻，因为他很可能是荷兰首位汉语语言学家，其兴趣超越了词语的层面，他仔细思考了语言的本质，研究了——或是更确切地说探究了——这种语言，主要是为了更好地理解它，掌握其内部系统。高本汉发表于1922年的论文在导言部分写道："汉语语言学的研究最近以来成为颇受重视的对象。在艾约瑟、武而披其利（Volpicelli）和屈奈特（Kühnert）对语言的历史进行了相当业余的尝试之后，沙昂克首次提出了一些更为严肃与科学的观点。"[3] 按照林德威（Branner）的说法，缺少沙昂克奠定的基础，高本汉不可能完成其工作，"近代汉语重构的基本面貌不是由高本汉创建的，而是由其鲜为人

---

[1] 有关汉语与荷兰语之间的相似性不限于词语的层面，参见 Rint Sybesma, *Het Chinees en het Nederands zijn eigenlijk hetzelfde*（《中文与荷兰语基本一致》）(Utrecht: Het Spectrum, 2009)。

[2] Simon Schaank, "Ancient Chinese Phonetics," *T'oung Pao* 8 (1897): pp.361-377; 8 (1897): pp.457-486; 9 (1898): pp.28-57; "Supplementary Note," *T'oung Pao* NS 3 (1902): pp.106-108.

[3] Bernhard Karlgren, "The Reconstruction of Ancient Chinese," *T'oung Pao* 21 (1922): p.1.

知的前辈沙昂克创建的"[1]。他之后总结道:"毫不夸张地说,正如高本汉所重构的,沙昂克对于(当前的问题)的基本解释依旧是现代理解音韵图和重新构建几乎所有汉语历史形式的核心。"[2]

三、乌得勒支:闵宣化

(一)背景

1939年,闵宣化被任命为乌得勒支大学中国语言与文学教授。尽管略显不妥,事实上他在1939年之前与荷兰没有任何的关系,我们还是将他在获得乌得勒支大学任命以前所撰写的所有作品考虑在内,并将之纳入这篇对于荷兰汉语语言学的综述当中。闵宣化是一名弗拉芒传教士,他在成为牧师以后,于1909年乘坐火车前往中国。[3]他在中国的热河省居住长达22年,1955年,这一省份在行政区域上被划分到辽宁、内蒙古和河北。承德是该省的省会,闵宣化在中国任职的最后五年曾经在此居住,而自从他抵达中国以来,他一直居住在几个较之承德小得多的地方。闵宣化一贯将其居住的地区称作"东蒙古(East Mongolia)",而将其语言称作"北部北京话(Northern Pekingese)"。闵宣化在早年就决定要成为一名传教士,他对语言学日益浓厚的兴趣使其从未改变初衷。

---

[1] David Prager Branner, "Simon Schaank and the Evolution of Western Beliefs about Traditional Chinese Phonology," in *The Chinese Rime Tables. Linguistic Philosophy and Historical-Comparative Phonology*, eds. David Prager Branner(Amsterdam: John Benjamins, 2006), p.151.

[2] Branner, "Simon Schaank," p.162.

[3] 有关闵宣化生平之信息,参见 J. Van Hecken, "Mullie, Jozef Lodewijk Maria, missionaris, filoloog en sinoloog," *Nationaal Biografisch Woordenboek*(《国家传记辞典》), VIGES, Brussel, fr. 1992, vol. VIII, col. 517-532, www.viges.be.

尽管如此，甚至早在他于1909年乘坐火车前往中国之前，他已经阅读了很多语言学书籍，并且学习了多种语言——不仅有那些他居住于热河期间会派上用场的语言（例如普通话、文言、蒙古语和满语），也包括当时语言学家通常会掌握的其他语言，例如梵语和哥特语。此外，他还学习了（一些）俄语、藏语、巴利语与高棉语。在东蒙古居留期间，除了从事牧师工作，他还搜集研究所需要的资料和手稿，并为各种各样的受众撰写了诸多不同主题的文章和专著——他为语言学研究而搜集的资料，对我们而言是最重要的。

在闵宣化获得乌得勒支大学任命之前，费妥玛于1933—1939年间担任教授，他之前曾在中国担任过税务司（和其他职务）以及莱顿大学的汉语教师。费妥玛在其1933年10月16日的就职演说《中国现代语言"国语"之发展与研究》(*De ontwikkeling en studie van "Kuo-Yü", de moderne taal van China*)之中，描绘了一幅发生于20世纪初的语言变化，也就是"国语"取代文言成为中国国家语言的丰富（尽管是肤浅的）图景，并且罗列了国语在语言学和历史背景方面的特性。费妥玛的主要兴趣显然不在语言学——他甚至似乎质疑研究汉语语言是否有意义[1]——而是在指导人们学习汉语，他对此有着清晰的想法。按照费妥玛的说法，人们学习汉语要通过"读、读、读"和"听、听、听"[2]，而且他并不认为学生们在达到很好的水平之前尝试造句是明智之举。那么，语法书是没有用的，因为它们仅仅提供"对句法和惯用语法的回顾性分析，这对那些尚不了解或是不能认出它们的人们来说，毫无

---

[1] Th.T.H. Ferguson, "Nog een en ander over de studie van de Chineesche taal"(《汉语学习之评述》), *China* 8/4（1934）: pp.1-10. 尤其关注第8页。

[2] Ferguson, "Nog een en ander," p.8: "lezen, lezen en nogeens lezen (...) luisteren, luisteren en nogeens luisteren (...)".

意义"[1]。

无论如何，当我们从 19 世纪后期莱顿大学的施古德转向 20 世纪初乌得勒支大学的费妥玛与闵宣化时，我们所看到的是荷兰的汉语语言学终于转移到了中国，并且重点从闽南话和客家话转为普通话。

（二）闵宣化的语言学著作

作为一名语言学家，闵宣化首先是一位杰出的观察者。戴闻达在对闵宣化有关口语的杰作《汉语的结构性原则：口语（北部北京方言）导论》[*Het Chineesch taaleigen. Inleiding tot de gesprokene taal (Noord-Pekineesch dialekt)*][2] 一书的评论中，正确地指出："通览全书，人们会感受到他是一位优秀的语言大师，知道所有含义的精微之处。诸如音调变化和加强语气的重音等内容的注解相当详细，提高了课文的可靠性。"[3] 重要的是，闵宣化将他敏捷的耳朵所听到的周遭的普通话的特征与敏锐的分析思维结合起来，使他能够对于汉语语法构想出很

---

1 Th.T.H. Ferguson, *Leiddraad bij de praktische studie van de Chineesche taal*（《中文实用指南》）(Amsterdam：Java-China-Japan Lijn，1930) pp.21-22："... een retrospectieve analyse van de eigenaardigheden van den zinsbouw en idiomen, *die men toch eerst moet kennen* en *herkennen* vóór dat zoo'n grammaire iets tot ons zeggen kan". 他在教学中可能用到的文本, *Uit de San-min-chu-i. Taalkundige behandeling van eenige lezingen van Sun Yat-sen ten gebruike bij de studie van de moderne Chineesche schrijftaal*（《从"三民主义"而来：用以现代汉学写作学习的孙中山训词的语言学方法》）[dictaat in de leerstoel van de Chineesche taal aan de Rijksuniversiteit te Utrecht（35-page folio/typescript），n.d.］，其中包含了对于孙中山训词的抄录与荷兰语的逐行翻译。这本书之中没有一丝一毫"语言学的方法"。这似乎证明了费果苏的观点，即学习中文是不需要具体教导的。

2 J.L.M. Mullie, *Het Chineesch taaleigen. Inleiding tot de gesprokene taal (Noord-Pekineesch dialekt)*(Beijing：Drukkerij der Lazaristen，1930-1933）。英译本为：J.L.M. Mullie, *The Structural Principles of the Chinese Language：An Introduction to the Spoken Language (Northern Pekingese Dialect)*(3 vols.)(Beijing：Bureau of Engraving and Printing，1932-1937）。

3 J.J.L. Duyvendak, "Mullie's Introduction to Chinese Colloquial," *Actorum Orientalium* 14（1935）：p.68.

多颇有见地的普遍原理，它们直到今天仍然有用。

他早期的语言学著作（1913年）是有关"北部北京话"这一其所谓之东蒙古地区所说之普通话类别的语言研究，内容相当细致且令人叹服。[1] 作为语音学研究而非音韵学研究，该书对大约20个元音与40个辅音进行了详细的发音描述［例如，区分了在（u）、（a）、（i）之前3种不同送气音的（p）的后、中、前］。闵宣化非常关注鼻音化，附于塞擦音"ch""sh""zh""c""s""z"的难以捉摸的拼音"i"，以及儿化音对于前一个音节的语音影响。

理所当然，闵宣化也非常详细地论及了音调（包括连续变调和音调弱化）。20世纪初期东蒙古地区所说的普通话存在四个音调。它们的实现形式与当今标准普通话的四个音调并不非常一致。闵宣化论及的语言种类中的第一声是高音，并且保持高音（看起来与现今的普通话并无差别，但是可能没有那么高）。第二声是上升音调，但是从第一声的高度开始。第三声也是上升音调，开始的时候很平，然后上升到中间。第四声不是下降音调，而是从第二声结束处开始的高音调，也就是高于第一声：它非常短促，如果有的话，仅在结尾处稍微下降。[2]

书的一部分用于讨论重音。闵宣化提出不正确放置的重音会导致无法理解，而音调发错却不会这样："在通俗语言之中，动态重音远比音调来得重要。"[3] 例如"哥哥（gēge）"与"意思（yìsi）"等词的例子。

还有一个段落涉及语音变化之细致观察，例如同化（逆向与顺行）、

---

[1] J.L.M. Mullie, "Phonetische Untersuchungen über die nordpekinesischen Sprachlaute," *Anthropos* 8（1913）: pp.436–466.

[2] Mullie, "Phonetische Untersuchungen," pp.455–457. 此处之描述与闵宣化在《汉语的结构性原则：口语（北部北京方言）导论》第1卷第19页所做之描述不尽一致。

[3] Mullie, "Phonetische Untersuchungen," p.462: "In der landläufigen Sprache hat der dynamische Akzent eine noch wichtigere Bedeutung als der Tonakzent".

母音和谐、原音变音、声调同化、缩约的不同类型，以及对于几个词语送气特征消失的观察，像是"云彩（yúncai）"和"白菜（báicai）"。[1] 闵宣化在一百年前就做了这一描述——它的详细程度是如此诱人，以至于读起来就像是一封重返热河并核实现在情况的邀请信。

同样详尽的是其《汉语的结构性原则：口语（北部北京方言）导论》一书，我之前称之为他的杰作。这部三卷本作品（两卷篇幅合计超过 1000 页，另有一个 440 页的词汇表）是作为传教士学习汉语的手册而撰写的。它包括摘要、使用说明、警告、解释、例子、特殊情况表以及正文。但该书不是一本合适的教科书，既不是体现在通过使用越来越有挑战性的动词、名词和造句来逐步增进学生之知识的意义上，也不是体现在提供越来越高级的词汇方面（尽管该书正文章节之中所包含的句子长于开头章节），而是因为该书是按照主题来组织的：每个章节分别集中于名词、代词和动词等，一次性地呈现有关这些名词、代词和动词的所有内容。1947 年，闵宣化出版了一本篇幅不大的语法书（只有一卷）[2]，是对《汉语的结构性原则：口语（北部北京方言）导论》一书重要观点的总结，但是正如他在引言中所说，这也是对前书的补充和改进。

这些作品综合起来包含了大量有关汉语，尤其是 20 世纪早期数十年热河所讲普通话种类的真实信息。它涵盖的内容，包括相关的名词和其他成分一直带有儿化，情态副词不能被话题化。[3] 他注意到修饰成分"的"可以被与人相关的"这个（zhèi-ge）""那个

---

[1] Mullie, "Phonetische Untersuchungen," p.464.
[2] J.L.M. Mullie, *Korte Chinese spraakkunst van de gesproken taal (Noord-Pekinees dialect)*（《汉语口语简明语法》）(Utrecht：Het Spectrum, 1947).
[3] Mullie, *Korte Chinese spraakkunst*, p.167；Mullie, *Het Chineesch taaleigen*, p.67.

(nèi-ge)"或"他(tā)"替代——你妈那个钱(nǐ mā nèi-ge qián)"¹。他还观察到,当"在"字表示"在特定地点或时间"的意思时,读为"dài",例如"他在家(tā dài jiā)",而当它表示"存在"或"依赖"的意思时,读作"zài",例如"你父亲还在吗(nǐ fuqin hái zài ma)"²。有一种观察表明,动词后的主语是不确定的,而动词前的主语则是确定的,例如"死人了(sǐ rén le)"以及与之相反的"人死了(rén sǐ le)"³(戴闻达认为该书的这一部分内容"非常出色"⁴)。闵宣化举出很精彩的例子,以之说明涉及动词的体的表达之中的助词的差异与相似之处,并将句子纳入考量。例如"他求的我(tā qiú de wǒ)",使用"的"而非"了"作为体的元素。而且他用大约10页的篇幅,列举了后面伴有具有增强或弱化作用的多音节修饰语的形容词的例子,例如"傻头怖脑(shǎ-tóu-bù-nǎo)"与"饿不搭儿的(è-bù-dār-di)"。⁵从他选用的句子可以看出,他有一双非常敏锐的耳朵,以及对于口语的异常熟悉,例如"他来了,又(tā lái le, yòu)""他要来,明天(tā yào lái, míngtiān)","又"和"明天"位于不规则的句末位置。其他例子如"你吃了,把饭(Nǐ chī le, bǎ fàn)""你喝了,把茶(Nǐ hē le, bǎ chá)",使用"把"及其外位的名词短语。闵宣化将这些外位语(extraposed constituent)称作"次级增添物(secondary additions)",并且对这些句子的语调格式及意思做了详细的

---

1 Mullie, *Het Chineesch taaleigen I*, p.153.
2 Mullie, *Het Chineesch taaleigen*, p.63.
3 Mullie, *Het Chineesch taaleigen*, pp.138 ff.
4 Duyvendak, "Mullie's introduction," p.60. 亦可参见 Charles Li and Sandra Thompson, *Mandarin Chinese. A Functional Grammar* (Berkeley: University of California Press, 1981)。
5 Mullie, *Het Chineesch taaleigen I*, pp.334 ff.

描述。¹

通常，闵宣化的观察会非常清楚地表明，某些现象和发展根本不是近来的，尽管偶尔有迹象显示它们可能是。仅举一例："在北部北京话当中，人们可以观察到通用量词（general classifier）'个'排挤其他量词的趋势：人们偶或听到有人说'一个牛（yí ge niú）'。"²

除了进行富有价值的观察以外，闵宣化还提供了大量的分析。例如，他在描述存在两个主语的句子时，推测"我脑袋疼（wǒ nǎo dai téng）"中的"我（wǒ）"，不能被视作"我的（wǒ-de）"之简称，因为这样的分析在诸如"我麻了腿（wǒ má-le tuǐ）"的句子中是不存在的，其中，"我（wǒ）"被谓语"麻了（má-le）"分隔开。³在他的叙述之中，一个更为影响广泛的分析见解是汉语当中的格（case）体现在其在句子中的位置：⁴并非是单词的形式，而是单词在句子中的位置告诉人们其语法功能。

这与闵宣化著作中一个反复出现的主题相吻合，即是他始终恳请其读者接受汉语也与其他语言一样，确实存在语法。在其1940年5月4日的就职演讲中⁵，他极为清楚地告诉读者：汉语具有句法规则——它或许与我们习惯的有所不同，而目前我们尚未发现它，但是毫无理由将汉

---

1 在《汉语的宾格》（"De akkusatieven in het Chinees"）第39页（参见本书第168页脚注1）。Secondary addition："bijkomstige toevoeging"。

2 Mullie, *Het Chineesch taaleigen I*, p.98："In het Noord pekinees kan men ene neiging vaststellen om het algemeen klaswoord 个 de andere klaswoorden te laten verdringen；zoo zal men wel eens hooren：一个牛 yí ge niú 'een os'"。

3 Mullie, *Het Chineesch taaleigen I*, p.145。

4 Mullie, *Het Chineesch taaleigen I*, p.xxxii 以及它处。

5 J.L.M. Mullie, *De belangrijkheid van de Chineesche syntaxis*（《汉语语法的重要性》）（Rede, uitgesproken bij de aanvaarding van het ambt van bizonder hoogleerar aan de Rijks-Universiteit te Utrecht, op den 4ᵉⁿ Maart 1940）（Leuven：Drukkerij H. Bomans，1940）。

语视为奇怪与异乎寻常的东西，而必须用不同的方式处理之。他在一篇于1929年就已发表的短文《汉语的宾格》[1]中，提出了相同的观点：认为汉语没有语法和句法规则，以及归结说所有的汉语句子都是随意构成的，这显然是违悖事实的。他接着说，汉语语法的规则是典型的汉语式的，因此应该毫不奇怪"以拉丁语或希腊语（中略）的语法形式加于这种语言的规则之上的努力（中略）自然不会成功"[2]。

有关汉语宾格的文章比较有趣，因为即使是闵宣化这位非常清楚地意识到汉语与拉丁语和希腊语不同，以及敏锐地看出汉语的特殊性和典型特征的人，最终也很难摆脱经典语法概念的束缚。这在其《汉语的结构性原则：口语（北部北京方言）导论》和《汉语口语简明语法》中是非常明显的，例如，当他提出汉语人称代词和疑问代词的格的范式的时候，就退回到熟悉的结构与术语上："主语主格（subject-nominative）"的"我（第一人称单数）"是"我"，"属格（genitive）"是"我的"，"与格（dative）"是"给我"，"宾语宾格（object-accusative）"是"把我"。[3]

在有关宾格的文章中，闵宣化区分出汉语中多达五种不同的宾格：标记为"把"并且位于动词之前的"确切宾格（definite accusative）"；没有标记且位于动词之后的"中性宾格（neutral accusative）"；"前置宾格（proposed accusative）"，亦即已经话题化之宾语；"强调宾

---

1 《汉语的宾格》收录于 *Drie Sinologische bijdragen*（《三个汉学的贡献》）(Leuven: De Vlaamse Drukkerij, 1946), pp.32-40。这篇文章之前发表于 "Les Accusatifs en Chinois", *Le Bulletin Catholique de Pékin* 16（1929）: pp.620-627。

2 Mullie, "De akkusatieven in het Chinees," p.39: "pogingen ... om de spraakkunst van deze taal in de vorm van de Latijnse of Greekse grammatica te gieten ... bleken natuurlijk vergeefs".

3 Mullie, *Korte Chinese spraakkunst*, p.137.

格（emphatic accusative）"，例如标记为"连"之类；最后是"间接宾格（indirect accusative）"，我们可以在像是"我坐椅子（wǒ zuò yǐ zi）"的句子中找到动词"坐（zuò）"。至于最后一种类型的宾格，我们知道闵宣化之所以称呼这些宾格为"间接"，最主要的原因是在欧洲语言当中意思为"坐"和"躺"的动词并不存在直接的宾语，但是同时，他也观察到在"把"结构中从不存在这些宾格。如果他坚持自己的原则，即必须以其自身的角度看待汉语，那么第一个论点将会是无效的。

那么闵宣化使用"宾格"有什么用？乍一看，我们似乎可以用"宾语"这一术语替代它，因此，闵宣化呈现出五种不同类型的宾语。但这是无法奏效的，因为闵宣化在区分这些不同宾格的过程中会考虑到内容和形式（例如在句子中的位置）。毕竟，中性宾格与前置宾格之间唯一的区别是基于它们的位置，而非与动词的主题关系。相反地，中性宾格与间接宾格的唯一区别是它们与动词的主题关系。似乎对于闵宣化而言，"宾格"这一术语既是形式上的又是关系的概念，在某种程度上是传统语法。

闵宣化除了就现代普通话方面所撰写的富有价值的作品以外，还撰写了一部规模颇大的古汉语语法书，共有三卷，以及为数颇多的论文（其中一篇关于助词"之"的文章以专书的形式发表）。[1] 在这些有关古代汉语的作品之中，与其在其他语言学作品中一样，闵宣化展现了对于细节、数据同样的眼光和分析的睿智。

---

1 J.L.M. Mullie, *Grondbeginselen van de Chineesche letterkundige taal*, 3 vols. (Leuven: Dewallens, 1940). J.L.M. Mullie, *Le mot-particule tchē* (Leiden: E.J. Brill, 1942).

四、同时期的莱顿

正如我们已经看到的,施古德一直担任专为他设立的教授讲席,直到去世(1903 年),此后学术环境下的汉语语言研究在莱顿大学也开始了。不幸的是,(汉语)语言学随着施古德的离世也一起消失,因为他的继任者,此后出任中国语言与文学讲席之人研究的对象并不是语言学。[1] 而且随着闵宣化在 1956 年退休之后未有承继,乌得勒支大学的汉语语言学也逐渐消失了。直至 20 世纪 70 年代后期,随着范德博与詹姆斯·梁之任命,它又再次出现。后者于 1971 年自费城大学(University of Philadelphia)获得博士学位[2],并于 1985 年间被任命为应用汉语语言学教授(Professor of Applied Chinese Linguistics)。目前(截至 2013 年),卫玉龙、司马翎、郑礼珊和陈轶亚(Yiya Chen,生于 1970 年)四位全职教员可以说积极地参与到汉学语言学的研究中。较之施古德与闵宣化的时代,这是语言学专门知识在一个地方的高度集中(在东亚地区以外的国际上尤为罕见)。在 20 世纪八九十年代的课程当中,由于詹姆斯·梁与卫玉龙的努力,语言学逐渐成为中国研究项目

---

1 在 1914 年至 1917 年期间(约在乌得勒支大学任命费妥玛 15 年前),博睿出版社出版了《现代汉语概论》(按照第 3 卷所言,原计划为 4 卷,但看似从未完成)这部 3 卷本的汉语教程。该书由德·布莱恩用英文撰写,介绍了当时的现代标准书面语言。每卷包含了大量的汉字,附有翻译和注解。没有为汉字标示注音,也未提供语言学或分析的思考。德·布莱恩这位荷属东印度的政府官员,尚著有一本名为《苏门答腊岛东海岸的华人》的小册子。根据他在于 1920 年前所撰写的与《愤怒的教授》(出版地、出版时间均不明)一道梓行的一本名为《神秘的事件》的书中所言,他被认为是高延在莱顿的继任者,而非戴闻达。

2 其博士论文题目为《介词、同动词,抑或动词?古今汉语语法之评述》("Prepositions, Co-Verbs, or Verbs? A Commentary on Chinese Grammar Past and Present")。

课程当中一个常设部分。2012 年，汉语语言学成为语言学硕士领域的正式课程。

因为是好几个人的参与，而非仅是一名教授，在过去 40 年之中开展的研究是非常多元化的，接下来的内容仅仅是一个旨在反映这种多样性的粗略梗概，而不是呈现一个全面的概述。

詹姆斯·梁的兴趣始终是第一语言之习得和语言教学。关于前者，他参加了一项大规模的多语言研究计划——由设于奈梅亨的马克斯·普朗克心理语言学研究所（Max Planck Institute for Psycholinguistics）主持。关于包括汉语在内的第一语言之习得，詹姆斯·梁也参与指导了很多博士论文。[1] 至于语言教学方面，他发起了一些富有趣味的教科书计划，例如由位于多德雷赫特（Dordrecht）的福里斯（Foris）出版社发行的 *A speaker of ...* 系列，汉语学习者能够在其中接触到不同种类的普通话。[2] 范德博凭借名为"台湾的语言计划与语言使用：公共场合的语言选择行为之研究及对社会语言学之贡献（Language planning and language use in Taiwan: A study of language choice behavior in public settings. A contribution to the sociology of language）"这一有关普通话在台湾传播的社会语言学研究，于 1985 年获得莱顿大学博士学位。范德博还涉足一大批其他的议题，例如语音学和句子语调。他还撰写了一部名为《现代标准汉语》(*Modern standaard Chinees*, Muiderberg: Coutinho, 1989) 的功能语法作品，以及最近于 2006 年与郭武（音

1　Li Ping, "Aspect and Aktionsart in Child Mandarin"（1990）; Henriëtte Hendriks, "Motion and Location in Children's Narrative Discourse: A Developmental Study of Chinese and Dutch"（1993）.

2　20 世纪 90 年代初期之前荷兰的汉语语言学的大致状况，可以参见 J.C.P. Lang and R.P.E. Sybesma, eds., *From Classical Fu to "Three Inches High": Studies on Chinese in honor of Erik Zürcher*（Leuven/Apeldoorn: Garant, 1993）.

译，Wu Guo）合著作品《汉语助词"了"：汉语中的语篇构式与语用标记》(*The Chinese particle le. Discourse construction and pragmatic marking in Chinese*，London：Routledge）。詹姆斯·梁和范德博目前均已退休。

目前在任的四位语言学家主要研究现代汉语的种类。1995年，卫玉龙以其博士论文《普通话口语的含义与句法》("Meaning and syntax in spoken Mandarin")，获得莱顿大学博士学位，他著有一本名为《普通话语法》(*Grammatica van het Mandarijn*，Amsterdam：Bulaaq，2004）的普通话综合语法作品，英文版的国际化修订本正在准备之中。这部包含了数个章节有关普通话语音体系以及一章有关汉语书写系统的语法作品，在例句中使用了来自卫玉龙语料库的数据。至于我自己，我也是在1992年获得莱顿大学博士学位［博士论文为《使役动词与实现：汉语"把"的案例》("Causatives and accomplishments. The case of Chinese bǎ")］。我的研究集中于句法，尤其是将普通话与其他汉语语言进行比较。我已经广泛地在诸如动词短语的结构、名词短语的结构以及时态和体等方面发表了论文。目前，我是博睿出版社将要出版的《汉语语言与语言学百科全书》(*Encyclopedia of Chinese Language and Linguistics*）的主编。我和郑礼珊合写了大量的论文。郑礼珊于1991年在麻省理工学院获得博士学位[1]，并于2000年获任莱顿大学语言学系主任。郑礼珊的研究也集中在句法，但是范围更加广泛，因为她也探究语音学与语义学的交叉领域（而且她也并不将自己局限于汉语之上）。陈轶亚于2003年从石溪大学（Stony Brook University）获得博士学

1　她的博士论文题目是《wh-疑问句的类型学》("On the Typology of wh-Questions")。

位¹，在奈梅亨大学（Nijmegen University）任职三年之后，于 2007 年加入莱顿大学的语言学社群。作为一名语音学家，她研究韵律及其变化，尤为关注音调和变调。²

中国的非汉（non-Sinitic）语言也受到一些关注。某些已经纳入一项最近的计划当中（参见下文），而另一些则见于乔治·范·德里姆（George van Driem，生于 1957 年）《喜马拉雅的语言，大喜马拉雅地区的民族语言手册：包含语言共生理论之导言（两卷本）》（*Languages of the Himalayas. An Ethnolinguistic Handbook of the Greater Himalayan Region: Containing an Introduction to the Symbiotic Theory of Language*, 2 vols., Brill, 2001）一书的讨论。《汉-蕃语族》（"Sino-Bodic"）³ 的作者范·德里姆目前已自莱顿大学离职，他对于汉语在汉-藏（Sino-Tibetan）语族或是藏-缅（Tibeto-Burman）语族内地位的讨论，做出了有趣味的贡献。范·德里姆也指导了乐安东（Anton Lustig）2002 年的博士论文《载瓦语语法》（"Zaiwa Grammer"）。⁴ 载

1　她的博士论文题目是《标准汉语中比较点的语音及语音学》（"The phonetics and phonology of contrastive focus in Standard Chinese"）。
2　其他人也偶或发表在汉语语言学领域内具有影响的论文。此处，我只提及两篇。第一篇是中国历史教授许理和（参见田海所写之章节）的"Late Han Vernacular Elements in the Earliest Buddhist Translations"，*Journal of the Chinese Language Teachers Association* 12/3（1977）: pp.177-203。第二篇是高柏的"Dutch Loan-Words and Loan-Translations in Modern Chinese: An Example of Successful Sinification by way of Japan", in *Words from the West. Western texts in Chinese literary context: Essays to Honor Erik Zürcher on his Sixty-Fifth Birthday*, ed. by L. Haft（Leiden: Centre of Non-Western Studies Publications, 1993）, pp.116-144。高柏是莱顿大学图书馆特藏部（Special Collections Department of the Leiden University Library）汉籍和日籍的负责人，发表了包括汉语语言在内的诸多主题的论著，例如，其最新的一篇文章《"Holland"的中文名：和兰、荷兰、贺兰——一个历史调查》（"The Chinese Name for 'Holland': 和兰、荷兰、贺兰—A Historical Survey"），载许全胜、刘震编《内陆欧亚历史语言论集——徐文堪先生古稀纪念》（兰州：兰州大学出版社，2014）。
3　*Bulletin of the School of Oriental and African Studies* 60/3（1997）: pp. 455-488.
4　2010 年，其商用版由博睿出版社以《载瓦语语法与词典》之名出版。

瓦语是藏缅语族的一种语言，为云南西南部人民所使用。蒙古语和满语是乌韦·布莱辛（Uwe Bläsing）的书所关注的焦点。

在过去十年中，荷兰科学研究组织与欧洲科学研究委员会（European Research Council），资助了大量由莱顿大学已经完成或正在进行的有关汉语语言学议题的研究计划。其中之一是由我本人担任项目负责人的"中国南方的句法变化（Syntactic variation in southern China）"。该计划的目标是考察南方汉语种类以及中国南方所讲的诸如状语等少数民族语言的句法结构。[1]另外一个郑礼珊和我均参加（与来自阿姆斯特丹和香港的研究者们一道）的获得资助的计划是"分析性语言的功能范畴（Functional Categories in analytic languages）"。这个计划致力于将汉语语言与非洲西部所说的克瓦语（Kwa）语言进行比较：与汉语一样，克瓦语通常被归类为分析性语言。其目的是更好地了解什么是真正的"分析性"。郑礼珊是两个大型的有关音调研究计划的项目负责人。一个是"六种汉语方言中的语音变调与焦点表达互动的实验方法（An experimental approach to the interaction of tone sandhi and focus expression in six dialects of Chinese）"，旨在系统地和实验性地探究迄今为止在分调现象及其他方面有所不同的六种汉语种类的两种独立研究方向之间的相互作用，即语音变调和焦点实现。[2]第二个名为"声调语言中音高变化的表现与处理（Representation and processing of pitch variation in tonal languages）"的计划，是关于讲话者处理语音变调的方式，它探讨了词汇中存在的数量、语音生成过程中处理的数

---

[1] 从这一计划形成的两篇博士论文分别是：Joanna Sio, "Modification and Reference in the Chinese Nominal"（2006）；Li Boya, "Chinese Final Particles and the Syntax of the Periphery"（2006）。

[2] 该计划产出的第一篇博士论文是：Franziska Scholz, "Tone Sandhi, Prosodic Phrasing and Focus Marking in Wenzhou Chinese"（2012）。

量、两者相互作用的性质，以及其他可能发挥影响的潜在因素（例如，变调辖域中的成分结构）。除此以外，我们不能不提及由韩可龙［目前执教于德国哥廷根大学（University of Göttingen in Germany）］进行的"闽南语的初期类型（Early descriptions of Southern Min）"的研究项目，并出版《生理人的语言》(*The Language of the Sangleys*, Leiden，2010）一书。该书分析了17世纪《漳州话语法》(*Arte de la lengua chio chiu*）一书，它是由在马尼拉华人居住区［在"生理人（Sangleys）"间］传教的西班牙多明我教会传教士手写的最早的一部闽南话语法。他除了将该书置于其历史、社会和语言学的语境之中，还提供了附有注释的整理本以及相关译文、原始手稿的影本。

这些活动清楚地表明莱顿大学的语言学研究并非单单聚焦于普通话，它也非常重视语言的多元化。最后，施古德的闽南语研究并未被遗忘。

自从20世纪80年代以来，除了大量的学士与硕士学位论文，以及数篇即将完成的博士论文（某些属于上述研究计划，而某些不属于）以外，莱顿大学共有15篇（语言学）博士论文通过了答辩，这一事实证明汉语语言学研究非常活跃与优秀。[1] 一个令人愉悦的进展是现在有

---

[1] 就博士学位论文而言，除了正文之中已经提及的三篇（范德博、司马翎和卫玉龙）以及在第171页注释1与第174页注释1所列论文以外，以下博士论文也在莱顿大学顺利通过答辩：Peter Peverelli，"The history of Modern Chinese Grammar Studies"（1986）；Xu Ding，"Functional Categories in Mandarin Chinese"（1997）；Katia Chirkova，"In Search of Time in Peking Mandarin"（2003）；Henning Klöter，"Written Taiwanese"（2003）；Karen Steffen Chung，"Mandarin Compound Verbs"（2004）；Liang Jie，"Experiments on the Modular Nature of Word and Sentence Phonology in Chinese Broca's patients"（2006）；Zhang Jisheng，"The Phonology of Shaoxing Chinese"（2006）；Tang Chaoju，"Mutual Intelligibility of Chinese dialects: An Experimental Approach"（2009）。请注意，其中一些由正文提及之外的汉语语言学者来指导，尤其是文森特·范·赫芬（Vincent van Heuven）、孔甫烈（Frederik Kortlandt）和耶鲁安（Jeroen van de Weijer）。

几个汉语语言学博士研究计划也在其他几所荷兰大学展开,而非仅仅局限于莱顿大学。[1] 随着中国国家留学基金管理委员会资助的增多,这一前景广阔的趋势可能会持续下去。

---

[1] 例如,参见 Yang Ning, "The Indefinite Object in Mandarin Chinese: its Marking, Interpretation and Acquisition," PhD diss., Radboud University Nijmegen, 2008; Chen Jidong, "The Acquisition of Verb Compounding in Mandarin Chinese," PhD diss., VU Amsterdam, 2008; Dong Xiaoli, "What Borrowing Buys Us: A Study of Mandarin Chinese Loanword Phonology," PhD diss., Utrecht University, 2012; Chen Ao, "Universal Biases in the Perception of Mandarin Tones, From Infancy to Adulthood," PhD diss., Utrecht University, 2013。

荷兰的当代中国研究[*]

彭轲（Frank N. Pieke）

一、中国研究中当代中国的缺失[1]

1662年，在长时间的围困之后，郑成功迫使荷兰东印度公司舍弃了台湾的安平古堡。从那时起，和其他欧洲国家一样，荷兰就没有在中国系统、持续性地参与帝国、殖民或传教活动。就像本书其他论文所记载的，19世纪下半叶，增加的中国研究主要是荷属东印度群岛殖民主义活动的衍生。早期汉学家的兴趣主要集中在当时的当代中国方面，这

---

[*] 这篇论文受到许多人的帮助，他们或是分享了他们的回忆，或是对论文的早期版本进行了评论。我特别要感谢班国瑞、柳岛（Leo Douw）、田海、伊维德、芭芭拉·克鲁格（Barbara Krug）、聂保真（Pál Nyíri）、刘本、司马翎和梅森伯格（Ot van den Muijzenberg）。

[1] 在整篇文章中，"当代中国""现代中国""前现代中国"这三个术语并不是指特定的历史时期，而是指所描述的当代时期。这篇论文的主题"当代中国"，是指现在的中国，不管"现在"是17世纪还是21世纪。希望这能突出我的主要观点，即在某些特定时期，中国研究专家会对特定时期中国正在发生的事情有兴趣、失去兴趣或者重新获得专业兴趣。这与学术好奇心或优先次序没有多大关系，而与荷兰社会和政治中对中国相关问题的重点转移有关。本文关注社会科学家和历史学家的作品，因为语言和文学方面的研究将在本书的其他章节中讨论。本文还缺失了关于中国宗教的研究。除了历史学家施舟人和田海的一些著作外，荷兰几乎很少研究当代中国的宗教。

些方面在处理荷属印度群岛的中国问题上具有实际意义：古代汉语、南方口语、翻译、秘密结社、法律、宗教。尽管有局限性，但这一时期荷兰汉学家从后代中脱颖而出的原因是，他们意识到当代中国应该被理解为一个复杂的整体。古典文人文化与当代日常生活的流行和低俗现实紧密地联系在一起，这种联系必须通过近距离的个人观察和研究，并沉浸于经典之中来实现。这些早期的汉学家也没有回避对中国政治、社会和经济发展的许多方面进行评论和书写。[1]

中华帝国在1911年的终结使得帝国突然变为中国逝去的传统。汉学并没有如人所期待的一样，将其关注点转移到具有重要意义的政治、文化、社会与经济变化上。这些变化构成了当时中国的新现实。汉学没有转向研究中国曲折的现代化历程，而将重点置于中国辉煌历史所流传下来的高深的文化传统。这种转向使得汉学成为一种以文本为依据的深奥的专业化学科，从而与当时中国混乱的现状区隔开来。

本书的作者之一田海，以及莫里斯·弗里德曼和宋汉理在其先前的论文中，已经记载了这一朝向过去的重要转变。这一认识论的转变在高延身上表现得尤为明显。[2] 对照更早期的汉学家们，这种变化更为显著。20世纪语文学取向的汉学领军人物，像戴闻达、许理和以及伊维德，至少在其学术生涯的一部分，大量评论撰写了关于当代中国发展的问

---

1 一个很好的例子是博雷尔的《晚清游记》[Amsterdam：L.J. Veen，1926（1910）]，其中全面评论了1900年义和团运动之后中国改革的快速发展以及激进政治变革的必然性。
2 Maurice Freedman, "Sinology and the Social Sciences: Some Reflections on the Social Anthropology of China: *Ethnos* 40/1（1975）: pp.194-211; Harriet T. Zurndorfer, "Sociology, Social Science, and Sinology in the Netherlands before World War Ⅱ: With Special Reference to the Work of Frederik van Heek," *Revue européenne des sciences sociales* 84（1989）: pp.19-32.

题。[1]实际上,何四维、许理和与伊维德的早期学术任命都是在现代汉语与现代中国领域。而且,在1925—1940年,荷中协会(Nederlands-Chineesche Vereniging)出版了中国期刊,期刊中发表了关于中国各主题的原创论文或者由中文翻译为荷兰语、法语、德语与英语的各种成果。这些成果涉及传统与现代中国,荷兰的汉学家们也定期向这份期刊投稿。然而,专业的汉学家们严格限制以文本为基础的前现代中国的学术研究。很久之后,20世纪70年代初开始,后来的几代汉学家们(例如龙彼得、施舟人、伊维德和田海)开始对中国传统社会的乡土风情与文化产生兴趣,这让人们联想起一个世纪前的汉学先驱们。然而,现当代中国对他们来说仍旧不是严肃学术探究的对象。

二、当代中国的式微

甚至到现在,汉学中当代中国的缺失是一个重大转折性事件,形塑了荷兰(以及其他许多欧洲大陆国家)中国研究的规模、形态和构成。这种转变可以部分解释为汉学概念与方法论工具根本无法应对中国艰难现代化历程的挑战。不过,向社会科学和现代历史的转向也可能在其中发挥了作用。1911年以前,汉学与民族学之间联系很多(高延在成为汉语系主任之前是民族学教授)。其他社会科学也曾被用来服务中国研究。事实上,这一现象在20世纪20年代之后的美国和日本发生了,但是直到20世纪70年代,维米尔才在荷兰发起这一探索。我对这一现象

---

1 最好的例子可能是 J.J.L. Duyvendak, *China tegen de westerkim* [Haarlem: De Erven F. Bohn N.V. 1948(1927)]。第三版出版于1948年,其中涵盖了自1933年第二版出版以来的十五年中国政治发展的新章节。译者按,原文中将1933年的版本误记为第三版。

的理解是，由于对当代中国现实的失望以及中国在全球舞台上的式微，这两个方面共同作用引发了欧洲汉学"语文学的转向"。1911年后，中国放弃了辉煌的传统高级文化和独特的政治制度，剩下的只有"亚洲病夫"的贫穷与落后，并且在政治混乱中不断深陷。无论是作为一个独立国家，还是欧洲列强全球与殖民关注对象，中国的角色都无关紧要，这一状况直到20世纪30年代日本地位上升才有所改变。[1]

这样看来，荷兰汉学家只能将中国视为一个失落的文明，而不是试图在现代世界中占一席之地的国家和民族。范·黑克（Frederik van Heek，1907—1987）在20世纪30年代与中国的短暂接触中阐述了这一观点，他在阿姆斯特丹接受了社会地理学、社会学和民族学训练。据我所知，直到20世纪70年代，他是荷兰唯一一个研究当代中国的社会科学家。1935年，他出版了长篇博士论文《西方技术和中国的社会生活》(*Western Technology and Social Life in China*)，这项研究是基于他在中国六个月的研究形成的。这篇论文本质上是关于中国社会文化与西方现代技术和工业生产方法之间的不协调。1936年，他出版了另一本书，主题是20世纪30年代世界经济危机引发的滞留荷兰的华人水手的恶劣生活条件。[2]

就像之前提到过的一篇关于荷兰汉学的文章中宋汉理所说的一

---

[1] 相较于对欧洲，1911年以后的中国对美国和日本来说重要得多。中国是帝国主义扩张的首要且最重要的目标。美国没有在菲律宾以外的大型殖民帝国或明显的殖民野心，但仍试图扩大其在太平洋的影响力。对于美国人来说，中国也是宣教活动的主要焦点。第二次世界大战前后的许多美国中国研究者要么是传教士本人，要么是在中国长大的传教士的后代。

[2] Frederik van Heek, *Westersche techniek en maatschappelijk leven in China*（《西方技术和中国的社会生活》）(Enschede: M.J. van der Loef, 1935); Frederik van Heek, *Chineesche immigranten in Nederland*（《荷兰的中国移民》）(Amsterdam: 't Koggeschip, 1936).

样,范·黑克出于对中国纺织业的个人兴趣而选择研究中国。中国纺织业的主要竞争对手是像他父亲这样的荷兰特温特地区的纺织品制造商。他关于荷兰的贫困华人的研究受阿姆斯特丹贫困华人支持委员会（Amsterdamsche Comité voor Hulp aan Noodlijdende Chineezen）委托。这个委员会由一群荷兰的华裔印尼学生发起,他们怜悯同胞,认为需要更多地了解他们,以帮助他们。[1]

在荷兰的中国研究者中,范·黑克主要是以他关于荷兰华人的著作闻名。这本著作至今仍是一份基于一手社会学田野研究的独特文献。然而,他关于中国西方技术的著作基本上被人遗忘了。这个著作以荷兰语写成,国际影响力甚微。在荷兰,它也未能激发当代中国研究的传统。范·黑克后来成为莱顿社会学院的创始人,关注荷兰的社会不平等和分层。据我所知,没有迹象表明他与莱顿大学的汉学同事进行过关于当代中国的系统性互动或对话。

范·黑克不把自己当作当代中国研究者中的一员。中国似乎根本不值得社会科学家进行系统和长期的探究。范·黑克早期的中国研究是一个年轻学者充满好奇心的探索。事实证明,当代中国与荷兰的社会学,和范·黑克在莱顿的汉学同仁们的语文学探究一样无甚关系。

三、在阿姆斯特丹与莱顿重新发现当代中国

1949年中华人民共和国成立以及中国于1950—1953年抗美援朝所引起的冲击,使得美国现代和当代中国研究学者暴露在麦卡锡时代的反共行动中。台湾地区这一国民党的最后据点成为美国在东亚反共的利益

---

1 Zurndorfer, "Sociology, Social Science, and Sinology".

前线。尽管在那十年中少有资金或激励，但美国大学对当代中国的研究仍在继续。同样，哪怕在冷战的至暗时刻，英国左翼与商界、政府对中国的兴趣也一直持续下来。毕竟，中国政府在当时让英国保留对香港的权力，因此当代中国的话题从来没有从英国的战略版图、有识之士和大学中完全消失。20世纪50年代晚期和60年代早期，随着中苏关系的恶化以及中越冲突升级，中国迅速成为美国与英国外交战略的重点所在。与英国相比，美国关于当代中国研究的政府与私人资助开始得更早、更丰富。因此，美国与英国的当代中国研究迅速发展、繁荣。研究的重点扎实地基于社会科学的政治学、经济学、社会学与（更加边缘化的）人类学。现代语言训练也被强调，但是不再与汉学研究的语文学传统相关联。仅仅几年，当代中国研究被改造为社会科学研究的一个独立领域。[1]

1949年后，荷兰只有少量的学者保持了其对当代中国某些特定领域的个人兴趣，例如莱顿大学法学院的范可法和外交官梅杰。他们都曾写过中华人民共和国、中华民国与清代晚期法律相关主题的文章。[2] 20世纪50年代，针对当代中国研究的新资助与新生研究力量非常缺乏。1960年，阿姆斯特丹大学（当时名为阿姆斯特丹市立大学，Gemeentelijke Universiteit Amsterdam）的维姆·韦特海姆与莱顿的许理和牵头设立了中国研究委员会（China Studie Comité）。委员会由

---

1 关于美国和英国这些发展的资料包括：Richard Baum, *China Watcher: Confessions of a Peking Tom* (Seattle: University of Washington Press, 2010); Richard Madsen, *China and the American Dream: A Moral Inquiry* (Berkeley: University of California Press, 1995); Tom Buchanan, *East Wind: China and the British Left, 1925-1976* (Oxford: Oxford University Press, 2012); European Association of Chinese Studies, *Chinese Studies in the U.K.* (European Association of Chinese Studies Survey no. 7, 1998).

2 Wilt L. Idema, *Chinese Studies in the Netherlands* (European Association of Chinese Studies Survey no.6, 1997).

对中国领域有兴趣或者有专长的学者、公务员、商人与艺术家组成。它的目标是"深化当代中国研究，传播当代中国知识"。[1] 1963 年，委员会出版了一系列关于传统与现代中国各方面的介绍性文章，[2] 但并不清楚这个委员会参加了其他哪些活动，只知道它提供过"面向学生、去往中国的旅者以及出版商的讲座、会议与建议"。同时，委员会也承担了针对当代中国研究与教学的游说工作。

和其他许多国家一样，"文化大革命"（1966—1969 或者 1966—1976，依据中国官方史学的不同版本）在荷兰引发了针对中国所发生的这一事件的困惑、争议、争论以及兴趣，但是，这比其他国家晚了几年。[3] 本书中田海的论文已经涉及了这一阶段的主要事件与人物。因此，这里稍提一下中国研究委员会的努力与"文化大革命"讨论对于后续当代中国研究发展的重要影响就已经足够了。

这其中第一件事就是，在莱顿大学，当许理和保证了新的莱顿当代中国资料与研究中心充足的政府赞助之后，当代中国研究最终被整合进汉学。当代中国资料与研究中心最初的四个员工是舍佩尔

---

1 参见 "The China Study Committee," *China Information* 1/1（1986）: pp.6-7。
2 Wim Wertheim and Erik Zürcher, eds., *China tussen eergisteren en overmorgen*（《前天与后天之间的中国》）(Den Haag: W. van Hoeve, 1963)。委员会还出版了 *China informatie*，定期更新中国的情况。1986 年，莱顿的当代中国资料与研究中心获得了此书名的使用权，同时获得了更重要的订户列表，并以此作为英语新学术期刊《中国情报》的启动平台。尽管《中国情报》不再在莱顿进行编辑，但仍继续发展为现代中国领域三四种最重要的国际期刊之一。
3 例如，在法国，关于中国的讨论涉及了很多著名的左翼人士，相关讨论开始得更早，持续得更久。参见 Jean Chesneaux, "China in the Eyes of the French Intellectuals," *Journal of the Royal Asiatic Society Hong Kong Branch* 27（1987）: pp.11-29。法国的当代中国研究，很大程度上像是这一讨论的结果，在 20 世纪 70 年代发展更快更积极，参见 Marianne Bastid, "A Survey of Recent Trends in French Studies on Contemporary China: The State of the Field," *Pacific Affairs* 53/4（1980-1981）: pp.698-707。关于英国左翼与中国的问题，参见 Buchanan, *East Wind*。

（C. Schepel）、伊维德、维米尔和后来的汉乐逸。舍佩尔后来以《毛主席语录》荷语翻译的身份而为人熟知，伊维德和汉乐逸最终选择从事更为传统的汉学研究工作。维米尔利用汉学与历史学的训练成为国际知名、成果颇多的当代中国经济、社会的研究专家。

在回到当代中国资料与研究中心这个主题之前，我们首先讨论一下20世纪60年代与70年代早期，中国重要性重新凸显的另一个重要影响。作为20世纪70年代荷兰新左翼的堡垒，阿姆斯特丹大学本应该自然地成为平衡莱顿的力量。与阿姆斯特丹大学相比，莱顿更为保守，但是阿姆斯特丹大学并没有成功地成为当代中国研究的中心。从维姆·韦特海姆的情况来看，这种问题的发生并不是因为缺乏尝试。维姆·韦特海姆是阿姆斯特丹大学著名的印度尼西亚研究学者。随着中国革命态势持续深入，他对中国的研究兴趣日益加深，他认为，中国的革命试验为其他亚洲国家，如印尼、印度脱离贫困、欠发展状态与被剥削状态，提供了重要的对策参考。可惜20世纪60年代，阿姆斯特丹人文学院从对非欧洲文化的研究中脱身，这一转变决定了其人文学科的特征与形式。因此，维姆·韦特海姆可谓是在错误的时间、错误的地点呼吁对当代中国研究的投入。他仅做对了一件事，那就是（1963年至1971年间）聘用许理和，一周授课一天。尽管是以教授"远东史"的名义聘用的，但是许理和就在那里教汉语。尽管许理和偶尔做一些相关的讲座或课程，但是这种环境严重限制了中国研究的发展。中国研究的发展甚至还没开始就遇到了阻碍。[1]

---

[1] 这里关于20世纪60年代阿姆斯特丹的信息来源于2012年6月28日与7月6日对梅森伯格的采访及其后续反馈，他是维姆·韦特海姆1972年退休后的继任者。阿姆斯特丹聘用许理和的日期来自 *Archief van de Universiteit van Amsterdam*; *College van Curatoren*; *aanvulling*, item 1435 Prof. dr. E. Zürcher in de "Moderne geschiedenis van het 'Verre Oosten'"（《"远东"的现代历史》）1963-1971, http://stadsarchief.amsterdam.nl/archieven/archiefbank/printversie/27ga.nl.pdf。

另一个阻碍维姆·韦特海姆获得政府与大学资助的因素可能是，他倾向于在对中国进行短期访问的基础上，对中国革命现状进行详尽的阐述。这种访问正是遵循了其西方同胞的优良传统。[1] 当时条件之困难，现今难以想象。在那样的条件下，他在中国时尽最大努力进行研究，但问题是，他更关注中国的社会主义革命，而对中国本身的文化、社会兴趣寥寥。在20世纪90年代写的最后一本关于中国的书中，维姆·韦特海姆也确定了他的这一偏好。他写道："在20世纪80年代，我对中国的兴趣减退很多。在1979年就可以很清楚地预见到，中国向市场经济的转向以及与西方资本主义国家的合作将在20世纪80年代之后持续。……由于这种情况的存在，对我来说，中国失去了其作为大规模、独特的社会和思想实验的吸引力。"[2]

1975年的罗·申克（Loes Schenk-Sandbergen）事件最后切断了阿姆斯特丹新左派与中国研究制度化之间的联系。罗·申克是维姆·韦特海姆的博士生。她的论文本来是非常翔实的关于印度街头清洁工的论文，但是，文中包含了关于中国的长达一百页的一个章节（基于两周友好访问的经历），试图展示中国贫困人口更好的生活状

---

1 关于这些研究形成的文章集出版为：Willem F. Wertheim, *China om de zeven jaar: studiereizen naar het aardse rijk*（《每七年的中国》）(Berchem, Breda: EPO, 1993)。荷兰（和法国）的旅行者是电影导演尤里斯·伊文思（Joris Ivens），关于伊文思最后的话，参见 Michel Korzec, "Jons Ivens", *in Ik kan alles uitleggen*（《我能解释一切》）(Amsterdam: Prometheus, 1994), pp.56-81。

2 "In de loop van de jaren tachtig verminderde mijn balangstelling voor China aanzienlijk. Het werd steeds duidelijker dat de tendentie die al in 1979 kon worden opgemerkt, de overgang naar een markteconomie en naar samenwerking met buitenlandse kapitalistische machten, zich na 1980 in snel tempo zou doorzetten...Hiermee verloor China voor mij zijn aantrekkingskracht als een grootscheeps uniek experiment op maatschappelijk en ideologisch gebied", Wertheim, *China om de zeven jaar*, p.300.

况。¹ 莱顿的许理和是共同审查员（共同推荐人）和论文委员会成员。他对论文的质量有所疑问，但又不愿去对抗维姆·韦特海姆。最后，他告知论文委员会无法参加审查委员会会议和论文答辩，而是让当时非常年轻的伊维德代替他。在委员会成员激烈讨论的闭门会议之后，罗·申克最终还是被授予了博士学位。在论文审查之前，《自由荷兰》(*Vrij Nederland*)的专栏作家雷娜特·鲁宾斯坦（Renate Rubinstein），以塔玛（Tamar）的假名写了针对罗·申克的尖刻批评。这一批评引发了高度的公共讨论与争议，同时在维姆·韦特海姆的学术声誉上留下了污点。²

然而，几年后，罗·申克的博士学位间接产生良好的影响，至少对于阿姆斯特丹的中国研究而言是好的影响。1978 年，社会与文化人类学院的南亚与东南亚系需要填补由于东南亚研究学者古斯·凡·利本施泰因（Guus van Liebenstein）的离开而留下的空位。当时的选择在于，是巩固东南亚研究的系所力量（这也是大多数研究人员的偏好），还是雇用一个中国研究专家。因为系里不能再忽略中国革命。罗·申克和部门管理委员会的大多数学生代表赞同后一种立场。当时的学生权力之大让现在的人们难以想象。在此权力的见证下，学生和罗·申克赢得了胜利。³ 经过公开的国际招聘，系里任命了现代中国历史学家、在英国接受学术训练的班国瑞。班国瑞是获得剑桥东方学学位的汉学家。尽管当时的剑桥几乎不是现代中国研究的要地，但班国瑞的主要研究领域是中国社会主义的历史。当时我还是一名年轻的本科生，显然不了解任命的

---

1 Loes Schenk-Sandbergen, "Vuil werk, schone toekomst? Het leven van straatvegers en vuilruimers—een onderzoek in Bulsar（India）, en verkenningen in Peking, Shanghai, Tientsin en Tangshan（China）"［《肮脏的工作，干净的未来？清道夫与垃圾清洁工的生活：一项博塞（印度）的研究与北京、上海、天津、唐山的探索》］, PhD diss., University of Amsterdam, 1975.
2 Wilt Idema, personal communication, 21 March 2012.
3 2012 年 6 月 28 日对梅森伯格的采访。

背景和细节，但是作为左派分子，班国瑞必然有足够的公信力才能符合阿姆斯特丹的要求，特别是学生的要求。尽管事实上他基本对毛泽东思想及其西方支持者缺乏同情，他对当代中国的个人和学术兴趣围绕着托洛茨基主义、政治抗议、持不同政见和民主变革的可能性。这一定令毛泽东思想的支持者感到失望。[1]

班国瑞在阿姆斯特丹待到1988年，之后回到利兹，然后在1999年转到加的夫，在那里他作为一个多产作家继续工作。他撰写了关于托洛茨基主义、中国社会主义革命以及海外华人的书籍。班国瑞对海外华人的研究兴趣开始于阿姆斯特丹，目的是为学生创造田野工作的机会。班国瑞于2009年退休。[2] 他在阿姆斯特丹的十年中，认真地尝试建立现代中国研究，鼓励学生写关于中国或荷兰的海外华人的硕士学位论文。[3] 他还强调有必要学习现代汉语，甚至有一段时间开设了入门课程，以鼓励像我这样的学生来中国作为交换生学习一年。

1　Gregor Benton, personal communication, 29 June 2012.
2　在他于阿姆斯特丹的时期，班国瑞的主要出版物包括：Wang Fanxi and Gregor Benton, *Chinese Revolutionary, Memoirs, 1919-1949*（Oxford：Oxford University Press, 1980）; Gregor Benton, "The South Anhui Incident," *Journal of Asian Studies* 45/4（1986）：pp.681-720; Gregor Benton and Hans Vermeulen, eds., *De Chinezen*（《中国人》）（Muiderberg：Dick Coutinho, 1987）。也许对于荷兰中国研究更为重要的是他独自发表或者与同事或学生合作的工作论文，通常是在阿姆斯特丹大学人类学-社会学中心的工作论文系列中。他们树立了榜样，引入了新的学问，并帮助我们考虑将英语出版作为可以实现的目标。
3　范·黑克1936年的书之后，仅仅偶尔存在有进取心的文学硕士生进行对荷兰华人的研究，而且从未建立持久的研究传统。班国瑞大力改变了这一状况。特别是，他在Henk Wubben（1942年）关于第二次世界大战前中国历史的硕士论文中付出了很大努力。该论文出版为 Henk Wubben, "*Chineezen en ander Aziatisch ongedierte*": *lotgevallen van Chinese immigranten in Nederland, 1911-1940*（《"中国与其他亚洲地区的寄生虫"：荷兰中国移民的变迁，1911-1940》）（Zutphen：De Walburg Press, 1986）。这个标题来自20世纪30年代荷兰警方的文件（因此有引号以及将"Chinezen"（Chinese）拼写为"Chineezen"），旨在突显当时荷兰当局的种族主义。Wubben 在荷兰华人社区的许多领导人身上运用了大量细微的修辞策略，尽管反复解释，他们仍以可被理解的观点强烈抗议该标题对华人不敬。而且，这本书有被读者确认为种族主义态度的风险。

慢慢地，一个规模不大的现代中国研究"阿姆斯特丹学派"出现了，并且越来越多地与阿姆斯特丹自由大学（Vrije Universiteit Amsterdam）合作，特别是在1987年成立了阿姆斯特丹亚洲研究联合中心（CASA）之后。然而，除了撰写了两本书体量的博士学位论文的玛嘉烈·斯里博姆（Margaret Sleeboom，生于1961年）[1]、高伟云（Jeroen de Kloet，生于1967年）和我［去了加州大学伯克利分校（University of California at Berkeley）[2]］之外，没有其他人类学的学生在阿姆斯特丹成为中国专家。玛嘉烈·斯里博姆的论文是在范彼德（Peter van der Veer）的指导下完成的。和斯里博姆一样，高伟云于2001年在范彼德的指导下获得博士学位。他的背景是大众传播和媒体研究，在阿姆斯特丹大学工作时也继续这一领域的工作。[3] 阿姆斯特丹亚洲研究联合中心更为成功，他们通过阿姆斯特丹大学与厦门大学之间的关系来招募中国博士生。他们招募了王红生、李明欢、宋平和吴小安。[4]

1　玛嘉烈·斯里博姆在2001年拿到博士学位。她博士论文的两卷出版为：Margaret Sleeboom, *Academic Nations in China and Japan: Framed in Concepts of Nature, Culture and the Universal* (London: Routledge Curzon, 2004) 和 Margaret Sleeboom-Faulkner, *The Chinese Academy of Social Sciences (CASS): Shaping the Reforms, Academia and China (1977-2003)* (Leiden: Brill, 2007)。
2　我1992年的论文出版为：*The Ordinary and the Extraordinary*（《普通与非凡》）(London: Kegan Paul International, 1996)。
3　修改后的论文出版为：Jeroen de Kloet, *China with a Cut: Globalisation, Urban Youth and Popular Music* (Amsterdam: Amsterdam University Press, 2010)。
4　Wang Hongsheng, "From Revolutionary Vanguards to Pioneer Entrepreneurs: A Study of Rural Elite in a Chinese Village," PhD diss., University of Amsterdam, 1995; Li Minghuan, "'We Need Two Worlds': Chinese Immigrant Associations in a Western Society," PhD diss., University of Amsterdam, 1998; Song Ping, "Transnational Social Practice from Below: The Experiences of a Chinese Lineage," PhD diss., University of Amsterdam, 2002; Wu Xiao'an, "Chinese Family Business Networks in the Making of a Malay State: Kedah and the Region c.1882-1941," PhD diss., University of Amsterdam, 1999. 在2009年，Paul Tjon-sie-fat 从阿姆斯特丹大学获得博士学位：Paul Tjon Sie Fat, "Chinese Migrants in Surinam: The Inevitability of Ethnic Performing" (2009)。

在阿姆斯特丹谱系的博士中，中国学生回到了中国（李明欢和宋平去了厦门，王红生和吴小安去了北京大学），而我在 1986 年去了莱顿。2004 年，玛嘉烈·斯里博姆成为阿姆斯特丹大学人类学系的讲师，很快（2006 年）又去了萨塞克斯大学（University of Sussex）。在她获得博士学位之后，她将研究重点从学术上的民族主义转向了中国、印度和日本运用新基因技术的社会、政治和经济影响。搬到英国之后，她继续了这一研究方向的探索。只有高伟云留在了阿姆斯特丹，下面我们会回到他的学术生涯。

在班国瑞于 1988 年离开之后，阿姆斯特丹的中国研究变得不太稳固。中国仍旧是人类学的研究议题，莱顿培养的汉学历史学家柳岛在 1989 年以兼职的形式被雇用，以代替班国瑞的位置。他的另一半职位是在阿姆斯特丹自由大学的历史学系。1995 年，柳岛和我一起代表莱顿确保了一笔国际亚洲研究所（International Institute of Asian Studies）的重要经费来研究海外中国移民的侨乡。这笔经费支持了博士后研究人员、会议和研究，提高了阿姆斯特丹中国研究的声誉。然而，不管是在人类学还是其他学科，后续中国研究岗位的聘用很难实现。南亚，尤其是东南亚（印度尼西亚）领域总是被优先推动的。其他学科，至少直到近期，少有涉足中国领域的倾向或者动力。中国领域是一个远离了其核心利益并且看似有高风险的领域。大学的领导层明显不想认真持续地发展中国研究。事后看来，莱顿当代中国研究领域早早开始主动发展，而维姆·韦特海姆的无能让其无法与之相抗衡，这让大学也无能为力。班国瑞的聘用成为随学生支持而来的一点星火，但未能燎原。几十年来，"中国"仍旧是莱顿的领地，这一观念只在最近才开始改变。

而且，阿姆斯特丹通过引进英国专家来推动现当代中国研究的优势并未能持续。20 世纪 70 年代，在莱顿，当代中国资料与研究中心严格来说只有一个这一领域的专家,就是爱德华·维米尔。维米尔在荷兰和海外都因其在中国发展、农业、食品、土地使用和经济领域的研究享有盛誉。他也发展了第二专长,在中国经济史,尤其是清朝与民国时期的经济史领域有所建树。他发表了很多文章,完成了大量任务和咨询项目,成为欧洲首屈一指的当代中国多领域的专家。[1]尽管库尔特·拉德克(Kurt W. Radtke,生于1945年)加入了当代中国资料与研究中心,并且迅速成为一位同样出色的学者,但他原先对中日关系的关注逐渐转向日本。[2]最终,他被聘为莱顿日本研究系的讲席教授。[3]

显然,单单一个人是不够的,而且,维米尔是作为汉学家和历史学家,而不是作为社会科学家受训的。他倾向于更少参与例如汉学、人类学、政治学或者国际关系这些学科的事务与讨论。因此,很偶然地,莱顿复制了阿姆斯特丹的经验,在1982年雇用托尼·赛奇以代替维米尔的教职。托尼·赛奇是一个英国受训的关注现代中国的政治专家。在这之后,他又和斯特凡·兰兹伯格(Stefan R. Landsberger,生于1955年)一起承担了荷兰教育与科技部关于中国科学技术的科研项目。在这之后的很短时间内,赛奇成为大学讲师,最终被任命为当代中国政治与行政领域的讲席教授。赛奇持有伦敦大学东方与非洲研究院(the School

---

[1] 他在20世纪七八十年代关于当代中国的主要出版物包括:E.B. Vermeer, *Water Conservancy and Irrigation in China: Social, Economic and Agrotechnical Aspects*(Leiden: Leiden University Press, 1977)和 E.B. Vermeer, *Economic Development in Provincial China: The Central Shaanxi since 1930*(Cambridge: Cambridge University Press, 1988)。

[2] Kurt W. Radtke, *China's Relations with Japan: The Role of Liao Chengzhi*(Manchester: Manchester University Press, 1990). Kurt W. Radtke and Tony Saich, eds., *China's Modernisation: Westernisation and acculturation*(Stuttgart: Franz Steiner Verlag, 1993).这本书的出版标志着许理和的退休。

[3] 同样受雇于当代中国资料与研究中心的汉乐逸研究现当代文学,特别是诗歌。对20世纪60年代以来荷兰的中国文学,包括现当代文学的研究是本书林恪那章的主题,在本章中不讨论。本章主要关注中国社会科学研究。

of Oriental and African Studies at the University of London）的经济学硕士学位，在来莱顿之前曾经在纽卡斯尔理工（Newcastle upon Tyne Polytechnic）当讲师。1986 年，他从莱顿获得博士学位，论文以教育部课题为基础，课题的主题是中国的科学技术。[1] 20 世纪 90 年代，当美国的几位资深学者［哈佛的麦克法夸尔（Roderick Mac Farquhar）、耶鲁的戴维·阿普特（David E. Apter）以及加州大学洛杉矶分校的包瑞嘉（Richard Baum）］注意到他的著作，赛奇的事业突飞猛进。他们邀请他去做访问学者。[2] 阿普特还邀请他加入自己的一个研究项目。[3] 由于其在美国的关系和名声，1994 年至 1997 年之间，赛奇被任命为福特基金会（Ford Foundation）在北京的代表。他在 1999 年正式离开莱顿而成为哈佛大学肯尼迪政府学院的讲席教授。

维米尔和赛奇一起出现完全改变了莱顿当代中国研究的面貌，特别是因为当代中国资料与研究中心后来迅速地招募了一批人：作为文献工作者的包弼德（Woei-Lien Chong，生于 1957 年）[4] 和斯特凡·兰兹伯格，以及起先作为研究者而后作为讲师的我。维米尔继续其根植于汉学传统的中国经济和发展的研究。赛奇发展了中国政治与国际关系的研究专长，这一专长根植于英国传统的当代中国研究中。乔纳森·安

---

[1] 论文几年后出版为：Tony Saich, *China's Science Policy in the 80's*（Manchester: Manchester University Press, 1989）。

[2] 在哈佛期间的成果之一是：Tony Saich, ed., *The Rise to Power of the Chinese Communist Party*（Armonk/London: M.E. Sharpe, 1996）。

[3] 阿普特与赛奇的合作形成了对延安时期一个重要的研究：David E. Apter and Tony Saich, *Revolutionary Discourse in Mao's Republic*（Cambridge, Massachusetts: Harvard University Press, 1994）。

[4] 包弼德发展了对比较哲学的强烈兴趣，写了关于李泽厚著作的论文："Kant and Marx in Post-Mao China: The Intellectual Path of Li Zehou," PhD diss., Leiden University, 1999。

戈（Jonathan Unger）、陈佩华［Anita Chan，1986年，在往返堪萨斯和澳洲国立大学（Australian National University）的途中］和包瑞嘉（1990年，从加州大学洛杉矶分校而来）的访问进一步加深了莱顿向盎格鲁-撒克逊学术传统的转变，而不是向欧洲汉学传统的转变。到20世纪90年代为止，莱顿成为欧洲大陆当代中国研究的主要中心，研究当代中国的某个方面成为博士学习的惯常。[1]

20世纪80年代末期以及90年代早期，除了在莱顿的活动以外，赛奇、兰兹伯格也参加了位于阿姆斯特丹的社会历史国际所（International Institute of Social History）的项目。赛奇从事了一项社会历史国际所关于亨克·斯内夫利特（Henk Sneevliet，化名马林）文献的项目。马林是20世纪20年代早期第三国际驻中国共产党的代表。由此，赛奇挖掘了其在中共党史的第二个专业领域。[2]兰兹伯格继续扩大宣传海报的收藏，并最终将其在网上公开。这一举动使得莱顿的中国研究逐渐为世界各地的学生所知。[3]

---

[1] 这一时期的论文包括：Peter P.S. Ho, "Rangeland Policy, Pastoralism and Poverty in China's Northwest: Ningxia Province in the Twentieth Century," PhD diss., Leiden University, 1999; Stefan R. Landsberger, "Visualizing the Future: Chinese Propaganda Posters from the 'Four Modernizations' Era, 1978-1988," PhD diss., Leiden University, 1994; Jacob Eyferth, "Eating Rice from Bamboo Roots: The History of a Papermaking Community in West China, 1839-1998," PhD diss., Leiden University, 2000; Hein Mallee, "The Expanded Family: Rural Labour Circulation in Reform China," PhD diss., Leiden University, 1997; Flemming Christiansen, "The De-Rustication of the Chinese Peasant? Peasant Household Reactions to the Rural Reforms in China since 1978," PhD diss., Leiden University, 1990; Wu Yongping, "In Search of an Explanation of SME led-Growth: State Survival, Bureaucratic Politics and Private Enterprise in the Making of the Taiwanese Economy (1950-1985)," PhD diss., Leiden University, 2001.

[2] Tony Saich, *The Origins of the First United Front in China: The Role of Sneevliet (alias Maring)* (Leiden: Brill, 1991).

[3] 可在 http://www.iisg.nl/landsberger/ 看到。

然而莱顿也并不是一切都好。维米尔和赛奇无法和平共处。许理和（1990年之前中国研究系的主任）与维米尔的紧张关系以及与赛奇之间的友谊进一步加深了两人之间的竞争和敌意。20世纪90年代，赛奇有大量时间不在莱顿。他要不是在美国，要不是作为福特基金会的会长在北京。大家感觉赛奇迟早是要走的，我则于1995年先他一步去了牛津。兰兹伯格代替我成为现代中国社会领域的讲师，而赛奇长期空缺也为聘请一位中国政治领域的新讲师创造了机会。国际招聘这时在荷兰更普遍。吴德荣在1995年被聘用。他刚刚从伦敦大学亚非学院（SOAS）获得博士学位，以前是香港廉政公署的反腐官员。在莱顿，吴德荣成为中国政治领域的知名学者，编辑了大量书籍。他在2002年接任包弼德成为《中国情报》的编辑。2008年，他成为鹿特丹伊拉斯姆斯大学东亚史的杰出讲席教授。2010年，吴德荣离开莱顿，成为澳门大学（University of Macau）政治科学专业的教授，但仍旧保留了在鹿特丹的教职。

除了对吴德荣的任命之外，赛奇于1999年前往哈佛造成了真正的裂痕。他的教职是个人性的，因此他一旦离开就会取消。赛奇离开的时候正好也发生了许多其他人事变动。和赛奇差不多同时，中国语言文学的教授伊维德（1944）同样离开莱顿去往哈佛。他的职位迅速被他之前的学生柯雷继任。下一年田海被任命为施舟人的继任者。施舟人在1993年许理和退休时取代了其位置。柯雷和田海两人在回到莱顿之前都有丰富的国际经验（柯雷在悉尼，田海在海德堡），他们意识到中国研究项目如果没有一个资深的现代中国研究学者的话，在国际舞台上不可能被严肃对待。他们强烈支持大学资助一个新的、稳定的现代中国研究讲席教授计划。在这一计划下，施耐德在2001年被聘用。施耐德专攻中国共和史，而不是以社会科学的路径来研究当代中国。

21世纪的头十年是莱顿大学中国研究的艰难时期。2004年,预算削减迫使当时仍是艺术学院的机构进行大范围的重组。[1] 当代中国研究失去了中国法律的讲师职位[这一职位的继任者 Hubert van Straten(1940—2007)同意早点退休]以及维米尔的资深讲师教职。维米尔职位的废除,使这位莱顿大学中最杰出、任职时间最长的当代中国学者的职业生涯终结。幸运的是,几年后,也就是他正式退休前不久,维米尔有机会被任命为芬兰图尔库大学(Turku University in Finland)的教授,这使他的职业生涯高歌猛进。莱顿大学的低谷也可以从2001年以来与当代问题相关的博士学位论文数量的突降中看出——我只能找到一篇。[2]

但是21世纪不仅是收缩时期。2004年,兰兹伯格被阿姆斯特丹大学人文学院聘为当代中国文化兼职教授,余下的时间仍在莱顿任教。2008年,鹿特丹伊拉斯姆斯大学的历史、文化和传播学院为吴德荣提供了非常类似的任命。他在鹿特丹的兼职使莱顿的资金有空余。这笔资金被用来雇用石若剑(Florian Schneider)。她是毕业于谢菲尔德大学(University of Sheffield)的中国媒体研究专家。几年前,在2006年,日本研究计划的施耐德和克里斯托弗·戈托-琼斯(Chris Goto-Jones)在东亚国际关系专业中设立了一个讲师职位,由中日教学项目共享。这个教职由林赛·布莱克(Lindsay Black)——另一位从谢菲尔德大学毕业的中日关系专家承担。2006年,施耐德和里基·克斯顿(Rikki Kersten,当时的现代日本研究教授)获得了荷兰科学研究组织的重大研究资助,同时也获得了大学的资助,以建立现代东亚研究中

---

[1] 2008年,文学院与该大学的其他几个系合并为新的人文学院。
[2] Els van Dongen, "'Goodbye Radicalism!': Conceptions of Conservatism among Chinese Intellectuals during the Early 1990s"(2009). 然而,在这些年中,当代文学和文化领域的几篇论文是在柯雷的指导下完成的。

心（Modern East Asia Research Centre）。现代东亚研究中心的使命是加强对现代东亚的研究，并维护莱顿作为前现代中国研究和教学堡垒的声誉。尽管大学资助在 2009 年用尽，现代东亚研究中心继续主办外部研究赠款活动，并组织和宣传学术会议。2003 年，在雷姆科·布鲁克（Remco Breuker，韩国）、卡塔尔兹纳·克维卡（Katarzyna Cwierka，日本）和我（中国）的领导下，现代东亚研究中心以从 Vaes-Elias 基金会获得的 400 万欧元的资助进行了改组并重新启动。

施耐德于 2009 年离开莱顿，在哥廷根担任现代中国研究的新讲席教授。在他离开莱顿后，莱顿的中国研究项目在当代中国领域开始了雄心勃勃的扩张。不仅施耐德的职位继续存在（2010 年，我也获聘这个职位），而且同时新设立了一个全新的中国经济与发展领域的教职。这个新职位背后的特殊目的是提高莱顿中国研究在荷兰企业和政府中的知名度和影响力，并重建莱顿当代中国研究这一不可或缺的研究领域。莱顿在此领域已有悠久的传统，只是由于 2004 年的预算削减而式微。这个教职聘用的何·皮特（Peter P.S. Ho，生于 1968 年）长期以来是维米尔的学生。他于 1999 年从莱顿拿到博士学位，先在瓦格宁根担任发展研究领域的职务，随后在格罗宁根大学成为荷兰最年轻的教授之一。何·皮特专攻中国发展，农业和牧民主义，环境，土地和土地使用、治理与产权以及非政府组织。[1] 不幸的是，何在莱顿大学的时间并不愉快。2013 年 3 月，何离开莱顿大学，并在代尔夫特大学（Delft University）和福特基金会北京代表处任职。寻找中国经济领域讲师的工作正在进行中。

---

1 他的博士论文出版为 Peter P.S. Ho, *Institutions in Transition: Land Ownership, Property Rights, and Social Conflict in China*（Oxford: Oxford University Press, 2005）。

四、当代中国研究的激增与传播

我特意将前面的论述局限在莱顿大学中国研究以及阿姆斯特丹大学人类学研究的发展中。这构成了20世纪70年代重新发现当代中国的两种学术背景,并促进了当代中国持续的研究和教学计划。但是中国,尤其是当代中国,实在是太重要了,不能只长期局限在这两个方面。因此,在本部分,我将讨论个体研究人员或研究小组对当代中国的专门研究。下一部分将探讨一个相关联但又独立的方面,就是由非专门研究者将中国的某个方面包含到其研究中,我将这称为中国研究的主流。

我已经简要提到了20世纪70年代初关于毛泽东思想和"文化大革命"更大的讨论。中国的吸引力不只如此。有关当代中国的新闻报道、游记、相簿、回忆录和小说源源不断地印刷出版,有的直接以荷兰语写成,有的(通常)从英文、中文或其他外语翻译而成。其中,最好的著作是基于长期融入中国的经历,它们为我们理解当代中国社会、政治和文化做出了重要贡献。其中最糟糕的是幻想性的、粗浅的或是明显错误的内容。[1]

在这一点上,必须特别提到米歇尔·科泽克[Michel(Michal)

---

[1] 荷兰记者写的关于当代中国的优秀且重要的书籍包括:Willem van Kemenade, *China (Hongkong, Taiwan) BV: superstaat op zoek naar een nieuw systeem* [Amsterdam: Balans, 1996;英文版为 *China (Hong Kong, Taiwan), Inc.: The Dynamics of a New Empire* (New York: Knopf, 1997)]; Floris-Jan van Luyn, *Een stad van boeren: de grote trek in China* [(Amsterdam and Rotterdam: Prometheus and NRC Handelsblad, 2004;英文版为 *A Floating City of Peasants: The Great Migration in Contemporary China* (New York: The New Press, 2008)]; Garrie van Pinxteren, *China: centrum van de wereld* (《中国:世界中心》)(Amsterdam: Balans, 2007); Fokke Obbema, *China en Europa-Waar twee werelden elkaar raken* (《中国与欧洲:两个世界交会之处》)(Amsterdam: Atlas Contact, 2013); Jan van der Putten, *China, wereldleider? Drie toekomstscenario's* (《中国,世界领导者?三个未来前景》)(Amsterdam: Nieuw Amsterdam, 2013)。

Korzec，1945〕，他对当代中国的讨论和研究的参与不是能用几句话讲明白的，可以说他是开拓荷兰社会科学领域当代中国研究主流的先驱。科泽克在荷兰长大，是20世纪60年代反传统世代的后来者。他一开始对中国产生兴趣的主要原因是，他这一代的许多人都将中国视为成功的社会主义典范。作为波兰难民的儿子，他自己感受过国家社会主义的铁腕，因此有充分的理由对此持怀疑态度。他把发现社会主义在中国存在和实践的真相作为他的许多任务之一。这不是他一时的兴趣。他认真学习语言，并在20世纪80年代中期在中国当过几年的报社记者。他起先是代尔夫特大学的讲师，1986年以来在莱顿的政治学系任教，还发表了有关当代中国社会和劳动关系的学术研究。[1]

然而，学术研究和发表不是他真正的热情所在。科泽克首先（而且最重要）是一个善辩者，是一个擅长冷嘲热讽的大师。他认为自己能在揭露观点的错误性、虚夸性和意识形态僵化时获得"魔鬼般的快感"。[2]他的著作绝不仅限于中国，而是包括女权主义、荷兰社会和政治、东欧以及科学哲学等许多主题。出于这个原因，在一段时间内，他在荷兰激怒了相当多一批人。科泽克的一部论文集成为他在1997年离开荷兰前往波兰之前的最后一本荷兰语出版物，题为《我能解释一切》(*I Can Explain Anything*)。[3]甚至拜尔特·特伦普（Bart Tromp），科泽克在

---

[1] 他在1988年从阿姆斯特丹大学拿到博士学位。

[2] 荷兰的中国研究中为人所不齿的一页是荷兰文版《花花公子》（出版的地方本身就很冒犯人）中科泽克的文章，该文章是以假名字发表的，无礼地侮辱了莱顿中国研究的几位资深人物。Michel Korzec, "Vieze woorden"（Dirty words）, *Playboy*（Dutch edition）, February（1987）: p.31 and pp.91–97.

[3] Michel Korzec, *Ik kan alles uitleggen*（Amsterdam: Prometheus, 1994）.不幸的是，将书名翻译成英文丢失了书名中刻意的含糊性。在这里，"alles"可以解释为"everything"或"anything"，因此可以被解读为一种对无所不知的辩称或主张。了解科泽克就可以知道，后者才应该是他的目的。因此我选择"anything"作为标题的解释。

荷兰工党内的长期朋友、温和的左派学术大祭司,也这样开始对这本书的评论:"米歇尔·科泽克是一位伟人,这点请不要有任何怀疑……但是科泽克总是有一些可笑的地方。"[1]

但是,科泽克关于中国的研究很重要,因为它发生在既有的中国研究中心之外。同时,他和他的意识形态对立面维姆·韦特海姆一样,将中国明确置于一个比较框架之中。20世纪80年代,科泽克只是一个靠自己发展中国研究专长的人。然而,在20世纪90年代,首先可以看到这样一个迹象,在荷兰学术界的其他地方有更为结构化地参与当代中国专门研究的情况。同样,莱顿大学和阿姆斯特丹大学为这种情况的发生提供了重要的制度环境,其他大学和机构也逐渐发展了自己的中国研究专长。

这些大学中最重要的也许是鹿特丹伊拉斯姆斯大学。鹿特丹伊拉斯姆斯大学的核心优势是经济学、商业研究和法律,这使其中国项目的发展与其他大学明显不同。像荷兰和国外的许多其他大学一样,鹿特丹伊拉斯姆斯大学在20世纪80年代后期积极地与中国大学和研究人员建立了联系,最初是在鹿特丹的姐妹城市上海,后来也在其他地方。1998年,大学更进一步建立了中国中心(伊拉斯姆斯大学中国中心),以协调和鼓励与中国有关的活动。

除了这个虚拟中心外,大学还投资了专门的职位和专业中心,用于当代中国的教学和研究。1999年在管理学院,德国经济学家和中国研究专家芭芭拉·克鲁格(1950)被聘为治理经济学的教授。自从被聘

---

[1] "Michel Korzec is een groot man, men vergisse zich niet...Maar Korzec heeft altijd wat te zeiken." Bart Tromp, "Over idealisten van gisteren die de hufters zijn van vandaag"(《关于今天成为混蛋的昨天的理想主义者》), *De Volkskrant*, 28 January 1995.

用，克鲁格一直是伊拉斯姆斯管理学院中国商业中心的主要成员，也是中国商业和经济领域 9 位博士生的导师。[1] 除了克鲁格，马克·格里芬（Mark Greeven）是克鲁格指导的学生，他在 2009 年获得博士学位后被聘用，发挥了他在企业创新方面的专长。马克·格里芬是鹿特丹伊拉斯姆斯大学中国经济与商业硕士项目的协调人。这个项目自 2009 年起与莱顿中国研究项目联合教授。2011 年，马克·格里芬离开鹿特丹伊拉斯姆斯大学，受聘于浙江大学。代替他的是张颖，一个最近从埃因霍温理工大学（Eindhoven University of Technology）商业研究专业毕业的博士。[2]

鹿特丹中国法律中心是鹿特丹伊拉斯姆斯大学专门设置的专攻当代中国的第三个中心。这个中心于 2010 年在鹿特丹伊拉斯姆斯大学法学院设立。李玉文是中心的主要成员和主任，是 2011 年以来鹿特丹伊拉

---

[1] 在克鲁格指导下完成的博士论文有：Yongping Chen, "Labour Flexibility in China's Companies: An Empirical Study," PhD diss., Erasmus University Rotterdam, 2001; Jeroen Kuilman, "The Re-Emergence of Foreign Banks in Shanghai: An Ecological Analysis," PhD diss., Erasmus University Rotterdam, 2005; Ze Zhu, "Essays on China's Tax System," PhD diss., Erasmus University Rotterdam, 2007; Yamei Hu, "Essays on the Governance of Agricultural Products: Cooperatives and Contract Farming," PhD diss., Erasmus University Rotterdam, 2007; Xueyuan Zhang, "Strategizing of Foreign Firms in China: An Institution-based Perspective," PhD diss., Erasmus University Rotterdam, 2007; Mark Greeven, "Innovation in an Uncertain Institutional Environment: Private Software Entrepreneurs in Hangzhou, China," PhD diss., Erasmus University Rotterdam, 2009; Johannes Meuer, "Configurations of Inter-Firm Relations in Management Innovation: A Study in China's Biopharmaceutical Industry," PhD diss., Erasmus University Rotterdam, 2011; Nathan Betancourt, "Typical Atypicality: Formal and Informal Institutional Conformity, Deviance, and Dynamics," PhD diss., Erasmus University Rotterdam, 2012。

[2] Zhang, Ying, "Entrepreneurship Development China: A Multilevel Approach," PhD diss., Eindhoven University of Technology, 2011.

斯姆斯大学的中国法律教授。她从乌得勒支大学获得了法学博士学位[1]，曾在莱顿大学和乌得勒支大学担任中国法律讲师和研究人员。该中心的主要活动是促进与中国法律界和学术机构的关系，包括与中国国家留学基金管理委员会的合作，招募并资助中国学生在鹿特丹伊拉斯姆斯大学从事博士研究。

汉学家柳岛自1975年以来一直在阿姆斯特丹自由大学工作。1991年他从莱顿大学获得博士学位之后[2]，其教职的名称从一般历史改为非西方历史。同时，彼得·波斯特（Peter Post），一位日本史学家被阿姆斯特丹自由大学聘用。波斯特和柳岛都在阿姆斯特丹积极参与了国际亚洲研究所侨乡联系项目。然而，阿姆斯特丹自由大学并没有跟进发挥该项目短暂的促进作用，中国研究继续处于边缘状态。直到21世纪头十年晚期，皮特·佩维雷利（Peter Peverelli，生于1956年）和聂保真加盟学校，情况才发生了变化。皮特·佩维雷利持有莱顿大学汉学（1986年）与鹿特丹伊拉斯姆斯大学（2000年）商业管理双博士学位[3]。他长期从事中国商业领域的咨询师工作。在经济与商业研究院，他建立了自由大学中国研究中心（Vrije Universiteit China Research Centre，VCRC）。聂保真被社会人类学和历史系任命为人类学方面的全球史教授。他被从澳大利亚麦考瑞大学（Macquarie University in Australia）

---

[1] Li Yuwen, "Transfer of Technology for Deep Sea-Bed Mining: The 1982 law and beyond," PhD diss., Utrecht University, 1994.

[2] Leo Douw, "The Representation of China's Rural Backwardness 1932-1937: A Tentative Analysis of Intellectual Choice in China, Based on the Lives, and the Writings on rural society, of Selected liberal, Marxist, and Nationalist Intellectuals," PhD diss., Leiden University, 1991.

[3] Peter Peverelli, "The History of Modern Chinese Grammar Studies," PhD diss., Leiden University, 1986; Peter Peverelli, "Cognitive Space: A Social Cognitive Approach to Sino-western Cooperation," PhD diss., Erasmus University Rotterdam, 2000.

招募而来，早期的学术任命是在其祖国匈牙利和牛津大学。他的研究是关于中国国际移民，最近更多是关于中国文化社会的旅游业和全球化的其他方面。[1] 有了这两个任命，再加上柳岛在历史学院任职，阿姆斯特丹自由大学现在似乎可以在荷兰的当代中国研究中留下自己的印记。

大约在同一时期，阿姆斯特丹大学的当代中国研究的发展也加快了步伐。尽管玛嘉烈·斯里博姆离开英国后就不再担任人类学专业的职务，但大学的其他部门现在已经接过接力棒。得益于达帕（Olfert Dapper）博士和中国基金会的赠予，斯特凡·兰兹伯格被任命为阿姆斯特丹大学人文学院当代中国文化的兼职教授。高伟云是媒体研究系本土培养的中国专家。高伟云研究流行音乐，尤其是中国摇滚和流行音乐，最近他将研究视野扩展到当代艺术、新媒体和电影。在阿姆斯特丹文化分析学校，他创立了跨亚洲文化研究小组。高伟云在 2012 年被任命为全球化研究的教授。刘本在莱顿大学同时学习过法律和中国研究。[2] 2010 年，他从莱顿大学冯·沃伦霍芬法学、治理与发展研究所（见下文）转到阿姆斯特丹大学法学所，成为中国法律法规的教授以及新成立的荷兰中国法中心主任。2013 年，刘本又转到加州大学欧文分校（University of California, Irvine）。他的研究关注法律制定过程和执行，特别是守法和执法的情况。他研究的主题包括土地管理、土地使用规划、污染、劳动法、收税和食品安全。

---

1 聂保真在过去 13 年内独著或者合著了至少 6 本书，包括：Pál Nyíri, *Chinese in Eastern Europe and Russia: A Middleman Minority in Transnational Era*（London: Routledge, 2007）; Frank N. Pieke, Pál Nyíri, Mette Thunø and Antonella Ceccagno, *Transnational Chinese: Fujianese Migrants in Europe*（Stanford: Stanford University Press, 2004）.

2 刘本在 2006 年获得法学博士学位。他的论文出版为：Benjamin van Rooij, *Regulating Land and Pollution in China: Lawmaking, Compliance, and Enforcement Theory and Cases*（Leiden: Leiden University Press, 2006）.

阿姆斯特丹自由大学和阿姆斯特丹大学大量新教授的任命看起来不太像是大学管理层预定战略的一部分。每个任命更像是意外情况共同引发的，或者是各系开始意识到，中国已经成为强大的全球性力量，不能仅仅在通才研究中涉及。但是，现在由于存在大量学者，可能需要更长远的考虑。两所阿姆斯特丹大学的中国专家之间更为正式合作的可能性已经被讨论了一段时间。如果能够做到这一点，那么阿姆斯特丹的当代中国研究将能够达到一定规模，有可能与莱顿相媲美。

尽管在阿姆斯特丹，鹿特丹以及荷兰其他地区有了这些令人鼓舞的发展，但至少在目前，莱顿大学仍然是当代中国研究的主要机构。除了已经详细讨论过的人文学院中国研究计划中当代中国研究持续存在的优势外，莱顿法学院的冯·沃伦霍芬研究所和政治学系一直对当代中国的专业知识感兴趣。直到1997年离开，米歇尔·科泽克一直是政治学系的讲师。在没有中国专家的十年后，2007年，政治学系聘用了施达尼（Daniela Stockmann，1978），他从密歇根大学（University of Michigan）政治学专业获得博士学位，是中国政治传播与舆论的专家。[1] 施达尼讲师职位重点在政治心理学和研究方法，不是专攻中国研究。这也证明美国持续地将中国专业研究纳入政治学研究的主流，欧洲也有这样的趋势。

1995年，冯·沃伦霍芬法学、治理与发展研究所收到了来自荷兰教育部的拨款。在托尼·赛奇的动议下，这笔拨款成为莱顿-北京法律改革项目的资金来源。那时赛奇还是莱顿现代中国研究的教授。这个项目开始时是对中国学者和从业人员的法律教育和培训。项目的中国合作方是中国社会科学院法学研究所和中国人民大学法学院。冯·沃伦霍芬

---

[1] 这篇论文的修改版出版为：*Media Commercialization and Authoritarian Rule in China*（Cambridge：Cambridge University Press，2012）。

法学、治理与发展研究所认为,这样一个项目要成功,必须研究中国法律近期的发展,从教育部获得的经费也需要花费在这一主题。冯·沃伦霍芬法学、治理与发展研究所中这个项目的研究者有陈建福[现在在乐卓博大学(LaTrobe University)]、李玉文(搬去乌得勒支,而后去了鹿特丹),刘本也做过短暂的研究助理一职。在项目后期,冯·沃伦霍芬法学、治理与发展研究所决定长期研究和教授中国法,资助了后来招募了刘本的博士之位。2007年刘本毕业后,成为中国法的全职讲师。作为讲师,刘本同时在冯·沃伦霍芬法学、治理与发展研究所和莱顿中国研究项目教授中国法,直到他2010年前往阿姆斯特丹。

设在莱顿和阿姆斯特丹的国际亚洲研究所继续为荷兰的中国研究(包括当代中国研究)做出重要贡献。尽管机构所在地在荷兰学术界整体框架中并不稳定,但是机构自1993年成立以来就通过博士后奖学金、访问教授计划(包括台湾资助的中国研究欧洲讲席教授)和短期访学将很多亚洲研究的专长和革新带到荷兰。国际亚洲研究所的博士后奖学金计划不仅将很多原本不能来荷兰的人带到荷兰,也定期给近期的荷兰博士毕业生奖学金,给他们时间修改论文,发展新的研究项目以及为他们新入职场给予赞助。国际亚洲研究所也定期资助并组织当代中国的会议、专题讨论和研究项目。

除了当代中国研究的主要中心,即两所阿姆斯特丹大学、鹿特丹和莱顿,荷兰的一些其他地方聘用了或者仍在聘用中国专家。荷兰国际关系所(Clingendael Institute)就是其中之一,它是一个政府智库并提供短期课程。短期课程是针对外交官的。汉学家高英丽(Ingrid d'Hooghe)和历史学家弗朗斯·保罗·范德博登(Frans-Paul van der Putten)都担任了中国国际关系领域的专家。2006年至2009年之间,柯伟亮(Willem van Kemenade)——荷兰最长时间的驻华记者——是这一机构的资深研究员。他的在任对研究所的现代中国研究和教学的体量、知名度和质量做出了巨大贡献。2010年，李玉文离开鹿特丹后，尽管尚未任命专门针对中国问题的新职位，乌得勒支大学仍对中国法律感兴趣。在瓦格宁根农业大学（Wageningen Agricultural University，2000—2005）和格罗宁根大学（2005—2010），何·皮特分别担任讲师和发展研究教授，后于2010年在莱顿担任中国经济与发展讲席教授。蒂尔堡大学（Tilburg University）也对当代中国感兴趣。蒂尔堡大学研究中国的科研人员包括经济与管理学院的尤润·邱曼（Jeroen Kuilman）、汉克·凡·盖默特（Henk van Gemert）和盖特·杜斯特（G. M. Duisters）。最后，尼津洛德大学（Nyenrode University），荷兰历史最悠久最负盛名的商学院，有一个欧洲中国所，其中经济学家海柯·艾伯斯（Haico Ebbers）是其最重要的中国专家。

五、主流的当代中国研究

莱顿的中国研究和阿姆斯特丹的人类学之外，当代中国研究在系所和大学中的激增，从逻辑上讲是源于中国在世界舞台上重要性的迅速增长。然而，中国专业知识的传播只是故事的一半，另一半的故事是（有时只是补充辅助）更为广泛的当代中国学术主流化过程。这并不仅仅意味着中国很"热"，是当时的焦点。主流化表明，中国日益成为学术研究和教学的一个重点，甚至是其主要重点。在不考虑与中国有关的因素的情况下，越来越难与权威人士谈论全球进程或一般性的学科问题。这不仅包括人文科学和社会科学，还包括生物科学和医学科学，甚至包括工程学和自然科学的某些方面。此过程始于其他领域的通才或专家，他们也许是出于简单的好奇心，首先与中国专家、中国研究人员或中国研究生合作。在合作中专门针对中国或与中国相关的某个部分开发了项目，以提供必要的有关中国的特定知识，获取数据或本地研究机会（或者仅仅是中文技能）。但是，随着中国地位的提高，它就不仅仅是那些与中国本身关系甚少的问题、概念或假设的项目的附属（在很多情况下，这些项目并不符合中国现实，导致对中国的看法非常奇怪甚至很扭曲）。中国现实逐渐成为特定概念与思想的发源地，这些概念与思想不仅要在中国而且要在其他地方进行检验。中国研究专家自己也更多地将他们的研究和出版物导向学科性的或比较性的，而不是针对特定的中国问题。对于与环境，农业，发展，健康和疾病，商业和企业家精神有关的某些类型的研究尤其如此。这些研究仍然根植于对中国作为发展中国家的基本认识（因此越来越将中国定位为一种发展典型），但是在其他领域也可以发现类似的趋势。

将中国纳入主流（经由中国研究专家和通才专家）始于美国。尽管在各个学科甚至社会科学和人文学科领域，其步伐和影响差异很大，但在美国取得了可喜的发展势头。[1] 在荷兰，吉尔特·霍夫斯塔德（Geert Hofstede）是一位没有中国背景的荷兰学者，从某种意义上说他率先采用了学科的和明确的比较方法。作为马斯特里赫特大学（Maastricht University）管理学教授，霍夫斯塔德始终与荷兰的中国研究主流相距甚远。20世纪80年代，他在文化差异和商业实践方面的工作赢得了巨

---

1 关于"学科化的中国研究的兴起"，参见 Andrew G. Walder, "The Transformation of Contemporary China Studies, 1977-2002," in *The Politics of Knowledge: Area Studies and the Disciplines*, ed. David Szanton（Berkeley: University of California Press, 2004), pp.314-340. 十年前，我本人也指出这一主流将对中国研究产生影响；Frank N. Pieke, "Introduction", in *The People's Republic of China*, ed. Frank N. Pieke（Aldershot: Ashgate, 2002), pp.1-10.

大的国际声誉。[1] 他的作品涵盖了许多文化，他对亚洲文化尤其是中国文化的观察引起了最多的关注。当时的中国刚刚开始改革开放，人们强烈需要（甚至希望）对当代中国的简单概述，以便他们在中国做生意时可以随时应用。霍夫斯塔德的文化差异模型就提供了这种概述。现在他的作品可能过时了（尤其是对于人类学家而言），但是他的研究首次将中国仅仅视为另一种文化，可以与任何其他文化相提并论，并且在一般概念和观点上是可被理解的。

与中国研究专家的作品相比，中国研究的主流，特别是通才专家进行的中国研究中，中国的辨识度比较低。因此，对此类研究的描述不适合用前文中使用的高度个性化和轶事化的方法。然而，可以从荷兰科学研究组织的项目数据库中收集到一些主流研究类型的指标。荷兰科学研究组织和荷兰皇家艺术与科学院（Koninklijke Nederlandse Academie van Wetenschappen，KNAW）鼓励荷兰和中国学者通过学术访问、合作工作坊或大会以及全额科研项目的资助计划来合作。2000年至2011年期间，共有147笔拨款涉及中国。其中，社会科学只有23项（16%），人文学科只有40项（27%）。更明显的是，社会科学中只有3%，人文科学中只有8%的拨款被授予中国研究专家！

然而，荷兰科学研究组织的数据库可能会展现出一个失真的图景。它不仅包括重大研究资助，还包括会议和网络资助。而且，很多通才项目中只有非常少的中国元素。2011年国际亚洲研究所收集的目前荷兰关于中国的博士项目的数据展现了更好的图景。博士生，尤其是来自中国本土的学生，可以说是将中国纳入一门学科主流的主要工具，因此是反映学术研究趋势和未来形态的优秀指标。

---

[1] Geert Hofstede, *Culture's Consequences: International Differences in Work-related Values*（Beverly Hills：Sage，1980）.

根据国际亚洲研究所的数据，最近完成的关于亚洲问题的博士学位的 248 人中，53 人（21%）是关于中国的，印度尼西亚是 50 人（20%），印度是 35 人（14%），越南是 24 人（10%）。中国成为超过这几个国家的最大研究领域。最引人注目的是有关中国主题的博士在荷兰各大学中分布情况的数据。全国 53 名学生中，有 20 名学生进入了瓦格宁根农业大学，有 22 名学生进入了莱顿大学。鹿特丹的伊拉斯姆斯大学有 3 名学生，阿姆斯特丹大学有 2 名学生。在阿姆斯特丹，学生数量显然没有或者尚且还没有跟上科研人员对中国相关专业研究的重视程度。同等重要的是中国研究的学科分布。这 53 个博士项目涉及 3 个领域。根据分析，26 个在人文学科，21 个在纯社会科学（经济学、社会学、政治学、人类学、心理学），而应用社会科学（法学、商业、农业、发展、环境、规划、政策、教育等）出现过 80 次。[1] 此外，各大学的学科分类和分布紧密相关。在所有中国研究的博士中，莱顿大学的学生集中在人文领域，而少在社会科学领域（历史艺术、宗教、法律、政策、传播、社会学、政治、经济学、教育、人类学、语言学）。相比之下，瓦格宁根的学生则更加侧重于应用学科，尤其是与农业、环境、发展和经济学有关的学科。[2]

因此，在荷兰进行的与中国有关的研究情况及其未来似乎很清晰。瓦格宁根的某些领域已成为人们关注的焦点。这些领域将中国视为世界上最大、最成功的发展中国家。此类研究发挥了荷兰在农业科学、环

---

1 尽管看上去数字惊人，但也许我们不应该过多将其解读为应用学科的优势，因为许多博士学位可能同时被列入纯科学学科和应用科学学科。
2 数据来自 Meredith Holmgren, "The Asian Studies PhD Landscape in the Netherlands: Summary of Findings"（Leiden: International Institute for Asian Studies, 2012）。除此之外，我收到了一些直接来自报告作者的更为详细的信息（Meredith Holmgren, personal communication, 29 June and 2 July 2012）。

境、规划和发展方面的传统优势。其他应用领域,例如商业或法律,在荷兰各大学之间的分布更为平均。它们对中国的兴趣是基于对中国作为世界上最重要的经济体之一的认识以及随之而来的职业、商业、贸易和投资机会。莱顿的人文学科也有同样清晰且传统的实力。这很大程度上是基于莱顿长期区域研究或东方研究的传统,以及将中国视为"天然的他者",这是对传统人文主义以欧洲为中心本质的矫正。

在这种以人文学科和应用社会科学学科为主导的图景中,虽然绝不缺少基本的社会科学(经济学、社会学、政治学、人类学),但是相对而言它还是不足的。这应该是荷兰大型综合性大学能够找到扩展空间的(当代)中国研究的特定领域。这些大学中首先是阿姆斯特丹大学和阿姆斯特丹自由大学,而且还有乌得勒支大学、奈梅亨拉德布德大学(Radboud University Nijmegen)和格罗宁根大学。

六、过去的留存和未来的挑战

当代中国这一领域曾在荷兰流行过好几次。每当对中国相关知识的需求增加时,荷兰的学术机构都做出了回应,首先是在19世纪下半叶,然后是20世纪60年代和80年代,最近是在21世纪前十年,但是,每次回应都惊人地缓慢、不足且无趣。规模只是问题的一部分,态度也起着重要作用。与美国、澳大利亚或更大的欧洲国家不同,对荷兰而言,中国从未显得特别重要。

20世纪80年代和90年代,对中国的研究被归类为"小人文"(kleine letteren),就如印度学、埃及学或凯尔特研究等领域。从教育部资助荷兰大学的法规条款来看,这些领域的学生人数不足以保证现有的学术人员数量。这只会加深很多人(尤其是莱顿之外的人)这样的印象：就算中国研究不是对遥远的过去感兴趣，也主要是对过去感兴趣，就像埃及学或叙利亚学一样。[1] 尽管情况显然好了很多，但与在前现代中国研究中不同，荷兰从未能在当代中国研究中获得那样的传统或声誉。当代中国专家仍然是对中国充满热情的独立个体，他们很大程度上依靠自己开发了中国的专业知识和语言技能。当然，特定机构和师生关系也有所帮助，但这些仍是次要的。为了促进其真正的发展并扩展到新的专业领域，当代中国研究须不断汲取外国学者的研究成果，特别是受英国、德国、美国等研究重镇训练的学者。由于所涉及的人数很少，仅一名学者的离开就容易使有希望的新发展或新传统中断。自从 20 世纪 60 年代和 70 年代莱顿的当代中国资料与研究中心被分配到国家资助后，莱顿以外地区的当代中国研究的增长和发展再也不是全国政府或是各大学层面的规划或战略问题。唯一的例外是中国商业或法律中心的扩散，尽管规模不大。人们寄希望于这些中心可以获得直接的物质收益。即使如此，此类中心通常也主要是个人动议的结果，而非来自结构性的承诺。

然而，情况并不像上一段描述的那样惨淡。莱顿能够维持甚至缓慢扩张具有当代中国研究专长的常设机构。阿姆斯特丹当代中国研究者的数量似乎也达到了临界点。在瓦格宁根，中国研究的主流化在很大程度上尚未引起中国学者的注意，但从国际上来看，可能是荷兰中国研究中最引人注目的部分。然而，对于（除鹿特丹之外的）所有其他大学而言，中国研究仍然是一门罕见和难得的学科，审慎的大学行政们不会沉

---

[1] 继著名的印度学家和哲学家 Frist Staal（1930—2011）撰写的题为"Baby Krishna"（1991 年）的报告之后，教育文化部为巩固"小人文（small arts）"提供了专项资金。这些资金的一部分用于建立国际亚洲研究所，另一部分分配给各大学。鉴于莱顿大学的东方研究项目的规模很大，莱顿大学是这种安排的主要受益者。

迷于这一学科。当然，这种态度已经跟不上时代潮流了。

如果我们希望在荷兰进一步发展当代中国研究，不仅必须克服官僚主义的惰性，而且还要解决缺乏社区、沟通、合作和劳动分工的问题。荷兰的当代中国研究缺乏连贯性，更不用说联合思维或长期策略了。中国研究荷兰会议（Dutch Academic China Meeting）提供了一个平台，但其目的是与非学术界人士进行交流，而不是促进中国研究者之间的对话。同样，这在一定程度上是规模问题：我们中只有少数人能够维持切实可行的学术对话、合作和专业化。然而，同样重要的是，我们大多数人都认为我们的工作主要以盎格鲁-撒克逊学术界为目标。这种态度也决定了我们与欧洲其他地方同事的关系特点，我们主要通过英语学术机构与他们进行互动。

尽管似乎不太可能发生，但改善这种情况一种可能的方式是采取一种区域性的方法来培养当代中国学者群体。例如，联合荷兰、比利时和德国部分地区来进行，这些地区彼此之间只有几个小时的路程。另一个（可能是补充的）长期战略是进一步鼓励中国研究专家或通才专家在学科领域内对中国进行研究和教学。正如我们所看到的那样，这种战略已经形成一种趋势。专门的中国中心或项目想要成功，必须要有相当数量的学生和教职员工。它们花费可观且非常醒目，因此很容易成为将来削减预算的目标。因此，只在一个学科部门内部任命中国专家或引导主流学术研究人员专攻中国就没有那么大的风险。如果需要的话，个人可以随时退回到讲授与中国无关的课程上。

更重要的是，有学科背景的专家还有其他的学术优势。他们能更好地解决（如果没有积极地提出）各种问题。区域研究专家（就如中国研究专家），特别是与其他区域专家紧密合作的那些，受与其国家或地区相关问题的好奇心驱使，自然倾向于将重点放在记录细节、历史深度以及问题之间的联系上。而这些议题只有从几个不同学科的角度来看时，问题才变得明显。这是一个应该保留和培养的大优点。但是这种路径也有明显的缺点。区域研究专家发现很难解决非区域性的问题，尤其是在公开辩论中提出的问题。这就是为什么荷兰和其他地方的中国研究专家在有关中国的大讨论中仅发挥了适度作用。对于被世界资本主义和无情地主剥削的劳苦群众，"文化大革命"意味着什么？中国会成为威胁吗？中国展现了另一种发展模式吗？中国研究专家常常觉得这些问题很尴尬，而且很天真，有时甚至是危险的。它们不是关于中国的，而是关于中国可能会（或可能不会）影响的其他事情。周围其他领域的区域研究专家可以完全避开这些问题。而这些中国研究专家面对的本学科的同事和学生很可能对诸如中国共产党组织和干部培训的难解细节等内容不感兴趣，但他们愿意知道这些内容是否有助于了解中国共产党执政的原因。这些议题使他们更容易进入公开辩论或参政议政。

也就是说，雇用更多的中国研究人员从事该学科的策略存在一些弊端。明显的风险是，以中国为中心的研究可能会失去连贯性和跨学科性。为了将分散在大学各部门甚或是全国的中国研究学者联系在一起，投资建设基础设施迫在眉睫。这是在许多美国大学中建立的模式，并且已经在英国得到传播。当然，这一方法并非没有问题，但如果我们想建立一个自我维持且不断发展的关于中国主题的知识社区，这可能仍是荷兰（以及欧洲大陆其他地方）能采取的最佳方法。这一社区可以成为盎格鲁–撒克逊学术圈的合作伙伴，而不仅仅是它的附庸。

在金钱与求知欲之间：荷兰与佛兰德斯的中国文学研究与翻译

林恪（Mark Leenhouts）

一、开　端

尼古拉斯·维森（Nicolaes Witsen，1641—1717）曾说过："阁下所询问的那种对东印度的学术求知欲是什么啊？没有，先生。在那里我们的人追求的只有金钱而不是知识。"维森是17世纪阿姆斯特丹的市长和荷兰东印度公司的董事会成员，同时他也是一位亚洲学专家。[1] 如果将中荷关系往前追溯四百多年，当时荷兰的"商业精神"确实占据了更重要的地位。有报道称，在1595—1598年，荷兰人从东印度的航海活动中带回的不仅有香料，至少还有一本在中国广受欢迎的古典小说——

---

[1] 这句话最早的荷兰语引文出自1712年8月1日维森写给朋友的一封信，"Wat vraegt UwelEd. na de geleerde curieusheyt van Indiën? Neen Heer, het is alleen gelt en geen wetenschap die onse luyden soeken aldaer, 't gunt is te beklagen"，参见 J. F. Gebhard, *Het leven van Mr. Nicolaas Cornelisz Witsen 1641-1717*（《尼古拉斯·维森先生的一生》），vol.2（Utrecht, 1881–1882），pp.340-341。本引文出自 K. van Berkel, *Citaten uit het boek der natuur*（《本性之书的引用》）（Amsterdam：Bert Bakker, 1998），p.145；本引文也见于 S. Huigen et al., eds., *The Dutch Trading Companies as Knowledge Networks*（Leiden：Brill, 2010），p.8。

《水浒传》(*The Water Margin*)。尽管如此，直到20世纪70年代，荷兰对中国文学的翻译才开始变得常规化。[1] 即便是在过去四十年里，维森的话仍然是正确的。

从16世纪晚期开始，哪怕仅仅是为了传播信仰，耶稣会士也热衷于研究中国文化。早在1628年，荷兰传教士赫尔尼俄斯编写了第一部荷兰语-拉丁语-中文字典，但很快这部字典就被弃之不用。当18世纪其他欧洲国家开始翻译中国戏剧、诗歌、小说，并开始研究中国历史时，荷兰却只有一部复译著作——1767年出版的小说《好逑传》。这部小说根据1761年的英译本而来，是第一部被翻译成西方语言的中国小说。[2] 只有到19世纪，当荷属东印度群岛（即今印度尼西亚）的殖民统治者开始更直接地介入当地的日常管理后，对荷兰汉语专家的需求才变得更加明确。因此，荷兰成立了翻译培训中心，并最终于1877年在莱顿大学设立了一个汉语言和文学方面的教职。

然而，这一荷兰汉学的良好开端并未马上引发中国文学翻译的热潮。早期荷兰汉学家的主要兴趣并不在中国文学上，而且他们的学术作品是以德语、英语和法语出版的。其结果是，荷兰的普通读者在长时间内只能依赖对这些语言的接力翻译来了解中国文学。在古典诗歌领域，这些翻译有时甚至几经他手：20世纪早期，荷兰诗人经常对汉斯·贝特格（Hans Bethge）和克拉邦德（Klabund）著名的、用德语再创作的中

---

[1] W. L. Idema, "Dutch Translations of Chinese Literature, A Historical Survey"（第一届中国文学国际翻译大会参会论文，台北，1990年11月19—21日）; W. L. Idema, "Dutch Translations of Classical Chinese Literature: Against a Tradition of Retranslation", in Leo Chan, ed., *One into Many: Translation and the dissemination of Classical Chinese Literature*（Amsterdam/New York: Rodopi, 2003）, pp.213-242.

[2] W.L. Idema and L.L. Haft, *Chinese letterkunde: een inleiding*（《中国文学介绍》）（Amsterdam: AUP, 1996）, p.300.

国诗歌进行改编,因为他们二人从未掌握过中文,他们的作品又是根据更早的、中国诗歌的法文翻译而来。这些法文翻译包含在茱迪特·戈蒂耶(Judith Gautier)著名的《玉书》(*Le livre de jade*,1867)中。这些自由改编长期决定了荷兰公众对中国古典诗歌具有的高期待值。这尤其体现在荷兰大诗人史劳尔贺夫(Johan Slauerhoff,1898—1936)身上。作为一名海上医员,史劳尔贺夫曾到过中国。他对中国诗歌的翻译,尤其是对白居易(772—846)诗歌的翻译中充满了自身的浪漫主义理想。他的作品很大程度上是根据亚瑟·伟利(Arthur Waley,1889—1966)为人称颂的英译本而来。由于史劳尔贺夫的作品太具影响力,后来直接从中文翻译过来的荷兰译本反而经常被认为是平淡无味的。[1] 直到2001年第一部直接从中文翻译而来的白居易的诗歌总集出版后(由伊维德翻译),荷兰读者才发现,原来白居易并非史劳尔贺夫所说的那样是一个放荡不羁的人,而是一位职业官员,他很少会摆出一副醉酒的吟游诗人的姿态。

尽管如此,20世纪二三十年代,中国古典诗歌仍然对荷兰诗歌产生过深远的影响。当时荷兰诗歌的东方世界观和一种对生命的现代情感联系在一起,其形式也激发了西方诗歌领域表现派和意象派的试验。[2] 非常重要的一点是,在这一"中国热"中,几乎没有任何荷兰本土的学术贡献。尽管莱顿大学最早的两位中国学研究教授施古德和高延曾广泛阅读传统的古典和白话小说,但他们几乎不从事文学研究。即使是19世纪晚期已经通过几次间接翻译而流行起来的古典哲学,包括孔子、孟

---

1 参见 Idema, "Dutch Translations"。
2 Arie Pos, "Het paviljoen van porselein: Nederlandse literaire choinoiserie en het westerse beeld van China(1250-2007)"(《瓷阁:荷兰中国风文学与西方的中国想象》)(PhD diss., Leiden University, 2008), pp.181-238, https://openaccess.leidenuniv.nl/handle/1887/12985.

子、老子和庄子的作品，也只是刚由博雷尔直接从中文翻译成荷兰语。博雷尔一名是作家和记者，他曾学过中文并在荷属东印度群岛做过翻译员。[1] 他对莱顿大学的批评曾经广为人知。他认为莱顿大学过于关注和殖民利益相关的议题，而对当代中国的研究不够充分。这导致高延在1912年抱怨博雷尔"完全败坏了荷兰汉学的名声"。[2] 第三位莱顿大学的教授戴闻达确实对中国文学表现出一些兴趣。他的任期从1919年到1956年，并且他在1930年建立了莱顿大学的汉学研究所。他是西方第一批研究1917年中国文学革命的学者之一，这一研究基于他与白话文运动的主要领导人之一胡适的直接接触。[3] 他于1927年和1936年出版了两部报告文学类型的书籍。在书中，他提到在"年轻的中国"有着"不可遏制的写作欲望"。他也注意到中国翻译外国文学的巨大热潮，这与通常认为中国社会在过去一个世纪中是静止的看法恰恰相反。就翻译方面而言，戴闻达首次直译了一部中国现代小说，即鲁迅写于1940年的《肥皂》("Soap")。然而在这之后，戴闻达又转而翻译中国古典哲学。特别是他翻译的老子的《道德经》(*Tao Te Ching*)，长期以来一直很有影响力。

至于散文体小说方面，荷兰的翻译长期依赖于高产的德国翻译家弗兰兹·库恩（Franz Kuhn，1884—1961），他的翻译作品也被转译

---

1 在博雷尔的系列著作《为非汉学家解释中国哲学》——*Kh'oeng Foe Tsz'*（《孔子》）(Amsterdam：P.N. van Kampen，1896)，*Meng Tsz'*（《孟子》）(Amsterdam：P.N. van Kampen，1896)，*Lao Tsz'*（《老子》）(Amsterdam：P.N. van Kampen，1898) 中，他翻译了《论语》《孟子》《德道经》。
2 Pos，"Het paviljoen van porselein," pp.177-178.
3 "Een letterkundige renaissance"（《一个文学革命》），in *China tegen de westerkim*，pp.110-144. 这篇文章最早以 "Een literaire renaissance in China"（《一个中国文学革命》）为题发表于 *De Gids* 87/2（1923）：pp.79-101。其英文版为 "A Literary Renaissance in China"，*Acta Orientalia* 1（1923）：pp.285-317.

成其他许多欧洲语言。从1930年起,弗兰兹·库恩就能依靠翻译谋生。他独立翻译了许多重要的中国传统小说,例如《红楼梦》(*Dream of the Red Chamber*)、《水浒传》、《金瓶梅》(*The Plum in the Golden Vase*)。库恩的译本力求将一种外国文化介绍给大众,因其非常随性和缩略的改写而闻名,他的译本十分具有可读性并被多次重印。[1] 这一时期,许多其他的缩略本,例如亚瑟·伟利大受欢迎的《西游记》(*Journey to the West*)译本《猴》(*Monkey*, 1943),被翻译甚至被"重述",因为译者的重心更多放在这些作品的内容而非它们的文学价值上。1939年,中国现代小说的第一部荷语译本出现了,这就是茅盾的《子夜》(*Midnight*)。此版本的翻译基于库恩的译本,这是他在传统中国文学之外唯一的探索。第二次世界大战之后,荷兰对当代中国的兴趣有所增强,尽管文学翻译很大程度上仍然是一项非学术活动。20世纪50年代,更多20世纪三四十年代的文学作品[例如老舍的《骆驼祥子》(*Rickshaw Boy*)]被翻译出来。第一部短篇小说集也于1960年出版,其中包含了大部分中国主要现代作家的作品。在这两例中,荷语译文都是从英文转译而来的。最早有关当代中国文学的荷语研究之一是一篇简洁的随笔概述,它和一些翻译样本一起,收录在凡登·伯格(G. Vanden Berghe)于1966年出版的两卷本著作中。[2] 莱顿大学的容凯尔重拾对中国文学的兴趣,这一传统自戴闻达起就已中断。容凯尔的研究重点是宋代诗人陆游(1125—1210)。然而,由于容凯尔于1973年英年早逝,他生前几乎没有出版过任何相关

---

1 Hatto Kuhn, *Dr. Franz Kuhn (1884-1961): Lebensbescheibungen und Bibliographie seiner Werke* (Wiesbaden: Franz Steiner Verlag, 1980). 弗兰兹·库恩曾短暂跟随高延在柏林学习。

2 G. Vanden Berghe, *De hedendaagse Chinese letterkunde*(《当代中国文学》), 2 vols (Brugge: Desclée de Brouwer, 1966).

研究。[1]

很长一段时间，20 世纪五六十年代的人们普遍认为，20 世纪的中国在现代文学方面很少有值得称道的成果出现，这导致西方世界鲜少对这类作品进行翻译或研究。[2] 在低地国家中，唯一被翻译过好几次的作家是"中国现代文学之父"鲁迅。他的作品在荷兰的翻译轨迹或许能够展现第二次世界大战之后荷兰的翻译演变之路。1948 年，一位佛兰德斯的传教士约瑟夫·高登第（Josef Goedertier）在他从中文翻译而来的一本小集子中添加了一篇谦逊的后记。他坦言道："需要有比我处理得更多的资源来充分地将'鲁迅'翻译成荷兰语。"[3] 十年之后的 1959 年，因同情左派而著称的高产作家弗里斯（Theun de Vries，1907—2005），甚至都不屑提及鲁迅白话小说《阿 Q 正传》（"True Story of Ah Q"）的英文版，正是基于这个版本他完成了自己热情洋溢的荷语翻译。这本书由共产主义出版社珀加索斯（Pegasus）出版。在本书的前言中，珀加索斯出版社附和了中国官方在鲁迅去世后将其纳入革命运动的做法。[4] 小说家和翻译家杰夫·拉斯特在翻译鲁迅选集上花费的另一个十年标志着荷兰的中国文学翻译进入下一阶段：虽然拉斯特也以自己的社会主义信仰闻名，他在当时也代表了随着 20 世纪 60 年代中国革命而来的西方知识界的逐渐幻灭，这使得他以比弗里斯更细腻微妙的笔触描

1　A.F.P. Hulsewé, "D.R. Jonker," *T'oung Pao* 59（1973）: pp.352-354. 容凯尔最早跟随闵宣化在乌得勒支学习，他于 1949 年到了莱顿大学。在汉学研究所，他做了很多年图书馆员，并在 20 世纪五六十年代极大地丰富了那里的图书馆藏。

2　东欧的情况则有所不同，直到 1968 年，布拉格都是现当代中国文学的主要研究中心，布拉格学派的中心人物是普实克（Jaroslav Průšek）。

3　Loe Suun, *Wroeging*（《懊悔》）, trans. Jozef Goedertier（Antwerpen: Boekengilde 'Die Poorte', 1949）.

4　Loe Hsun, *De waarachtige geschiedenis van Ah Q*（《阿 Q 正传》）, trans. Theun de Vries（Amsterdam: Pegasus, 1959）. 这只是弗里斯在 1950 年翻译的几部中国文学作品之一。

写中国。[1] 此外，由于拉斯特曾经学习过中文和日文，并翻译过中国古典诗歌和三岛由纪夫等人的现代日文小说，他的翻译也更加可靠。可以说，他为今后中国文学翻译的巨大发展树立了一个榜样。

二、扩　张

20世纪七八十年代的情况发生了很大变化。学术改革之后，汉学家的数量开始增长。从20世纪70年代晚期之后，学生们开始有机会去中国，从改革开放的中华人民共和国那里获得亲身体验。或许更重要的是，中国在"文化大革命"期间的惊人表现、毛泽东思想在当时欧洲学生运动中的反响，以及某些访问者对中国社会的理想描述所引发的公众争议，共同创造了公众希望了解中国的巨大需求，以及出版商逐渐增长的出版"中国事物"的意愿。从1973年开始，伊维德开始向着发展真正的翻译传统迈出第一步。他曾写过关于中国白话小说的博士论文，[2] 并于1976年接替何四维被任命为莱顿大学的中国语言文学教授。他出版了两部很受欢迎的系列丛书，这两部丛书的出版持续了将近十年，一直到1980年中期：它们是工人出版社（De Arbeiderspers）出版的《中国图书馆》（Chinese Bibliotheek），其中包括小说和非小说题材的文学作品；莫勒霍夫（Meulenhoff）出版社出版的《东方图书馆》（Oosterse Bibliotheek），其中也包括远东地区的其他文学作品。第一部丛书包括元杂剧选集和白话故事选集（由容凯尔和伊维德翻译），以及神秘的唐代僧人寒山的诗歌选集（由伊维德翻译）。第二部丛书包括一

1　Loe Sjuun, *Te wapen！*（《呐喊》），trans. Jef Last（Utrecht：Bruna，1970）。很多林语堂小说的荷语译文也是杰夫·拉斯特完成的。

2　W.L. Idema, *Chinese Vernacular Fiction：The Formative Period*（Leiden：E.J. Brill，1974）。

些传统书籍，例如蒲松龄（1640—1715）的志怪小说、冯梦龙（1574—1646）的白话小说，以及董解元版（约1200年）的《西厢记诸宫调》。这些小说被重新直译出来，为其原始版本提供了新的解读。伊维德很快就成为荷兰最高产的翻译家。在他为数颇多的出版物中，代表伊维德最高水平的是一部不朽的中国古典诗歌选集，其选录诗歌的时间范围从最早一直延续到19世纪中期。这部出版于1991年的选集成为畅销书，并为伊维德赢得了荷兰国家级的文学翻译奖马帝努斯·奈霍夫奖（Martinus Nijhoff Prize）。[1] 20世纪70年代，汉乐逸任职于莱顿大学，这进一步加强了中国文学的教学。汉乐逸于1983年以一篇关于现代诗人卞之琳（1910—2000）的论文获得了博士学位。[2] 汉乐逸本身就是一位荷兰诗人，他将继续编写《现代中国文学手册》（*Handbook on Modern Chinese Literature*）中的诗歌卷。这一项目由欧洲中国研究协会发起，并由斯德哥尔摩大学（Stockholm University）的马悦然（Göran Malmqvist）负责。[3]

---

1 W.L. Idema, *Spiegel van de klassieke Chinese poëzie van het Boek der Oden tot de Qing-dynastie*（《从〈诗经〉时期到清朝的中国经典诗歌选集》）（Amsterdam：Meulenhoff，1991）. 虽然伊维德在荷兰主要以他翻译家的身份为人所知，他也广泛出版了有关前现代时期白话文学的历史研究，这些研究大多是用英语完成的。

2 这篇论文出版时名为 *Pien Chih-lin: A Study in Modern Chinese Poetry*（Dordrecht：Foris Publications，1983）. 同年，他和T. I. Ong-Oey合作出版了中国现代诗选集 *Op de tweesprong: vijf Chinese dichters 1919-1949*（《在十字路口：五位现代中国诗人1919—1949》）（Amsterdam：Querido，1983）. T. I. Ong-Oey也在1987年出版了冯至《十四行诗》的荷语译本 *Als een windvaan*（《像风向标一样》）（Amsterdam：Querido，1987）.

3 Lloyd Haft, ed., *A Selective Guide to Chinese Literature 1900-1949*, Vol. 3, *The Poem*（Leiden：E.J. Brill，1989）. 2000年，汉乐逸出版了关于中国十四行诗的研究。这一诗歌体裁在民国时期被广泛使用，见 *The Chinese Sonnet: Meanings of a Form*（Leiden：CNWS Publications，2000）. 他对台湾诗人周梦蝶的长期研究也形成了一部著作 *Zhou Mengdie's Poetry of Consciousness*（Wiesbaden：Harrassowitz Verlag，2006）.

《中国图书馆》系列丛书反映了当代中国政治和社会在国际上逐渐增强的影响力。除了原创的荷兰报告文学和分析之外，这一丛书还提供了李克曼开创性的著作《中国的影子》的译文。和其他地方的情形一样，这部著作引发了中国社会主义支持者与反对者之间激烈的争辩。这套丛书的编辑之一佛克马确保了该书对文学的关注。佛克马在乌得勒支大学从事文学理论研究之前，曾是文化大革命时期驻中国的外交官。1972年，佛克马在他《文学和意识形态的中国替代品》(the Chinese alternative in literature and ideology)的随笔集中，将报告文学和学术研究进行了结合。这部随笔集是他对中国现代小说的一次个人探索，其内容部分来源于他在1965年完成的博士论文《中国的文学主义和苏联的影响（1956—1960）》["Literary Doctrine in China and Soviet Influence（1956-1960）"]。[1] 十年之后的1983年，他又编辑了一册书籍，内容关于1978年改革开放之后出现的新文学形式，即"伤痕文学"。[2] 这些对"文化大革命"的生活见证因为中国逐渐增强的艺术自由而成为可能。读者们热切地阅读这些作品，把它们当作一种深入了解曾经封闭的中国社会的途径。由于这些作品通常只有情感表达，大多数读者会相当体贴且理所当然地认为这些作品是缺乏文学价值的。[3]

这类纪实小说的出现为20世纪80年代后几年的翻译设立了标准：为了满足了解当今中国这一需求，翻译作品的数量有了名副其实的增长。尽管这导致的结果是书目遴选的标准大多基于小说的社会政治主题而非文学价值。作家张洁的作品因遣责不公平现象和女权主义的立场而被广泛阅读，小说家张贤亮则是因他在劳改营的经历而为人所知。他作

---

[1] The Hague：Mouton，1965.
[2] *Nieuwe Chinese verhalen*（《新中国故事》），selected and translated by koos kuiper and Ad Blankestijn（Amsterdam：De Arbeiderspers，1983）。该书序言由佛克马撰写。
[3] 从1980年中期开始，佛克马减少有关中国的写作，但开始更积极地向中国介绍西方的文学理论，并去过中国多次。

品中那些触及人类灵魂的更为深刻的洞见,则往往被评论家们贬低为"文学沉思",这些评论家只喜欢张贤亮对政治问题的挖苦。类似的现象也会出现在当代诗歌中。有些诗人长期居住在荷兰,因在报纸上定期写专栏而闻名,这毫无疑问地增强了民众对中文的兴趣,尽管这种现象已非个例。事实上,中国作家开始周游世界并定期访问荷兰,并因此产生了大量的新闻报道。例如,20世纪80年代,作品翻译次数最多的张洁就出席过不止一次国际座谈会,即便座谈会是在女权而非文学问题的背景下进行的。当代诗人还开始设法参加一年一度的鹿特丹国际诗歌节。此后每年的国际诗歌节都会邀请不止一位中国诗人参加:早在1992年,鹿特丹国际诗歌节就组织了一场有七位中国诗人出席的特别策划。

所有这些活动的发生都源于新一代年轻翻译家的迅速成长。上述的中国作家几乎都有自己的"个人"翻译,他们常常一连翻译三部或更多作品:高柏和夏根娜(Elly Hagenaar)翻译了张洁的作品,司马翎翻译了张贤亮的作品,范德梅尔(Marc van der Meer)翻译了古华的作品。柯雷翻译了几部北岛和多多的诗集,并很快建立起在当代中国诗歌领域的权威地位。他为多种文学杂志做出贡献,并在国际诗歌节上推动了许多中国诗歌的展现。这一新发展的原因不仅在于学生人数的增加,也在于荷兰持续地将中国文学纳入到教育项目中去。1985年,伊维德和汉乐逸一起出版了荷兰第一本完整的中国文学教材。1996年,这本教材被重新编订,其现代文学的部分有所增加。[1]

---

1 Wilt Idema and Lloyd Haft, *Chinese letterkunde: inleiding, historisch overzicht en bibliografieën*(《中国文学:介绍、历史考察与书目》)(Utrecht/ Antwerpen: Uitgeverij het Spectrum, 1985)。其修改增订版为 *Chinese letterkunde: een inleiding*(Amsterdam: Amsterdam University Press, 1996),此修订版的英文译本为 Wilt Idema and Lloyd Haft, *A Guide to Chinese Literature*(Ann Arbor: Center for Chinese Studies University of Michigan, 1997)。此书包含西文中关于中国文学翻译与研究的一个综合的带注解的书目。

大多数翻译者本身也从事学术研究，这导致了有关文学主题的博士论文数量增加，这些论文全是由伊维德和汉乐逸指导的。[1] 1992年，夏根娜出版了她的博士论文《意识流与中国现代文学中的自由间接引语》(Stream of Consciousness and Free Indirect Discourse in Modern Chinese Literature)，[2] 之后，贺麦晓（Michel Hockx）于1994年出版了《雪朝：通往现代性的八位中国诗人》(A Snowy Morning: Eight Poets on the Road to Modernity)，[3] 研究民国时期的诗歌。贺麦晓是多多报纸专栏的翻译者，同时也是一位高产的中国小说评论家。在伦敦，作为东方学院的一名教授，他继续进行并拓展自己的研究，成为在国际汉学界备受尊重的活跃一员。[4] 1996年，柯雷出版了《粉碎的语言：中国当代诗歌与多多》(Language Shattered: Contemporary Chinese Poetry and Duoduo)。[5] 这之后，他于1999年接任伊维德（在伊维德任职于哈佛大学之后）成为莱顿大学中国语言文学的教授。[6] 即便这种文学研究热潮反映了汉学的国际化潮流，它也标志着莱顿大学持续进行的语文学传

---

[1] 在荷兰学术界中，只有全职教授可以担任"推动者"、博士导师或论文导师的角色。然而，尽管伊维德是这些论文的推动者，他经常与其他教职员合作指导博士生的研究，这种情况下，汉乐逸在促进和指导现代中国文学研究，尤其是在现当代诗歌的领域中扮演重要角色。

[2] Leiden：CNWS Publications.

[3] Leiden：CNWS Publications.

[4] 例如他出版了 Questions of Style: Literary Societies and Literary Journals in Modern China, 1911-1937（Leiden：Brill, 2003）。

[5] Leiden：CNWS Publications.

[6] 他最近的著作是《精神、混乱和金钱时代的中国诗歌》(Chinese Poetry in Times of Mind, Mayhem and Money, Leiden：Brill, 2008)。这一著作广泛考察了20世纪90年代至21世纪早期中国的先锋诗歌。

统，¹ 就好像1988年非西方研究中心的建立（或称CNWS研究院，之后被命名为亚非美洲印第安研究院）会对研究生进行资助并出版他们的博士论文一样。²

正如贺麦晓的研究所示，20世纪30年代到40年代（这一时期现在被认为是中国现代文学的第一次繁荣时期）是被人们再回顾，或者说是再发现的一个时期。事实上，第一部直接从汉语翻译成荷兰语的小说是老舍的《骆驼祥子》。这部小说是由达恩·布朗赫斯特（Daan Bronkhorst）于1979年翻译的。³ 顺便一提，荷兰大作家马尔滕·哈特（Maarten't Hart）对该书的评论表明大众对这些直接翻译作品普遍不熟悉。哈特将布朗赫斯特译本的结局和埃文·金（Evan King）翻译的更早的英译本做了对比，怀疑布朗赫斯特重写了《骆驼祥子》的结局部分。但实际上，是埃文·金在20世纪40年代进行了改写。埃文·金的这一版本大约同时也在荷兰出版过。布朗赫斯特后来开始翻译中国古典诗歌，并长期从事中国文学的评论工作。最后，同样重要的是，鲁克思开始重新翻译鲁迅的短篇小说，因为拉斯特的翻译无法经受住时间的考验。鲁克思在1985年和1992年分别翻译了两部鲁迅的文集，并最

1　莱顿大学其他一些20世纪90年代有关中国文学研究的博士论文（或者以博士论文为基础的著作）包括Dominik Declercq, *Writing against the State: Political Rhetorics in Third & Fourth Century China*（Leiden: Brill, 1998; dissertation, 1993）; Robin Ruizendaal, *Marionette Theatre in Quanzhou*（Leiden: Brill, 2006; dissertation, 1999）; Antoinette Schimmelpenninck, *Chinese Folk Song and Folk Singers: Shan'ge Traditions in Southern Jiangsu*（Leiden: Chime Foundation, 1997）; Sun Yifeng, *Fragmentation and Dramatic Moments: Zhang Tianyi and the narrative discourse of upheaval in modern China*（New York e.a.: Lang, 2002; dissertation, 2002）; Ravni Thakur, *Rewriting Gender: Reading Contemporary Chinese Women*（London: Zed Books, 1997; dissertation, 1994）。

2　非西方研究中心在2008年被重组为莱顿区域研究所（Leiden Institute for Area Studies, LIAS）。

3　Amsterdam: Meulenhoff.

终于 2000 年形成了一部体量巨大的鲁迅文集，其中包括他的童年回忆录以及散文诗。[1] 总而言之，20 世纪 90 年代早期以前的荷语译作在整体上和世界其他主要语种的译作并没有本质区别——即使大部分的荷语译作，包括那些传统书籍，只集中出版于莫勒霍夫和德戈伊斯（De Geus）两家出版社。随着之后几十年的变化，更多出版社才开始逐渐出版中国文学的翻译作品。

三、商业主义

到了 20 世纪 90 年代，"伤痕文学"的教育功能很大程度上被移居国外的华人的自传体非虚构文学所取代。这些作品直接由英语或其他西方语言完成。这些著作的作者大部分是女性，许多人在离开中国之前从未写过书，但现在，她们可以在中国近期的动荡历史（主要是"文化大革命"）中叙述自身的苦难。很快，这一题材就被削弱成为几乎相同的模式化书籍，最多时一年内有多达十本这样的书问世。整整十五年中，"中国人的伤痛"在文学经纪人和很多读者眼中成为一种有利可图的营销品。他们因缺乏更好的作品，而将这些作品视为"中国文学"。在荷兰也有这方面的代表人物——王露露。她于 1997 年发表了半自传体小说《荷花戏台》（*Het lelietheater*），并因此声名鹊起。在相当一段时间内，她几乎是荷兰普通读者唯一叫得上名字的中国作家，即便作为媒体宠儿，她也是用荷兰语进行写作的。

可以说，虽然"真正的"中国文学由此走出了阴影，但又陷入了新

---

[1] Lu Xun, *Verzameld werk*（《小说集》），trans. K. Ruitenbeek（Amsterdam: Meulenhoff, 2000）.

的困境,正如出版商举办的促销活动所表现出的那样。当小说不因自身的"文献价值"而被选中时,它们似乎就只能依赖自己的"中国性"了。作家苏童是荷兰最早翻译的纯文学作家之一。这一名声部分归功于张艺谋享有国际盛誉的电影《大红灯笼高高挂》(*The Red Lantern*,1991)改编自苏童的中篇小说《妻妾成群》("Wives and Concubines")。这本书的英译本以及根据英译本而来的荷语译本,利用这种公共宣传并设法使用一种可被识别的中国文化元素,即红灯笼。这些译本因此被赋予电影的名字《大红灯笼高高挂》。当然,挂起红灯笼这一仪式主题是由张艺谋创造的,并未在苏童的原著中出现过。另一个有说服力的营销实例涉及同类作家莫言的小说。出版商在小说封面上引用了谭恩美(Amy Tan)对莫言与马尔克斯(Gabriel García Márquez)、米兰·昆德拉(Milan Kundera)的比较。很难说谭恩美的这一比较是基于文学标准,因为马尔克斯和昆德拉在文风上的差距简直不能更大。这种比较不如说是表现了出版商的希望,即希望中国作家可以像拉美和东欧作家一样有名,毕竟中国作家既有拉美这样的异国文化背景,也有东欧这样的社会政治环境。然而,更为常见的是,出版商由于担心中国作者仍然无法自力更生而选择用"更为安全"的异国情调呈现其作品,即让小说几乎不以虚构的方式来叙述中国近期的历史。诚然,这种类型的小说实际上在中国普遍存在,它们的内容涵盖了从20世纪40年代到现在的社会变化。然而,这类小说大都属于现实主流,在艺术上并不那么大胆。

此外,荷兰出版商大概认为这类小说最有趣的部分是它们的内容,在翻译上并不会损失太多本意,因此他们大多仍依赖英译本进行荷语翻译。虽然有能力翻译中文的翻译者逐步增加,但接力翻译仍存在于20世纪90年代及之后。这一现象的部分原因在于这一时期国际图书市场的快速商业化。对英译本进行翻译的优点很明显:既然从中文到西方语言这样的文化大跨越的困难已经解决了,生产过程就可以变得更迅速;另外,英文翻译者们也已随时待命了。此外,荷兰出版商自己无法阅读中国小说,但这些小说已经在美国这样的市场中流通了。这一情况当然就可以作为降低公司金融风险的保障,即使在美国一本中文翻译小说的印刷数量也不会比在荷兰多多少:不过就多二三百本吧。美国大众普遍不怎么读外国小说:在盎格鲁-撒克逊的图书市场中,文学类翻译作品的占比只有3%,但在荷兰这一比例是70%。而中国文学译著数量和种类最多的西方国家实际上是法国。

然而,中文译者面临的困难还不止这些。出版商需要容忍接力翻译的缺点,而这些缺点和接力翻译的优点同样明显:犯错的双重风险、不加区别的风格选择,以及对具体的中国问题缺乏了解。另一个复杂因素是盎格鲁-撒克逊世界对图书进行的密集编辑。高产的美国翻译家葛浩文(Howard Goldblatt)曾经对这一编辑过程进行评论,展现了向西方读者介绍外来文学中的一些关键问题。[1] 葛浩文在翻译莫言作品时,编辑们经常建议对小说的构成部分进行巨大改动,不仅是修改句子或段落,甚至是替换整个章节或者创作出新的结局或开头。这些改动反映出我们常能听到的西方读者阅读中国小说时的批评:中国小说缺乏引人入胜的情节。莫言同意对小说进行这些修改,认为这是对美国市场的一种让步,但是,像余华等其他当代作家则仍会坚持自己"无情节"的小说创作。许多中国作家认为这种创作方式是典型的中国式小说,可能可以追溯到中国传统的连载小说或章回体小说。荷兰的情况甚至可能变得

---

[1] Howard Goldblatt, "On Silk Purses and Sow's Ears: Features and Prospects of Contemporary Chinese Fiction in the West," *Translation Review* 59 (2000).

更糟，正如荷兰一家主要报纸 NRC Handelsblad 在 1996 年刊登的一篇争论所揭示的那样。这篇报道是关于莫言小说《天堂蒜薹之歌》(The Garlic Ballads)荷语译本的。评论人贺麦晓指出了荷语译本中一些由英译本翻译而来才导致的典型错误，而荷兰语翻译家彼得·阿尔贝森（Peter Abelsen）的回应则令人印象深刻。他说："感谢上帝，翻译莫言不需要懂中文！"阿尔贝森认为"文学氛围"是比准确性更重要的东西。他在葛浩文已经编辑过的莫言小说中再次加入自己的编辑，这使得荷语译本更加偏离原来的中文版本。

英国文学经纪人托比·埃迪（Toby Eady）继续将这种影响深远的编辑发展成为作者和编辑之间的合作，将中国作者的"素材"改造成更能吸引西方读者的形式。尽管他花费了大量时间，并在合格的翻译者身上投入了大量精力，考虑到西方读者对中文小说的第二个抱怨，即它们缺乏哲学深度，他也建议自己的作者重新创作他们的中文手稿或中文出版物。葛浩文换了种说法对此进行表述，即中国作家"希望叙述发生了什么，而不是解释为什么发生"。[1] 这一特点也可能可以追溯到中国传统小说上，这些小说更强调人物和他们所处的环境之间的关系，而不是这些人物的内心世界。很多前现代小说家甚至故意克制对其人物的内心进行描写，因为这和他们的现实主义意识相冲突。埃迪承认，他并不是以这种方式生产真正的中国文学，相反，他感兴趣的是移居海外的华人的西方视角，这些人在两种文化之间扮演媒介的角色。[2] 从某种意义上说，这和 20 世纪初期史劳尔贺夫等人所扮演的角色并无本质差异：这些人

---

1 Andrea Lingenfelter, "Howard Goldblatt on How the Navy Saved His Life and Why Literary Translation Matters," *Full Tilt* 2, summer 2007, http://fulltilt.ncu.edu.tw.
2 Toby Eady, "Publishing Between China and the West"（2004 年 5 月哈佛北京校友会上的演讲）.

通过对中国诗歌的改写，成为文化之间的媒介。然而在当代，商业动机似乎成为西方对中国小说进行擅自改编的主要动机，这不禁让人想到了本章开头引用的维森市长的刻薄评论。

四、挑　战

可以肯定的是，西方出版商、编辑和文学经纪人很难直接接触到中国文学，因为他们几乎不懂中文。因此，他们必须总是依赖专业学者的建议。然而，和普通读者很相似的是，多数西方的当代中国文学研究是以内容为导向的，因此倾向于将文学作为中国社会经济的记录。为了和这种趋势相抗衡，低地国家设立了一本杂志，专门致力于刊载中文小说的荷语译文。《慢火》杂志从1996年运营到2009年，是根特、鲁汶和莱顿的年轻汉学家们合作推出的一本弗拉芒语-荷兰语杂志。这本非学术杂志由佛兰德斯文化部和私人订阅资助，被设置为一个非营利组织，目的是确保其编辑独立性。它旨在向荷兰出版商和读者提供中国文学作品的样本，这些作品仅靠纯文学价值取胜，而不向商业化的异国情调让步。这本杂志简要介绍了古典和现代散文诗歌作品，并随着时间的推移收录了越来越多相关的背景文章，但是编辑们坚持认为文学文本应该由自己发声（这就是为什么这部杂志中的译文全部直接由中文而来），并希望以此激励荷兰和佛兰德斯地区仍很稚嫩的中国文学翻译的发展。

这本杂志的编辑们本身就是新一代的翻译家，他们大多从事文学研究工作并很快开始在杂志之外积极翻译和发扬中国文学，产出翻译著作并从事报纸评论工作。最终杂志社诞生了三位职业翻译，他们冒险靠着政府的文学翻译资助项目谋生，这在欧洲是前所未有的。让·德·梅耶尔（Jan De Meyer）本打算翻译当代诗歌和散文，但却以翻译古代哲学家列子等人而闻名。他自己也写一些关于道家哲学的文章,这是他在根特和莱顿从事博士和博士后研究时的研究主题。[1] 笔者在 2005 年写过有关中国作家韩少功以及 20 世纪 80 年代寻根文学的博士论文。[2] 同时,到现在笔者已经翻译了十本现代小说,包括苏童和白先勇的作品。此外,笔者还为荷兰的文学杂志编辑过有关中国问题的特刊,并在 2008 年面向大众出版了《今天的中国文学》("Chinese literature today")这一随笔性质的概述。[3] 马苏菲(Silvia Marijnissen)最早在她的博士论文[4]和翻译作品中关注台湾的现代诗歌,这是一个长期被忽视的研究和翻译领域。她后来也翻译了大陆的诗歌和散文,并出版了多卷本的古典山水诗选集[5]。林恪和马苏菲的论文都由柯雷指导,他同时也指导了《慢火》编辑沈雷娜(Lena Scheen)于 2012 年完成的关于上海文学的博士论文。[6]

---

[1] 让·德·梅耶尔是研究唐代道家思想的著名学者,例如他写过 Wu Yun's Way: Life and Works of an Eighth-Century Daoist Mater (Leiden: Brill, 2006)。
[2] Mark Leenhouts, Leaving the World to Enter the World: Han Shaogong and Chinese Root-Seeking Literature (《以出世的状态而入世:韩少功与中国寻根文学》)(Leiden: CNWS Publications, 2005)。
[3] Mark Leenhouts, Chinese literatuur van nu: aards maar bevlogen (《当代中国文学:世俗与灵性兼备》)(Breda: De Geus, 2008)。
[4] Silvia Marijnissen, "From Transparency to Artificiality: Modern Poetry from Taiwan after 1949," PhD diss., Leiden University, 2008。
[5] Silvia Marijnissen, Berg en water: klassieke Chinese landschapsgedichten (《高山与溪流:中国经典山水诗》)(Utrecht: De Arbeiderspers, 2012)。
[6] Lena Scheen, "Shanghai: Literary Imaginings of a City in Transformation," PhD diss., Leiden University, 2012. 其他 2000 年之后关于文学和文化的博士论文包括:Michael Day, "China's Second World of Poetry: Sichuan's avant-garde," PhD diss., Leiden University, 2005; Jeroen Groenewegen, "The Performance of Identity in Chinese Popular Music," PhD diss., Leiden University, 2011; Kuniko Ukai, "Songs of the Hidden Orchid: Yuefu and Gexing by Li He," 3 vols. PhD diss., Leiden University, 2008; Jeanne Hong Zhang, The Invention of a Discourse: Women's Poetry from Contemporary China (Leiden: CNWS Publications, 2004)。

《慢火》的功能之一是成为滋养文学翻译的温床。它为萌芽中的翻译者提供了一个前所未有的机会,使他们可以在同行环境中提高自己的翻译水平,因为在很大程度上,专业课程很少或基本上不去涉及这一特定学科。越来越多翻译者有三本或更多的译作,例如在《慢火》的这些编辑之中就有万伊歌(Iege Vanwalle)、玛蒂娜·托尔夫斯(Martine Torfs)和哥舒玺思。此外,哥舒玺思也花费了很大的精力在莱顿大学的汉学研究所教授文学翻译课程。《慢火》杂志还聚集了一批常规翻译人员,包括像伊维德这样的知名人士以及一些有抱负的学生,这些学生在正式出版译作前都经受过密切的"指导"。如果经过这样的实习培训后,活跃的翻译人员的数量仍然没有很大增长的话,那原因只能归结于职业文学翻译人员普遍较低的经济水平。然而,《慢火》杂志在翻译作品上的纯粹输出激励杂志撰稿人曾丽雯(Audrey Heijns)建立了名为 Verretaal 的线上数据库。这一数据库收录了到现在为止所有中国文学作品的荷语译文。[1]

尽管《慢火》杂志达到了这些成就,它并没能对出版行业施加预想的影响力,虽然它为之提供了顾问和翻译人员。读者的反响表现出大众仍不习惯阅读当代中国小说。许多对中国有兴趣的杂志订阅者会对中国年轻一代作家的作品做出这样的反应:"这有什么中国的?一个西方人也可以写出来。"另一方面,经常阅读西方文学的读者会对所谓的中国先锋作家说:"这有什么很先锋的吗?我们已经见过了。"也就是说,这些作品要不然不够中国,要不然不够西方。很显然,21世纪初的中国文学作为一种外来艺术,仍然在中国处于尴尬的地位。根据谨慎的预测,某种程度上,莫言在2012年获得诺贝尔文学奖可以获得更大的影响力,

---

[1] 莱顿大学和香港中文大学共同开发了这一网站,地址是 http://unileiden.net/verretaal/。

原因在于莫言的作品更受欢迎，也有更多人翻译，虽然在低地国家，他的小说除了《蛙》(*Frogs*, 2012)之外，都是从英语翻译而来的。[1]

真正的变化发生在逐渐国际化的书籍市场中。大约从 2005 年后，盎格鲁-撒克逊出版商们第一次大胆进入中国市场。随着 2001 年中国加入世贸组织，并伴随 2008 年举办奥运会这一象征性的里程碑事件，中国的经济迅速发展。这掀起了一股对中国的兴趣，并超过了 20 世纪 80 年代西方的"中国热"。主要的英美出版社，例如企鹅（Penguin）和哈珀柯林斯（HarperCollins）出版社都进入中国，企鹅出版社甚至在北京设立了办事处，以探讨当代文学的翻译和现代经典著作的再版，包括鲁迅、老舍、钱锺书和沈从文等人的作品。正如美国在第二次世界大战后将日文文学纳入世界文学的版图中一样，盎格鲁-撒克逊市场无疑也会对荷兰等国产生影响。这种影响已经产生，例如，2013 年荷语译本的钱锺书《围城》(*Fortress Besieged*，由林恪翻译)问世。中国近来的资助项目和在国际书展中更为显著的存在感（例如 2009 年的法兰克福书展由中国举办）也更加积极地推动了自身文学的发展。

古典文学领域也有一些进展。伊维德持续出版了敦煌文书和其他佛教文本中的古典散文诗歌。2007 年，《庄子》(*Zhuangzi*) 第一次被完整地直接翻译成荷兰语，随后是老子的《道德经》(*Daode Jing*, 2010)[2] 和孔子的《论语》(*Analects*，马上出版)。这些经典已经被翻译成其他多种语言，而且经常是以不完整的形态出现。现在，在国际上享有盛誉的施舟人对这些译本进行了注释，这些注释本普遍受到了欢迎。

1　马苏菲将《蛙》翻译为 *Kikkers*（Breda：De Geus，2012）。
2　更早时，贝克曾经翻译出版过河上公本《道德经》，他也曾出版了在马王堆发现的《黄帝四经》("Four Books of the Yellow Emperor") 的荷语译本。博雷尔和戴闻达也曾将《德道经》翻译成荷语。

施舟人和让·德·梅耶尔合作，一起出版了一系列古代中国哲学著作，并由出版商奥古斯都（Augustus）出版。奥古斯都也出版过第一部荷语翻译的刘鹗（1857—1909）的著名小说《老残游记》(*The Travels of Laocan*)，[1] 这是有关清末时期的一次难得探索。就小说而言，可能更让人望而生畏的是足本《红楼梦》的荷语译本（由哥舒玺思、林恪和马苏菲完成）。负责出版《红楼梦》的雅典娜出版社（Athenaeum）也出版过《围城》的翻译本，并出版了一系列荷语译本的世界名著。这一情形或许可以帮助中国小说作为经典世界文学的一部分（而非只是一种孤立的外来现象）来呈现。出版社的声誉和对图书的呈现是很重要的，尤其是在中国传统经典方面。例如，在法国，像《红楼梦》这样的小说被当作经典，不仅是因为其具有完整、高质量的译文，而且是因为它们属于负有盛名的 Pléiade 系列。更加学术的译本往往无法吸引更加广泛的读者。这种情况同样也出现在当代小说中：畅销书作家余华曾说过，只有当美国一线出版社开始对他的作品感兴趣时，他才觉得自己作为作家是被认真对待的。[2]

余华的经历和《红楼梦》这样大型项目的出现清楚地说明了环境的变化：现在，翻译者可以前所未有地成为中间媒介，不仅是在不同的语言和文化之间的媒介，也是在学术界和全社会之间的媒介。即使中国文学离成为主流仍很遥远，但系统地提供中国文学作品似乎仍是激发西方对中国文学传统的兴趣的最佳方式——这一传统被证明具有很强的复原能力。以上提及的中国文学的典型特征在今天仍然存在——不管是对传统中国文学的社会认知还是传统小说的形式——这些特征甚至存在于那

---

[1] 让·德·梅耶尔将《老残游记》翻译成 *De reizen van Oud Afval*（Amsterdam: Augustus, 2010）。

[2] 2009 年 10 月与余华在法兰克福书展上的个人交流。

些生于20世纪七八十年代的年轻作家之中。经济分析家们观察到,随着中国登上世界舞台,中国并没有表现出一种彻底的西方化,而是表露出随着经济实力增强的自信心以及自身对世界的看法和信仰。在文化方面也有类似的趋势。外国文学毫无疑问丰富了20世纪的中国文学,但并非创造了具有本土特征的西方文学,而是出现了具有一些西方特征的中国文学。或许是时候让荷兰东印度公司后人的"商业精神"让位给真正的求知欲了。毕竟,在2002年,反对纪念荷兰东印度公司成立四百年的人们提出了这样生动的口号:"荷兰的重商精神不值得庆祝。"[1] 同时,也是时候由翻译者承担起跨越文化和商业边界的至关重要的角色了。

---

1 原本的荷兰语是 "De Hollandse koopmansgeest is geen reden tot feest"。

中国的艺术和物质文化

莫欧礼（Oliver Moore）

"艺术史"和"物质文化研究"这两个最近新造的词汇，是伴随西方文艺复兴和西方现代性引起学术关注的历史和文学而产生的。即便如此，这并不意味着艺术或物质文化研究必须只服务于更有声望的事业。物质文化领域的研究和教学之间的边限日益开放，这促进了两者间的互惠交流。举例而言，人文与社会科学之间的对话加强了彼此对实物和图像的共同关注，这些实物和图像原先被禁锢在严防死守的区域利益、学科偏见或者以不同方式想象事物的彻底失败中，但现在已经被解放了出来。这些知识经验也塑造了荷兰理解中国艺术和物质文化的历史。这一工作的总和是一项多语言的遗产，因为即使是荷兰精神也不能假装忽视移民、访问者与在外居住者所带来的贡献。

物质文化是一个特别的无人之境，这一点可能会成为一个弱化因素。荷兰学术界与中国物质文化的接触和对中国艺术史的理论化研究经常是文学、哲学和宗教方面的历史学家在其学科之外所涉足的领域。在北京大学，艺术史已经不止一次有力回归，首先是在艺术系，之后是在历史系，最近是在考古系。然而，艺术史潜在的开放性也会不被信任。台湾大学只招收艺术史方向的研究生，这有意无意地实施了贡布里希

(Ernst Gombrich)的著名格言:艺术史(他所指的是以欧洲为主题)不是适合本科生学习的科目。

相反,艺术史这种被实验性地安顿于各处却又无迹可寻的习性也是中国艺术和物质文化的优点之一。在历史、地理、社会和哲学的背景中可以更好地把握中国的艺术作品,而大多数最好的关于中国艺术的荷兰作品,都是在文献探索和文本解释的学术研究中产生的。在这些维度上的进步超越了过去那种从属倾向,这一趋势旨在阐释艺术在宗教崇拜、哲学探究和社会组织中的功能意义。最近,更加丰富的物质和文本材料也使得学者们可以重新解释事物。例如,中国的考古学已不单是"粗糙的机械"运动,即把文本和其他证据从土壤中剥离出来,以此使历史学家们进行叙述,而是让自己成为更大规模的历史调查的参与者。学者们现在也有更宽广的研究空间,先从艺术和物质自身开始研究,再运用更广阔的情境来发展艺术材料的审美定义、媒介形式,以及发展关于什么是中国艺术的理论。几乎所有人文学科里出现的人类学转向也鼓励研究者们在跨国和专题框架中(两者并非完全同步)进行审美演绎。例如,16世纪苏州的碑刻艺术就可以通过参考同一世纪这一介质在安特卫普和佛罗伦萨以及18世纪在江户和伦敦的制造和消费来进行探讨。

如果在一个如此长的时段中去重新想象荷兰的中国物质文化和艺术研究是可能的,那么这或者也能帮助我们认识到,荷兰与中国艺术史的连接发生在两种对立的张力之间。一边是坚信艺术是对某种更强的文化参照趋势的偶然表达,而另一边是确信艺术是一种重要的文化生产,其所需的分析程度和其他任何关于过去和现在经验的学科一样。下面的讨论会采用这种两极性,作为重新阐释早期和晚期中国艺术和物质文化研究的框架。本章的四个部分会按顺序历经四个世纪(这仅是一种诗意的巧合):一是对中国的表述,这部分尤其探讨了与早期语文学和中国形象风格的社会表现相关的陈列收藏；二是对艺术的解释，这部分回顾了荷兰最早的关于一些较易到达的中国地区的民族志（这也的确是欧洲最早的民族志）中艺术收藏的角色；三是艺术的理想，这部分考察如何在19世纪晚期和20世纪早期理想的荷兰美术馆中努力开拓中国的一席之地；四是艺术的历史，这部分思考了20世纪的荷兰学者们如何将注意力从其他文化事业的阐释转移到有关视觉艺术的主题以及和特定艺术史相关的中国本土话语体系上。这四个部分之间任何时间上的重叠都模仿了很可能并不存在的历史连续性，而且它们或许过分强调了参与者如何分享共同的知识观点。然而，即使在长时间内，这些分歧在事实上仍很尖锐，后见之明的益处将它们定格在四个世纪的进程中，并为将来进行更为细致的历史修订提供了一个起点。

一、对中国的表述

荷兰共和国成功击败一个海上超级强权并取而代之，这一情形使它脆弱的繁荣闻名于世。不断增长的财富和新的知识循环使几位杰出的精英投入到近代早期欧洲最富激情的收藏浪潮之一中去。数量惊人的物品和动物标本被集中到最聪明的人家中。居于阿姆斯特丹绅士运河440号的外交家、收藏家、政治家、商人和地理学家尼古拉斯·维森是荷兰艺术、科学、社会和权力新交会的典型代表。同时期，受过教育的荷兰读者——这一比例高得有些过早——成为城市中旅行文学的狂热消费者，这些城市现在已经几乎垄断了市场上所有新书的发行。单是阿姆斯特丹就已取代威尼斯成为欧洲出版业的龙头。

约翰·纽霍夫（Johan Nieuhof 或者 Joan Nieuhof，1618—1672）记录了1656年荷兰东印度公司使团的北京之行，这一记录是最早将作者在航行途中的素描草图变为丰富插图的文本（阿姆斯特丹，1665）。纽霍夫存世水彩画的数量令人瞩目（国家图书馆，巴黎），这些图画描绘了他沿河流或运河从广州到北京途中所见的人群、地方和事物，反映了欧洲对视觉对象的优先考虑，正如它们同样也展现了实际的视觉对象一样。但是，它们仍标志了一个奠基性的时刻，即荷兰的公众读者——现在也是观众——如何通过图像和文本对中国进行高度精炼的表达。一些评论家很快就认识到，在一个过度夸张化和理想化的中国记录涌入欧洲图书市场的时代，这种表达是一种荷兰独有的成就。作为此次荷兰东印度公司航海记法文译本的出版商，默基瑟德·泰弗诺（Melchisédec Thévenot，1621—1692）赞美了这一新的法译本前所未有的可靠性以及它的毫不伪饰。泰弗诺没有对纽霍夫任何一幅图画的真实性产生怀疑，并从另一个角度对其进行精炼：泰弗诺——他的祖父是一个胡格诺派——相信东印度公司的记录具有独特的信念力量，这归功于他所称赞的那种荷兰作者所具有的"单纯写下他们所见"[1]的商业美德。

整个17世纪，新教徒的海洋贸易伦理将长期确保商品和新闻的输入甚至中国访问者的偶尔到来。它也会激起几代荷兰调查者获取来自中国的有形物体，以此动摇欧洲有关中国的精神实体并以物质取而代之。这些努力使大量的哲学家、历史学家、科技人员乃至最为好学之人从中受益。在纽霍夫的驳船一路驶向北京的同一年，荷兰的伦勃朗（Rembrandt）遭遇了巨大的财政危机。他成百上千的物品——这些物品因荷兰共和国繁荣的海上贸易而逐渐累积——不久之后会在拍卖会上

---

[1] Leonard Blussé and R. Falkenburg, eds., *Johan Nieuhofs Beelden van een Chinaries 1655-1657*《约翰·纽霍夫中国旅行画集》）(Middelburg: Stichting VOC Publicaties, 1987), p.13. 亦见 Sun Jing, "The Illusion of Verisimilitude: Johan Nieuhof's Images of China," PhD diss., Leiden University, 2013.

被出售,但这些藏品的踪影还是牢牢地保留在这位艺术家的一些作品中。蚀刻的亚伯拉罕·富朗森(Abraham Francen)肖像画(1656,伦勃朗之家博物馆,阿姆斯特丹)中有一个昏暗的小雕像,看起来很有可能是关羽神像。在一幅更为引人注目的作品中,扭动的参孙(1636,施泰德艺术馆,法兰克福)被很可能是来自爪哇的武器所包围。不论这些武器真实的来源地是哪里,这位画家和他同时代的人最有可能认为这些戏剧性的道具来自更为遥远的中国。[1]

法兰克福的参孙像很好地提醒了我们,不管是私人好奇心还是对政府指令的回应,在荷兰最重要的殖民地——印度尼西亚群岛上,荷兰海员、殖民地行政官员以及其他访客搜集到的商品和他们在中国搜集到的一样多。其结果是,尝试调查现存物品的收购情况会让我们回想起,早期荷兰从海外南部领土(包括居住了大量中国人的台湾)的多文化优势中来看待中国大陆。判定本章前面所引用的一些物品的装载地点是冒险的,因为它们随着更大批量的商品从比中国更广阔的陆地和海洋区域而来。因此,在接下来的讨论中,"中国物品"的定义仅限于荷兰收藏者富有想象力的、可重塑的投射所具有的有限的修辞能力中,这种能力将事物重新嵌回中国语境中,而这些物品很有可能正是从这些语境中抽取出来的。

这些早期的收藏家中没有人是单纯为了了解中国而进行收藏的。然而,18世纪晚期的罗耶却是个例外。这位来自海牙的成功律师并未真正去过交通繁忙的中国南海,而是试图通过对具体事物进行百科全书式的表述来完成对中国的视觉提取。由此而来的收藏品(它们被他莫名其妙地和其他收藏品一起放置在他海牙绅士运河的家中)汇聚在一起,形

---

[1] 关于伦勃朗和其同时代人的收藏,见 Bob van den Boogert, ed., *Rembrandt's Treasures*(Amsterdam & Zwolle: Waanders Uitgeverji, 1999)。

成了著名的中国珍奇屋。罗耶的遗孀约翰娜·路易莎·范·欧登巴内菲尔德（Johanna Louisa van Oldenbarneveld）最终将这些来自中国的藏品献给了国王威廉一世，它们因此被升格成为皇家珍奇屋的收藏，成为荷兰省督家族被流放和拿破仑时代财产充公之后国家重建的一个物质表征。不可避免的是，到1883年，王室迫切希望能摆脱这份馈赠，这一馈赠的下一任受益者是民族学博物馆（莱顿国立民族学博物馆）和荷兰历史艺术博物馆（阿姆斯特丹的国家博物馆）。这一有趣的重新分配意味着没有人确切知道应该如何将艺术和民族志分离开——一些成对的物品被分开以保证它们同时出现在两个馆藏中。至少在莱顿，罗耶的部分陈列品被归并到艺术人类学（在这一术语被创造出来之前）的一流机构中，这意味着国家在民族志搜集方面专门知识的开端。这一发展（即国立民族学博物馆可以追溯到其起源的时刻）预示高延完成了对中国物质文化的首次系统收藏，接下来的部分会涉及此项内容。而罗耶的其他藏品则到了阿姆斯特丹，这是这些珍品被允许进入国家艺术殿堂的时刻，也是文章第三部分将会描述到的部分发展历程。

虽然罗耶从未造访过中国，但他聘用了许多代理人搜集物质文化资料，而收藏的地点则取决于他的自身想象和18世纪的地理条件。他的供应商们与中国有着经常性的贸易往来，而且很有可能在南部的国际性港口广州帮助罗耶实现了他大部分的远期设想。罗耶的收藏品最终包含了小雕像、模型、雕刻、图画、衣服、科学工具、医学工具、药物、乐器、个人装饰、写作装备、餐具、器皿和家具。它们的材质包括石头、木头、金属、陶、瓷、漆、纸和织物。它们中有一些来自日本，而且也并非全部来自海外，但是整个收藏被（现在也仍然被）合理地描述为是中国的，这与罗耶的主要兴趣相符合。

少数几次关于罗耶收藏品的参观记录表明，这些收藏品和当时荷兰乃至欧洲的常见收藏不同。即便罗耶的收藏品要稍许归功于中国艺术风格的时尚投射，它与后者也是背离的。欧洲的中国风格包含了对一种艺术风格的持续探讨，这与对哥特风格的接触近似。[1] 即便罗耶也被荷兰的中国艺术风格的幻想所吸引——在海牙他有这样一批可观的艺术品——他仍然会设想这些物件解释性的用途：这些用途毫无疑问是民族志的，而且也和欧洲艺术运动的自主发展毫无联系。不管怎样，收藏者本人试图进行一个更为现实性的表述。一次最具启发性的、关于参观罗耶家楼上的回忆强调了这次经历如何胜过哪怕最好的旅行记录。[2] 这种对收藏本身超越文字的真实性的肯定诞生于同样见证了地理地图处于优势地位的时代和经济中。这对罗耶去世后一个世纪的收藏具有重要意义。杰里·布罗顿（Jerry Brotton）最近就指出，19世纪制图客观性的理想是对现实主义表述的一种表达，这一表达伴随同时期对现实主义小说的狂热而产生。[3] 他也应该加上一点，即欧洲这种题材的最早叙述形式反复利用了主人公在大面积空间中的活动（主人公被搁浅于荒岛上是这种规律的例外）。

除了再一次依赖海上设施来建立委托购买海外物品的习惯外，罗耶的努力也是荷兰人对启蒙时期长久痴迷于匹配词汇和事物所做的巨大贡献。对语言的热爱使他雄心勃勃，想要将理论上无限多的物件排列在无穷尽的书架上。作为研究希腊语、希伯来语和拉丁语的学者，罗耶很早就踏上了一段荷兰人寻求掌握汉语的孤独旅程。在为数不多可以帮助到他的材料中，两本18世纪关于中国文学的著作是其中的巅峰：巴伊尔

1　Hugh Honour, *Chinoiserie: The Vision of Cathay*（London: John Murray, 1961）, p.1.
2　Jan van Campen, *De Haagse jurist Jean Theodore Royer（1737-1807）en zijn verzameling Chinese voorwerpen*（Hilversum: Verloren, 2000）, p.155.
3　Jerry Brotton, *A History of the World in Twelve Maps*（London: Allen Lane, 2012）, p.13.

（Gottlieb Bayer，1694—1738）的《中国博物馆》(*Museum Sinicum*，1730)，这一标题捕捉到了语文学的杂乱历史以及对手工制品的研究；傅尔蒙（Etienee Fourmont，1688—1745）的《中国官话》(*Linguae Sinarum Mandarinicae Hieroglyphicae Grammatica Duplex*，1742)，这部作品为不断寻求古埃及语与汉语写作的共通之处做出了又一贡献。[1]罗耶自己关于语言的著作推动了他在物质收藏兴趣上的词汇学转向，这就将他自己的地位及自己的许多国际联系转移到浩如烟海的语文学研究中，而这经常被荷兰学者描绘成是本国领域的学科。这一过程所造成的结果完全是民族志的：罗耶所拥有的物品本身即具有字面上的含义，正是据此罗耶写出了它们的中国名字。例如，当得到了一把折叠的钢制剃刀后，他正确地在运送它的盒子上刻写了"剃刀"二字。这一微小的反向翻译符合当时罗耶在欧洲逐渐外向的民族志探索中所扮演的角色（尽管他并未如此声称）。"民族志"这一新的学术描述伴随詹姆斯·库克船长（Captain James Cook）第一次驶入太平洋，并在18世纪70年代的德国学者之间流行起来。[2]

除了剃刀这个明显的例外，准确地在异域和世俗的不同尺度之间定位罗耶的一些所有物并不容易。他对汉语的掌握与他自身的困惑形成了一种有趣的类比：一本现存的、由一位向他提供信息的中国人准备的汉语-拉丁语词典，随意混合了中国书面语、行政用语和白话名册来表示完全相同的概念。例如，"处"和"地方"都用 locus（place）表示，"物件"和"东西"都用 res（thing）表示。[3]这一不确定性也同样表现

---

[1] Campen，*De Haagse jurist*，pp.64-68.
[2] Hendrik F. Vermeulen，"Early History of Ethnography and Ethnology in the German Enlightenment," PhD diss.，Leiden University，p.19.
[3] Campen，*De Haagse jurist*，p.78.

在罗耶对某些收藏品的分类中,而这种模糊性也使这些物品在历史上显得更为有趣。它们所引发的疑虑是值得反思的,以此可以来改进关于18世纪日常生活在中国如何出现的极为零散的现代观念。一些看起来稀有的物件事实上可能只是大众产品中的幸存者,它们低微的地位使其成为所有物质历史证据中最难捕捉的一类。

例如,一对填了棉絮的缎靴绣上了同时期一幅有着柔和色彩的风景画,展现了一种社会学和美学的意味。若非如此,这些物件在日常分解的过程中就会被遗忘。不管是谁委托制作了这些袜套——首先是为自己的脚,其次是为一位荷兰收藏家——都确保了一种优雅的服饰表达,这种表达是中国贵族自我形象的核心,而这些中国贵族的语言使这位收藏家深深着迷。不管袜套的主人是一位国家官员,或者(同样有可能)仅是一位希望以这一形象出现的人,官员的地位决定了衣物(包括马靴造型的长统靴)的确切等级。然而,在与外部世界接触的过程中,将袜套穿在靴子里面又将一种个人表述安全地隐藏起来。像这样的服饰毫不夸张地表达了隐秘的历史。只有在不正式的场合下(很可能是室内),这些刺绣纺织品才有可能被展示出来,尤其是当着装者坐在家具上以充分展示其时尚的小腿时。如果以这种方式重新进行想象,那么一种新的意义就会出现:刺绣风景揭示出人们认为主题类型和具象媒介适合身体装饰形式的程度。此外,风景画的传统题材、形式和色调的辛劳过程——作为许多受过教育的男子和一小部分女子的文化追求来说——使服饰的社会史复杂化了。大多数帝国晚期的贵族服饰主要是由女性刺绣的。[1] 这些人在一个相当保守的图样范围内进行创新,而这些袜套的表

---

1 Verity Wilson, *Chinese Dress* (London: Victoria & Albert Museum, 1986), pp.101–114.

述内容着重强调了男性对于有关身体的公认谨慎的艺术视觉要求。乔迅（Jonathan Hay）最近讨论了一件艺术品的多变地位，这件艺术品既是原始作品，又重建于新物品之上。这进一步强调了一个观点，即有关画家角色的暗示——一种最终被刺绣这一事实所否认的可能性——仍然提升了这双鞋作为一件独特装饰品的地位。[1]

罗耶也让他的中国服饰在当时的荷兰政治舞台上发挥出新的用途。当他和他的客人陈阿细（音译，Tan Assoy，一位于1775年访问荷兰的中国人）出现在省督威廉五世（Stadtholder Willem V）和普鲁士威廉明娜公主（Princess Wilhelmina of Prussia）的宫廷中时，罗耶说服陈阿细穿上自己收藏品中的服饰。或许他也穿上了这双袜套——这可能是一个不容错过的好机会。陈阿细自己并非官员，而是荷兰东印度公司一个在鹿特丹休探亲假的商人的仆从，因此诱惑他穿上通常被禁奢法令所限制的、象征更高地位的服饰可能会更加容易。更重要的一点是，罗耶的收藏品在一个鲜活的民族志经典案例中发挥了衣柜的作用。通过中国的艺术品和手工制品，一些欧洲精英可以接触到一个在遥远的、官方上仍然封闭的土地上的有关生活的视觉现实和物质纹理。这种强制要求中国国民以欧洲观察者所坚持认为真实的方式来穿戴和表现的情形，一直持续到摄影技术的崛起。

罗耶和陈阿细在省督面前的表演也等同于荷兰风格的一种戏剧化表达。在其中，一个在彼处的启发式人物——他意味着遥远和未知——解释了此处的、熟悉的事物。令人惊异的类比发生在文学小说中，其中引人注意的是奥利弗·哥德史密斯（Oliver Goldsmith，1730—1774，他

1　Jonathan Hay, *Sensuous Surfaces: The Decorative Object in Early Modern China*（London: Reaktion Books, 2010）, p.13.

曾是莱顿的一名医学生）的作品。受到孟德斯鸠《波斯人信札》(*Lettres persanes*) 的启发，哥德史密斯从1760年起出版了另一系列书信《世界的公民》(*The Citizen of the World*)。哥德史密斯采取了一个虚构的局外人的视角，通过旅居英国的中国人李安济 (Lien Chi Altangi)，对当时英国最为放纵的中国风时期的种种方式进行了尖锐的评论。时尚专家们炫耀他们具有中国风格的艺术品、室内设计、建筑物和景观特色，真诚而又自欺欺人地相信一个中国观察者可以证实他们的预想是准确的。罗耶没有意识到自己也落入到同样的陷阱中：艺术和物质文化并不能在不被另一种文明干扰同化的过程中自动解释其所属的文明。

二、对艺术的解释——民族志的调查和搜集

为了搜集和活化现在被保存在民族志收藏品当中的艺术和物质文化，许多博学的社会群体和博物馆提供了多样化的认知结构。然而，只有到19世纪晚期欧洲"中国艺术"这一类目出现，新的优先事项才开始出现，证明荷兰鉴赏家寻找物品——或者是愿意接受同样物品——并将其展示在艺术博物馆里的做法是合理的。这一转变将在接下来的部分进行讨论。

18世纪，离罗耶所在海牙十分遥远的中国南海，存在着早期荷兰民族志的艺术收藏的历史。建于1778年的巴达维亚艺术与科学协会（Batavian Society for Arts and Sciences）搜集了一大批物品，其中也包含了中国文物。这些物品最终为印度尼西亚国家博物馆（National Museum of Indonesia）奠定了基础。之后，随着殖民财富回归阿姆斯特丹以及随后19世纪荷兰经济的复苏，本土的基金会出现了。荷兰皇家东南亚与加勒比研究所（它的英文名字并非是荷兰语 Koninklijk

Instituut voor Taal-，Land-en Volkenkunde，即 KITLV 的翻译）和印度学会（het Indisch Genootschap）分别成立于 1851 年和 1854 年。这两个研究机构将其图书馆资源集中到一起，由此形成殖民图书馆（Koloniale Bibliotheek）逐渐增多的民族志的知识资源。19 世纪末的一个重要机构是东西方协会（Vereniging Oost en West，1899），它出版了时事通讯《殖民周报》（*Koloniaal Weekblad*），其中报道了当时协会偶尔举办的、被称为"东方应用艺术"的展览。

和建立其他欧洲博物馆的历史一样，民族学博物馆伴随一系列高度多样化的知识潮流而创立。莱顿的国立民族学博物馆（它最早的藏品是在 19 世纪初搜集起来的）正式建立于 1864 年。1883 年，它承担起保存罗耶手工艺品的责任，这些工艺品在同年罗耶的珍奇屋消失后多少被忽视了。博物馆最引人注目的一次展示试图囊括整个 19 世纪的视觉经验，这次尝试发生在阿姆斯特丹动物园（Aritis）。动物园建立于 1838 年，其负责人很快决定实施一种林奈式的全体性收藏和展示。动物学资料（例如保存的标本）、地质碎片和民族志资料被一起放在自然科学博物馆中。这所博物馆更为流行的名称是"大博物馆"（"het Groote Museum"），它于 1851 年对公众开放。这些收藏品很快就发展得超出存放它们的场所的最大容量，于是这些民族志物品被重新放置，并被不光彩地标记为"小博物馆"（"het Kleine Museum"）。然而，随着民族志在荷兰政治界的兴起，以及 1888 年阿姆斯特丹建立阿提斯民族学博物馆（Ethnographic Museum Artis），新的希望出现了。不久之前，鹿特丹的民族学博物馆（现在是世界博物馆）于 1885 年开放。1910 年，皇家热带学研究院的先驱殖民研究所于阿姆斯特丹建立，该研究所对哈勒姆附近的殖民博物馆（建于 1864 年）以及最近新成立的位于动物园内的民族学博物馆负责。[1] 热带学研究院的庞大总部建成于1926年，正好来得及见证荷兰殖民计划的暮年。不过，作为荷兰后殖民时期知识交流的中枢，这一研究机构得以继续留存。

正如19世纪其他欧洲政权的殖民历史一样，荷兰殖民主义也促进了宗教传道士与海外社群的接触，同时促进了他们对日常工具以及对被确定为是这些社群的艺术品的搜集。这些活动的物质遗产十分丰富，它们现存于一些小型的民族志收藏以及一些更有名的荷兰国立博物馆中。[2] 这种收藏活动一直持续到了20世纪，但人们只研究了有天主教会会众参与的情况。1854年到1910年之间，有将近1 000名天主教传道士离开荷兰。在20世纪初至第二次世界大战前夕，他们的总数超过2 500名。这一数量对于一个欧洲国家而言是很多的，尤其是将其与1 920年间在中国的大约5 000名美国新教徒相比。[3] 一个尤其有趣的荷兰群体是圣言会（Societas Verbi Divini），它是由德国神父杨生（Arnold Janssen，1837—1909）于1875年在芬洛附近的斯泰尔建立的。[4] 安治泰神父（Pater Anzer）是最早去中国的斯泰尔神父之一，他带着一系列收藏品于1889年回国，但是关于这些收藏早期存在的记录已经丢失。

---

1 Renée Steenbergen, "De Vereniging van Vrienden der Aziatische Kunst in het Interbellum: deftige verzamelaars, rijke donateurs en Indische fortuinen"（《20世纪20年代和30年代的亚洲艺术之友协会：奢侈的收藏家、富有的捐赠者和东印度的财富》）, Aziatische Kunst 38.3（2008）: pp.3-4.
2 相关概述，见 G. M. Coppus et al., eds., Kunst met een Missie（《带有使命的艺术》）（Maarheeze: Werkgroep Musea-Missie-Medemens, 1988）.
3 John King Fairbank, ed., The Missionary Enterprise in China and America（Cambridge, Massachusetts, Harvard University Press, 1974）, p.1.
4 有关这一命令的简要介绍，见 R. G. Tiedeman, "Shandong Missions and the Dutch Connection," in W. F. Vande Walle and Noël Golvers, eds., The History of the Relations between the Low Countries and China in the Qing Era（1644-1911）,（Leuven: Leuven University Press, 2003）, pp.271-298.

其他藏品随之被带回国，一所独立的博物馆也于 1931 年开放，然而随着馆长于 1934 年去世，博物馆的藏品再无增加。早期的照片展现了这些满当当的综合性展览，其规模类似于曾经在阿姆斯特丹动物园展出过的那些。不同之处在于，这些藏品被装着一件染血法衣的遗物箱赋予了宗教的神圣性，这件法衣曾被两个斯泰尔神父穿过，这两人于 1897 年在中国被杀。最近这所博物馆重新恢复了它在 20 世纪 30 年代的布局和风格。这让一些 20 世纪中期生长在荷兰的人回想起乡间和邻里的教育和娱乐性的民族志呈现，以及中国和其他遥远地方的流行事件——其中常常包括电影。这些地方被物质和社会差异所定义，当然也被荷兰公众的自我知识所定义，是宗教感兴趣的对象。[1]

荷兰第一位专业的民族志学家在踏上中国的土地之前，就坚决脱离了他的教会。高延对民族志的长久贡献（这不少于他在更为广泛的意义上对荷兰中国研究的贡献）值得我们对其特别评论。因为决意通过全面关注宗教信仰的内容和形式来解释中国文明，高延分别于 1877—1883 年和 1886—1890 年访问中国与荷兰在印度尼西亚的殖民地。这一时期他在东亚的足迹令人想起之前所提到过的，即高延进行民族志搜集的时间正好是罗耶的中国藏品在荷兰引起国家关注并可以被公众参观之时。今天，高延首先被公认的贡献是其对中国宗教生活的开创性研究《中国宗教体系》。这部作品计划共有十二卷，其中六卷于 1892—1910 年问世。虽然高延最先于 1877 年在厦门登陆，但出于他的许多外交职责和学术兴趣的需要（他于 1892 年辞去在殖民地的职务），他也在中国之外的港口和领土活动。他大多数具有开创性的民族志和中国宗教研究都是

---

[1] 与作者之间的轶事交流，也可见于曾经被称为 Algemene Misssie-Aktie Tentoonstelling, AMATE（传教行动展览）的公理会展示品回忆录，以及中国展览的照片，见于 Coppus, *Kunst met een Missie*, pp.58-65。

在东南亚的华人聚集地完成的。

考虑到他将中国的宗教信仰理论化，认为这是一个延续多个世纪的、由许多互补部分组成的整体，他从未对艺术在这一过程中的贡献发表自己的看法就有些令人失望了。同样，有关19世纪民族志主题的艺术史研究也没有对高延进行任何令人满意的深度回顾。2001年，华盛顿特区举办了一场令人难忘的有关中国祖先肖像的展览，这场展览认可了高延的成就，但并未进一步展开他任何有用的见解。[1] 例如，用高延的话来说，信仰和礼仪在中国长期存在，是否是因为被严格遵循的规定只能产生出最为保守的宗教表现形式和这些表现中的艺术表达？他没有给出明确的答案，但在他的写作中，他假设他所遇到的对象形式几乎没有受到任何变革力量的影响。在对一幅画进行功能性探讨时，高延揭示了他的这一设想，即西方艺术是动态的，而中国艺术史则明显不是这样的。当他解释中国葬仪中肖像画的用途时，高延征引了一个欧洲的例子，即在巴黎举行的查理六世国葬的特征是将他的尸体展示在一幅大型肖像画下面。[2] 高延的这一例证是基于他的一个正确信念：即过去欧洲的惯例现在已死。但这也允许19世纪对欧洲有一个摆脱传统、迈向现代的共同投射，这种形象比一个一无所有、等待现代性遥远曙光的中国要先进。

指责高延没有像后世人那样想象中国社会是不公平的。他的解释体系除了极具原创性外，也建立在一种对中间立场的非比寻常的共鸣之上。他将中国历史文本和哲学颂歌作为通俗记录来阅读，超越了知识分子在传播和校对这些文本时经常对其所做的虚假主张。这无疑会对西

---

[1] Jan Stuart, *Worshipping the Ancestors: Chinese Commemorative Portraits* (Stanford: Stanford University Press, 2001).

[2] J. J. M. de Groot, *The Religious System of China* (Leiden: E. J. Brill, 1892), vol.1, p.173.

方学者如何看待中国古典文学产生强烈影响。[1] 即便今天人类学家和艺术史学家不再将静止状态视为理所当然，几乎所有学者仍将高延视为先驱，他不是在儒、释、道三教的官方描述中构思宗教思想，而是更恰当地将其作为一种全然的天主教统一观念下的产物。[2] 最近，这一观点大大丰富了学者研究中国宗教内容、语义和艺术功能的方法。例如，在分析仅供佛教徒使用的宗教神龛时，或者在论证古代艺术中的符号和人物与同一时期的历史知识完全吻合时，人们比以往要谨慎得多。

这一时期高延对视觉和物质证据的关注是非比寻常的，而这对他的观察又是至关重要的。几乎一到厦门，他就开始搜集物件，主要是有关当地信仰文化的样本。他独自搜集了这些材料，现在它们中的大部分都在莱顿的国立民族学博物馆中。然而，在他第一次和第二次中国之行期间，他和法国工业家爱米尔·吉美进行了会面，并于随后开始合作。吉美是一位热爱古代宗教和灵性的业余学者。他的项目资源丰富，他对埃及、东亚和南亚的宗教艺术进行搜集和学术出版，并将其展览在他于里昂（1879 年）和巴黎（1889 年）建立的公众博物馆中。

高延同意为吉美进行收藏品的搜集，后者希望得到中国神明的彩绘木制像，而不是高延在厦门第一年时搜集到的日常生活用具和艺术品。由于高延的努力，里昂的吉美博物馆得到了大约 250 座厦门地区寺庙的小雕像。另外大约 70 座神像位于莱顿的国立民族学博物馆。高延和国立民族学博物馆馆长林多尔·塞鲁里（Lindor Serrurier，1846—1901）的关系从紧张最终走向完全对立，这导致了他们的口头协定从未

---

[1] 关于高延对文学分析的现代相关性所做的富有同理心的建议，见 Glen Dudbridge, *Religious Experience and Lay Society in T'ang China*（Cambridge: Cambridge University Press, 1995）, pp.66–67。

[2] 关于这一观点最有见地的总结，见 Anna Seidel, "Taoisme: Re'ligion non-officielle de la Chine," *Cahiers d'Extreme-Asie* 8（1995）: pp.1–39。

被很好地实施，这一协议要求在一定程度上酬谢高延为民族学博物馆所做的收藏工作。相反，高延将这些材料送至莱顿的艾维特·简·博睿出版公司。很明显，这间公司在这一时期的业务并不仅限于出版。尽管许多有关其有趣贸易活动的文档都已丢失，我们也必须修正博睿在荷兰中国研究中的角色，以符合其在保护19世纪中国东南部的神像以及其他许多项目中所做的贡献。一个奇怪的循环插曲是，塞鲁里在1893年向博睿购买了同一批材料，尽管他曾拒绝接受高延的收藏，并满怀恶意地向政府告发高延"非法"接受了法国的一个国家级荣誉。

莱顿收藏木制神像的早期历史现在已经模糊，高延在其《中国宗教体系》（1892年）首卷前言中的不实言论也并未厘清这一点。[1] 然而，他也真诚地声称，虽然他已不再掌管自己的收藏品，但他将自己的《中国宗教体系》设想成对中国文明物质的长篇解释。考虑到中国的广阔疆域，他认为自己收藏的物件可以"形成一条完整链条，来阐明中国宗教生活中最重要的篇章"的观点似乎过于天真。但是如果认为这解释了他如何形成自己的收藏，那么这一论点的真实性将远超社会公认的正当理由，这一理由认为应当搜集被学术界奉为经典的艺术杰作。

高延送回法国和荷兰的神像是工厂制造寺庙艺术和艺术家个人实践的交汇。为了从广泛流行的宗教图像中搜集详尽的、有常见表征的样本，高延委托厦门当地的作坊来制作大多数他为吉美博物馆和莱顿收藏的物件。这并不是一种欺骗行为——爱米尔·吉美非常清楚他的收藏品来源于近年的作坊[2]——而是这一领域标准的民族志操作。1892年，当

---

1 对这一模糊记录令人信服的揭示，可见 R. J. Z. Werblowsky, *The Beaten Track of Science, The Life and Work of J. J. M de Groot*（Wiesbaden: Harrassowitz, 2002），pp.53-75。
2 1913年的里昂吉美博物馆指南指出，吉美期望高延可以获取或者委托别人来雕刻小雕像（Werblowsky, *The Beaten Track of Science*, p.59）。

柏林民族学博物馆决定获取一批类似于吉美这样的收藏品时，它要求福兰阁（Otto Franke，1863—1946，他之后定居在中国）委托上海的一家作坊生产近 400 件物品。¹ 然而，高延和福兰阁委任的本质并不完全如"作坊"一词所意味的那样。近来对湖南同类别宗教人物雕刻的研究成果表明，"作坊"还可以有更加微妙的含义。近期的这项田野调查表明，最多在三个世纪之前，雕刻者们就将自己的签名藏于作品之内（通常是图像背面一个被遮住的凹槽内），作为一种与图像所代表信仰的宗教效力紧密关联的艺术鉴赏行为。² 这种行为很可能在中国其他地区也很常见，其价值并不会因为它们是高延所收藏的不署名样本而有所折损。这是因为高延和福兰阁所批量订购和从当地社区出口的这些图像几乎肯定剥夺了雕刻者表达其作者身份的正常期望。

　　高延对艺术和物质文化研究的另一早期贡献是他的研究方法，尤其是他为制作视觉记录制定了严格标准。他为自己在 1885 年年末开始的第二次征途所做的准备是具有启发意义的。可以想见，他投身于他所希望用到的语言和文献中，但是他也花时间学习了摄影技术（最初他将自己的图片描述为"锌版画"）。这种 19 世纪晚期领先的科学观察技术中的学徒训练标志着早期对记录中国人类学田野调查的物质现实的关注。人们也不应遗忘高延忠诚而杰出的追随者沙畹的经历。1907 年，沙畹在一位中国摄影师的陪同下，在中国东部进行了一次更具考古性质的调查。然而，由于制造视觉记录过于昂贵，直到大约 1933 年朱偰（1907—1968）出版了他在南京和附近考察古迹和建筑的调查时，这一

1　Werblowsky, *The Beaten Track of Science*, p.68.
2　Alain Arrault and Michela Bussotti, "Statuettes religieuses et certificats de consécration en Chine du Sud (xviie-xxe siècle)," *Arts Asiatiques*, 63 (2008): pp.36-60.

方式才成为中国田野调查的优先选项。[1]

不论是对一门正在发展的学科的研究，还是对一个地区的诠释，高延所做的学术努力都领先于他的时代。一些人将早期民族志看作对已经建立起来的新教价值观的威胁。即使如莱顿神学家威廉·范·梅南（Willem van Manen, 1842—1905）这样激进和现代的评论家也在1876年发表文章，向读者们讽刺性地谴责了民族志的假设前提。当时的读者仍然对将神圣事物看作科学研究的对象这一观念感到不适。[2] 这一最初的抵制会衰落，但它仍有可能以一种更强有力的合作方式存续一段时间。这种合作的一方是19世纪出现的民族志、社会学和民俗研究，另一方则是作为德国哲学产物的艺术史。高延研究艺术的方法引起了作家和记者们的反对，他们急切渴望将中国想象成为新神秘主义和灵魂深处的化身：讽刺的是，来自中国的最为乡土的宗教艺术制品却恰好为爱米尔·吉美提供了这种需求下的精神慰藉。在那些试图对中国投射更为诗意的看法的人中，博雷尔尤为值得注意。作为一名在殖民地服务的汉语翻译员，他回到荷兰之后在新闻、小说与评论业开展了自己的文学生涯。当然，高延用来代表"中国特征"的字眼在今天读起来并不令人愉快，但是博雷尔本也可以从这一时期的文献中收集到很多关于种族和国家特征的傲慢的欧洲言论。相反，博雷尔忽视了高延已有的贡献，而攻击其作品不恰当的鉴赏以及正统艺术史方法的缺乏，在当时以时尚史为中心的理论仍然主导着艺术史研究。高延委托他人制作宗教艺术品，而不是采用更为漫长以及被国际市场所驱动的过程来搜集艺术品的行为尤其激怒了博雷

---

1 朱偰：《金陵古迹图考》（上海：商务印书馆，1934），此书于2006年再版，名为《金陵古迹名胜影集》（北京：中华书局）。
2 "Ethnologie"（《民族学》），*Vaderlandsche Letteroefeningen*, 115.1（1876）: pp.517-555.

尔。[1] 博雷尔的攻击对象即是半个世纪后被布尔迪厄（Pierre Bourdieu）所承认的社会学的"还原的、通缩的不可知论"[2]。在他咒骂式的评论最后，博雷尔声称会写出真正配得上中国的艺术史。他在几年后的确实现了这一承诺，但仅仅表现在写了一篇关于将中国的文学审美转变为绘画的极为衍生的文章中。[3]

不幸的是，高延和他的部分贬低者之间互相指责，这加剧了高延定居柏林后人们对他更为广泛的不信任，但这对学术界和公众对他的作品产生更大同情心的可能性几乎没有影响。一个更为严重的不利之处或许是在荷兰之外（而非荷兰国内），人们对他的博物馆表现出更多的热情，这使得学者错失了最先将荷兰的中国研究融入新层面的物质和视觉知识的机会。从更普遍的意义说，公众对欧洲博物馆画廊中民族志展览的兴趣正在消退。1913 年，巴黎的吉美博物馆——由于其轻视民族志搜集中的科学原因和法国各省的地位——计划将吉美的（也就是高延的）厦门神像转移到从前里昂的吉美博物馆［现在已被并入汇流博物馆（Musée des Confluences）］。里昂的吉美博物馆是现在巴黎同名博物馆的先驱，在那里这些厦门神像一直被保存至今。先被送往莱顿的神像很快进入一个甚至更为晦暗的时期，但幸运的是，20 世纪 90 年代后期，莱顿民族学博物馆完全重修后，情况发生了逆转。同时，正如 1913 年巴黎吉美博物馆做出的决定所暗示的那样，人们正以新的力量和决心朝着一个不同的目标发展，即将中国的物质现实置于 19 世纪晚期经过集中整修的美术馆的神圣范围内。

1　Henri Borel, "De Nederlandsche sinologie," *De Gids*, 76/1（1912）: pp.262-274.
2　Pierre Bourdieu, Alain Darbel and Dominique Schnapper, *L'Amour de l'arl: Les musées d'art européens et leur public*（Paris: Éditions de minuit, 1996）, p.161.
3　"Chineesche Kunst"（《中国艺术》）, in Henri Borel, *De Geest van China*（《中国精神》）（Amsterdam: Maatschappij voor goede en goedkoope literatuur, 1916）.

三、艺术的理想——在美术馆中建立中国

最先在德国提出的两大观点深深影响了西方对艺术的态度。其一，温克尔曼（Johann Joachim Winckelmann，1717—1768）抵制了艺术的传记史学，例如像张彦远在《历代名画记》（*Records of famous paintings throughout the ages*，完成于 847 年，温克尔曼从未读过这本书）和乔尔乔·瓦萨里（Giorgio Vasari）在《艺术家的生活》（*Lives of the Artists*，1550，温克尔曼曾读过）中所提议的那样。相反，温克尔曼提出有知识的观众（而非艺术家）是最有能力阐释艺术的。这一重心的转变很大程度上使他创立了艺术批评。其二，海因里希·沃尔夫林（Heinrich Wölfflin，1864—1945）发展了自己的主张，即应当从无名的艺术史转向对民族性的艺术史分析。因此，他比任何人都更强烈地重申了黑格尔已建立起来的、将艺术作为民族精神的观念。以上这些观点在学术界、评论界和公众态度方面都具有非凡的生命力，而且它们也确实为 20 世纪初的荷兰大都市圈注入了活力：都市圈成员拥有从国际市场上获取艺术品并将之展现在荷兰公共艺术空间的决心和手段。

1918 年是荷兰历史上参与中国艺术的一个重要时刻，当时赫尔曼·维瑟（Herman Visser，1890—1965）、赫尔曼·威斯德多普（Herman Westendorp，1868—1941）以及其他一些人建立了亚洲艺术之友协会。这些成员很快就开始活动，仅仅一年之后就在阿姆斯特丹市立博物馆组织了协会第一场有关亚洲艺术的公开展览。这次展览的目录手册声明协会计划发展对亚洲艺术的欣赏、研究，对亚洲艺术品进行搜集，并在荷兰以及荷兰殖民地的博物馆中为亚洲艺术赢得一席之地。手册背面的广告显示出当时一些阿姆斯特丹（Firma A. Mak；Van Veen &

Co.)和海牙的荷兰收藏贸易场所（Kunstzaal Kleykamp）。[1] 然而，贸易绝非唯一的供货来源。阿姆斯特丹的展览也向莱顿的国立民族学博物院借来一些重要物品。即便有这种合作参与的记录存在，该协会仍然致力于为亚洲艺术建立特定类别的博物馆式的存在，这表明协会无视荷兰殖民政府搜集物品并维护博物馆展览的努力，这些努力在上一节中已有简单说明。事实上，1919 年展览目录简介的作者塔科·伯恩哈达·罗达尔（Taco Bernhard Roorda）阐明了一种理想的审美鉴赏：在这种理想中，一件艺术作品不被视为表达艺术家个人短暂的、偶然的优先事项的"人类记录"（document humain），而是一种对永恒的启示性价值的更深层表达。这些价值用今天的术语来说就是"变革性经验"，它摆脱了时间和空间的限制。

更广泛的欧洲思想趋势可以解释亚洲艺术之友协会兼收并蓄的兴趣，不过这一充满活力的组织的社会构成同样也可以解释这一点。在当时的荷兰艺术圈中，许多协会成员迫切希望获得和展示亚洲艺术品。协会的第一届主席赫尔曼·威斯德多普向自己的妻子贝迪西·奥西克（Betsy Osieck，1880—1968）分享了自己收藏亚洲艺术品的热情，后者是阿姆斯特丹乔夫斯（Amsterdamse Joffers，一个阿姆斯特丹及周边地区的晚期印象主义派女性艺术家群体）的杰出成员。这一时期，将创新性作品和多文化收藏兴趣结合起来的趋势并不罕见，这似乎是欧洲艺术家试图描述其地位和意图的一种主要战略——伦勃朗曾经如此，之后毕加索也是如此，后者的热情来源于非洲艺术。另外一个例子是荷兰艺术家吉斯（西吉斯伯特）·博施·赖茨〔Gys（Sigisbert）Bosch

---

1 T.B. Roorda, *Catalogus der Tentoonstelling van Oost-Aziatische Kunst*（《东亚艺术展目录》）（Amsterdam: Sredelijk Museum, 1919）. 其他重要公司的名字见于 Steenbergen, "De Vereniging van Vrienden der Aziatische Kunst," p.7.

Reitz，1860—1938］，他为亚洲艺术之友协会在 1919 年举办的展览提供了意见。赖茨逐渐放弃了绘画并转而为纽约的大都会博物馆购买日本瓷器。1915—1927 年间，他在那里担任策展人。此后，作为一名被忽视的画家和阿姆斯特丹、卡特韦克、拉伦的著名艺术庄园的参观者，博施·赖茨又重新声名鹊起。但是，在他的博物馆生涯中（他现在穿梭于纽约和东京之间），博施·赖茨甚至有时间设计日本扇子，这进一步将他实践艺术家和东方学者-鉴赏家的身份协调了起来。[1] 现代实践和东方文物研究的结合也同样影响了协会收藏的优先顺序。例如，一篇关于威斯德多普闻名遐迩的当代荷兰绘画作品收藏的详尽描述就评论说收藏家本人也长期收藏古代亚洲艺术品。[2] 这篇新闻摘要强调亚洲藏品在定义欧洲现代主义时所承担的次等地位，也同样强调新的亚洲艺术不可能成为任何收藏事业的目标。

和当时的荷兰艺术圈之间的联系也解释了为什么阿姆斯特丹创意艺术研究院的一个狭小空间会提供给亚洲艺术之友协会作为展示场所，这一场所每周向感兴趣的公众展示几小时协会成员的收藏品。协会很快就有了更高的目标：举办更多的展览。一些成员自主踏上了去印度、印度尼西亚和东亚学习艺术的旅程；1929 年协会开始出版一本刊载这些活动和其他一些活动的月报，即艺术杂志《视觉艺术月刊》(*Maandblad voor Beeldende Kunsten*)，并直到第二次世界大战之后还通过它维持通信交流。最惊人的是，也是在 1929 年，协会成员自筹了十五万荷兰盾，用来设立一个艺术收购基金。考虑到 10 月 24 日纽约的股票交易

---

1 Truus Ruiter, "Bosch Reitz bleef zijn leven lang zoeken naar mooie dingen"(《博施·赖茨终其一生在寻找美丽事物》), *Volkskranat* 5 July, 2002（www.volkskrant.nl）.

2 H.F.W. Jeltes, "De Collectie-Westendorp"(《威斯德多普的收藏》), *Elsevier's Geïllus-treerd Maandschrift*, 64（July, 1922）: p.6.

崩盘，这一大胆的行动几乎是预见性的：它将亚洲艺术之友协会转变为在欧洲艺术市场上鉴赏和收藏的强大合作力量。更为不凡的是协会追求将国际化的艺术收藏和推迟建立新博物馆的计划进行结合的策略。协会的共同目标有效地确保了一个没有任何前提的全国性收藏的存在。幸运的是，数年耐心的协商之后，为亚洲艺术博物馆借用身份的可能性于1932年出现了。当时亚洲艺术之友协会的策展人维瑟再次获得了阿姆斯特丹市立博物馆提供房间的长期租约。协会在这里正式提出了亚洲艺术博物馆（Museum van Aziatische Kunst）这个名字，并和受邀而来的柏林、布鲁塞尔、伦敦和巴黎的宾客一起庆祝了博物馆的成立。所有人都知道，此时的柏林为系统地展示、组织和研究东亚艺术收藏品提供了最为全面的欧洲模式。[1]

亚洲艺术之友协会一些最有价值的藏品，例如中国青铜时代的工艺品、各个时期的瓷器、著名的木制观音像、其他佛像和墓葬模型，以及一些印度和日本物件，都是1930年协会资金充裕时搜集的。这些成功搜集前现代艺术品的努力，几乎没有展现出与中国艺术市场的直接接触。这种与离本国更近地方的交流，尤其是与德国的交流，在某种程度上解释了为什么荷兰博物馆中收藏的中国绘画、书法和其他形式的艺术品在数量和质量上都无法与其他更大的欧洲国家收藏相比。不像英国、法国、德国、日本和俄罗斯，荷兰也没有从探索中亚（尤其是对敦煌）的考察中获利。正是利用这些考察，这些国家的国立博物馆得以扩大它们的馆藏。

20世纪的大多数时间里，无论是为了民族志陈列，还是为了艺术

---

[1] Pauline Lunsingh Scheurleer, *Asiatic Art in the Rijksmuseum, Amsterdam*（Amsterdam: Meulenhoff, 1985）, pp.9-21; Steenbergen, "De Vereniging van Vrienden der Aziatische Kunst", pp.3-16.

展览，荷兰收藏物品的不同目的都未被清楚声明。事实上，执行各自目的的支持者经常会获得融合了这些类目的对象。此外，民族志的权威人士在抑制了他们对欧洲视觉美学的喜爱方面，也并不会比艺术收藏家们更成功。一个很好的例子是一尊木制观音立像。这尊雕像是国立民族学博物馆于1952年购入的，它既是一座功能性的雕像，又是卓越审美的一种可塑形式。它在20世纪的历史中是一个范例，即民族志坚持的所谓中立性并非总是与西方艺术评论的理想相抵触。在伦敦的伯克利画廊购得这件雕像之前，它是属于山中定次郎（Yamanaka Tejiro）的藏品。19世纪90年代以后，山中定次郎的艺术事业显著地塑造了欧洲和美国的中国艺术审美。[1] 山中甚至将中国艺术品卖给1911年之后被废黜的清代宗室（译者按，实际上是从恭王府购买中国艺术品），并于1919年在伦敦开设了分店。前述的观音像就是在这里展览的，当时一位瑞典的艺术史家喜仁龙将其图片收入自己对中国雕刻所做的一个简短的历史调查中。[2] 喜仁龙所展示的照片中，雕像的手臂和脚都是后来修复的结果，但毫无疑问仍然有几百年的历史，但至1952年时，一位修复者已经将它们摘除了下来。这一坚决的审美干预显示出，当修复会减损一件文物只能由它最古老的年代（在这一案例中是13世纪）来定义的原始真实性时，西方所表现出的敌意。在后来的时代中所进行的物质添加代表了一种对物质维护的侵犯，由于其干扰了西方评论家试图将艺术融入其最初被创造出来的历史条件中，这种侵犯受到了谴责。

亚洲艺术之友协会对古代艺术的关注并非是绝对排外的。协会与德

1　Yuriko Kuchiki 朽木ゆり子, "House of Yamanaka": Tōyō no shihō wo Ō-Mei ni utta bijutsushō ハウス・オブ・ヤマナカ、東洋の至宝を欧米に売った美術商（《山中定次郎：将东洋至宝卖至欧美的美术商》）(Tokyo: Shinchosa, 2011).

2　Osvald Sirén, "Studien zur chinesischen Plastik der Post-T'angzeit," Ostasiatische Zeitschrift, NS 4 (1927-1928), fig.26.

国博物馆界的紧密联系带来了一个卓有成效的结果,那就是展览了 80 件中国当代和近期的绘画作品,这一事件几乎完全被后世所忽略。在主管奥托·库默尔(Otto Kümmel,1874—1952)和后来东亚艺术博物馆(Museum für Ostasiatische Kunst)的年轻策展人维多利亚·康塔(Viktoria Contag,1906—1973)的指导下,这一展览最初是于 1934 年年初在柏林举办的,共展出 274 件作品。因为这场展览在 1931 年于同一场合举办的一场类似的、关于同时期日本绘画的展览之后,对柏林中国绘画展的反响大致反映出欧洲公众对日本和中国现代艺术的不同反应:这场日本展(日本在世画家作品展,Ausstellung von Werken Lebender Japanischer Maler)吸引了 22 313 名参观者,而中国展则只吸引了 13 000 名参观者。[1]

1934 年 5—6 月,由亚洲艺术之友协会和荷兰-中国协会共同赞助的这场在荷兰的中国画展从阿姆斯特丹市立博物馆迁到了海牙市立博物馆。南京国民政府赞助了在德国和荷兰的展览,其中中国组委会的成员包括了刘海粟(1896—1994)。刘海粟是画家、教育家,并在上海的现代艺术领域少年得志。他 16 岁时在上海建立了中国第一所美术学校。他为德国和荷兰的展出目录写过一篇非常传统的文章,认为他的绘画选集表现了近来的这些风格趋势,其选集包含了他令人深刻的 12 幅画作以及他的新任妻子成家和的一幅画作。现代性除了个人冒险之外什么都不是!这些展品的照片很少被出版,甚至更少有幸存下来的,但是目录名单几乎全都由清末民初时期主要的活跃画家构成:高剑父(1879—1951)、高奇峰(1889—1933)、黄宾虹(1865—1955)、潘天寿(1898—1971)、溥心畬(1896—1963)、齐白石(1864—1957)、任

---

[1] Herbert Butz, *Wege und Wandel: 100 Jahre Museum für Ostasiatische Kunst*(Berlin: Museum für Ostasiatische Kunst, Staatliche Museen zu Berlin, 2006), p.48.

伯年（任颐，1840—1895）、王一亭（1867—1938）、吴昌硕（1844—1927）、吴湖帆（1894—1967）、徐悲鸿（1895—1953）和张大千（1899—1983）。一些画作在柏林和后来荷兰的展览中被卖掉，但是今天我们只知道其中几幅的下落。[1]

即使第二次世界大战也没有阻止不屈不挠的赫尔曼·维瑟，他痴迷于维持亚洲艺术之友协会的持久度和曝光度。战争刚结束时，他调查了比利时和荷兰私人收藏的中国艺术品（这是国家遭受创伤后的又一次盘点），希望这些藏品可以成为实现协会雄心的进身之阶，并因此获得一些赞同和成功。[2] 然而，摆在每个人面前的都是残酷的事实：20世纪二三十年代强大的联络网被摧毁了，柏林在中国和东亚艺术方面不再拥有学术优势。这一灾难影响了整个欧洲艺术领域，阿姆斯特丹市立博物馆也启动了一项新政策来搜集和阐释现代欧洲艺术。1952年，由于已经不适合保存在战前的地方，亚洲艺术之友协会的藏品被迁移到阿姆斯特丹国家博物馆的一个特别展览区中。在这里，博物馆的亚洲艺术部于1965年成立。亚洲艺术之友协会现在已经实现了它的长期抱负，即希望将藏品嵌入荷兰首屈一指的艺术史展出平台，并将中国以及其他亚洲文化放置在一个在历史上被称为艺术的空间之中。这一成功来得恰逢

---

[1] 一幅没有标明任何来源的徐悲鸿风景画出现在 Peter Thiele 的 "Chinaspezifische Ausstellungen in Berlin von 1880 bis zur Gegenwart" 中，见 *Berlin und China: Dreihundert Jahre wechselvolle Beziehungen*, ed. Kuo Heng-yü（Berlin: Colloquium Verlag, 1987），p.143。Shelagh Vainker 的文章《伦敦的现代中国画，1935》（"Modern Chinese Painting in London, 1935"）中讨论到其他展示这一艺术的欧洲场所——在8个欧洲国家14个城市中的至少17场展出，见 *Shanghai Modern: 1919-1945*（exhibition at Villa Stuck, Munich and Kunsthalle, Kiel, 2004-2005）, eds. Jo-Anne Birnie Danzker et al.（Munich & Ostfildern-Ruit: Villa Stuck & Hatje Cantz Verlag, 2004）。

[2] H.F.E. Visser, *Asiatic Art in Private Collections of Holland and Belgium*（Amsterdam: De Spieghel, 1948）.

其时。中国艺术史即将迎来新的关注,并在荷兰学术界得到更为清晰的定义。

四、艺术的历史

荷兰对中国艺术史的兴趣主要涉及绘画、出版和瓷器制造的历史。近来,荷兰也对现代艺术和近来先锋艺术的发展感兴趣。荷兰对西方中国艺术史书写的第一个重大贡献出现在 20 世纪中期,这最为显著地表现在绘画史领域中。考虑到这一领域最初是如何专门强调绘画的早期历史的,亚洲艺术之友协会希望在 1934 年组织 19、20 世纪中国绘画的展览就显得更加引人注目。举办展览之时,可悲的偏见仍然支配着很多欧洲评论家,他们认为现代中国绘画不值得收藏,更不用说去讨论了。翟理思在他专横而又带有偏见的中国绘画史中自信地总结——这是一本由上海出版商 Kelly & Walsh 出版的、带有莱顿印记的出版物——中国绘画史在 1644 年就已结束,"我们不打算对现在这个朝代的画家增添任何描述"[1]。他甚至补充(不过之后又从第二个版本中去掉了),"在明人中就已经显现的衰落,如今已经稀松平常了"。亚瑟·伟利关于中国绘画的研究以名为"元朝及之后"的章节作为结论,并终止于 17 世纪的两个主要画家。喜仁龙的两部著作(1936,1956—1958)只稍微推进了一点,终止于 18 世纪初期的画家们。美国关于中国绘画的批判性写作也采用了相同的模式。如果这些学者(他们都能阅读德语)能够更关注夏德(Friedrich Hirth,1845—1927)于 19 世纪 80 年代开始创作的

---

1 Herbert Giles, *An Introduction to the History of Chinese Pictorial Art*. 2nd ed.(London: Quaritch, 1918), p.198.

著作，他们可能就不会以简单化的偏见来看待中国的 18、19 世纪。夏德原本是中国海关总税务司的一名官员，之后又成为哥伦比亚大学研究中国问题的教授。1905 年，夏德用英语出版了他关于清代绘画的自传性叙述。这部作品的各方面是浅显的，但它是根据夏德自己在扬州和镇江周边城市从事收藏时所做的笔记而来。这一点使其成为一个高度原创的资料来源。它有时候读起来像是一部晚清艺术市场的民族志描述，而诱人的是这些描述似乎永远都不嫌多。[1]

在一段时间里，荷兰学者们为推翻某些统治性的陈词滥调所做的贡献并不比其他群体更多。在今天看来，维瑟关于亚洲艺术的优雅综合有趣地记录了 20 世纪中期艺术收藏家和评论人如何将东方艺术想象为一个有些缥缈的群体，他们几乎不参考在如此多不同的地理和历史现实中决定艺术存在的本土理论。到了 20 世纪 50 年代，这一类型的思考被更为专业的学术研究所赶超。这些研究人员在大学中受到过语言和文学研究训练——文学研究训练这一点在一定程度上会被高延所嫉妒。不管这些人将艺术史看作自给自足的研究项目还是机构之外的兴趣，他们将艺术史更深地嵌入到了国际学术的话语中去。

美裔莱顿学者艾惟廉的两卷张彦远《历代名画记》的译著是具有里程碑意义的出版物，它加深了汉学家和艺术史家对中国最早的艺术书写的规模和性质的理解。[2]《历代名画记》完成于 847 年唐朝统治时期，作为对绘画史最为完善的考察，这部著作包含了唐早期和唐之前关于图像的理论、有关绘画起源的历史和神话、著名画家的传记，并评论了唐朝

---

1 Friedrich Hirth, *Scraps from a Collector's Note Book: Being Notes on Some Chinese Painters of the Present Dynasty* (Leiden: E.J. Brill, 1905).
2 William Acker, *Some T'ang and Pre-T'ang Texts on Chinese Painting*, 2 vols. Leiden: E.J. Brill, 1954 & 1974.

及唐之前的收藏。艾惟廉对这一极其多样化的文本长期保持着兴趣——从第二次世界大战前就已经开始——并重温了中世纪艺术评论的史学史议题，这些议题最先引起了夏德的兴趣。艾惟廉孜孜不倦地翻译一位在方法论上离奇甚至有时候模糊的唐代史学家的作品，这是一项巨大的功绩。最重要的是，艾惟廉的翻译以及他对一个中世纪对象的批判性解释，使这一对象成为一种新的历史想象。尽管画家的生平故事是《历代名画记》的主体，艾惟廉的批判性翻译标志着一种传记模式的转型，这种模式在中国和西方艺术史学方法中曾长期有效。同样重要的是，这一关键文本从其他中国的绘画文本中脱颖而出。这些文本数目可观，常常将艺术学说中个体声音的重要性进行升华，而这些学说被认为在历史上变化较少。艾惟廉的翻译建立在另一位美国学者亚历山大·索珀（Alexander Soper，1904—1993）大量的翻译和评论之上。后者大部分时间任职于纽约大学的美术研究所。索珀和艾惟廉的成就是后人翻译研究工作的引导和资源。其中最为显著的是哈佛学者苏珊·布什（Susan Bush）和她香港大学的合作者时学颜。她们的著作《中国的早期绘画文本》（*Early Chinese Texts on Paintings*，1985）一直是教师、研究者以及汉学领域以外有求知欲的学者的另一必备资料。[1]

许理和曾针对艾惟廉翻译作品的第一卷写过一篇具有洞察力的长评。这篇评论仍然是任何研究艾惟廉作品的必不可少的读物（他计划对艾惟廉第二卷作品的评论一直未曾实现）。[2] 早在一篇发表于1955年的关于古代绘画通过副本和赝品传播的短文中，许理和就已展现出他对

---

1 索珀的著作和文章以及布什更早期的研究，可见苏珊·布什和时学颜《中国的早期绘画文本》中的参考书目（Cambridge，Massachusetts：Harvard University，1985）。

2 Erik Zürcher, "Recent Studies on Chinese Painting: Review Article," *T'oung-pao* 51（1964）: pp.377-422.

艺术史的浓厚兴趣。[1] 这篇文章和他的评论（和许理和的广泛兴趣相比，这只能算是较低程度的产出）提供了新的书目学、语文学和社会学的视角。通过大量作品，许理和展示出一种不同寻常的能力，他将艺术、历史和宗教视为各自孤立的学术兴趣。相反，另一位莱顿的中国宗教学家施舟人用一种更为循环的方式将自己对艺术创造力的深入分析与他对道教哲学和宗教的主要学术贡献联系起来。[2]

特别是，许理和展现出如何用中国丰富的书目文献专业知识来把握中国的艺术史，尤其是现在还存有大量的宫廷和私人图书馆目录、百科全书和解释学方面的文章。许理和带来图书馆方面的专业知识，很多荷兰学者（本书其他地方提到的那些）在研究中国的多种历史方法中运用了这些知识，并取得巨大成效。中国图书馆形成了一个以绘画为主体的文化领域，赋予了"图"更广泛的内涵，包括地图、海图和图表。在他的评论中，许理和认可了艾惟廉的翻译成就，但也公正地批评了艾惟廉对中国文本的历史材料及其传播的不平衡研究。考虑到许理和自己在语言和社会方面的兴趣，他对艾惟廉翻译的评论为确立绘画史的历史词汇提供了一个有价值的新方向。在许理和看来，这一历史词汇大多首先从顾恺之（345—406）在世时的纯文学中借鉴而来。后来的文学研究和艺术史学者进一步发展了这一兴趣。尽管1955年许理和早期的一篇文章夸大了中国复制品对理想"真实性"的故意破坏（这一概念在西方美

---

1 Erik Zürcher, "Imitation and Forgery in Ancient Chinese Painting and Calligraphy," *Oriental Art*, NS 1/4 (1955): pp.141-146.
2 Kristofer Schipper, "The First Exhibition of Taoist Art in China," in *The Studio and the Altar: Daoist Art in China*, ed. Lai Chi Tim et al., Catalogue for an exhibition at the Art Museum of the Chinese University of Hong Kong (February 23 to May 11, 2008), pp.i-iv. 道家著作《庄子》对艺术、行为和普遍创造力的涉及可见于施舟人对《庄子》见闻广博的翻译，*De volledige geschriften: het grote klassieke boek van het taoïsme*, trans. Kristofer Schipper (Amsterdam: Augustus, 2007)。

学中更具有影响力），他很有可能是第一位高度重视中国艺术作品中社会学证据的西方学者：作为主体的人创造、鉴定真假、收集、经典化、售卖、保存或丢失，以及赞美或诋毁艺术的种种方式。年轻学者现在充分发展了这些主题，以西方的艺术史学理论来有效地对其进行修正。两篇最近的博士论文讨论了禅宗圣像中视觉图像的管控和流通，以及在不太便携的背景下道教寺庙的壁画制作。[1]

许理和也将自己的兴趣转化为教学。他设计出"中国想象"这门中国历史和文化的介绍性课程，用数千张幻灯片涵盖了约五千年中国聚落的生态、地理、考古和艺术。该课程的初衷是在视觉证据以及更为常见的阅读模式的基础上，提供中国文化在其历史发展中的基本介绍。莱顿的学生身处这样类似电影效果的课堂上，听着许理和滔滔不绝的评论，他们回忆说这是一种令人兴奋的交锋。棘手的（也是可预见的）版权问题限制了将这一课程发展成国际通用的视觉百科丛书的目标。另外，20世纪90年代，伴随着新的图像权限的合法接口的出现，视觉媒体在网络上崛起，这使得进一步发展课程的论点站不住脚。更令人遗憾的是许理和一直错误地认为，原始艺术作品的缺乏阻碍了荷兰的中国艺术史教学。[2] 这是一种老旧的观念——夏德在半个世纪前就同样抱怨过"标本"的缺乏——许理和本人熟知北宋艺术鉴赏家的笔记和文章，也非常清楚

---

[1] Paramita Paul, "Wandering saints: Chan Eccentrics in the Art and Culture of Song and Yuan China," PhD diss., Leiden University, 2009; Lennert Gesterkamp, *The Heavenly Court: Daoist Temple Painting in China, 1200–1400* (Leiden: Brill, 2011).

[2] 当艾惟廉被任命为乌得勒支大学中国历史文化兼职教授时，他在就职演讲 *Oosterse kunst in de United States*（《美国的东方艺术》）(Utrecht: Schotanus & Jens, 1970) 中对波士顿美术馆和华盛顿弗瑞尔艺廊的东亚收藏进行了描述，将其丰富的中国绘画艺术馆藏与欧洲藏品的匮乏进行了对比。

著名的中国艺术史讨论者关于艺术的有效言论建立在原始艺术品之上，但也建立在副本、赝品以及其他媒介产生的复制品之上。亲力亲为的鉴赏固然重要，但是20世纪晚期的艺术史研究在原始艺术作品之外的诊断工具方面也取得了巨大突破。进行文学研究的学者不会认为，没有看到杜甫诗歌的原稿就无法对其写作进行阐释。

关于真伪的问题，尤其是那些被归类为"原作"的任何类别的内容，很难阻碍高罗佩的学术进展，这种进展产生于他对最世俗和最日常的中国艺术和文学的神奇接触。他对中国艺术史的贡献主要有两部作品：他对明代情色艺术的研究（1951年）以及他对中国绘画鉴赏的研究（1958年）。虽然一直到2004年再版时，他的第一部著作才算真正出版，这本书仍然是他最为有名的作品。

《秘戏图考》（*Erotic Colour Prints*）只限量发行了五十本，是作者在日本外交旅居时的创作。它包括了八幅不同的整体或局部的明代情色印刷复制品，并将其与情色文学和性爱手册的历史调查和描述相结合，这些情色文学和性爱手册的创作年代从最早的封建王朝一直持续到明代晚期。奇怪的是，西方学界难以接受1644年之后的艺术家会作画这一点，现在却转变为这样一种假设，即17世纪之后的中国社会无法对同时代的情色进行想象。从某些方面来说，《秘戏图考》是其时代的产物。除了高罗佩主要将"erotic（情色的）"用作图像类别而将"pornographic（色情的）"用作文本类别，他并没有在两者之间进行概念的区分，这无法使现代理论家满足。也有人针对高罗佩所使用的某些图像是否真实起源于明代提出了疑问，因为高罗佩有关《秘戏图考》资料来源的主张有很多模糊不清的地方。这本书出版大约十年后，他决定刨平自己收藏并曾常用于生产新版画的木版，据说这些木版产生于明代,但这一决定并未完全消除相关的疑问。[1]

但是试图以某种方式指出高罗佩的错误就失去要领了。当然,20世纪50年代,像"性"这样亲密的历史主题需要作者——一位荷兰高官——去抛出诱饵并设置防火线(也许是对整个清朝而言),但这并不能减少他的成就,即展示艺术和文学如何在现在仍被视为禁忌的性行为的语境中发挥作用。与许理和(以及罗耶和高延)一样,高罗佩对艺术的社会学感兴趣,但又前所未有地将其延伸至行为、休闲和阅读习惯的心理状态中去。同样引人注目的是他类考古学的处理方法:他利用现存的碎片、材料工具(例如木版)和残缺的文本,有时候也利用伪造品,以此在物质事实的基础上尽可能地重新想象明朝及其之前的社会。偶尔将《秘戏图考》和高罗佩的小说(也设置在中国的历史背景中)进行对比是具有误导性的,因为他在自己小说中投入的研究和创造力,与创造一个完全不同的叙述世界的目标是相称的。

《秘戏图考》这一作品研究的坚实性也表现在它直接发展了有关晚明图像文本内容和形式的较为晚近的学术研究。柯律格(Craig Clunas)展示了性如何存在于图像经济之中,而图像经济的构建完全不同于(尽管并非完全孤立)本地和全球早期现代化背景下的图像流通。[2] 在他和其他人合作再版的《秘戏图考》中,伊维德将对图像的思考纳入明代著述业的历史、文本产生的方法以及传播或出版的形式中,这使高罗佩的

---

1 C.D. Barkman and H. de Vries-van der Hoeven, *Een Man van Drie Levens: Biografie van Diplomaat/Schrijver/Geleerde Robert van Gulik*(Amsterdam: Forum, 1993), pp.175-176. 另见于 James Cahill 和 Sören Edgren 对于高罗佩《秘戏图考》[*Erotic Colour Prints of the Ming Period with an Essay on Chinese Sex Life from the Han to the Ch'ing Dynasty*, B.C. 206-A.D. 1644, 2 vols(Boston, 1951 and Leiden: Brill, 2004)] 中某些印刷品真实性的怀疑。

2 Craig Clunas, *Pictures and Visuality in Early Modern China*(London: Reaktion Books, 1997), pp.149-171.

某些目标得以非常受欢迎地具体化了。¹ 在翻译和诠释情色文学中争议较少的范式《西厢记》(The Story of the Western Wing)时，文本与图像功能交叉中的问题已经引起了伊维德及其合作者的兴趣。姚大均（Yao Dajuin）主要考察了1498年版的《西厢记》，他的贡献是讨论了艺术家和出版商在阐明一个众所周知的爱情故事时所享有的创作机会。² 例如，姚大均引用了书中主角的视觉图像（尽管它们只被简单讨论了一下），这些图像以宗教偶像或肖像和在中国等同于图像的遗照这些不同形式呈现出来。这些图像的名称不仅暗示了读者和文本之间可能产生的多样的亲密关系，也揭露出图像的各种物质形式和表述类别的丰富性。姚大均只略微提到了高罗佩的作品，但他仍然参与并继承了对运用图像和表现形式的强调，这一点在更早时已经引起了高罗佩的兴趣，并很有可能由此发展出他的《秘戏图考》。

高罗佩在1958年出版的作品《书画鉴赏汇编》(Chinese Pictorial Art as Viewed by the Connoisseur) 更加值得注意。它的题目有点误导人，因为它始终是基于非常实用的鉴赏记录的调查，而与这类批评通常所用到的方法无关。《书画鉴赏汇编》的灵感来源之一是意大利学者朱塞佩·图齐（Giuseppe Tucci，1894—1984）。这是一位令人敬畏的语言学家——尽管他个人在政治上被误导了——他致力于一项西藏图像的重要研究。他偏爱艺术对于观者的意义所具有的功能、社会和礼仪语境，这为高罗佩如何着手诠释中国绘画的物质、空间和社会语境提供了灵感。如今看来普通的工作在那时是很新颖的，并且仍然值

---

1 Gulik, *Erotic Colour Prints*, pp.xxxi-lix.
2 Yao Dajuin, "The Pleasure of Reading Drama: Illustrations to the Hongzhi Edition of *The Story of the Western Wing*," in Wang Shifu, *The Moon and the Zither: The Story of the Western Wing*, trans. and ed. Wilt L. Idema and Stephen H. West (Berkeley: University of California Press, 1991), pp.437-468.

得参考。高罗佩很有可能是最后一位可以与直接了解晚清艺术和社会的那一代中国学者就《书画鉴赏汇编》中的各种话题进行对话的荷兰学者。

高罗佩知道,自从夏德之后,没有人再将近来或是当代的中国绘画当作艺术史中一种实际存在的主体。他强调,西方对中国绘画的了解落后于对中国瓷器的更为深刻的鉴赏力——后者确实是西方贸易和工业更为长久的痴迷所在——并认为这种不对称是基于一种将绘画定义为艺术而将瓷器定义为手工业的中国偏见。今天,学者们不会再使用这么绝对的分类,并且他们还指责西方人和那些长久痴迷于将瓷器看作典型中国艺术的中国观察者们。学者们也更加强调以创造力和复制品的寄生模式来解释内容和形式跨越媒介的传播,这些媒介主要指各种绘画、印刷和雕刻品。不过,在今天只有一部分材料可用的情况下,高罗佩就具有了了解绘画实践和理论的社会、物质、礼仪和典范情境的先锋意识,这种意识在今天多少都被视为是理所当然的。

事实上,高罗佩依赖大量中国的论述,这些论述与保存和整理画作的单调工作有关。这一情形提供了本体论的深刻见解和中国的理论化,这与任何西方表述史中的见解和理论形成了鲜明的对比。高罗佩详细引用了中国装裱绘画的多种方式,只有近来西方对欧洲艺术品裱框技术的兴趣才能与这些中国装裱方式的丰富性相匹配。"画框的艺术"(The Art of the Picture Frame,国家人像美术馆,伦敦,1996—1997)这一成功的展览是一次前所未有的重新阐释,这产生了一个充满活力的领域,该领域在以前很少被构建。任何一个进入中国作坊并参观其人员裱画的人都很难不被那种对材料、图像和"情境中的题名"("contextual autographs",高罗佩所用的术语)的处理所打动,这一处理和西方传统中的装裱和展示截然不同。

高罗佩无疑树立了一个榜样,激励学者们去探索被忽略甚至被回避的主题,他的成就现在仍然很难被超越,但很难说他代表了将艺术放置在其社会情境中的一种特殊的荷兰式偏好。一种共同的历史习惯是否通过罗耶、高延、许理和与高罗佩等人来传递?可能是的,但更难证明的是,这种历史习惯是否强调了一种具有跨国特色的看待艺术的方式。这或许是一项知识遗产,决定了近几十年荷兰学者如何倾向于避开中国最为精英的艺术和设计关注点。例如,鲁克思已经写过很多主题来表明这一趋势,但不论是在社会参与还是在语言或符号记录方面,他都没有忽视两极分化的情况。

鲁克思将建筑的技术和知识作为他第一个主要研究的对象。然而,只将此作为他对中国建筑史的贡献,就忽略了鲁克思在几个相关情境中翻译和讨论的更大范畴内的中文文本。《鲁班经》(*Carpenter's Manual*)是介于技术解释和品味指导之间的经典著作,它由大量关于制作各项物品(从大型木框到象棋棋盘和棋子)的说明构成。[1] 与之相似,鲁克思为一场高其佩(1660—1734)绘画展所做的详细目录将这些图像融入高其佩的时代背景中。这些绘画的怪异技术——它们是高其佩用手指所作的——象征了艺术家个人对当时整个绘画传统的对抗,而这一对抗同时也取决于当时的绘画传统,以便使其具有艺术意义。[2] 最后,鲁克思对于妈祖女神像的开拓性研究——这一神像展示在荷兰国立博物馆的一本独一无二的相簿中——毫无疑问将宗教研究中的荷兰力量与表征主题中的新鲜视角联系了起来。这一观点认为在严格的释、儒、道三教合一

---

[1] Klaas Ruitenbeek, *Carpentry and Building in Late Imperial China: A Study of the Fifteenth-Century Carpenter's Manual* Lu Ban jing, 2nd ed. (Leiden: E.J. Brill, 1996).
[2] Klaas Ruitenbeek, *Gao Qipei (1660-1734): Discarding the Brush—Schilderen zonder Penseel* (Amsterdam: Rijksmuseum, 1992).

中存在着的根深蒂固的思考习惯——这一习惯最近才受到了阻碍——被简单地忽略了。[1]

鲁克思的研究是荷兰最早对清代及之后中国艺术的思考之一。对中国最后一个伟大帝国的迟来的兴趣——这一凝聚多语言多文化的政权直到最近才获得历史学者的强烈关注——并不适用于荷兰对中国瓷器的关心。作为中国最具代表性的产品之一，瓷器的历史激起了西方几乎持续不断的好奇心。青花瓷主要生产于今天江西省景德镇这一伟大的制造业城市，它无可争议地被描述为世界上第一个全球品牌。长期以来，无论是在艺术、技术、社会行为或者全球贸易中，这些物品在荷兰生活中的存在和这个国家的盛衰密切相关。从中国南方山区拖运而来并从广州运送的真品，以及在荷兰当地制造的仿品（例如台夫特瓷器）都紧密地和荷兰的视觉文化融合在一起。黄金时代的室内设计师们将瓷器吸纳进复杂的、落地式的大规模陈列中，这些瓷器在同时代的绘画和印刷品中仍然能被辨认出，甚至还在18世纪早期莎拉·罗瑟（Sarah Rothé）的玩具屋（海牙市立美术馆）中被缩小了。瓷器与土耳其地毯、威尼斯玻璃杯、巧妙杂交的郁金香花、来自卡特韦克的盛着新鲜鱼的盘子、半去皮的柠檬一起进入荷兰绘画中。在欧洲完成装饰设计，并将瓷器运往中国由瓷器画家实现这些设计，可能诞生了一个同样引人注目的瓷器贸易时期。最受欢迎的设计包括家族纹章、扬着荷兰旗帜的商船，以及对乡村休闲以及距离它绝不太远的无情工业（例如远处的奇怪风车）的描述。同样的方式也被用于制作与中国习惯不符的委托样式，例如咖啡壶与郁金香支架。

这段历史大大激发了人们收藏伟大藏品的热情，这些藏品如今被

1　Klaas Ruitenbeek, "Mazu, the Patroness of Sailors, in Chinese Pictorial Art," *Artibus Asiae* 58/3-4（1999）: pp.281-329.

置于海牙美术馆、荷兰国立博物馆（阿姆斯特丹）和吕伐登公主博物馆中。亚洲艺术之友协会也有些重要的捐款和遗赠，这确保了这些收藏品此后的国际地位。罗耶甚至在更早之前就已捐献出一批引人注目的物件。两个世纪之后，另外一位律师在这一发展中发挥了主要作用。纳尼·奥特马将自己对弗里斯兰历史文化的热情与对中国和东亚陶瓷的着迷结合在了一起。可以预见，这一结合引人注目的遗产是内向的：中国陶瓷的历史和视觉在荷兰被本土化了，并被同化进弗里斯兰传统的怀旧式回忆中去，这些传统有钟表制作、金银制作、民俗艺术和家庭手工业等。1917年，奥特马在自己收藏的基础上建立了吕伐登公主博物馆。他去世后，人们为纪念他和他的妻子建立了一个基金会，以此支持他们藏品的完整性和未来的调度。奥特马另一重要的遗赠是他那可能有十五万册书的庞大图书馆，这些参考资料对研究陶瓷历史和荷兰收藏的发展重点都很有价值。他的收藏为他经常修订的出版物奠定了基础，这些出版物说明了什么东西值得收藏，以及如何着手进行收藏。在1953年最后一版他为收藏者创作的"手册"出现之前，他已经增添了好几次书中的内容了。[1] 他其他多产的创作大多是一种深化而非扩展，而且他对中国陶瓷的调查大多强调鉴赏议题，较少为增强陶瓷理论的丰富可能性提供历史性的综合思考。[2]

　　这一发展最终成为克里斯蒂安·约尔格（Christiaan Jörg）的研究领域，他曾是莱顿大学一名对法律研究彻底不抱幻想的学生，这促使他开始从事艺术史研究。约尔格的职业生涯从格罗宁根博物馆的藏品策展

---

[1] Nanne Ottema, *De praktijk van het porcelein verzamelen: handbook voor verzamelaars van Chinees porcelein*（《如何保护瓷器：给中国瓷器收藏家的手册》）（Amsterdam：J.H. de Bussy, 1953）.
[2] 现在吕伐登公主博物馆的策展人是 E. Ströber 博士。

人跨越到莱顿大学的教授。他是第一位将荷兰注重陶瓷样式、设计、时代以及其他鉴赏主题的传统放置在更大的全球经济与贸易的叙述框架之中的学者。他广泛接触格罗宁根和吕伐登的重要藏品，这使他可以将这些藏品放在各种欧洲瓷器进口的历史中进行描述，并使他早早建立起自己对瓷器作为销售货物的持久兴趣。[1] 这一研究重点也得益于约尔格坚持不懈地去适应当前的知识状态，以与海洋考古学家对荷兰沉船的研究发现保持一致。[2]

非常具有讽刺意味的是，陈旧偏见的缓慢消逝和对后期艺术史的兴趣转变，包括对现当代作品的关注，正好发生在中国几乎完全向外来访客封闭的时刻。于1973年担任阿姆斯特丹大学东亚艺术史系教授的亨利·范·奥尔特，在1980年出版了一部关于中国艺术的通史。本书以王朝为序，并进一步将关注对象细分为媒介和物质。这一著作的限制——到目前为止——是它坚称艺术是一种解释事物如何在特定社会形态中呈现的系统。艺术在这里是事物的指示对象而不是艺术本身。然而，即使在一个数据远比现在少的时代中写作，范·奥尔特对创造性传统的留存仍然保持敏感。在其他西方学者熟悉共产主义艺术生产并将其作为研究调查和教学思想的来源之前，他就已经注意到了这一情形。[3] 范·奥尔特的博士论文（1970年）是关于1911年清朝崩溃后官窑瓷器制造的继续。这一论文对1911年之后被忽视的艺术流通表现出非同寻

1　Christiaan Jörg, *Porselein als handelswaar: de porseleinhandel als onderdeel van de China-handel van de V.O.C., 1729-1794*（《瓷器作为交易品：荷兰东印度公司的作为中国贸易一部分的瓷器贸易》）(Groningen: Kemper, 1978).

2　Christiaan Jörg, The Geldermalsen: History and Porcelain (Groningen: Kemper, 1986); Christiaan Jörg and Michael Flecker, *Porcelain from the Vung Tau Wreck: the Hallstrom Excavation* (Singapore: Sun Tree Publishing, 2001).

3　H.A. van Oort, *Chinese kunst: een inleading*（《中国艺术介绍》）(Baarn: Het Wereldvenster, 1980).

常的同情，这一重要时刻被许多博物馆策展人和学者当成是堕落、衰败和剥削的终点。这和前人如何被 1644 年明朝的灭亡吸引没有区别。[1]

20 世纪六七十年代，中国尝试对艺术进行强有力的政治控制。虽然许多结果显示出可预见的同质化以及一种社会主义道德几乎弄巧成拙的视觉冗余，这一时期仍然产生出优秀的作品。其中一些甚至成为引领 20 世纪末艺术家的跳板，使之得以发展技术、改造内容并采取与"十年动乱"的过度政治和过度审美直接相关的立场。他们的许多作品现在得到了学界的高度重视，而在不提及"文化大革命"的情况下，很难去讨论这之后几十年中的艺术。

1969 年后，几位荷兰学者开始对"文化大革命"进行回顾。杜威·佛克马在乌得勒支大学的研究关注文学理论和现代性，总结了这一时期艺术和文学的发展。[2] 除了标题，这篇文章并不包括任何这一时期的视觉艺术，这一点可能并不会令艺术史学家感到吃惊，因为他们很早就意识到，20 世纪晚期中国很多主要文献所强调的视觉艺术都是最为广义的。像其他很多学者一样，佛克马引用了 1942 年毛泽东在中国共产党的大本营延安的著名讲话。在 5 月 2 日和 23 日的两次讲话中——这些讲话是形成之后所有政策的基础。[3] 中国文学专家邦尼·麦克杜格尔（Bonnie S. McDougall）博学的翻译最紧密地贴合了毛泽东延安讲

---

1 H.A. van Oort, *The Porcelain of Hung-hsien: A Study of the Sociocultural Background and Some Characteristics of the Porcelain Produced at Chingtechen during the Imperial Reign of Yüan-Shi-k'ai*（1916）(Lochem: De Tijdstroom, 1970).
2 D.W. Fokkema, "Literatuur en Kunst"（《文学与艺术》）, in *China Nu: Balans van de Culturele Revolutie*（《现在的中国：对"文化大革命"的评价》）, eds. D.W. Fokkema and Erik Zürcher（Amsterdam: Arbeiderspers, 1973）, pp.207-233.
3 "Chairman Mao's Talk to Music Workers" in Stuart Schram, ed. *Mao Tse-tung Unrehearsed-Talks and Letters: 1956-71*, trans. John Chinnery and Tieyun（Harmondsworth: Penguin, 1974）, pp.84-90.

话的思想,但她也没有阐释毛泽东和其他领导者期待视觉艺术表现和反映什么,甚至本身应该是什么。[1] 更为普遍的是,在政治事件年表和关键人物传记的影响下,最优秀的有关中华人民共和国艺术的西方著作经常证明,要将艺术从其政治和社会情境中真正脱离出来,指出其至关重要或认识论上的地位是极为困难的。

当然这并不意味着中国在这一时期不存在任何可以被称作艺术的东西。莱顿汉学家斯特凡·兰兹伯格多年来致力于搜集政治宣传海报,并根据中国六十年来连续的政治动向来分析其内容,这有助于集中处理这一高度公共化的艺术经典形式。现在,越来越多的学者利用并扩充这一基于阿姆斯特丹的参考文献。[2] 对海报的研究绝不意味着不考虑艺术的多种形式和媒介。在中华人民共和国成立之后多年,海报是经常可见的艺术。现在值得进一步研究的是,更为仔细地审视艺术是如何产生的:它选取了怎样的材料,调用了什么科技手段,什么样的审美选择得到了认可及其原因。[3]

20世纪90年代晚期,艺术史成为莱顿汉学教学和研究的结构性组成部分,这一决定大大促进了有关中国现当代艺术的学术研究。由于何四维-瓦兹涅夫斯基基金会的捐赠增强了与中国艺术和物质文化的接

---

1 Bonnie S. McDougall, *Mao Zedong's "Talks at the Yan'an Conference on Literature and Art" A Translation of the 1943 Text with Commentary* (Ann Arbor: Center for Chinese Studies, University of Michigan, 1980).
2 对于这些海报的历时选择,可见 Stefan Landsberger, *Chinese Propaganda Posters: From Revolution to Modernization* (Amsterdam: Pepin Press, 1995),更多材料可见于网上,http://chineseposters.net。
3 这一研究方向的开端,可见 Melissa Chiu and Zheng Shengtian, eds., *Art and China's Revolution* (New Haven: Yale University Press, 2008); Francesca Dal Lago, "Activating Images: The Ideological Use of Meta-Pictures and Visualized Meta-texts in the Posters of the Cultural Revolution," *Modern Chinese Literature and Culture* 21/2 (2009): pp.167-197.

触，[1] 过去十年间有关中国现代、后现代、先锋和行为艺术的研究与展览给人留下深刻的印象。莱顿大学的学者们通过博士论文和学术论文（这些研究修正了一系列已经建立的观念并创造了新的观念）表明，20世纪中期的中国艺术在世纪末发挥了巨大作用：当时，中国改革开放的第一代艺术家们为了修正后现代主义和向新先锋艺术进发，重塑了社会主义的经典模式。[2] 研究者也调查了在当代中国，艺术和行为如何决定新的身份认同，[3] 甚至将艺术史作为20世纪早期中国新史学研究的焦点，也成为莱顿大学学术研究中不可或缺的一部分。[4]

艺术史也出现了令人意料不到的关注对象。一个很好的例子是动植物、景观、流行贸易、工业、社会生活以及其他一些被粗略概括为"出口绘画"的视觉类别。这是一个几乎完全由不知名人士创造出来的庞大语料库，它们现在分布在中国和外国的档案中。[5] 这些对象支持早期（中国和西方的）科学分类法、经济史和新流行的图像推测之间的交叉（即

---

1 何四维-瓦兹涅夫斯基基金会的全名也是其宗旨所在：为促进莱顿大学中国考古学、文化和物质文化的教学和研究工作的何四维-瓦兹涅夫斯基基金会。
2 Francesca Dal Lago, "Personal Mao: Reshaping an Icon in Contemporary Chinese Art," *Art Journal*, 58.2（1999）: pp.47-59; Francesca Dal Lago, "Forward to the Past: How Traditional Aesthetics is Infiltrating Contemporary Art," in *Proceedings of the International Symposium of the 3rd Chengdu Biennale*, ed. Kuyi Shen and Feng Bin（Chengdu, 2007）, pp.33-67.
3 Thomas Berghuis, *Performance Art in China*（Hong Kong: Timezone 8, 2006）; Thomas Berghuis et al., *Tekens aan de wand: Chinees nieuw realisme en avant-garde in de Jaren tachtig en negentig*（《墙上的符号：20世纪80年代和90年代中国新现实主义与先锋派》）（Groningen and Rotterdam, 2008）; Jeroen Groenewegen, *The performance of identity in Chinese popular music*（Leiden: Leiden University Press, 2011）.
4 Guo Hui, "Writing Chinese Art History in Early Twentieth-Century China," PhD diss., Leiden University, 2010.
5 有关荷兰的藏品及其内容的重要性，可见 Rosalien van der Poel 的调查，"Rijk Palet—Chinese Exportschilderkunst Overzee"（《一个富有的选择：中国外销画》）（BA thesis, Leiden University, 2008）。

对话语的研究),在此基础上进行前所未有的探索,通过这种方式,不同文化可以在写作和设计中进行相互描述。[1]

五、展　望

对未来进行猜测是有风险的,但是以审慎的眼光去展望仍然可以满足一些重新规划的最终需求。通过与其他学科和方法之间建立更紧密的联系,中国艺术史和物质文化的教学和研究可以进一步得到加强。如果各个领域和文化中的艺术史学家被安排在同一学科部门——美国大学中的常规操作——并因此被迫在跨国融合、同义文化、同源方法,当然还有在所有分歧中寻求站得住脚的位置,以上现象是否会更快地发生?然而,速度并非总能赢得比赛。为了论证的方便,区域的整体发展几乎肯定会很有趣,但是这可能会以牺牲其他优势为代价。由区域和语言所定义的、普遍使用的荷兰模式将多样化的学科要求放在了第二位,但它长期以来保证了高度信息化的历史研究和当代信息搜集(田野调查)所要求的语言技能。不断变化的课程在一定程度上满足了就业市场以及快速发展的全球经济思潮的需求。它提供了更为思辨的哲学,尤其是阅读和翻译一个文本或艺术作品所需的技能——即易读性的另一范式——以此使人文学科集中参与到过去、现在和将来中去。

其他观点却没有这么乐观。最近一则关于法国与中国交往(这是欧洲最长的对中官方交往)的调查谴责了当前艺术史对语文学传统的谙

---

[1] Irmy Schweiger, "China," in *Imagology: The Cultural Construction and Literary Representation of National Characters—A Critical Survey*, ed. Manfred Beller and Joep Leerssen(Amsterdam and New York: Rodopi, 2007), pp.126–131.

媚,并为学术界和博物馆无法维持更紧密的合作而感到惋惜。[1] 这些政治问题存在于包括荷兰在内的全欧洲的机构之中。它们确实很严重,但也不一定会使所有重新布局的努力失效,甚至可能改变当前使用的各种关键工具。交换的流行趋势加强了在视觉艺术、文学、电影、媒体和行为之间的方法寄生,这一情形在三四十年前是很难想象的。现在,艺术和物质文化的未来正暂时处于一种令人困惑而充满挑战的混杂状态。这一情况是前所未有的,但是前文无法避免地对大约四百年的历史进行选择性叙述,这并不是为了制造学术趋势的目的论,以此最终决定当前学术话语体系中跨学科性和协同性的迫切需求。相反,本章陈述的观点可以使一个现代旁观者在回顾过去的时候看到一些模式,不然这些模式就仍会陷于无形。

近来的转型所带来的实际益处或许是巨大的。正如相关领域,尤其是文学研究和社会科学的进步一样,荷兰学术界和博物馆之间分享资源这一趋势为当地提供了优势。这种趋势反过来也为向中国的合作领域寻求建议和专业知识提供了额外理由。最近这些实践的结果或许会带来艺术史领域内的合作,这些合作展现在至今我们所熟悉的艺术准则之外,甚至在最近被大量呈现的考古发现的准则之外。

艺术和评论之间可以有一个暂时的停顿。荷兰学者已经相当成功地强调了中国艺术创作的诸多情境,这揭示了迈克尔·帕德罗(Michael Podro)在德国艺术史的开创性研究中所提出的"考古学"问题,例如那些与资源、赞助、目的、科技,以及同时代的回应和理想相关的问

---

[1] Charleux, Isabelle, "État des lieux de l'enseignement de l'histoire da l'art et de l'archéologie de la Chine," in *Études chinoises: étudier en enseigner la Chine*, ed. Gilles Guiheux et al.(Paris: Association française d'études chinoises, 2010), p.342.

题。这一研究回顾了"艺术产品如何维持其目的和利益,这些目的和利益对它们的出现条件来说是无法还原的,但又与之密不可分",¹以此来证明整个研究项目的正确性。荷兰将中国置于 20 世纪博物馆准则中的努力是理解艺术不可化简性的真诚尝试。一些批判性的修正认为这些努力忽略了有关中国艺术地位和历史的自发声明,但这绝不应成为否认这些努力的理由。另外,原先的论证正确地主张了我们无法将完全不可简化的因素与其难以摆脱的背景两极分化。那么,未来可能允许的就是两者之间存在更多的可能性。去尝试理解艺术和制造艺术的历史条件,以及尝试制造用以欣赏和批评的艺术品,让人回想起美国诗人兰德尔·贾雷尔(Randall Jarrell)的著名建议,即作为对象的文本永远有"什么地方不对"。如果这一比喻不是很具有说服力的话,那批判性的探究很快就会枯竭,努力去重新想象艺术创造的历史条件也会显得无关紧要了。事实上,即使是创作艺术的动力也有可能不复存在。

1　Michael Podro, *The Critical Historians of Art*（New Haven and London: Yale University, 1982）, p.xviii.

荷兰汉学与博睿出版社

何世泰（Albert Hoffstädt）

  1875年，艾维特·简·博睿的公司刊行了施古德长达929页的《星辰考原：中国天文志》一书。这部大部头的著作使用了新的"汉字印刷体"字模排印。1858年，荷兰殖民事务部购买了这套字模，在时任莱顿大学中文与日文讲座教授霍夫曼不断的压力之下，这个吝啬的部门最终将字模交付给他。紧随而来的是出版活动，出版社心怀感激地抓住这个机会，刊行了带有汉字和日文的作品。霍夫曼出版于1868年的《日文语法》(*Japansche Spraakleer*)就是其中一个深具影响力的例子。政府拥有的一整套字样引起出版商的浓厚兴趣，其中就包括莱顿的阿尔贝图斯·威廉·赛特获夫（A.W. Sijthoff, 1829—1913）和艾维特·简·博睿。

  艾维特·简·博睿逝世于1871年，1875年，其继任者范·奥尔德特（A.P.M. van Oordt, 1840—1903）支付了3 514.45荷兰盾，获得了用这套字模铸字的特许权，从而成为欧洲为数不多的中文和日文出版商。博睿出版社在《星辰考原：中国天文志》之后出版了有关中国（和日本）的出版物，例如由施古德编写的长达四卷的《荷华文语类参》，印刷工作从1882年一直持续到1891年。精湛的印刷质量使博睿出版社无可置疑地成为东亚学术著作最重要的出版社之一,甚至是那个时候首要的出版社。前文提及的数个世代的莱顿汉学家,也自然地将他们的著作交付给博睿。在这篇对于荷兰汉学与博睿出版社的简短回顾中,除了施古德编纂的词典,高延于1892—1910年出版的六卷本《中国宗教体系》尤其值得一提。

《通报》这份期刊为早期莱顿汉学家与博睿出版社之间的合作留下了无法抹去的印迹。它由法国学者考狄与施古德创办,1890年创刊号的副标题是"供东亚(中国、日本、朝鲜、印度支那、中亚和马来西亚)历史、语言、地理和民族学研究的档案〔Archives pour servir à l'étude de l'histoire, des langues, de la géographie et de l'ethnographie de l'Asie Orientale(Chine, Japon, Corée, Indo-Chine, Asie Centrale et Malaisie)〕"。令人尊敬的《通报》自此发展成为至今在汉学界最负盛誉的期刊之一。在其漫长而曲折的历史过程中(包括20世纪初的改版),远东地区中国以外的区域受到关注的程度逐渐减弱。2012年,《通报》第98卷已经发行,这份期刊至今依旧是博睿有关中国出版物的顶梁柱之一。《通报》是英、法双语的,并且大部分时间里是由法国和荷兰汉学家联袂编辑。本文的结尾附有历届编辑的名单。

如果仔细观察《通报》122年的历程,则会发现它不仅反映了汉学的发展,而且也反映了印刷技术的变化。著名的博睿汉字字体一直使用到20世纪80年代。直到那时,在最终告别铸字之后,《通报》首先引入了一种依照具体情况而定的流程,西文字母部分使用自动铸字技术,汉字则用原来的中文活字来"排印",之后是照相排字技术和平版印刷技术,最后转为现代数码排印技术。

然而,有许多事情是读者看不到的,其中之一即是印制一部书或者一本期刊所耗费的实际时间。从另一部博睿的出版物——剑桥大学教授翟理思编纂的巨著《华英字典》（Chinese-English Dictionary）第二版——的导言之中，我们了解到"关于排版，我们坚信这里使用的字体将会得到普遍的认可，它比第一版更大，也更清晰。这一版本的印刷由博睿公司的主管佩尔顿伯格（Corneille Peltenburg，1852—1934）先生负责，并由该公司资深排字工范·杜伦（J.B. van Duuren）先生非常有效率地完成，从开始到结束没超过四年"。然而，让这位耄耋之年的字典编纂者心烦意乱的不仅仅是排印的漫长等待。在为期四年的反复校对之中，翟理思不得不寻求两名学者的帮助，其中之一即是其子翟林奈（Lionel Giles，1875—1958），他的姓名仍为今人所知，主要与他翻译《孙子兵法》（The Art of War）这本中国经典有关，该书出版于其父之字典尚处于校对的阶段。在漫长的等待过程中，自始至终，不仅是作者热切期盼着出版，当时莱顿的主管佩尔顿伯格同样可能暗中咒骂作者和校对者们尽善尽美的做法，以及他的排字工范·杜伦和那超过 9 000 个的汉字。尽管出版商表面上看起来比较有耐心，但他从来没有真正这样过。人们唯一可以感到欣慰的是，在翟理思字典出版期间，第一次世界大战导致的纸张价格的急剧上涨，并没有使佩尔顿伯格感到忧心，在大战爆发前两年，修订版于 1912 年问世。

对于佩尔顿伯格的谨慎与礼貌，有理由抱有几分质疑。绰号为"将军"的他，"有着与其想要成为一名职业军人这一破碎的童年梦想相称的外表：笔挺的站姿、八字胡、锐利的目光，以及用颤音发出的 r's 威严的声音。他具有出版商那种文职官员的风格……他严格的荣誉准则也带有军人的特质，他自己全身心地投入到公司之中，也要求下属们同样如此。佩尔顿伯格全心投入到博睿出版社"[1]。自1906年至1934年，他始终如此。

在佩尔顿伯格军人般的内心深处，还潜藏着对其员工健康状况的忧虑。使用博睿"无比巨大的活字库存"的残余进行排版和工作是存在风险的。实际上，在艾维特·简·博睿的时代，排印室，尤其是在夏季，想必是充满铅尘的桑拿室。铅中毒不仅使罗马皇帝们毙命，而且也让博睿的印刷工人们病倒了。据博睿其中一名受害者说："我深受胃痛的折磨，最终寻求医疗救助。因为我知道这种疾病的病根，所以在此之前，我自己一直服用常用药。铅绞痛让人感到乏力，并且进食的时候胃部有一种恶心的感觉。"结核病也经常使工人们倒下。此外，我们还应该清楚铅字在当时并不局限于印刷中文和日文。博睿已经发展成为一个能够处理包括阿拉伯文、希伯来文和希腊文在内的各种文字的专业出版机构，直到20世纪，它仍定期为书稿需要的任何新的文字制造铅字。顺道说一句，这并不是说某一种特定铅字使用的频次很高：一位管理咨询顾问于20世纪80年代早期造访博睿的印刷厂，发现最后一次使用满文字体是在1911年。

佩尔顿伯格自始至终都对拒绝让新的排版技术进入博睿公司表现出相当程度的固执。在其继任者威德（Frederik Caspar Wieder）逝世以后，博睿方于1979年引进了电子装置。大战之后，随着自动铸字机和莱诺活字排铸机的适用，手工操作已经机械化了，博睿直到那时才开始逐渐从铅字当中解放出来。佩尔顿伯格这个名字之所以能让现在博睿的员工记忆犹新，最主要是因为他将其部分遗产留作员工的养老基金。直至晚近，佩尔顿伯格养老基金结束了独立存在的地位，交由一家职业保

---

[1] Sytze van der Veen, ed., *325 Years of Scholarly Publishing*（英文版）(Leiden: Brill, 2008): p.91, http://www.onlinepublisher.nl/Brill/Brill325Eng.pdf. 若想了解与博睿出版社早期活动相关的大量信息，我推荐阅读该书。

险公司接管。

自约丹·拉彻曼斯（Jordaan Luchtmans）于1683年创建这家公司（1848年，艾维特·简·博睿从拉彻曼斯家族手中接管），公司位于莱顿运河沿岸风景最优美的景点之一拉彭堡（Rapenburg）69B号。在此后的岁月中，拉彭堡68—70号的住宅包括书店、拉彻曼斯家族的私人住所和出版社。实际上的印刷厂在拉彭堡74号。1880年，艾维特·简·博睿的直接承继者范·奥尔德特与他的朋友弗朗斯·德·斯托佩拉尔（Frans de Stoppelaar，1841—1906）一道，将正在茁壮发展的出版社搬迁至旧莱茵河（Oude Rijn）33A号。它的前身是一所与外界隔绝的独栋孤儿院，为印刷设备提供动力的嘈杂的蒸汽机位于其后部。中文和日文的排字工在三楼工作。

旧有的手工排印铅字的方法逐渐被新的技术所替代。每当想到每台机器所需要的巨额资金与随新技术的引进而带来的变化，人们则会由衷地佩服博睿主管们的决心：首先是使用莱诺活字排铸机和蒙纳排铸机浇铸（排印）字母和字体，接着是莫诺照相排字机、激光照排技术和20世纪80年代的胶版印刷，直到目前的电脑排版和复杂的电子出版技术。[1]

自20世纪40年代后期以来，随着新购入的机器进入已显逼仄的空间之中，这所位于旧莱茵河33A号的孤儿院确实显得太过狭小。这不仅是因为新的技术需要更多的空间。多年来业务的增多，造成职员手中的工作也越来越多，再加上越来越重的纸张（已印和未印、已售和待售的形式），1961年，印刷厂迁移到普朗坦街（Plantijnstraat）这条新

---

[1] 20世纪70年代，博睿出版社经历了艰难的时期，因铅字、过时的机器与人员的负担而"步履蹒跚"。当其他出版社开始将排印、印刷和销售进行外包之时，博睿长期坚守其排印的传统。

的街道上的一栋崭新建筑中。这条街道是应安特卫普出版家族的特意要求而得名的，该家族在大约 300 年前与拉彻曼斯家族一直保持通婚。1985 年，博睿出版社的出版活动也迁移至此。

铅字标志着博睿在旧莱茵河时期的起始与终结。有关促使博睿在 1958 年至 1979 年间的主管威德决定永久搬离旧莱茵河街的理由，尚是一个未经证实的谣言。博睿在事实上从未真正拥有过这幢建筑，而是租用了 80 年之久。印刷厂的过度使用给这幢建筑造成了伤害。维护或许不是业主的主要责任，因为房顶漏雨是一个经常发生的事情。20 世纪 60 年代初的一天，当这个老毛病再次爆发的时候，威德让一名水管工爬上屋顶。不久之后，一声尖叫突然传来。博睿的员工们冲到大街上，看到那个水管工紧紧地抓住排水沟以求保住性命，双脚悬在半空中。一定是在此刻，老威德先生重重地敲了主管的桌子，决定应该适可而止了：出版部门也必须搬迁到新的出版大楼。众人所关心的那个水管工，则幸免于难。然而，实际的搬迁并不是在威德的领导下进行的，而是当莱顿大学一百年的租约到期之后，由其继任者维姆·巴克海斯（Wim Backhuys）完成。[1]

上文已经指出，直至 20 世纪 80 年代，《通报》依旧部分使用著名的博睿中文铅字手工排版。1983 年，许理和描述了其亲眼看到第二次世界大战之后不久，博睿熟练的中文排字工人"像道士作法一般在铅字

---

[1] 一直到 20 世纪 90 年代早期，博睿出版社在其伦敦分店（位于博物馆街）和科隆发售新书。没过多久，博睿的莱顿古旧书店搬迁到新莱茵河街 2 号（Nieuwe Rijn 2）。从 20 世纪 70 年代开始，这个古旧书店由里克·史密斯坎普（Rijk Smitskamp）经营，当它不再被认为是博睿出版活动的一个核心部分之时，他在 1990 年完全接管这个生意。在这所书店的主人于 2006 年退休的时候，它已经成为许多到访莱顿的东方学家们必去的地点。直到此时，博睿出版社——已经放弃了其印刷工作而转向单一的出版事业——已变为办公室。

盘之间来回移动，并以惊人的速度和准确性从近 8 000 个符号之中找出任何一个字符"[1]。许理和所观察到的那个人是马基恩（P.W. Martijn）。他从其老师范·杜伦那里学得这项营生，而后者则是由莱顿大学首任中国语言文学教授施古德进行教导。马基恩的继任者是托恩·辛格林（Ton Singerling），接替后者的是维尔·斯蒂尔曼（Wil Stikkelman）。20 世纪 80 年代期间，后者在博睿出版社工作。与他的前辈们一样，斯蒂尔曼对于中文所知甚少，但是他跟上了博睿出版社中手艺堪称精湛的优秀排字工们的脚步。故事是这样的，当排字工人在《通报》中遇到一个前所未知的汉字时，斯蒂尔曼仔细研究一段时间，随后将其他汉字的部分拼凑到一起。

可能在 20 世纪中期，博睿出版社制作了 10 磅旧中文字模的副本，以替代原有的 12 磅字模。直到合金活字时代结束，新的字符一直被制作出来，字符总数可达 12 000 个之多，但是当 90 年代印刷工作变得毫无利润的时候，位于普朗坦街的新建筑中那装有曾经享有盛誉的中文与日文字模的铅字盘被清空了，这些字模也被毁弃了。不过，令人欣慰的是，博睿出版社作为一家荷兰的出版机构，尽可能长时间地保留了其曾经非常出名的中文和日本字模，它们是博睿现今大力推行出版环境现代化的最后幸存者。最后，它们仅被用于《通报》中棘手的一行或两行文字，或是少数情况下荷兰皇家航空需要为某些高级别华人乘客提供一份中文菜单。

博睿出版社搬迁到普朗坦街之后不久，排版工、印刷工和校对工等手工匠也离开了。1995 年，当我第一次进入这幢建筑，走过木质地板的时候，木材在我脚下吱吱作响。之前两三年的渗漏（尽管已经搬离，

---

1 Erik Zürcher, "East Asian Studies," In *Tuta sub Aegide Pallas, E.J. Brill and the World of Learning*（Leiden：E.J. Brill, 1983）, p.62.

但这很明显仍在折磨员工们）使得很多地方的地板开始松动。我被带到中央巨大的开放空间，那里曾被印刷机占据。无边无际的书架依旧在提醒人们此处曾经是出版社这样一个事实，新、旧图书依旧从莱顿发往世界的每一个角落。诸如负责财务、售后服务、编辑与生产过程的管理层和员工的办公室，均面对着印刷机曾经嗡嗡作响的地方。2003—2005年，所有的图书库存被搬运到位于英国和美国的仓库，并从那里发货。2005年，博睿出版社搬入了靠近原来建筑的一幢崭新的大楼。在旧建筑拆除之后，清除博睿出版社所遗留下来的含铅土壤，花费了数周的时间。

博睿自1875年购入那些中文和日文字模以来，在莱顿、伦敦、科隆和纽约开办书店，并在此后关停；不再囤积自己的图书；排版、印刷和装订也转交专业的公司处理。这反映在公司名称的变化之中，从"N.V. Boekhandel en Drukkerij v/h E.J. Brill"变为"Brill Publishers"。

正如前文所指出的，莱顿大学的中国研究在过去的一百五十年中经历了极大的转变，从一个小众的新兴学科，调整为一个研究中国文化、历史与当代方方面面的主要部门。作为一位出版者，我可以证实它深受东西方学者与学生们的赞美。

从博睿所在的普朗坦街到莱顿大学汉学研究院所在的阿森纳街（Arsenaalstraat），骑车只需十分钟。博睿古旧书店长期所处的新莱茵河街，步行不超过五分钟。莱顿大学一代代的汉学家们经常骑着自行车到博睿出版社，博睿出版社的编辑和出版商们也经常到阿森纳街寻找他们。博睿出版社的中国研究出版物，很大程度上反映了汉学研究院传统上对于帝制中国的强烈关注。所有重要的莱顿汉学家都曾与博睿合作出版过（著作），其中很多人在形塑博睿中国研究的榜单中发挥了关键作用。已被提及的《通报》，创立于1890年，由一名莱顿的教授和一名法国的同道编辑（最早是施古德和考狄），后来著名的继任者中，法国方面有伯希和、戴密微与谢和耐等人，荷兰方面则是戴闻达、何四维和许理和诸人。晚近以来，魏丕信（P.É. Will）、伊维德和田海教授接替了他们。自 2010 年以来，这份期刊一直由普林斯顿大学（Princeton University）的柯马丁（Martin Kern）、科罗拉多大学波尔得分校（University of Colorado, Boulder）的柯睿（Paul W. Kroll）和法兰西学院（Collège de France, Paris）的魏丕信编辑。1999 年，宋汉理博士创办了《男女：中国的男性、女性与性别》，这份杂志在一个全新的研究领域执行严格的语言和历史标准，使其可与《通报》相称。

事实证明，莱顿汉学家们始终如一的支持对于这家公司而言是必不可少的。20 世纪 50 年代初期，博睿发行了《通报专刊》（The Monographies du T'oung Pao, archives concernant l'histoire, les langues, la géographie, l'ethnographie et les arts de l'Asie orientale）这一书系，作为对这份期刊的致敬。20 世纪 30 年代，由戴闻达创办和编辑的博睿出版社首个有关传统中国本部的《莱顿汉学书系》就已问世。与《通报》一样，如若没有莱顿的学术编辑们，《莱顿汉学书系》就不会赢得其作为传统中国杰出丛书之一的盛誉：最早是戴闻达，后来是何四维、许理和、伊维德、田海与柯雷。事实证明，商业与学术之间严格的分际，就像博睿的出版徽标上墨丘利（Mercury）与雅典娜（Minerva）的差异一般，是卓有成效的。[1] 莱顿的许多学者都是这一丛书的作者和编辑：除了主编名字以外，还出现诸如包乐史、高罗佩、何四维、梅耶尔、莫欧礼、维米尔、宋汉理等学者的名字。

汉学研究院与博睿出版社之间合作的另一个实实在在的例子是《东

---

[1] 中间偶有跨界，例如，伊维德记得，在 20 世纪 80 年代初期，他和包乐史说服博睿时任主管应该停止的是《通报专刊》，而非《莱顿汉学书系》。

方学手册》(*Handbook of Oriental Studies/Handbuch der Orientalistik*)。多年以来，许理和为这套享有盛誉的参考书提供选题之建议，尤其是在中国宗教研究领域。例如孔丽维（L. Kohn）编纂的《道教手册》(*Daoism Handbook*)、钟鸣旦和狄德曼（R.G. Tiedemann）编集的两卷本《基督教在中国》(*Christianity in China*)，以及欧大年（D. Overmyer）的《20世纪中国北方的地方宗教》(*Local Religion in North China in the Twentieth Century*)。

总而言之，在过去的数十年中，中国在世界事务中重要性的日益增高，文化开放程度的逐步提升，对莱顿汉学研究院和博睿出版社的发展都有影响。作为对博睿有关传统中国出版物目录的一种越来越有价值的补充，这家出版社出版了越来越多的聚焦现代中国的书籍和期刊。当然，阿森纳街的学者们同样扮演了重要的角色。例如，柯雷的开创性著作《精神、混乱和金钱时代的中国诗歌》一书由博睿于2008年出版，因深受好评，博睿很快就发行了平装本。2007年，博睿启动了一项全新的专门针对近代与现代中国研究的出版计划，现在每年出版大约25本书籍和5本期刊。甚至在选择和任命丛书与期刊的编辑之时，莱顿的学者们也一次又一次地提供宝贵的建议。

后者也投入到博睿出版社与中国学者以及北京大学出版社、商务印书馆、社会科学文献出版社、上海文艺出版社等很多出版社间日益紧密的关系之中。通过荷兰汉学家（包括很多已经离开莱顿或者阿姆斯特丹以及现在任职于世界各地的学者们）精心且持续的引导，博睿正在重返中国。中国学者（丛书和期刊的编辑）的数量增加迅速。博睿管理层与中国出版界和学术界之间的经常互访，不断加强了联系，并逐渐缩小了文化和学术间的差距。荷兰汉学家在一个现代中国的系列丛书之中翻译了中国著名学者的作品［例如贺麦晓对于陈平原《触摸历史》(*Touches of History*）一书的翻译，博睿于 2011 年出版］。贺麦晓教授在另外一个"中国研究"系列（博睿为牛津大学中国研究中心发行）中，出版了其在博睿的第一部专著，由杜德桥（Glen Dudbridge）教授和彭轲博士编辑。

在博睿，一直到 20 世纪 50 年代，与作者的联系均由出版社主任负责处理。直到 20 世纪 60 年代早期，这份令人愉悦的任务才不时地交由主任秘书［范思高（J. D. Verschoor）］来处理，其继任者范·普鲁斯第（B.A. van Proosdij）接手得也越来越多。后者被培养成为一名古典学家和亚述学家，于 1966 年退休。此时，新进的编辑们第一次走向了博睿出版社的舞台。1967 年，埃德里奇（T.E. Edridge）被正式任命为古典学的编辑（校订者），狄克马（F.Th. Dijkema）被任命为东方研究的编辑。我在 1995 年接替了狄克马。

在这篇短文中，我希望能对看似奇怪的、有时困难的、有时完全棘手的，但很多时候令人愉快的莱顿汉学研究与博睿出版之间的合作关系提出一些见解。对于博睿而言，莱顿的汉学研究始终是其如今中国研究出版物目录中的主要支柱。当然，学术界和出版业的国际化（直到现在 2013 年）与科技进步，以及电子数据库日益重要的角色，已经改变了学者与出版商之间的关系和地位。不过，这不是在根本上。和施古德与艾维特·简·博睿的时代一样，对于不同角色的信心和认同，雅典娜与墨丘利的优势与缺点，依旧促使很多莱顿的出版物问世。

附　录

《通报》编辑名单

　　1890—1900 年　第一辑（First Series），施古德与考狄

1900—1904 年	新开始的系列（start New Series），第 1 卷，施古德与考狄
1904—1917 年	考狄与沙畹
1917—1924 年	考狄
1924—1926 年	考狄与伯希和
1926—1936 年	伯希和
1936—1948 年	戴闻达与伯希和
1948—1955 年	戴闻达与戴密微
1955—1957 年	戴密微
1957—1976 年	戴密微与何四维
1976—1993 年	谢和耐与许理和
1993—2001 年	伊维德与魏丕信
2001—2011 年	田海与魏丕信
2011 年—	柯马丁、柯睿与魏丕信

《通报》发行了三期两卷合刊本，分别是 1934 年至 1935 年的第 31 期、1961 年至 1962 年的第 49 期、1965 年至 1966 年的第 62 期。

《通报》在 1940 年至 1943 年、1945 年至 1947 年、1949 年和 1953 年，没有出版。

中国意识、区域研究、高中汉语教学：本土化趋势及展望

柯雷（Maghiel van Crevel）

普遍与特殊之间的关系是学术界重要且持久的问题之一。人类世界中对"地方（places）"的研究就是一个很好的例子。这些研究发生在人文、社会科学和法律领域中。中国有什么特别之处？或者，中国有什么是"中国的"？欧洲有什么是"欧洲的"？等等。在学术研究上，这些地方在语言、文化、地理和（政治）历史方面都有不同的定义和争论。

在这四类内容中，语言是特殊的，因为它本身就是研究的对象，广义地说，包括语言学和文学研究。同时它也是达到与其他研究对象接触的一种手段，从哲学到国际关系领域皆是如此。因此，人们一提到研究一个地方的想法，立刻就会与学习该地的语言联系起来。语言的特殊性不仅体现在上述提到的概念性术语中，包括同时作为研究目标和研究方法而存在。语言的特殊性还在于非母语人士掌握真正的读写能力所需的大量时间和精力。

这种关联似乎是不证自明的，而且由于语言学习的图景非常容易想象出来，这反而掩盖了人类世界中那些地方研究所关涉的其他问题。当然，随时间发展，在特定地方研究的学位课程中，很多语言学习、语言

学和文学研究占据着学生和老师的大部分课时。在荷兰以及欧洲和"西方"的其他地方，中国研究往往比诸如英语或意大利语系包含更广泛的学科和主题、话题视角，包括历史、哲学、社会、宗教、政治、法律等。这是因为，在欧洲和西方文化中，历史、哲学等系将在各层面涵盖这些视角，反映出相应的世界观。这些世界观使得欧洲和西方视野的代表（含蓄地）看起来是包罗万象的。即使从殖民之外的视角来看，教学和研究也并没有超出西方范畴。即使到了今天，莱顿大学或中国研究所在的人文学院也并不是所有人都知道"学习汉语"不仅意味着学习汉语语言。您需要在聚会上一遍又一遍地耐心解释：是的，我们学习语言；是的，它有字符和音调，但是我们要做得更多。

  这将我们直接带入贯穿本书的一个问题，即各个领域和学科之间以及普遍性和特殊性之间的关系。在荷兰当前高等教育的格局中，各处对中国的兴趣在上涨。在大多数大学中，这体现在课程和机构中更多的"中国意识"，而这些原本是按照学科和主题定义的。这在学位项目中的中国部分、人事战略和国际化（包括学生招募）中都很明显。具体例子包括最近任命高伟云为阿姆斯特丹大学全球化研究的教授。高伟云获得了传播研究硕士学位，并在人类学／社会学获得了博士学位。他的博士论文是关于中国流行音乐的，他的大量出版物涉及文化中国。他目前的领域是文化全球化（特别是东亚背景下的）。在所有大学中，还有许多其他例子，涉及各门科学和学术领域。

  在国际化方面，中国在很多领域都非常瞩目。当然，这是全球现象，体现在招募研究生，建立国家级和大学级的合作伙伴关系，开展合作研究和学生交流，国内实习以及部分完全成熟的联合项目中。自20世纪90年代以来，尤其是21世纪以来，专用资金逐渐增加。资助机构包括中国国家留学基金管理委员会、荷兰皇家艺术与科学院、荷兰科学研究组织、中国科学院和中国社会科学院、大学的国际化部门以及中国和荷兰教育部。通过许多双边大学间协议，荷兰与中国香港、台湾地区机构的合作和交流也在继续；通过位于海牙的台北代表办公室，管理的奖学金得到扩展和巩固，等等。因此，总的来说，这种模式是在充实学科和专题机构形式的过程中，使与中国相关的内容和与中国的交往越来越多，甚至极为突出。

同时，许多由中国定义和由亚洲（东亚）定义的机构形式，在结构上保持并发展了学科和主题内容。其中包括阿姆斯特丹大学的亚洲研究硕士课程与荷兰中国法律中心，鹿特丹伊拉斯姆斯大学和莱顿大学联合开设的中国经济和商业硕士课程。不远的将来将在格罗宁根大学附近建立东亚学院，最近由全荷兰大学财团在闻岱博［Dirk-Jan van den Berg，现代尔夫特理工大学（Delft University of Technology）校长，前荷兰驻中国大使］倡议下建立荷兰-亚洲荣誉暑期班计划和莱顿大学的中国研究社区。下面，我们将近距离观察作为区域研究的中国研究。

在教学方面，莱顿的中国研究体现在以中国为重点的多学科本科和研究生课程以及课程分支中。在研究方面，中国研究是莱顿大学区域研究所（Leiden University Institute for Area Studies，LIAS，成立于2009年，由亚洲研究院和中东研究院组成）的一部分，与莱顿大学语言学中心共同任命两名教师。此外，在政府发起的"情况分析"活动中，各大学都宣传自己独特的关键研究领域，莱顿的情况是包括亚洲现代性与传统网络，现在也称为亚洲挑战。此外，对地区研究的松散定义，将大学与位于莱顿的其他一些机构（例如非洲研究中心、国际亚洲研究所、荷兰皇家东南亚与加勒比研究所以及荷兰近东研究所）联系起来。换句话说，在按地方或"区域"来组织学术研究的方面，莱顿大学比其在荷兰的姊妹院校要做得多。在该大学的区域研究中，就学生、教职工和范围而言，中国研究和日本研究的规模最大，而且大多数是跨学科的。

前面许多地方重申了区域研究是一个复杂且有争议的概念。尤其是在全球化的今天，区域研究的概况需要明确的反思和定位：一方面是教育部官员设定了一览国家高等教育的图景，另一方面是在地高校科研人员的参与。2012年，LIAS进行为期六年的全国人文研究评估，系统地进行了这种反思和定位。下一部分将参考为该情况准备的行动报告，并与伊维德在介绍本卷书时提出的一些问题联系起来。这些问题在随后的小节中都会以相应的方式出现。

事实上，在丰富的亚洲和中东研究的莱顿传统中，中国研究是第一个朝着此处提出的总体方向发展的领域，始于1969年建立的当代中国资料与研究中心。20世纪70年代，中国研究实现了语言习得计划的现代化（语文学的优势与普通话研究的专业化相辅相成）。20世纪80年代，中国研究开始断断续续多样化和"学科化"。

一、作为区域研究的中国研究

简而言之，作为区域研究机构的一部分，莱顿的中国研究界追求的学术类型是地方、语言和立场问题。它与亚洲和中东研究的其他领域以及学科合作伙伴之间的联系越来越紧密。

从总体上看，莱顿中国研究谱系的一部分是已有数百年历史传统的东方研究。东方指在欧美区域研究中，过去通常被称为远东和近东，今天被称为亚洲和中东的地区。其核心在语文学和古典人文学科领域：考古学、艺术、历史、语言、哲学、宗教。谱系的另一部分在于将现代西方社会科学学科应用于"非西方数据"，主要是为了研究政治、经济学和社会，这是在第二次世界大战后全面展开的。在冷战期间，特别是在美国，这就是区域研究的压倒性概念。欧洲也是如此，尽管欧洲的起步晚且知名度低一些。在很大程度上，这种发展是由政策驱动的。

对东方研究和冷战区域研究的不满众所周知，关键词有东方主义、帝国主义和欧洲中心主义。在某种程度上，它们各自的范式在20世纪中叶和晚期逐渐枯竭。尽管如此，东方研究和冷战区域研究已产生了大量的知识和丰富的基础建设，使得当今的学者得以继续研究。莱顿所说的中国研究谱系及其最近的发展，包括LIAS的招募策略，使当地环境能够超越这两种传统的局限，并从当今具有包容性、全球意识的区域研究视野出发。该研究所的任务说明如下：

> 区域研究是一种获取知识的方法，它始于对人类世界从上古到现在的地方的研究，通过相关的源语言，重点关注立场的问题。它是人文和社会科学领域专业知识和学科动态融合的结果，它依赖于对学术情境的敏感性和批判性反思，将所研究的领域不仅视为数据来源，而且将其作为理论和方法的来源。这种来源挑战了学科的普遍性要求。通过检查学科边界的方法来证明，它的内在应该是跨学科的。通过将比较的原因、方式和内容视为不证自明的方式，积极而认真地进行比较。这一愿景既借鉴了学术传统，又有创新。它以该领域的历史及其在后殖民、多极化、全球化世界中的持续发展为基础。

可以肯定的是，在中国研究、亚洲研究以及整个LIAS中，个人和研究领域中存在很大的差异性。其中一些是通过对几千年历史的竹简进行文字学分析来研究先汉哲学，研究共产党的宣传和电视上的商业广告之间的交叉。对上述使命的承诺并不是要追求主题、理论或方法上的统一，也不是要重新命名或摒弃有价值的传统。相反，这种承诺是要批判性地思考人类世界各地的哪些内容仍然有研究意义或者有新的意义和新的用处；是关于当地环境的独特性，这些独特性使当地社区能够为国际学术做出贡献；是关于在今天的莱顿大学，用恰当的词来刻画亚洲和中东研究的内容，其中中国研究就是一个突出的案例。自16世纪末和19世纪中叶以来，莱顿大学就一直在研究中东和亚洲。莱顿大学必须明确地将自己定位在近几十年来发生了深刻变化的专业背景中。这种专业背景在我们讨论的当下仍旧在继续变化。

在经历了上述所说的较早的争论和20世纪90年代的激烈危机之后，区域研究的概念在最近十年又卷土重来，有时被称为"新区域研究"。以上的使命声明是本着这一愿景的精神发出的。2009年，莱顿大学将区域研究作为机构的一个标志引入，这在以前还从未发生过，最好在这种大背景下来看待这个问题。在这个框架内，中国研究是区域研究所的一个相当全面的微型版本，是人文和社会科学多个研究领域的聚集地，涉及多种路径、理论和方法：从古典语文学、文本和档案研究到语言学转向后的深度田野考察和批判理论，从古代到现在的多个历史时期。

中国研究作为区域研究的愿景是由以下关键类别支撑的：

——立场，意味着需要有意或无意地询问假定的观点、"自我"和"他者"的形象，以及最重要的学术研究的情境（研究人员、数据、理论、方法、制度和社会文化背景）。此地是哪里？此时此地，彼时彼地，我们如何了解它们？这种二分法有多少意义或作用？是谁了解并谈论中国，为中国发言，向中国倾诉，与中国一起交流，又面向何种对象？首先，中国在哪里？这取决于国家静态边界或文化领域，还是语言领域或中国在其他方面的全球影响力？这些问题的政治意蕴是什么？

——精深的语言和文化知识，核心是在古典和现代汉语以及语文学方面有最新的、坚实的专业知识。这对直接接触中文资料和学术研究必不可少，并且能够在适当考虑历史背景和立场的情况下对这些资料进行背景分析。

——翻译既有语言间的意义，又有更广泛的文化上的意义，对于学术界和更广泛的受众而言都是如此。对于区域研究而言，翻译是必不可少的，也是其最令人着迷的特征之一。

——与中国接触。尽管区域研究通常是自外向内来开展的，但其职责的重要组成部分是自内向外了解事物的情况，提出并最好抢占"关于它，却无它"的讨论。除了搜集资料，莱顿中国研究学者以中国为题，与来自中国的学者合作，自觉接受当地的知识方法，并经常回到中国的语境中进行研究。这对唐诗的作用与当今的中国民族主义不同，但仍然如此。撷取的隐喻是明智的，以标明粗暴地去情境化的风险。

——个体学者内部和学者之间的多学科与跨学科性，意味着来自不同学科或领域的综合和互动实践的协同作用。例如，媒体研究和社会学或者历史和宗教研究，它们旨在研究被研究地区的完整性和完全复杂性，而不会屈服于那种"在中国，情况有所不同"的例外主义的说辞。

——与各学科的接触。对学科理论和方法的批判性参与绝不是中国研究或整个区域研究的专有特权，但是对于区域研究而言，这一点尤其重要，而且区域研究也特别擅长这一点。在伊维德的案例中尤为如此。伊维德所认定的高度复杂、有文化素养的社会（例如中国），以自己丰富的历史文化为荣。这一点是正确的，因为这些学科的历史兴起及其迄今的发展都是本地化的，通常以欧洲为中心或西方为中心。而且，这些学科明确或含蓄地声称具有普遍的、与地点无关的有效性和适用性。

尽管案例研究层面的证伪性或西方理论模型的调试很重要（"福柯对中国有用吗？"），但这也冒着一种危险，即局限在与学科所声称的普遍性"不同"的思考中。与各学科的接触还应该从其他地方着手进行知识的学习，转向更具包容性和全球意识的理论。具体而言，这适用于重要概念，这些概念的普遍性和看似直接的翻译不会使它们在时空上保持稳定。例如，"艺（art）"，或"神（gods）"，或"政（government）"，或"法（law）"，或"文（literature）"。至关重要的是，不应该也不应期待在区域研究和学科之间进行选择。区域研究和学科互斥或对立的形象从根本上是有缺陷的，并且对各方都有破坏性。相反，区域研究应该确定区域与学科之间的张力，并使这种张力发挥作用。

——这一领域的历史，是指意识到中国定义的或区域定义的学术研究的各种化身，以及对这些内容相对有意识的定位，就算这并不总是被称为区域研究。这段历史是粗暴和混乱的，并在政治历史层面上受到深深的责难。如前所述，最低限度的总结应包括殖民时期、冷战以及后殖民、全球化世界中的学术研究。

正如前文多次提到的，荷兰以及欧洲和西方其他地方的大学的学科系所并没有始终如一地展示出与中国以及西方以外的世界其他地区交往的意愿和能力。就学科理论和方法而言，区域研究单位通常是薄弱或处于守势的。莱顿大学也不例外，但显然双方都朝着更大的开放性和包容性发展。在这一过程中，中国研究在结构上采取区域视角并推进上述议程，从而继续为学术圈和公共领域的地方和全国环境做出真正的贡献。归根结底，拥有像中国研究这样的以区域界定的单位，更多是实用主义和政治的问题，而非原则问题。如果研究单位"更多研究中国"，系统地使用中文语言资料，而区域研究部门之外的组织形式也允许进行认真的语言培训，那么效果也会不错。

二、现在谁在研究中国/汉语

在20世纪80年代迅速发展，90年代学生人数大大减少之后，21世纪第一个十年莱顿大学的汉语研究本科课程的一年级新生人数在80—120名之间波动。如果考虑到莱顿是全国唯一的中国研究项目的所在地，那么与意大利、法国、比利时、德国、奥地利和英国等其他欧洲国家进行比较，这个数字相对较低。为什么会这样，谁也说不清楚。有人认为关于荷兰学生学习中国/汉语动机的许多合理概括也应适用于欧洲其他地方。部分原因可能是，在荷兰，与高中学生居住地的地理位置的接近，实际上可以决定学生对所选大学的偏好。这对于那些仍然认为这个海上商人国的居民充满流动性和冒险精神的人来说是一个理智的想法。也许这种现象与缺少入学考试有关，并且荷兰的大学在很大程度上必须遵守政府批准的相同规则，这不利于在全国范围内建立相互独立的机构。值得注意的是，这并没有影响它们在研究质量方面的国际竞争力。

同时，在上述许多其他课程和机构形式中，学生对中国/汉语的兴趣正在上升。可以肯定地说，这种趋势将持续下去，无论是在从历史到环境研究的学科设置中，还是在针对学术界内外各种受众的独立语言课程中。后者在代尔夫特理工大学、伊拉斯姆斯大学、格罗宁根大学、莱顿大学、马斯特里赫特大学、奈梅亨大学、蒂尔堡大学和特温特大学（University of Twente）开设。同样，致力于中国和亚洲（东亚）的项目（如阿姆斯特丹、格罗宁根和莱顿）至少可以得到巩固，甚至很有可能是增强。一方面，教师越来越多地参与其自身研究项目之外的内容；另一方面，随着中国、亚洲（东亚）和荷兰越来越多地成为同一个全球化世界中的部分，项目中的学生人数也很可能上升。在过去的几十年中，学生的动机似乎并没有发生太大的变化。有些人怀着商业计划进入大学，或者以外交服务的职业来作为自己的终极目标；有些人则想读原版的《庄子》，或者想知道互联网在威权国家中如何运作。同样，就业方向也与20世纪80年代以来一样多变：商业、政府、媒体、非政府组织、翻译和其他文化产品以及学术研究。

与法国、德国和英国相比，在将汉语作为高中科目方面，荷兰起步较晚，更不用说北美、澳大利亚和新西兰了，但在21世纪第一个十年中期，高中汉语确实被炒得火热。本人几乎每周都收到来自全国各地学校的咨询。学校几乎没有为此做好准备。简而言之，没有教科书，也没有老师。大量的个人和社区都参与其中，并取得了不同程度的成功。在随后的几年中，马斯特里赫特理工（Maastricht Polytechnic）的徐天就（Tin Chau Tsui，其语言和翻译课程包括普通话）与诺兰·莱蒙斯（Nolan Lemmens）和其他合著者一起迅速编写了一系列名为《中文？好学！》（*Chinees？'n Makkie*）的教科书，主要针对12—18岁的年轻人。在莱顿大学，安斯·鲁伊·范·布罗克维曾（Ans van Broekhuizen-de Rooij）、葛义莉（Inez Kretzschmar）和京以宬（Fresco Sam-Sin）撰写了两卷《中文十层》（*Chinees in tien verdiepingen*），该项目由本人发起、协调和编辑。《中文十层》最初是为15—18岁的孩子设计的，但最终也被更年轻和年长的学习者使用。尽管同一时期出现了其他几本教科书，《中文？好学！》和《中文十层》是目前使用最广泛的材料。《中文？好学！》占据最大的份额，越来越明显的是，如果从一年级就开始学习中文，那么作为高中科目的成功机会更大。这不仅是出于语言教学的原因，而且还出于学校内部政治方面，涉及科目的"有机"合法性以及诸如争抢工作时间和基础设施等俗务。自2011年以来,国家高中课程发展基金会(Stichting Leerplanontwikkeling)在全国十所不同的学校中协调了一项为期三年的试点项目,为汉语(具有文化背景的普通话学习)作为普通高中期末考试中的选修课铺平了道路。

到目前为止,教师通常来自两个群体,偶尔会出现重叠:荷兰汉语研究专业的毕业生以及居住在荷兰的汉语母语人士。他们各有所长。前者知道学习作为外语的汉语是什么样的,并且母语是荷兰语,即教学语言。而在学生眼中,后者才是"真东西"。2011年,重要时刻到来,莱顿大学启动了针对普通话的"一级"学术高中教师培训计划,需以中国研究的硕士学位作为基本条件,并与类似的英语、法语、德语和西班牙语项目一起提供。当然,这是使汉语作为高中科目取得长期、可持续成功所必需的专业化的标志,因此我们走在正确的路上。2013年1月,高中校长中国语言文化网的成立大会与基金会和师资培训计划合作,证实了这一点。该网络明确致力于促进提供全方位汉语教学的学校的发展。这些学校中,有的学校是为了给精力充沛和充满好奇心的学生增添一点额外的乐趣。也有像鹿特丹的沃尔弗特双语(Wolfert Tweetalig)学校这样的。在沃尔弗特双语学校,中文现在是一至三年级的必修课以及四至六年级的选修课。

三、为什么,或为什么不?

可以说,自施古德时代起,有关荷兰中国学术研究的一切情况都变了,就像在前几章中生动描绘的那样。同样可以说,它在几个重要方面没有太大变化。首先,将汉语作为外语来学习仍然是"艰苦的",因为它需要无数小时的、非分析性的、非创造性的、蛮力的、死记硬背式的学习。可以肯定的是，多媒体和信息技术丰富了我们的工具箱，交互式、个性化、增强记忆的软件，可以使光滑的智能手机像尘封的字典一样强大。但是，如果你不付出很大的努力就无法成功，可能结束在起点上，并需要接受这样的现实：你和那些在荷兰学习其他语言的人处在不同水平上，例如学习英文的人。其次，如上所述，我们仍然发现自己处于有利地位，能遇到学生学习中国/汉语的各种不同的动机，无论他们是否正在狂热地攻读博士学位，或者在高中每周在六七个学科之外花两个小时学习。由于中国内容和与中国的联系牢牢地根植于广泛的领域和机构形式中，这一点尤其真实。这些领域和机构包括瓦格宁根大学的农业经济学和皇家学院的中国服务平台等。

然后，他们会进行外交工作，并且能够阅读原版的《庄子》，参与中国在非洲的项目以及对京剧的改编、赚钱、写书，等等。

无论是在高中还是在大学中，各级教师和行政管理人员都有责任（或实际上）阻止使中国沦为一个一维的东西（神话、炒作、机会、威胁）。应该解构它，将其化成问题，并在完整性和复杂性的基础上与学生、媒体、政府官员和企业界对接。对于一个为了商业利益而急于开始提供汉语课程的高中校长来说，需要告诉他一件事，那就是这可能不仅仅是经济上的问题，这样做是愚蠢的。这并不是因为考虑商业或全球权力关系有任何问题（当然，确实有问题，但那是另一回事）——学习中文并不会自动使您成为百万富翁——而是因为这种有偏见的视角会从一开始就削弱这一课程。并且，从积极的方面来看，以一定的思想空间研究"另一个"地方所述内容的丰富性，将扩展您的视野。这就是原因。

参考文献

Acker, William R.B. *Oosterse kunst in de United States*. Utrecht: Schotanus & Jens, 1970.
Acker, William R.B. *Some T'ang and Pre-T'ang Texts on Chinese Painting*, 2 vols. Leiden: E.J. Brill, 1954 & 1974.
Adamek, Piotr. "A Good Son is Sad if he Hears the Name of his Father: The Tabooing of Names in China as a Way of Implementing Social Values." PhD diss., Leiden University, 2012.
Albrecht, J.E. "Het schoolonderwijs onder de Chineezen." *Tijdschrift voor Indische Taal-, Land- en Volkenkunde* (TBG) 25 (1879): 225–241.
Altenburger, Roland and Robert H. Gassmann. "In Memoriam Robert P. Kramers (1920–2002)." *Asiatische Studien/Études Asiatiques* 56/1 (2002): 5–13.
Apter, David E. and Tony Saich. *Revolutionary Discourse in Mao's Republic*. Cambridge, Massachusetts: Harvard University Press, 1994.
Archief van de Universiteit van Amsterdam; College van Curatoren: aanvulling, item 1435 Prof. dr. E. Zürcher en de "Moderne geschiedenis van het 'Verre Oosten'" 1963-1971, http://stadsarchief.amsterdam.nl/archieven/archiefbank/printversie/279a.nl.pdf.
Arrault, Alain and Michela Bussotti. "Statuettes religieuses et certificats de consécration en Chine du Sud (xviie–xxe siècle)." *Arts Asiatiques*, 63 (2008): 36–60.
Bao Leshi 包乐史 (Leonard Blussé). *Zhong He jiaowang shi 1601-1989* 中荷交往史 1601—1989. N.p.: Lukoudian chubanshe, 1989.
Bao Leshi (Leonard Blussé) and Wu Fengbin 吴凤斌, eds., *Gongan bu, Bacheng huaren Gongguan Dang'an congshu* 公案簿：吧城华人公馆（吧国公堂）档案丛书. Xiamen: Xiamen daxue chubanshe, 2002-present.
Barkman, Carl. "Carl Barkman: Herinneringen van een topdiplomaat." Interview. *Elsevier*, 5 November 1994.
Barkman, C.D. and H. de Vries-van der Hoeven. *Een man van drie levens: biografie van diplomaat | schrijver | geleerde Robert van Gulik*. Amsterdam: Forum,

1993.

Barkman, C.D. and H. de Vries-van der Hoeven. *Les trois vies de Robert van Gulik: une biographie*, trans. by Raoul Mengarduque. Paris: C. Bourgeois, 1997.

Barkman, C.D. and H. de Vries-van der Hoeven. *Dahanxuejia Gao Luopei zhuan* 大汉学家高罗佩传, trans. by Shi Huiye 施辉业. Haikou: Hainan chubanshe, 2011.

Barrett, Timothy. *Singular Listlessness: A Short History of Chinese Books and British Scholars*. London: Wellsweep, 1989.

Based on Science, Built on Trust. Amsterdam/Den Haag: KNAW/NOW, 2012.

Bastid, Marianne. "A Survey of Recent Trends in French Studies on Contemporary China: The State of the Field." *Pacific Affairs* 53/4 (1980-1981), 698-707.

Beal, Edwin G. "Arthur W. Hummel, 1884-1975." *The Journal of Asian Studies* 35/2 (1976): 265-276.

Benton, Gregor. "The South Anhui Incident." *Journal of Asian Studies* 45/4 (1986), 681-720.

Benton, Gregor and Hans Vermeulen, eds. *De Chinezen*. Muiderberg: Coutinho, 1987.

Berg, C.C. and A.F.P. Hulsewé. "Levensbericht T.S. Tjan, R.H. van Gulik, A.D.A. de Kat Angelino." *Jaarboek van de Koninklijke Nederlandse Akademie van Wetenschappen 1969-1970*: 287-293.

Berg, Marien van den. "Language Planning and Language use in Taiwan: A Study of Language Choice Behavior in Public Settings. A Contribution to the Sociology of Language." PhD diss., Leiden University, 1985.

Berg, Marien van den. *Modern standaard Chinees*. Muiderberg: Coutinho, 1989.

Berg, Marien van den and Wu Guo. *The Chinese particle le. Discourse Construction and Pragmatic Marking in Chinese*. London: Routledge, 2006.

Berghuis, Thomas. *Performance Art in China*. Hong Kong: Timezone 8, 2006.

Berghuis, Thomas, Auke van den Berg, Els Brinkman and Cees Hendrikse. *Tekens aan de wand: Chinees nieuw realisme en avant-garde in de jaren tachtig en negentig*. Catalogue for an exhibition at the Groninger Museum, Groningen and Rotterdam 2008.

Berkel, K. van. *Citaten uit het boek der natuur*. Amsterdam: Bert Bakker, 1998.

Betancourt, Nathan. "Typical Atypicality: Formal and Informal Institutional Conformity, Deviance, and Dynamics." Ph.D. diss., Erasmus University Rotterdam, 2012.

Blussé, Leonard. *Bitter Bonds: A Colonial Divorce Drama of the Seventeenth Century*. Princeton: M. Wiener publishers, 2002.

Blussé, Leonard. *Bitters bruid: een koloniaal huwelijksdrama in de Gouden Eeuw*. Amsterdam: Balans, 1997.

Blussé, Leonard. "Doctor at Sea: Chou Mei-yeh's Voyage to the West (1710-1711)." In *As the Twig is Bent...: Essays in Honour of Frits Vos*, ed. by Erika de Poorter, pp.7-30. Amsterdam: J.G. Gieben, 1990.

Blussé, Leonard. *Retour Amoy: Amy Tan—een vrouwenleven in Indonesië, Nederland en China*. Amsterdam: Balans, 2000.

Blussé, Leonard. "Schlegel, Gustaaf (1840-1903)." *Biografisch Woordenboek van Nederland Deel Drie*. The Hague: Instituut voor Nederlandse Geschiedenis,

1988, pp.530–532.
Blussé, Leonard. *Strange Company: Chinese Settlers, Mestizo Women and the Dutch in VOC Batavia*. Dordrecht: Foris Publications, 1986.
Blussé, Leonard. *Tribuut aan China: vier eeuwen Nederlands-Chinese betrekkingen*. Amsterdam: Otto Cramwinckel Uitgever, 1989.
Blussé, Leonard. *Visible Cities: Canton, Nagasaki and Batavia and the Coming of the Americans*. Cambridge MA: Harvard University Press, 2008.
Blussé, Leonard and Chen Menghong, eds. *The Archives of the Kong Koan of Batavia*. Brill: Leiden, 2003.
Blussé, Leonard and R. Falkenburg, eds. *Johan Nieuhofs beelden van een Chinareis 1655–1657*. Middelburg, 1987.
Blussé, Leonard and Floris-Jan van Luyn. *China en de Nederlanders: geschiedenis van de Nederlands-Chinese betrekkingen 1600–2007*. Zutphen: Walburg Pers, 2008.
Blussé, Leonard et al. *De dagregisters van het kasteel Zeelandia. Taiwan 1629–1662*. 4 Vols. The Hague: Instituut voor Nederlandse Geschiedenis, 1986–2000.
Blussé, Leonard et al. *The Deshima Dagregisters: The Original Tables of Content*. Leiden: Centre for the History of European Expansion/The Hague: Instituut voor Nederlandse Geschiedenis, 1986-present.
Blussé, Leonard et al. *The Formosan Encounter: Notes on Formosa's Aboriginal Society—A Selection of Documents from Dutch Archival Sources*. 4 vols. Taipei, Shung Ye Museum of Formosan Aborigines, 1999–2010.
Boltz, J.M. "Piet van der Loon (7 April 1920–22 May 2002)." *The Journal of Asian Studies* 62/1 (2003): 361–364.
Bool, Hendrik Johannes. *De Chineesche immigratie naar Deli*, ca. 1902.
Boogert, Bob van den, ed. *Rembrandt's Treasures*. Amsterdam & Zwolle: Waanders Uitgeverji, 1999.
Bootsma, N.A. "Nederland op de Conferentie van Washington, 1921–1922." *Bijdragen en Mededelingen betreffende de Geschiedenis der Nederlanden—The Low Countries Historical Review* (BMGN—LCHR) 93 (1978): 101–126.
Borel. Henri. *De Chineesche filosofie: toegelicht voor niet-sinologen*. 3 vols. Amsterdam: P.N. van Kampen, 1896–1898.
Borel, Henri. *Het daghet in den Oosten*. Amsterdam: L.J. Veen, 1910.
Borel, Henri. *De geest van China*. Amsterdam: Maatschappij voor goede en goedkope literatuur, 1916.
Borel, Henri. *Van leven en dood*. Amsterdam: L.J. Veen, 1925.
Borel, Henri. *The New China: A Traveller's Impressions*. Trans. by C. Thieme. London: Fisher Unwin/New York: Dodd, Mead & Co., 1912.
Borel, Henri. "De Nederlansche sinologie," *De Gids* 76/1 (1912): 262–274.
Borel, Henri. "De nieuwe banen der Sinologie." *De Gids* 75/4 (1911): 297–309.
Bourdieu, Pierre, Alain Darbel and Dominique Schnapper. *L'Amour de l'art: Les musées d'art européens et leur public*. Paris: Éditions de Minuit, 1966.
Braam Houckgeest, André Everard van. *Voyage de l'ambassade de la Compagnie des Indes Orientales, vers l'empereur de la Chine, dans les années 1794–1795*. 2 vols. Philadelphia: L'Éditeur, 1797–1798.

Branner, David Prager. "Simon Schaank and the Evolution of Western Beliefs about Traditional Chinese Phonology." In *The Chinese Rime Tables. Linguistic Philosophy and Historical-Comparative Phonology*, edited by David Prager Branner, pp. 151–167 (Amsterdam: John Benjamins, 2006).

Broekhuizen-de Rooij, Ans van, Inez Kretzschmar, and Fresco Sam-Sin. *Chinees in tien verdiepingen deel 1*. Leiden: Leiden University Press, 2008.

Broekhuizen-de Rooij, Ans van, Inez Kretzschmar, and Fresco Sam-Sin. *Chinees in tien verdiepingen deel 2*. Leiden: Leiden University Press, 2009.

Brooks, E. Bruce. "Sinologists. Gustaaf Schlegel, 1840–1903," http://www.umass.edu/wsp/sinology/persons/schlegel.html.

Brotton, Jerry. *A History of the World in Twelve Maps*. London: Allen Lane, 2012.

Bruin, A.G. de. *De Chineezen ter Oostkust van Sumatra*. Leiden: Oostkust van Sumatra-Instituut, 1918.

Bruin, A.G. de. *Introduction to Modern Chinese*. 3 vols. Leiden: Brill, 1914.

Bruin, A.G. de. *Een onopgehelderd geval* (published together with his *Een verbolgen hoogleraar*). n.p., 1920.

Buchanan, Tom. *East Wind: China and the British Left, 1925–1976*. Oxford: Oxford University Press, 2012.

Bush, Susan and Hsio-Yen Shih, eds. *Early Chinese Texts on Paintings*. Cambridge, Massachusetts: Harvard University Press, 1985.

Butz, Herbert. *Wege und Wandel: 100 Jahre Museum für Ostasiatische Kunst*. Berlin: Museum für Ostasiatische Kunst, Staatliche Museen zu Berlin, 2006.

Cai Xiang-yü, Ellen. "Christianity and Gender in South-East China: The Chaozhou Missions (1849–1949)." PhD diss., Leiden University, 2012.

Campen, Jan van. *De Haagse jurist Jean Theodor Royer (1737–1807) en zijn verzameling Chinese voorwerpen*. Hilversum: Verloren, 2000.

Campen, Jan van. *Royers Chinese cabinet: voorwerpen uit China verzameld door Jean Theodore Royer (1737–1807)*. Amsterdam: Uitgeverij Waanders, 2000.

Charleux, Isabelle. "État des lieux de l'enseignement de l'histoire da l'art et de l'archéologie de la Chine." In *Études chinoises: étudier en enseigner la Chine*, edited by Gilles Guiheux et al., pp. 341–360. Paris: Association française d'études chinoises, 2010.

Chen Jidong. "The Acquisition of Verb Compounding in Mandarin Chinese." PhD diss., VU Amsterdam, 2008.

Chen Yiya. "The Phonetics and Phonology of Contrastive Focus in Standard Chinese." PhD diss., Stony Brook University, 2003.

Chen, Yongping. "Labour Flexibility in China's Companies: An Empirical Study." Ph.D. diss., Erasmus University Rotterdam, 2001.

Cheng, Lisa. "On the Typology of Wh-questions." PhD diss., MIT, 1991.

Cheng Shaogang 程绍刚. *Helandren zai Fuermosha* 荷兰人在福而摩莎. Taipei: Lianjing chuban shiye gongsi, 2000.

Cheng Shaogang. "De VOC en Formosa 1624-1662: een vergeten geschiedenis," 2 vols., PhD diss., Leiden University, 1995.

Cheng Wei-chung. "War, Trade and Piracy in the China Seas (1622–1683)," PhD

diss., Leiden University 2012.
Chesneaux, Jean. "China in the Eyes of the French Intellectuals." *Journal of the Royal Asiatic Society Hong Kong Branch* 27 (1987): 11–29.
Chijs, J.A. van der. *Nederlandsch-Indisch Plakaatboek*. 17 vols. Batavia: Landsdrukkerij/The Hague: Nijhoff, 1885–1900.
Chinese Studies in the UK. European Association of Chinese Studies Survey no.7, 1998.
"The China Study Committee." *China Information*, 1, 1 (1986), 6–7.
Chirkova, Katia. "In Search of Time in Peking Mandarin." PhD diss., Leiden University, 2003.
Chiu, Melissa and Zheng Shengtian, eds. *Art and China's Revolution*. New Haven: Yale University Press, 2008.
Ch'iu Hsin-hui. "Entangled Encounters: 'The Formosans' and the Dutch Colonial Project (1624–1662)," PhD diss., Leiden University 2007.
Chong, Woei Lien. "Kant and Marx in Post-Mao China: The Intellectual Path of Li Zehou." Ph.D. diss., Leiden University, 1999.
Chung, Karen Steffen. "Mandarin Compound Verbs." PhD diss., Leiden University, 2004.
Christiansen, Flemming. "The De-Rustication of the Chinese Peasant? Peasant Household Reactions to the Rural Reforms in China since 1978." Ph.D. diss., Leiden University, 1990.
Clunas, Craig. *Pictures and Visuality in Early Modern China*. London: Reaktion Books, 1997.
Coppus, G.M. et al., eds. *Kunst met een Missie*. Maarheeze: Werkgroep Musea-Missie-Medemens, 1988.
Cordier, Henri. "Nécrologie: le Dr. Gustave Schlegel." *T'oung Pao* NS 4 (1903): 407–415.
Crevel, Maghiel van. *Chinese Poetry in Times of Mind, Mayhem and Money*. Leiden: Brill, 2008.
Crevel, Maghiel van. *Language Shattered: Contemporary Chinese Poetry and Duoduo*. Leiden: CNWS Publications, 1996.
Crevel, Maghiel van, Tian Yuan Tan and Michel Hockx, eds. *Text, Performance, and Gender in Chinese Literature and Music: Essays in Honor of Wilt Idema*. Leiden: Brill, 2009.
Dal Lago, Francesca. "Activating Images: The Ideological Use of Meta-Pictures and Visualized Meta-texts in the Posters of the Cultural Revolution." *Modern Chinese Literature and Culture* 21/2 (2009): 167–197.
Dal Lago, Francesca. "Forward to the Past: How Traditional Aesthetics is Infiltrating Contemporary Art." In *Proceedings of the International Symposium of the 3rd Chengdu Biennale*, edited by Kuyi Shen and Feng Bin, pp. 33–37. Chengdu, 2007.
Dal Lago, Francesca. "Personal Mao: Reshaping an Icon in Contemporary Chinese Art." *Art Journal* 58/2 (1999): 47–59.
Dartel, Daan van. "The Oldest Collections of the Tropenmuseum: Haarlem and Artis." In *Oceania at the Tropenmuseum*, edited by David van Duuren, 30–45. Amsterdam: Koninklijk Instituut voor de Tropen, 2011.

De Meyer, Jan. *Wu Yun's Way: Life and Works of an Eighth-Century Daoist Master*. Leiden: Brill, 2006.

De Meyer, Jan A.M. and Peter M. Engelfriet, eds. *Linked Faiths: Essays on Chinese Religions and Traditional Culture in Honour of Kristofer Schipper*. Leiden: Brill, 2000.

Declercq, Dominik. *Writing against the State: Political Rhetorics in Third & Fourth Century China*. Leiden: Brill, 1998.

Demiéville, Paul. "J.J.L. Duyvendak (1889–1954)." *T'oung Pao* 43 (1954–1955): 1–33.

Dong Xiaoli. "What Borrowing Buys Us: A Study of Mandarin Chinese Loanword Phonology." PhD diss., Utrecht University, 2012.

Dongen, Els van. "'Goodbye Radicalism!': Conceptions of Conservatism among Chinese Intellectuals during the Early 1990s." Ph.D. diss., Leiden University, 2009.

Dongen, F. van. *Tussen neutraliteit en imperialisme: de Nederlands-Chinese betrekkingen van 1863 tot 1901*. Groningen: Wolters, 1966.

Douglas, Carstairs. *Chinese-English Dictionary of the Vernacular or Spoken Language of Amoy, with the Principal Variations of the Chang-Chew and Chin-Chew Dialects*. London: Trübner, 1873.

Douw, Leo. "The Representation of China's Rural Backwardness 1932–1937: A Tentative Analysis of Intellectual Choice in China, Based on the Lives, and the Writings on Rural Society, of Selected Liberal, Marxist, and Nationalist Intellectuals," PhD diss., Leiden University, 1991.

Dreyer, Edward L. *Zheng He: China and the Oceans in the Early Ming Dynasty, 1405–1433*. New York: Pearson Longman, 2007.

Driem, George van. *Languages of the Himalayas. An Ethnolinguistic Handbook of the Greater Himalayan Region, Containing an Introduction to the Symbiotic Theory of Language*. 2 vols. Leiden: Brill, 2001.

Driem, George van. "Sino-Bodic." *Bulletin of the School of Oriental and African Studies* 60/3 (1997): 455–488.

Drooglever, P.J. "Kat Angelino, Arnold Dirk Adriaan de (1891–1969)." In *Biografisch Woordenboek van Nederland*, http://www.historici.nl/Onderzoek/Projecten/BWN/lemmata/bwn3/kat.

Dudbridge, Glen. *Religious Experience and Lay Society in T'ang China*. Cambridge: Cambridge University Press, 1995.

Dudink, Ad. *Christianity in Late Ming China: Five Studies*. Leiden: Brill, 1995.

Dudink, Ad. "In Memoriam Erik Zürcher." *Sino-Western Cultural Relations Journal* 30 (2008): 1–16.

Duyvendak, J.J.L. *A Bird's Eye View of European Sinology*. New York: China Institute in America, ca. 1929.

Duyvendak, Jan Julius Lodewijk, trans. *The Book of Lord Shang: A Classic of the Chinese School of Law*. London: Arthur Probsthain, 1928.

Duyvendak, Jan Julius Lodewijk. *China tegen de westerkim*. Haarlem: De Erven F. Bohn N.V., 1948 [1927].

Duyvendak, Jan Julius Lodewijk. "A Chinese 'Divina Commedia'." *T'oung Pao* 41 (1952): 255–316.

Duyvendak, Jan Julius Lodewijk. "Ching-Shan's Diary a Mystification." *T'oung Pao*, 33 (1937): 268-294.
Duyvendak, Jan Julius Lodewijk, trans. *The Diary of His Excellency Ching-Shan: Being a Chinese Account of the Boxer Troubles*. Leiden: Brill, 1924.
Duyvendak, Jan Julius Lodewijk. "Early Chinese Studies in Holland." *T'oung Pao* 32 (1936): 293-334.
Duyvendak, Jan Julius Lodewijk. "Les études hollando-chinoises au 17me et au 18me siècle." In *Quatre esquisses détachées relatives aux études orientalistes à Leiden*[Hommage aux membres du XVIIIième congrès international des orientalistes offert par la société orientaliste néerlandaise], pp. 21-44. Leiden: Brill, n.d.
Duyvendak, Jan Julius Lodewijk. *De Hangende Drievoet: Indrukken bij een Weerzien van China*. Arnhem: Slaterus, 1936.
Duyvendak, Jan Julius Lodewijk. *Historie en Confucianisme*. Leiden: E.J. Brill, 1930.
Duyvendak, Jan Julius Lodewijk. *Holland's Contribution to Chinese Studies*. London: The China Society, 1950.
Duyvendak, Jan Julius Lodewijk. "The Last Dutch Embassy to the Chinese Court." *T'oung Pao* 34 (1939): 1-137.
Duyvendak, Jan Julius Lodewijk. "Levensbericht H. Hackmann," *Jaarboek Koninklijke Nederlandse Akademie der Wetenschappen* 1935-1936: 239-248.
Duyvendak, Jan Julius Lodewijk. "Een literaire renaissance in China." *De Gids* 87/2 (1923): 79-101.
Duyvendak, Jan Julius Lodewijk. "A Literary Renaissance in China." *Acta Orientalia* 1 (1923): 285-317.
Duyvendak, Jan Julius Lodewijk. "Mullie's Introduction to Chinese Colloquial." *Actorum Orientalium* 14 (1935): 55-69.
Duyvendak, Jan Julius Lodewijk. "Het Sinologisch Instituut." *China, een driemaandelijksch tijdschrift* 5 (1930): 253-260.
Duyvendak, Jan Julius Lodewijk. *Tau-te-tsjing: Het boek van de weg en de deugd*. Arnhem: Van Loghum Slaterus, 1942; revised edition 1950.
Duyvendak, Jan Julius Duyvendak. *Le livre de la voie et de la vertu*. Paris: Librairie de l'Amérique et de l'Orient, 1953.
Duyvendak, Jan Julius Duyvendak. *Tao Te Ching: The Book of the Way and Its Virtue*. London: Murray, 1954.
Duyvendak, Jan Julius Lodewijk. "The True Dates of the Chinese Maritime Expeditions in the Early Fifteenth Century." *T'oung Pao* 34 (1939): 341-412.
Duyvendak, Jan Julius Lodewijk. *Uren met Chineesche Denkers*. Baarn: Hollandia, 1941.
Duyvendak, Jan Julius Lodewijk. *Wegen en gestalten der Chineesche geschiedenis*. The Hague: Nijhoff, 1935.
Duyvendak, Johan Philip. *Het Kakean-genootschap van Seran*. Almelo: Hilarius, 1926.
Els, Paul van. *Van orakelbot tot weblog: lesboek Klassiek Chinees*. 2 vols. Leiden: Leiden University Press, 2011.
Els, Paul van. "The Wenzi: Creation and Manipulation of a Chinese Philosophical Text." PhD diss., Leiden University, 2006.
Engelfriet, Peter M. *The Genesis of the First Translation of Euclid's* Elements *in 1607*

and Its Reception up to 1723. Leiden: Brill, 1998.
Erkelens, Monique. "The Decline of the Chinese Council of Batavia: The Loss of Authority and Prestige of the Traditional Elite amongst the Chinese Community from the End of the Nineteenth Century until 1942." PhD diss., Leiden University, 2013.
Eyferth, Jacob. "Eating Rice from Bamboo Roots: The History of a Papermaking Community in West China, 1839-1998." Ph.D. diss., Leiden University, 2000.
Fairbank, John K. Chinabound: A Fifty-Year Memoir. New York: Harper and Row, 1982.
Fairbank, John K., ed. The Missionary Enterprise in China and America. Cambridge, Massachusetts: Harvard University Press, 1974.
Fasseur, C. De Indologen: Ambtenaren voor de Oost 1825-1950. The Hague: Bert Bakker, 1993.
Feng Zhi. Als een windvaan, sonnetten, trans. by T.I. Ong-Oey. Amsterdam: Querido, 1987.
Ferguson, Thomas Taply Helenus. Leiddraad bij de praktische studie van de Chineesche taal. Amsterdam: Java-China-Japan Lijn, 1930.
Ferguson, Thomas Taply Helenus. "Nog een en ander over de studie van de Chineesche taal." China 8/4 (1934): 1-10.
Ferguson, Thomas Taply Helenus. Uit de San-min-chu-i. Taalkundige behandeling van eenige lezingen van Sun Yat-sen ten gebruike bij de studie van de moderne Chineesche schrijftaal. Dictaat in de leerstoel van de Chineesche taal aan de Rijksuniversiteit te Utrecht, 35-page folio typoscript, n.d.
Fokkema, D.W. Literary Doctrine in China and Soviet Influence (1956-1960). The Hague: Mouton, 1965.
Fokkema, Douwe. "Literatuur en kunst." In China nu: balans van de Culturele Revolutie, edited by D.W. Fokkema and Erik Zürcher, pp. 207-233. Amsterdam: Arbeiderspers, 1973.
Fokkema, D.W. int. Nieuwe Chinese verhalen, selected and translated by Koos Kuijper and Ad Blankestijn. Amsterdam: De Arbeiderspers, 1983.
Fokkema, Douwe. Perfect Worlds: Utopian Fiction in China and the West. Amsterdam: Amsterdam University Press, 2011.
Fox, J. "Necrology of P.E. Josselin de Jong." http://www.dwc.knaw.nl/DL/levensberichten/PE00001157.pdf.
Francken, Johannes J.C. and Carolus F.M. de Grijs. Chineesch-Hollandsch woordenboek van het Emoi dialekt. Batavia: Bataviaasch Genootschap van Kunsten en Wetenschappen, 1882.
Freedman, Maurice. "On the Sociological Study of Chinese Religion." In Maurice Freedman, The Study of Chinese Society, pp. 351-369. Stanford: Stanford University Press, 1979.
Freedman, Maurice. "Sinology and the Social Sciences: Some Reflections on the Social Anthropology of China." Ethnos 40/1 (1975): 194-211.
Fuehrer, Bernhard. Vergessen und verloren: Die Geschichte der oesterreichischen Chinastudien. Bochum: Project Verlag, 2001.

Gao Xingjian. *Berg van de ziel*, trans. by Anne Sytske Keijser. Amsterdam: Meulenhoff, 2002.

Gebhard, J.F. *Het leven van Mr. Nicolaas Cornelisz Witsen 1641–1717*, 2 vols. Utrecht: Leeflang, 1881–1882.

Georgieva, Valentina. "Buddhist Nuns in China from the Six Dynasties to the Tang," PhD diss., Leiden University, 2000.

Gernet, Jacques. *Chine et christianisme: action et réaction*. Paris: Gallimard, 1982.

Gesterkamp, Lennert. *The Heavenly Court: Daoist Temple Painting in China, 1200–1400*. Leiden: Brill, 2011.

Giles, Herbert. *An Introduction to the History of Chinese Pictorial Art*. 2nd ed. London: B. Quaritch, 1918.

Goldblatt, Howard. "On Silk Purses and Sow's Ears: Features and Prospects of Contemporary Chinese Fiction in the West." *Translation Review* 59 (2000): 21–27.

Goodman, Howard and Anthony Grafton. "Ricci, the Chinese, and the Toolkits of Textualists." *Asia Major* Third Series 2/2 (1990): 95–148.

Govaars, Ming. *Dutch Colonial Education: The Chinese Experience in Indonesia*. Singapore: Chinese Heritage Center, 2005.

Govaars-Tjia, M.T.N. "Hollands onderwijs in een koloniale samenleving: De Chinese ervaring in Indonesië 1900–1942." PhD diss., Leiden University, 1999.

Grant, Frederic Delano. "The Chinese Cornerstone of Modern Banking: The Canton Guarantee System and the Origins of Bank Deposit Insurance 1780–1933." PhD diss., Leiden University, 2012.

Greeven, Mark. "Innovation in an Uncertain Institutional Environment: Private Software Entrepreneurs in Hangzhou, China." Ph.D. diss., Erasmus University Rotterdam, 2009.

Grijs, C.F.M. de. "Gerechtelijke geneeskunde." *Verhandelingen van het Koninklijk Bataviaasch Genootschap van Kunsten en Wetenschappen*, 30 (1863).

Groenewegen, Jeroen. *The Performance of Identity in Chinese Popular Music*. Leiden: Leiden University Press, 2011.

Groeneveldt, W.P. *De Nederlanders in China*. 2 vols. *Bijdragen tot de Taal-, Land-, en Volkenkunde van Nederlandsch-Indië* Sixth Series 4 (1898): 1–598.

Groeneveldt, W.P. "Notes on the Malay Archipelago and Malacca, Compiled from Chinese Sources." *Verhandelingen van het Koninklijk Bataviaasch Genootschap van Kunsten en Wetenschappen* 39 (1880): 1–144.

Groot, Jan Jakob Maria de. *Chinesische Urkunden zur Geschichte Asiens*. 2 vols. Berlin: W. de Gruyter, 1921, 1926.

Groot, Jan Jakob Maria de. *Le Code du Mahayana en Chine*. Amsterdam: Johannes Müller, 1893.

Groot, Jan Jakob Maria de. "Jaarlijksche feesten en gebruiken der Emoy-Chineezen." *Verhandelingen van het Koninklijk Bataviaasch Genootschap van Kunsten en Wetenschappen* 42 (1882): 1–644.

Groot, Jan Jakob Maria de. *Het kongsiwezen van Borneo. Een verhandeling over den grondslag en den aard der Chineesche politieke Vereenigingen in de koloniën, met

eene Chineesche geschiedenis van de kongsi Lanfong. The Hague: Nijhoff, 1885.
Groot, Jan Jakob Maria de. *The Religious System of China*. 6 vols. Leiden: E.J. Brill, 1892–1910.
Gu Jiegang. *The Autobiography of a Chinese Historian Being the Preface to a Symposium on Ancient Chinese History（Ku Shih Pien）*. Translated and edited by Arthur W. Hummel. Leiden: E.J. Brill, 1931.
Gu, Edward Xin. "The Structural Transformation of the Intellectual Public Sphere in Communist China（1979–1989）." Ph.D. diss., Leiden University: 1999.
Gulik, Robert H. van. *Chinese Pictorial Art as Viewed by the Connoisseur: Notes on the Means and Methods of Traditional Chinese Connoisseurship of Pictorial Art. Based upon a Study of the Art of Mounting Scrolls in China and Japan*. Rome: Istituto Italiano per il Medio ed Estremo Oriente, 1958.
Gulik, Robert H. van. *Erotic Colour Prints of the Ming Period with an Essay on Chinese Sex Life from the Han to the Ch'ing Dynasy, B.C. 206–A.D. 1644*. 3 vols. Tokyo, 1951; reprint Leiden: Brill, 2004.
Gulik, Robert H. van. "Nécrologie Simon Hartwich Schaank." *T'oung Pao* 33（1937）: 299–300.
Gulik, Robert H. van. *Sexual Life in Ancient China: A Preliminary Survey of Chinese Sex and Society from ca. 1500B.C. till 1644 A.D.* Leiden: E.J. Brill, 1961; reprint, Leiden: Brill, 2003.
Gulik, Robert H. van. *Siddham: an essay on the history of Sanskrit studies in China and Japan*. Nagpur: International Academy of Indian Culture, 1956.
Guo Hui. "Writing Chinese Art History in Early Twentieth-Century China." PhD diss., Leiden University, 2010.
Haft, Lloyd. *Pien Chih-lin: A Study in Modern Chinese Poetry*. Dordrecht: Foris Publications, 1983.
Haft, Lloyd. ed. *A Selective Guide to Chinese Literature 1900–1949*, Vol. 3, *The Poem*. Leiden: E.J. Brill, 1989.
Haft, Lloyd. *The Chinese Sonnet: Meanings of a Form*. Leiden: CNWS Publications, 2009.
Haft, Lloyd. *Zhou Mengdie's Poetry of Consciousness*. Wiesbaden: Harrassowitz Verlag, 2006.
Haft, Lloyd and T.I. Ong-Oey. *Op de tweesprong: vijf Chinese dichters 1919–1949*. Amsterdam: Querido, 1983.
Hagenaar, Elly. *Stream of Consciousness and Free Indirect Discourse in Modern Chinese Literature*. Leiden: CNWS Publications, 1992.
Halbertsma, Tjalling. *Christian Remains of Inner Mongolia: Discovery, Reconstruction and Appropriation*. Leiden: Brill, 2008.
Halbertsma, Tjalling. "Nestorian Remains of Inner Mongolia." PhD diss. Leiden University, 2007.
Haslach, Robert D. *Nishi no Kaze, Hare: Nederlands-Indische Inlichtingendienst Contra Agressor Japan*. Weesp: Van Kampen, 1985.
Hay, Jonathan. *Sensuous Surfaces: The Decorative Object in Early Modern China*. London: Reaktion Books, 2010.

He Peizhong 何培忠. *Dangdai guowai Zhongguoxue yanjiu* 当代国外中国学研究. Beijing: Shangwu yinshuguan, 2006.

Hecken, J. van. "Mullie, Jozef Lodewijk Maria, missionaris, filoloog en sinoloog." *Nationaal Biografisch Woordenboek*, Brussel: VIGES, 1992, vol. VIII, col. 517-532, www.viges.be.

Heek, Frederik van. *Chineesche immigranten in Nederland*. Amsterdam: 't Koggeschip, 1936.

Heek, Frederik van. *Westersche techniek en maatschappelijk leven in China*. Enschede: M.J. van der Loef, 1935.

Heer, Ph. de. *The Care-Taker Emperor: Aspects of the Imperial Institution of the Fifteenth Century, as Reflected in the Political History of the Reign of Chu Ch'i-yü, Seventh Ruler of the Ming Dynasty (1449-1457)*. Leiden: E.J. Brill, 1986.

Heer, Ph. de. "A.F.P. Hulsewé, A Biography." In *Thought and Law in Qin and Han China: Studies Dedicated to Anthony Hulsewé on the Occasion of his Eightieth Birthday*, edited by W.L. Idema and E. Zürcher, 1-14. Leiden: Brill, 1990.

Hendriks, Henriëtte. "Motion and Location in Children's Narrative Discourse, A Developmental Study of Chinese and Dutch." PhD diss., Leiden University, 1993.

Hockx, Michel. *Questions of Style: Literary societies and literary journals in modern China, 1911-1937*. Leiden: Brill, 2003.

Hockx, Michel. *A Snowy Morning: Eight Poets on the Road to Modernity*. Leiden: CNWS Publications, 1994.

Hoetink, B. "Chineesche officieren te Batavia onder de Compagnie." *Bijdragen tot de Taal-, Land-, en Volkenkunde van Nederlandsch-Indië* 76 (1922): 1-136.

Hoetink, B. "Nihoekong, kapitein der Chineezen te Batavia in 1740." *Bijdragen tot de Taal-, Land-, en Volkenkunde van Nederlandsch-Indië* 74 (1918): 447-518.

Hoetink, B. "So Bing Kong, het eerste hoofd der Chineezen te Batavia, 1619-1636." *Bijdragen tot de Taal-, Land-, en Volkenkunde van Nederlandsch-Indië* 73 (1917): 344-415 and 79 (1923): 1-44.

Hoetink, B. "De weduwe van kapitein Siqua—Djanda Kapitein Siqua." *Chung Hwa Hui Tsa Chih*, 2/1-2 (1918): 16-25; 98-107.

Hoffmann, J.J. "Iets over het werk: *Anfangsgründe der Chinesische Grammatik*, von Stephan Endlicher, Wien 1845." *Algemeene Konst- en Letterbode*, nos. 50, 51 (1846).

Hoffmann, J.J. *Mededeeling van J. Hoffmann aangaande de Chinesche matrijzen en drukletters krachtens magtiging van Z.M. den Koning en op last van Z.E. den minister van staat, minister van Koloniën, J.J. Rochussen vervaardigd*. Amsterdam: Van der Post, 1860.

Hofstede, Geert. *Culture's Consequences: International Differences in Work-Related Values*. Beverly Hills: Sage, 1980.

Holmgren, Meredith. "The Asian Studies PhD Landscape in the Netherlands: Summary of Findings." Leiden: International Institute for Asian Studies, 2012.

Honey, David B. *Incense at the Altar: Pioneering Sinologists and the Development of Classical Chinese Philology*. New Haven: American Oriental Society, 2001.

Honour, Hugh. *Chinoiserie: The Vision of Cathay*. London: J. Murray, 1961.

Hu, Yamei. "Essays on the Governance of Agricultural Products: Cooperatives and Contract Farming." Ph.D. diss., Erasmus University Rotterdam, 2007.

Huang, Fei. "Landscape Practices and Representations in Eighteenth-Century Dongchuan, Southwest China." PhD diss., Leiden University, 2012.

Huigen, S. et al., eds. *The Dutch Trading Companies as Knowledge Networks*, Leiden: Brill, 2010.

Hulsewé, A.F.P. "Chinese and Japanese Studies in Holland." *Chinese Culture* 10/3 (1969): 67–75.

Hulsewé, A.F.P. "D.R. Jonker." *T'oung Pao* 59 (1973): 352–354.

Hulsewé, A.F.P. *Remnants of Ch'in Law: An Annotated Translation of the Ch'in Legal and Administrative Rules of the 3rd Century B.C. Discovered in Yün-meng Prefecture, Hu-pei Province, in 1975.* Leiden: E.J. Brill, 1985.

Hulsewé, A.F.P. *Remnants of Han Law.* Vol. I. Leiden: E.J. Brill, 1955.

Hulsewé, A.F.P. "Tjan Tjoe Som 1903–1969." *T'oung Pao* 55 (1969): 141–144.

Hulsewé, A.F.P. and Michael Loewe. *China in Central Asia: The Early Stage 125B. C.-A.D. 23. An Annotated Translation of Chapters 61 and 96 of The History of the Former Han Dynasty.* Leiden: E.J. Brill, 1979.

Idema, Wilt L. "Cannon, Clocks and Clever Monkeys: Europeana, Europeans and Europe in Some Early Ch'ing Novels." In *Development and Decline of Fukien Province in the 17th and 18th Centuries*, ed. E.B. Vermeer, pp. 459–488. Leiden: E.J. Brill, 1990.

Idema, Wilt L. "Chinese Studies in the Netherlands." *European Association of Chinese Studies Surveys* no. 6 (1996).

Idema, W.L. *Chinese Vernacular Fiction: The Formative Period.* Leiden: E.J. Brill, 1974.

Idema, Wilt L. "Confucius Batavus: het eerste Nederlandse dichtstuk naar het Chinees." *Literatuur: tijdschrift over Nederlandse letterkunde* 16/2 (1999): 85–89.

Idema, Wilt L. "Dutch Sinology: Past, Present, and Future." In *Europe Studies China: Papers from an International Conference on the History of European Sinology*, edited by Ming Wilson and John Cayley, pp. 88–110. London: Han-Shan Tang Book/The Chiang Ching-kuo Foundation for International Scholarly Exchange, 1995.

Idema, Wilt L. "Dutch Translations of Chinese Literature, A Historical Survey." Paper presented at the First International Conference on the Translation of Chinese Literature, held in Taipei, November 19–21, 1990.

Idema, W.L. "Dutch Translations of Classical Chinese Literature: Against a Tradition of Retranslation." in Leo Tak-hung Chan, ed., *One into Many: Translation and the Dissemination of Classical Chinese Literature.* Amsterdam/New York: Rodopi, 2003, pp. 213–242.

Idema, W.L. *Spiegel van de klassieke Chinese poëzie van het Boek der Oden tot de Qingdynastie.* Amsterdam: Meulenhoff, 1991.

Idema, Wilt and Lloyd Haft, *Chinese letterkunde: inleiding, historisch overzicht en bibliografieën.* Utecht/Antwerpen: Uitgeverij het Spectrum, 1985.

Idema, Wilt L. and L.L. Haft. *Chinese letterkunde: een inleiding.* Amsterdam:

Amsterdam University Press, 1996.
Idema, Wilt and Lloyd Haft, *A Guide to Chinese Literature*. Ann Arbor: Center for Chinese Studies University of Michagan, 1997.
Jaquet, F.G.P. *Sources of the History of Asia and Oceania in the Netherlands* Part II: *Sources 1796-1949*. Munich, Saur, 1983.
Jeltes, H.F.W. "De Collectie-Westendorp." *Elsevier's Geïllustreerd Maandschrift* 64 (July, 1922): 1–6.
Jiang Risheng 江日昇. *Taiwan waiji* 台湾外记. Shanghai: Shanghai guji chubanshe, 1986.
Johansson, Perry. *Saluting the Yellow Emperor: A Case of Swedish Sinography*. Leiden: Brill, 2012.
Jörg, Christiaan. *The Geldermalsen: History and Porcelain*. Groningen: Kemper, 1986.
Jörg, Christiaan. *Oriental Porcelain in the Netherlands: Four Museum Collections*. Groningen: Groninger Museum, 2003.
Jörg, Christiaan. *Porselein als handelswaar: de porseleinhandel als onderdeel van de Chinahandel van de V.O.C., 1729-1794*. Groningen: Kemper, 1978.
Jörg, Christiaan & Michael Flecker. *Porcelain from the Vung Tau Wreck: the Hallstrom Exacavation*. Singapore: Sun Tree Publishing, 2001.
Karlgren, Bernhard. "The Reconstruction of Ancient Chinese." *T'oung Pao* 21 (1922): 1–42.
Kat Angelino, A.D.A. de. *Staatkundig beleid en bestuurszorg in Nederlandsch-Indië*. The Hague: Nijhoff, 1929-1930.
Kemenade, Willem van. *China (Hongkong, Taiwan) BV: superstaat op zoek naar een nieuw systeem*. Amsterdam: Balans, 1996.
Kemenade, Willem van. *China (Hong Kong, Taiwan), Inc.: The Dynamics of a New Empire*. New York: Knopf, 1997.
Kern, H. "Levensbericht van J.J. Hoffmann." *Jaarboek der Koninklijke Akademie van Wetenschappen* 1878: 1–20.
Kern, Martin. "The Emigration of German Sinologists 1933-1945: Notes on the History and Historiography of Chinese Studies." *Journal of the American Oriental Society* 118/4 (1998): 507–529.
Kloet, Jeroen de. *China with a Cut: Globalisation, Urban Youth and Popular Music*. Amsterdam: Amsterdam University Press, 2010.
Klöter, Henning. *The Language of the Sangleys*. Leiden: Brill, 2010.
Klöter, Henning. "Written Taiwanese." PhD diss., Leiden University, 2003.
Knipschild, Harry. "Ferdinand Hamer, 1840-1900. Missiepionier en martelaar in China. Een nieuwe kijk op de missiemethode van de Scheutisten in het noorden van China, en de reactie daarop van de Chinezen." PhD diss., Leiden University, 2005.
Korzec, Michel. *Ik kan alles uitleggen*. Amsterdam: Prometheus, 1994.
Korzec, Michel. "Vieze woorden." *Playboy* (Dutch edition), February 1987: 31 and 91–97.
Kuchiki Yuriko 朽木ゆり子. *"House of Yamanaka": Tōyō no shihō wo Ō-Mei ni utta bijutsushō* ハウス・オブ・ヤマナカ：東洋の至宝を欧米に売った美術商 (*House of Yamanaka: Art Dealer Who Sold Oriental Treasures to America and Europe*). Tokyo: Shinchosha, 2011.

Kuhn, Hatto. *Dr. Franz Kuhn（1884–1961）: Lebensbescheibung und Bibliographie seiner Werke*. Wiesbaden: Franz Steiner Verlag, 1980.
Kuilman, Jeroen. "The Re-Emergence of Foreign Banks in Shanghai: An Ecological Analysis." Ph.D. diss., Erasmus University Rotterdam, 2005.
Kuiper, Koos. "Dutch Loan-words and Loan-translations in Modern Chinese: An Example of Successful Sinification by Way of Japan." In *Words from the West. Western texts in Chinese literary context: Essays to Honor Erik Zürcher on his Sixty-Fifth Birthday*, edited L. Haft, pp. 116–144. Leiden: Centre of Non-Western Studies Publications, 1993.
Kuiper, Koos. "The Earliest Monument of Dutch Sinological studies: Justus Heurnius's Manuscript Dutch-Chinese Dictionary and Chinese-Latin *Compendium Doctrinae Christianae*（Batavia 1628）." *Quaerendo* 35/1–2（2005）: 109–139.
Kuiper, Koos, Jan Just Witkam, and Yuan Bingling. *Catalogue of Chinese and Sino-Western Manuscripts in the Central Library of Leiden University*. Leiden: Legatum Warnerianum in Leiden University Library, 2005.
Landsberger, Stefan R. *Chinese Propaganda Posters: From Revolution to Modernization*. Amsterdam: Pepin Press, 1995.
Landsberger, Stefan R. "Visualizing the Future: Chinese Propaganda Posters from the 'Four Modernizations' Era, 1978–1988." Ph.D. diss., Leiden University, 1994.
Lao Zi, *Het boek van de Tao en de innerlijke kracht*, trans. by Kristofer Schipper. Amsterdam: Augustus, 2010.
Laozi, *Daodejing, opnieuw vertaald uit het Chinees naar de oudere tekstversie met commentaar van Heshanggong*, trans. by B.J. Mansvelt Beck. Utrecht: Servire, 2002.
Last, Jef. *Lu Hsün, Dichter und Idol: Ein Beitrag zur Geistesgeschichte des neuen Chinas*. Frankfurt a.M.: Metzner, 1959.
Le Blanc, Charles. "Derk Bodde（1909–2004）." *Early China* 28（2003）: vii–ix.
Leenhouts, Mark. *Chinese literatuur van nu: aards maar bevlogen*. Breda: De Geus, 2008.
Leenhouts, Mark. *Leaving the World to Enter the World: Han Shaogong and Chinese Root-Seeking Literature*. Leiden: CNWS Publications, 2005.
Leys, Simon. *Ombres chinoises*. Paris: Union générale d'éditions, 1974.
Leys, Simon. *Chinese schimmen*, with an introduction by Rudy Kousbroek and a postface by E. Zürcher and D.W. Fokkema. Amsterdam: De Arbeiderspers, 1977.
Li Boya. "Chinese Final Particles and the Syntax of the Periphery." PhD diss., Leiden University, 2006.
Li, Charles and Sandra Thompson. *Mandarin Chinese: A Functional Grammar*. Berkeley: University of California Press, 1981.
Li Minghuan. "'We Need Two Worlds': Chinese Immigrant Associations in a Western Society." Ph.D. diss., University of Amsterdam, 1998.
Li Ping. "Aspect and Aktionsart in Child Mandarin." PhD diss., Leiden University, 1990.
Li Yuwen, "Transfer of Technology for Deep Sea-Bed Mining: The 1982 Law and Beyond." PhD diss., Utrecht University, 1994.
Liang, James, C.P. "Prepositions, Co-Verbs, or Verbs? A Commentary on Chinese

grammar Past and Present." PhD diss., University of Philadelphia, 1971.
Liang, J.C.P. and R.P.E. Sybesma, eds. *From Classical Fu to "Three Inches High": Studies on Chinese in Honor of Erik Zürcher*. Leuven/Apeldoorn: Garant, 1993.
Liang Jie. "Experiments on the Modular Nature of Word and Sentence Phonology in Chinese Broca's patients." PhD diss., Leiden University, 2006.
Libbrecht, Ulrich. *Chinese Mathematics in the Thirteenth Century: The Shu-shu chiuchang of Ch'in Chiu-shao*. Cambridge, MA: Massachusetts Institute of Technology, 1973.
Libbrecht, Ulrich. *Inleiding comparatieve filosofie*. 4 vols. Assen: Van Gorcum, 1995–2005.
Liem Ting Tjaj. "De dienst der Chineesche zaken." *Orgaan der Centrale Chung-hsiok* 4/7 (1928): 188–189.
Lindblad, J. Thomas and Alicia Schrikker, eds. *Het Verre Gezicht: Politieke en culturele relaties tussen Nederland en Azië, Afrika en Amerika, opstellen aangeboden aan Prof. dr. Leonard Blussé*. Franeker: Van Wijnen, 2011.
Lingenfelter, Andrea. "Howard Goldblatt on How the Navy Saved His Life and Why Literary Translation Matters." *Full Tilt* 2, summer 2007. http: //fulltilt.ncu.edu.tw/Content.asp?I_No=16&Period=2.
Lippiello, Tiziana. *Auspicious Omens and Miracles in Ancient China: Han, Three Kingdoms and Six Dynasties*. Sankt Augustin Nettetal: Steyler Verlag, 2001.
Liste chronologique des ouvrages et opuscules publiés par le dr. G. Schlegel. Leiden: E.J. Brill, 1902.
Liu E. *De reizen van Oud Afval*, trans. by Jan De Meyer. Amsterdam: Augustus, 2010.
Liu, Yong. "Golden Years: The Chinese Tea Trade of the Dutch East India Company, 1757–1781." PhD diss., Leiden University, 2006.
Lo Hui-min. "The *Ching-shan Diary*: A Clue to its Forgery." *East Asian History* 1 (1991): 98–124.
Loe Hsun (Lu Xun). *De waarachtige geschiedenis van Ah Q*, trans. by Theun de Vries. Amsterdam: Pegasus, 1959.
Loe Sjuun (Lu Xun). *Te wapen*!, trans. by Jef Last. Utrecht: Bruna, 1970.
Loe Sjuun (Lu Xun). "Zeep," trans. by J.J.L. Duyvendak, *China* 14/1–2 (1940): 1–12.
Loe Suun (Lu Xun), *Wroeging*, trans. by Jozef Goedertier. Antwerpen: Boekengilde 'Die Poorte', 1949.
Loewe, Michael and Dennis Twitchett, eds. *Cambridge History of China*. Vol. 1. Cambridge: Cambridge University Press, 1986.
Lu Xun, *Verzameld werk*, trans. by K. Ruitenbeek. Amsterdam: Meulenhoff, 2000.
Lunsingh Scheurleer, Pauline. *Asiatic Art in the Rijksmuseum, Amsterdam*. Amsterdam: Meulenhoff, 1985.
Lustig, Anton. *A Grammar and Dictionary of Zaiwa*. 2 vols. Leiden: Brill, 2010.
Luyn, Floris-Jan van. *Een stad van boeren: de grote trek in China*. Amsterdam and Rotterdam: Prometheus and NRC Handelsblad, 2004.
Luyn, Floris-Jan van. *A Floating City of Peasants: The Great Migration in Contemporary China*. New York: New Press, 2008.
MacIver, D. *A Dictionary of the Hakka Dialect*. Shanghai: American Presbyterian

Mission Press, 1905.
Madsen, Richard. *China and the American Dream: A Moral Inquiry.* Berkeley: University of California Press, 1995.
Mallee, Hein. "The Expanded Family: Rural Labour Circulation in Reform China." Ph.D. diss., Leiden University, 1997.
Manen, Willem van. "Ethnologie." *Vaderlandsche Letteroefeningen*, 115/1（1876）：517–555.
Mansvelt Beck, B.J. *The Treatises of the Later Han: Their Author, Sources, Contents, and Place in Chinese Historiography.* Leiden: E.J. Brill, 1990.
Mansvelt Beck, B.J. int. and trans. *De vier geschriften van de Gele Keizer: Richtsnoer Wet, Zestien Richtsnoeren, Naamgeving, De Weg de Bron.* Utrecht/Antwerpen: Kosmos-Z&K Uitgevers, 1995.
Marijnissen, Silvia. *Berg en water: klassieke Chinese landschapsgedichten.* Utrecht: De Arbeiderspers, 2012.
Marijnissen, Silvia. "From Transparency to Artificiality: Modern Poetry from Taiwan after 1949." PhD diss., Leiden University, 2008.
Martin, Helmut and Christiane Hammer, eds. *Chinawissenschaften, Deutchsprächlige Entwicklungen: Geschichte, Personen, Perspektiven.* Hamburg: Institut für Asienkunde, 1999.
McDougall, Bonnie S. *Mao Zedong's "Talks at the Yan'an Conference on Literature and Art": A Translation of the 1943 Text with Commentary.* Ann Arbor: Center for Chinese Studies, University of Michigan, 1980.
Meijer, Marinus Johan. *The Introduction of Modern Criminal Law in China.* Batavia: De Unie, 1950.
Meijer, Marinus Johan. *Marriage Law and Policy in the Chinese People's Republic.* Hong Kong: Hong Kong University Press, 1971.
Meijer, Marinus Johan. *Murder and Adultery in Late Imperial China: A Study of Law and Morality.* Leiden: E.J. Brill, 1991.
Meuer, Johannes. "Configurations of Inter-Firm Relations in Management Innovation: A Study in China's Biopharmaceutical Industry." Ph.D. diss., Erasmus University Rotterdam, 2011.
Meulenbeld, Mark. "Civilized Demons: Ming Thunder Gods from Ritual to Literature." PhD diss., Princeton University, 2007.
Meyer, Dirk. "Meaning-Construction in Warring States Philosophical Discourse: A Discussion of the Palaeographic Materials from Tomb Guodian One." PhD diss., Leiden University, 2008.
Meyer, Dirk. *Philosophy on Bamboo: Text and the Production of Meaning in Early China.* Leiden: Brill, 2012.
Minderaa, P. "Jan Julius Lodewijk Duyvendak." *Jaarboek van de Maatschappij der Nederlandsche Letterkunde te Leiden, 1955–1956:* 69–81.
Mo Yan. *Kikkers*, trans. by Silvia Marijnissen. Breda: De Geus, 2012.
Moore, Oliver. "Narrow Predictions and Retrospective Aura: Photographic Images and Experiences from China," in Patricia Spyer and Mary Steedly, eds, *Images That Move*, pp. 127–159. Santa Fe, New Mexico: School for Advanced Research, 2013.

Moore, Oliver. *Rituals of Recruitment in Tang China: Reading an Annual Programme in the Collected Statements of Wang Dingbao*（870–940）. Leiden: Brill, 2004.

Moore, Oliver. "Zou Boqi on Vision and Photography in Nineteenth-Century China," in Kenneth Hammond & Kristin Stapleton, eds., *The Human Tradition in Modern China*, pp. 33–53. Lanham, Maryland: Rowman & Littlefield, 2008.

Mote, Frederick W. *China and the Vocation of History in the Twentieth Century: A Personal Memoir*. Princeton: East Asia Library Journal, 2010.

Mullie, J.L.M. "Les accusatifs en Chinois." *Le Bulletin Catholique de Pékin* 16（1929）: 620–627.

Mullie, J.L.M. "De akkusatieven in het Chinees," in *Drie Sinologische bijdragen*, pp. 32–40. Leuven: De Vlaamse Drukkerij, 1946.

Mullie, J.L.M. *De belangrijkheid van de Chineesche syntaxis*. Leuven: Drukkerij H. Bomans, 1940.

Mullie, J.L.M. *Het Chineesch taaleigen. Inleiding tot de gesprokene taal*（Noord-Pekineesch dialekt）. Beijing: Drukkerij der Lazaristen, 1930–1933.

Mullie, J.L.M. *Grondbeginselen van de Chineesche letterkundige taal*, 3 vols. Leuven: Dewallens, 1940.

Mullie, J.L.M. *Korte Chinese spraakkunst van de gesproken taal*（Noord-Pekinees dialect）. Utrecht: Het Spectrum, 1947.

Mullie, J.L.M. *Le mot-particule tchē*. Leiden: E.J. Brill, 1942.

Mullie, J.L.M. "Phonetische Untersuchungen über die nordpekinesischen Sprachlaute." *Anthropos* 8（1913）: 436–466.

Mullie, J.L.M. *The Structural Principles of the Chinese Language: An Introduction to the Spoken Language*（Northern Pekingese dialect）3 vols. Beijing: Bureau of Engraving and Printing, 1932–1937.

Mungello, D.E. *Western Queers in China: Flight to the Land of Oz*. Lanham: Rowman and Littlefield, 2012.

Nagazumi Yoko, ed. *Large and Broad: The Dutch Impact on Asia—Essays in Honor of Leonard Blussé*. Tokyo: Toyo bunko, 2010.

Nagelkerke, Gerard A. *The Chinese in Indonesia, A Bibliography, 18th Century-1981*. Leiden: Library of the Royal Institute of Linguistics and Anthropology, 1982.

Needham, Joseph. *Science and Civilisation in China*. 7 vols. Cambridge, 1954-present.

Nederlandsch Chineesche Vereeniging & Vereeniging van Vrienden der Aziatische Kunst, eds., *Moderne Chineesche Schilderkunst*. Amsterdam, 1934.

Nish, Ian. "Intelligence and the Lytton Commission, 1931–1933." In *Decisions and Diplomacy: Essays in Twentieth-Century International History: In Memory of George Grun and Esmonde Robertson*, edited by Dick Richardson and Glyn Stone, pp. 42–59. London: Routledge, 1995.

Nyíri, Pál. *Chinese in Eastern Europe and Russia: A Middleman Minority in a Transnational Era*. London: Routledge, 2007.

Obbema, Fokke. *China en Europa—Waar twee werelden elkaar raken*. Amsterdam: Atlas Contact, 2013.

Oort, H.A. van. *Chinese kunst: een inleiding*. Baarn: Het Wereldvenster, 1980.

Oort, H.A. van. *The Porcelain of Hung-hsien: A Study of the Sociocultural Background*

and some Characteristics of the Porcelain Produced at Chingtechen during the Imperial Reign of Yüan Shi-k'ai（1916）. Lochem: De Tijdstroom, 1970.
Ottema, Nanne. De praktijk van het porcelein verzamelen: handboek voor verzamelaars van Chinees porcelein. Amsterdam: J.H. de Bussy, 1953.
Otterspeer, Willem. "The Ethical Imperative." In Leiden Oriental Connections 1850—1940, edited by W. Otterspeer, pp. 204-229. Leiden: E.J. Brill/Universitaire Pers Leiden, 1989.
Otterspeer, Willem. De opvoedende kracht van den groentijd: Het Leidse ontgroenschandaal van 1911. Leiden: Burgersdijk en Niermans, 1995.
Otterspeer, Willem. De wiekslag van hun geest: de Leidse universiteit in de negentiende eeuw. The Hague: Stichting Hollandse Historische Reeks, 1992.
Otterspeer, Willem, ed. Leiden Oriental Connections 1850—1940. Leiden: E.J. Brill/Universitaire Pers Leiden, 1989.
Overdijkink, G.W. Robert. Het Indonesische Probleem. De feiten. The Hague: Martinus Nijhoff, 1946.
Overdijkink, G.W. Robert. Het Indonesische Probleem. Nieuwe feiten. Amsterdam: Uitgeverij Keizerskroon, 1948.
Overdijkink, G.W. Lin Tsê-Hsü: een biographische schets. Leiden: E.J. Brill, 1938.
Paul, Paramita. "Wandering Saints: Chan Eccentrics in the Art and Culture of Song and Yuan China." PhD diss., Leiden University, 2009.
Paulus, J. ed. Encyclopedie van Nederlandsch-Indië. 8 vols. The Hague: Nijhoff, 1917-1941.
Peverelli, Peter. "Cognitive Space: A Social Cognitive Approach to Sino-Western Cooperation." Ph.D. diss., Erasmus University Rotterdam, 2000.
Peverelli, Peter. "The History of Modern Chinese Grammar Studies." Ph.D. diss., Leiden University, 1986.
Pieke, Frank N. The Good Communist: Elite Training and State Building in Today's China. Cambridge: Cambridge University Press, 2009.
Pieke, Frank N. "Introduction." In The People's Republic of China, edited by Frank N. Pieke, pp. 1-10. Aldershot: Ashgate, 2002.
Pieke, Frank N. The Ordinary and the Extraordinary. London: Kegan Paul International, 1996.
Pieke, Frank N., Pál Nyíri, Mette Thunø and Antonella Ceccagno. Transnational Chinese: Fujianese Migrants in Europe. Stanford: Stanford University Press, 2004.
Pinxteren, Garrie van. China: centrum van de wereld. Amsterdam: Balans, 2007.
Pissin, Annika. "Elites and their Children: A Study in the Historical Anthropology of Medieval China, 500-1000AD." PhD diss. Leiden University, 2009.
Podro, Michael. The Critical Historians of Art. New Haven and London: Yale University Press, 1982.
Poel, Rosalien van der. "Rijk Palet—Chinese Exportschilderkunst Overzee." BA thesis, Leiden University, 2008.
Pos, Arie. "Het paviljoen van porselein: Nederlandse literaire chinoiserie en het westerse beeld van China（1250-2007）." PhD diss., Leiden University, 2008.
Purcell, Victor. The Chinese in Southeast Asia. London and New York: Oxford

University Press, 1951.
Putten, F.P. van der. *Corporate Behaviour and Political Risk, Dutch Companies in China, 1913–1941*. Leiden: CNWS Publications, 2001.
Putten, Jan van der. *China, wereldleider? Drie toekomstscenario's*. Amsterdam: Nieuw Amsterdam, 2013.
Radtke, Kurt W. *China's Relations with Japan: The Role of Liao Chengzhi*. Manchester: Manchester University Press, 1990.
Radtke, Kurt W. and Tony Saich, eds. *China's Modernisation: Westernisation and Acculturation*. Stuttgart: Franz Steiner Verlag, 1993.
Reminiscences and Ruminations: Playful Essays to Celebrate the 25th Anniversary of the Documentation and Research Center for Contemporary China, Leiden. Supplement to *China Information, A Quarterly Journal on Contemporary China Studies* 9/1（summer 1994）.
"Robert Paul Kramers." In 50 *Jahre Sinologie 30 Jahre Kunstgeschichte Ostasiens Universität Zürich*, http://www.ostasien.uzh.ch/seminar/geschichte/jubilaeumsbroschuere.pdf: 42–46.
Roorda, T.B. *Catalogus der Tentoonstelling van Oost-Aziatische Kunst*. Amsterdam: Stedelijk Museum, 1919.
Rouffaer, G.P. and J.W. IJzerman. *De eerste schipvaart der Nederlanders naar Oost-Indië onder Cornelis de Houtman, 1595–1597*. 3 vols. The Hague: Linschoten Vereeniging, 1915-1929.
Ruitenbeek, Klaas. *Carpentry and Building in Late Imperial China: A Study of the Fifteenth-Century Carpenter's Manual* Lu Ban jing. Leiden: Brill, 1993; 2nd ed. Leiden: Brill, 1996.
Ruitenbeek, Klaas. *Gao Qipei（1660–1734）: Discarding the Brush—Schilderen zonder penseel*. Amsterdam: Rijksmuseum, 1992.
Ruitenbeek, Klaas. "Mazu, the Patroness of Sailors, in Chinese Pictorial Art." *Artibus Asiae*, 58/3-4（1999）: 281–329.
Ruizendaal, Robin. *Marionette Theatre in Quanzhou*. Leiden: Brill, 2006.
Saich, Tony. *China's Science Policy in the 80's*. Manchester: Manchester University Press, 1989.
Saich, Tony. *The Origins of the First United Front in China: The Role of Sneevliet（alias Maring）*. Leiden: E.J. Brill, 1991.
Saich, Tony, ed. *The Rise to Power of the Chinese Communist Party*. Armonk/London: M.E. Sharp, 1996.
Sale of the Van Gulik collection of fine Chinese, Japanese and Tibetan paintings and calligraphy; oriental ceramics and works of art, including a fine private collection of rhinoceros horn libation cups and jades. Amsterdam: Christie's Amsterdam B.V, 1983.
Sato, Masayuki. *The Confucian Quest for Order: The Origin and Formation of the Political Thought of Xun Zi*. Leiden: Brill, 2003.
Sato, Masayuki. "Confucian State and Society of Li: A Study on the Political Thought of Xun Zi." PhD diss., Leiden University, 2001.
Schaalje, M. "Bijdrage tot de kennis der Chineesche Geheime Genootschappen."

Tijdschrift van het Bataviaasch Genootschap 20（1873）: 1–6.
Schaalje, M. "De kleine voeten der vrouwen in China." *Tijdschrift van het Bataviaasch Genootschap* 20（1873）: 30–57.
Schaank, Simon. "Ancient Chinese Phonetics." *T'oung Pao* 8（1897）; 361–377; 457–486; 9（1898）: 28–57.
Schaank, Simon. "De Kongsi's van Montrado." *Tijdschrift van het Koninklijk Bataviaasch Genootschap van Kunsten en Westenschappen* 35（1893）: 498–657; 36（1893）: 417–418.
Schaank, Simon. *Het Loeh-Foeng dialect.* Leiden: E.J. Brill, 1897.
Schaank, Simon. "Supplementary Note." *T'oung Pao* NS 3（1902）: 106–108.
Scheen, Lena. "Shanghai: Literary Imaginings of a City in Transformation." PhD diss., Leiden University, 2012.
Schenk-Sandbergen, Loes. "Vuil werk, schone toekomst? Het leven van straatvegers en vuilruimers—een onderzoek in Bulsar（India）, en verkenningen in Peking, Shanghai, Tientsin en Tangshan（China）." PhD diss., University of Amsterdam, 1975.
Schimmelpenninck, Antoinette. *Chinese Folk Song and Folk Singers: Shan'ge Traditions in Southern Jiangsu.* Leiden: Chime Foundation, 1997.
Schipper, Kristofer. *Le corps taoïste: corps physique—corps social.* Paris: Fayard, 1982.
Schipper, Kristofer. "The First Exhibition of Taoist Art in China." In *The Studio and the Altar: Daoist Art in China, Catalogue for an exhibition at the Art Museum of the Chinese University of Hong Kong, February 23 to May 11, 2008,* edited by Lai Chi Tim et al., pp. i–iv.
Schipper, Kristofer. *La religion de la Chine: La tradition vivante.* Paris: Fayard, 2008.
Schipper, Kristofer. *Tao: de levende religie van China.* Amsterdam: Meulenhof, 1988.
Schipper, Kristofer and Franciscus Verellen, eds. *The Taoist Canon: A Historical Companion to the Daozang.* Chicago: University of Chicago Press, 2004.
Schlegel, G. "A Canton Flower-boat." *Internationales Archiv für Ethnographie* 7（1894）: 1–9.
Schlegel, G. "Chineesche Begrafenis- en Huwelijksonderneming（gevestigd te Soerabaya）." *Bijdragen tot de Taal-, Land- en Volkenkunde van Nederlandsch-Indië* 4th series, 8（1885）: 1–43.
Schlegel, G. "Chinese Loanwords in the Malay Language." *T'oung Pao* 1（1890 [1891]）: 391–405.
Schlegel, G. "Het Godsdienststelsel van China." *Indische Gids* 14/1（1892）: 1132–1138.
Schlegel, G. *Hô Hoâ Bûn-Gí Luī-Ts'am. Nederlandsch-Chineesch woordenboek met de transcriptie der Chineesche karakters in het Tsiang-tsiu dialekt; hoofdzakelijk ten behoeve der tolken voor de Chineesche taal in Nederlandsch-Indië.* 4 vols. Leiden: E.J. Brill, 1886–1890.
Schlegel, G. "Iets over de prostitutie in China." *Verhandelingen van het Bataviaasch Genootschap van Kunsten en Wetenschappen* 32（1866）: 1–25.
Schlegel, G. "Levensschets van Hermann Schlegel." *Jaarboek van de Koninklijke Akademie van Wetenschappen* 1884: 1–97.

Schlegel, G. *La loi du parallélisme en style Chinois*[etc.]. Leiden: E.J. Brill, 1896.
Schlegel, G. "Nécrologie, James Legge." *T'oung Pao* 9 (1898): 60.
Schlegel, G. "On the Causes of Antiphrasis in Language." *T'oung Pao* 2 (1891): 275-287.
Schlegel, G. "On Some Unidentified Chinese Transcriptions of Indian Words." *T'oung Pao* NS 2 (1900): 327-333.
Schlegel, G. *Over het belang der Chineesche taalstudie. Redevoering bij de aanvaarding van het hoogleeraarsambt aan de Hoogeschool te Leiden, uitgesproken den 27sten October 1877*. Leiden: E.J. Brill, 1877.
Schlegel, G. "The Secret of the Chinese Method of Transcribing Foreign Sounds." *T'oung Pao* NS 2 (1900): 1-32; 93-124.
Schlegel, G. *Sinico-Aryaca, ou recherches sur les racines primitives dans les langues chinoises et aryennes* (Tirage à part du XXXVIe volume des transactions de la société des Arts et des Sciences à Batavia). Batavia: Bruining & Wijt, 1872.
Schlegel, G. *Sur l'importance de la langue hollandaise pour l'interprétation de la langue chinoise* [*Travaux de la 6ᵉ session du Congrès international des Orientalistes à Leide*, Vol. II]. Leiden: E.J. Brill, 1884.
Schlegel, G. "Stèle funéraire du Téghin Giogh et ses copistes et traducteurs chinois, russes, et allemands." Offprint of the *Journal de la Société Finno-Ougrienne* 8. Leiden: E.J. Brill, 1892.
Schlegel, G. "Thian Ti Hwui. The Hung-league or Heaven-Earth-League. A Secret Society with the Chinese in China and India." *Verhandelingen van het Bataviaasch Genootschap van Kunsten en Wetenschappen* Vol. 32 (1866).
Schlegel, G. *Uranographie Chinoise ou preuves directes que l'astronomie primitive est originaire de la Chine, et qu'elle a été empruntée par les anciens peuples occidentaux à la sphère chinoise*. Leiden, E.J. Brill, 1875.
Scholte, C.M., A.F. Schrikker, and F.P. van der Putten. "The Red-Haired Barbarian from Leiden: An Interview with Leonard Blussé." *Itinerario, European Journal of Overseas History* 35/2 (2011): 7-24.
Scholz, Franziska. "Tone Sandhi, Prosodic Phrasing and Focus Marking in Wenzhou Chinese." PhD diss., Leiden University, 2012.
Schram, Stuart, ed. *Mao Tse-tung Unrehearsed—Talks and Letters: 1956-71*. Trans. by John Chinnery and Tieyun. Harmondsworth: Penguin, 1974.
Schweiger, Irmy. "China." In *Imagology: The Cultural Construction and Literary Representation of National Characters—A Critical Survey*, edited by Manfred Beller and Joep Leerssen, pp. 126-131. Amsterdam and New York: Rodopi, 2007.
Seidel, Anna. "Taoisme: Réligion non-officielle de la Chine." *Cahiers d'Extrême-Asie* 8 (1995): 1-39.
Shi Xu. "Cultural representations. Understanding Chinese and Dutch Discourse about the Other." PhD diss., University of Amsterdam, 1996.
Siebold, Philipp Franz von. *Nippon*. 7 vols. Amsterdam: Muller/Leiden: Van der Hoek, 1832-1851.
Silk, Jonathan. "In Memoriam, Erik Zürcher (13 Sept. 1928-7 Feb. 2008)." *Journal of the International Association of Buddhist Studies* 31/1-2 (2008): 3-22.
Sio, Joanna. "Modification and Reference in the Chinese Nominal." PhD diss., Leiden

University, 2006.
Sirén, Osvald. *The Chinese on the Art of Painting: Translations and Comments.* Beijing: Henri Vetch, 1936.
Sirén, Osvald. "Studien zur chinesischen Plastik der Post-T'angzeit," *Ostasiatische Zeitschrift* NS 4 (1927/28): 1-20.
Sirén, Osvald. *Chinese Painting: Leading Masters and Principles.* 7 vols. London: Ronald Press, 1956-1958.
Sleeboom, Margaret. *Academic Nations in China and Japan: Framed in Concepts of Nature, Culture and the Universal.* London: Routledge Curzon, 2004.
Sleeboom-Faulkner, Margaret. *The Chinese Academy of Social Sciences (CASS): Shaping the Reforms, Academia and China (1977-2003).* Leiden: Brill, 2007.
Song Ping. "Transnational Social Practice from Below: The Experiences of a Chinese Lineage." Ph.D. diss., University of Amsterdam, 2002.
Staatsblad van het Koninkrijk der Nederlanden, Koninklijk Besluit d.d., no.156 (4th June 1910).
Strachotta, Fritz-Günther. *Religiöses Ahnen, Sehen and Suchen von der Theologie zur Religionsgeschichte: Heinrich Friedrich Hackmann, 1864-1935.* Frankfurt a. M.: P. Lang, 1997.
Stadt, Peter Adriaan van de. *Hakka-Woordenboek.* Batavia: Landsdrukkerij, 1912.
Standaert, Nicolas. "Erik Zürcher's Study of Christianity in Seventeenth Century China: An Intellectual Portrait." *China Review International* 15/4 (2008): 476-502.
Standaert, Nicolas. *Handbook of Christianity in China* Volume One: 635-1800. Leiden: Brill, 2000.
Standaert, Nicolas. *Yang Tingyun, Confucian and Christian in Late Ming China: His Life and Thought.* Leiden: E.J. Brill, 1988.
Steenbergen, Renée. "De Vereniging van Vrienden der Aziatische Kunst in het Interbellum: deftige verzamelaars, rijke donateurs en Indische fortuinen." *Aziatische Kunst* 38/3 (2008): 3-16.
Stockmann, Daniela. *Media Commercialization and Authoritarian Rule in China.* Cambridge: Cambridge University Press, 2012.
Stuart, Jan and Evelyn S. Rawski. *Worshipping the Ancestors: Chinese Commemorative Portraits.* Stanford: Stanford University Press, 2001.
Sun Jing. "The Illusion of Verisimilitude: Johan Nieuhof's Images of China." PhD diss., Leiden, 2013.
Sun Yifeng, *Fragmentation and Dramatic Moments: Zhang Tianyi and the Narrative Discourse of Upheaval in Modern China.* New York e.a.: Lang, 2002.
Sybesma, Rint. *Causatives and Accomplishments: The Case of the Chine.* PhD diss., Leiden University, 1992.
Sybesma, Rint. *Het Chinees en het Nederands zijn eigenlijk hetzelfde.* Utrecht: Het Spectrum, 2009.
Tang Chaoju. "Mutual Intelligibility of Chinese dialects: An Experimental Approach." PhD diss., Leiden University, 2009.
Taselaar, A.P. "A.D.A. de Kat Angelino en de grondslagen van zijn koloniale theorie." *BMGN-LCHR* 107/2 (1992): 264-284.

Teiser, Stephen F. "Ornamenting the Departed: Notes on the Language of Chinese Buddhist Ritual Texts." *Asia Major Third Series* 22/1 (2009): 201–237.
Teiser, Stephen F. "Social History and the Confrontation of Cultures: Foreword to the Third Edition." In Erik Zürcher, *The Buddhist Conquest of China*. Third edition. Leiden: Brill, 2007, pp. xiii–xxxvii.
Thakur, Ravni. *Rewriting Gender: Reading Contemporary Chinese Women*. London: Zed Books, 1997.
Thiele, Peter. "Chinaspezifische Ausstellungen in Berlin von 1880 bis zur Gegenwart." in *Berlin und China: Dreihundert Jahre wechselvolle Beziehungen*, edited by Kuo Heng-yü, 139–150. Berlin: Colloquium Verlag, 1987.
Tiedeman, R.G. "Shandong Missions and the Dutch Connection," in W.F. Vande Walle and Noël Golvers, eds. *The History of the Relations between the Low Countries and China in the Qing Era* (1644–1911), pp. 271–298. Leuven: Leuven University Press, 2003.
Tin Chau Tsui. *Chinees? 'n makkie!*. Muiderberg: Coutinho: 2007.
Tjiook-Liem, Patricia. *De rechtspositie der Chinezen in Nederlands-Indië 1848–1942*. Leiden: Leiden University Press, 2009.
Tjon Sie Fat, Paul. "Chinese Migrants in Surinam: The Inevitability of Ethnic Performing." Ph.D diss., University of Amsterdam, 2009.
Tromp, Bart. "Over idealisten van gisteren die de hufters zijn van vandaag." *De Volkskrant*, 28 January 1995.
Tuuk, Herman Neubronner van der (Dewâri) . "Fancy op taalkundig gebied." *Algemeen Dagblad van Nederlandsch Indië*, 8 and 10 January 1876.
Vainker, Shelagh. "Modern Chinese Painting in London, 1935," in *Shanghai Modern: 1919–1945* (exhibition at Villa Stuck, Munich and Kunsthalle, Kiel, 2004–2005), eds. Jo-Anne Birnie Danzker et al. pp. 118–123. Munich & Ostfildern-Ruit: Villa Stuck & Hatje Cantz Verlag, 2004.
Van Kley, Edwin. "Qing Dynasty China in Seventeenth-Century Dutch Literature," in W.F. Vande Walle and Noël Golvers, eds. *The History of the Relations between the Low Countries and China in the Qing Era* (1644–1911), pp. 216–234. Leuven: Leuven University Press, 2003.
Valk, Marius Hendrikus van der. "Preface." In *Interpretations of the Supreme Court at Peking, Years 1915 and 1916*. Batavia: Sinological Institute, 1949.
Valk, Marinus Hendrikus van der. *An Outline of Modern Chinese Family Law*. Peiping: Henry Vetch, 1939.
Vande Walle, W.F. and Noël Golvers, eds. *The History of the Relations between the Low Countries and China in the Qing Era* (1644–1911) . Leuven: Leuven University Press, 2003.
Vanden Berghe, G. *De hedendaagse Chinese letterkunde*, 2 vols. Brugge: Desclée de Brouwer, 1966.
Veen, Sytze van der, ed. *325 Years of Scholarly Publishing*. Leiden: Brill, 2008, http://www.onlinepublisher.nl/Brill/Brill325Eng.pdf.
Ven, Canisius van de. *Leerboek voor het praktisch gebruik van het Hakka-dialect*. With contributions by Pacificus Bong en Then Si-tshioeng. Beijing: Drukkerij der

Lazaristen, 1938.
Vermeer, E.B. *Water Conservancy and Irrigation in China: Social, Economic and Agrotechnical Aspects*. Leiden: Leiden University Press, 1977.
Vermeer, E.B. *Economic Development in Provincial China: The Central Shaanxi since 1930*. Cambridge: Cambridge University Press, 1988.
Vermeulen, Hendrik F. "Early History of Ethnography and Ethnology in the German Enlightenment." PhD diss., Leiden University, 2008.
Visser, H.F.E. *Asiatic Art in Private Collections of Holland and Belgium*. Amsterdam: De Spieghel, 1948.
Visser, H.F.E. *Kunst uit het Oosten*. Amsterdam: De Spieghel, 1953.
Visser, M.W. de. "Levensbericht van J.J.M. de Groot." *De levensberichten van de Maatschappij der Nederlandsche Letterkunde te Leiden 1921-1922*: 1-16.
Vixseboxse, Jan. *Een Hollandsch gezantschap naar China in de zeventiende eeuw (1685-1687)*. Leiden: E.J. Brill, 1945.
Vos, Frits. "Mihatenu yume—An Unfinished Dream: Japanese Studies until 1940," in Willem Otterspeer ed. *Leiden Oriental Connections 1850-1940*, pp. 354-377. Leiden: E.J. Brill/Leiden University Press, 1989.
Walder, Andrew G. "The Transformation of Contemporary China Studies, 1977-2002," in *The Politics of Knowledge: Area Studies and the Disciplines*, edited by David Szanton, pp. 314-340. Berkeley: University of California Press, 2004.
Waley, Arthur. *An Introduction to the Study of Chinese Painting*. London: Benn Brothers, 1923.
Wang Fanxi and Gregor Benton. *Chinese Revolutionary, Memoirs, 1919-1949*. Oxford: Oxford University Press, 1980.
Wang Hongsheng. "From Revolutionary Vanguards to Pioneer Entrepreneurs: A Study of Rural Elite in a Chinese Village." Ph.D. diss., University of Amsterdam, 1995.
Wang Zuwang 王祖望. "Helan pian 荷兰篇." In *Ouzhou Zhongguoxue* 欧洲中国学, edited by Huang Changzhu 黄长著, Sun Yuesheng 孙越生 and Wang Zuwang, 420-444. Beijing: Shehui kexue wenxian chubanshe, 2005.
Werblowsky, R.J.Z. *The Beaten Track of Science: The Life and Work of J.J.M. de Groot*. Wiesbaden: Harrossowitz, 2002.
Wertheim, Willem F. *China om de zeven jaar: studiereizen naar het aardse rijk*. Berchem/ Breda: EPO, 1993.
Wertheim, Wim and Erik Zürcher, eds. *China tussen eergisteren en overmorgen*. Den Haag: W. van Hoeve, 1963.
Wesseling, H.L. "Expansion and Reaction: Some Reflections on a Symposium and a Theme." In *Expansion and Reaction*, edited by H.L. Wesseling, pp. 3-14. Leiden: Leiden University Press, 1978.
Wester, Rudi. "Last, Josephus Carel Franciscus." *Biografisch woordenboek van het socialisme en de arbeidersbeweging in Nederland*, http://www.iisg.nl/bwsa/bios/last.html.
Wiedenhof, Jeroen. *Grammatica van het Mandarijn*. Amsterdam: Bulaaq, 2004.
Wiedenhof, Jeroen. "Meaning and syntax in spoken Mandarin." PhD diss., Leiden University, 1995.

Wilson, Ming and John Cayley, eds. *Europe Studies China: Papers from an International Conference on the History of European Sinology*. London: Han-Shan Tang Books/The Chinag Ching-kuo Foundation for International Scholarly Exchange, 1995.

Wilson, Verity. *Chinese Dress*. London: Victoria & Albert Museum, 1986.

Wu Yongping. "In Search of an Explanation of SME-led Growth: State Survival, Bureaucratic Politics and Private Enterprise in the Making of the Taiwanese Economy (1950–1985)." Ph.D. diss., Leiden University, 2001.

Wubben, Henk. *"Chineezen en ander Aziatisch ongedierte": lotgevallen van Chinese immigranten in Nederland, 1911–1940*. Zutphen: De Walburg Press, 1986.

Xiao An Wu. "Chinese Family Business Networks in the Making of a Malay State: Kedah and the Region c. 1882–1941." Ph.D. diss., University of Amsterdam, 1999.

Xiong Wenhua 熊文华. *Helan Hanxue shi* 荷兰汉学史. Beijing: Xueyuan chubanshe, 2012.

Xu Ding. "Functional Categories in Mandarin Chinese." PhD diss., Leiden University, 1997.

Yamada, Shoji. *Shots in the Dark: Japan, Zen and the West*. Translated by Earl Hartman. Chicago: The University of Chicago Press, 2009.

Yang Ning. "The Indefinite Object in Mandarin Chinese: Its Marking, Interpretation and Acquisition." PhD diss., Radboud University Nijmegen, 2008.

Yao Dajuin. "The Pleasure of Reading Drama: Illustrations to the Hongzhi Edition of *The Story of the Western Wing*." In Wang Shifu, *The Moon and the Zither: The Story of the Western Wing*. Translated and edited by Wilt L. Idema and Stephen H. West, pp. 437–468. Berkeley: University of California Press, 1991.

Young, J.W. "De begraafplaatsen der Chineezen, zoo in Nederlandsch Indië als in China." *De Indische Gids* 9/2 (1887): 1522–1560.

Young, J.W. "Bijdrage tot de geschiedenis van Borneo's Westerafdeeling." *Tijdschrift voor Indische taal-, land- en volkenkunde* 38 (1895): 499–550.

Young, J.W. "Then Sioe Kim Njong, in de Westerafdeeling van Borneo bekend als Njonja Kaptai. In memoriam." *Bijdragen tot de Taal-, Land-, en Volkenkunde van Nederlandsch-Indië* 37 (1883): 149–153.

Young, J.W. "De wetgeving ten aanzien van geheime genootschappen of broederschappen onder de Chinezen in de Strait's Settlements en in Nederlandsch-Indië." *Tijdschrift voor Nederlandsch-Indië* NS 19 (1890): 179–200, 241–291.

Yuan Bingling. *Chinese Democracies: A Study of the Kongsis of West Borneo (1776–1884)*. Leiden: CNWS Publications, 2000.

Yue, Ann O. "The Grammar of Chinese Dialects." In *The Sino-Tibetan Languages*, edited by Graham Thurgood and Randy LaPolla, pp. 84–125. London: Routledge, 2003.

Zhang Jisheng. "The Phonology of Shaoxing Chinese." PhD diss., Leiden University, 2006.

Zhang Ping 张萍, *Gao Luopei: goutong Zhong-Xi wenhua di shizhe* 高罗佩：沟通中西文化的使者.Beijing: Zhonghua shuju, 2010.

Zhang, Xueyuan. "Strategizing of Foreign Firms in China: An Institution-based

Perspective." Ph.D. diss., Erasmus University Rotterdam, 2007.
Zhang, Ying. "Entrepreneurship Development in China: A Multilevel Approach." PhD diss., Eindhoven University of Technology, 2011.
Zheng Haiyan 郑海燕. "Helan Zhongguo yanjiu di lishi fazhan." 荷兰中国研究的历史发展 *Guowai shehui kexue* no. 3（2005）: 61–65.
Zhu Xie 朱偰. *Jinling guji tukao* 金陵古迹图考. Shanghai: Commercial Press, 1934（reprinted in 2006 as *Jinling guji mingsheng yingji* 金陵古迹名胜影集 [Beijing: Zhonghua shuju]）.
Zhu, Ze. "Essays on China's Tax System." Ph.D. diss., Erasmus University Rotterdam, 2007.
Zhuang Zi, *De volledige geschriften: het grote klassieke boek van het taoïsme*, trans. by Kristofer Schipper. Amsterdam: Augustus, 2007.
Zürcher, Erik. *The Buddhist Conquest of China*. 2 vols. Leiden: Brill, 1959（third edition: Leiden: Brill, 2000）.
Zürcher, Erik. "East Asian Studies." In *Tuta sub Aegide Pallas, E.J. Brill and the World of Learning*, pp. 62–66. Leiden: E.J. Brill, 1983.
Zürcher, Erik. "Imitation and Forgery in Ancient Chinese Painting and Calligraphy." *Oriental Art*, NS 1/4（1955）: 141–146.
Zürcher, Erik, int. trans. ann. Kouduo richao: *Li jiubiao's Diary of Oral Admonitions, A Late Ming Christian Journal*, 2 Vols. Sankt Augustin Nettetal: Institut Monumenta Serica/Brescia: Fondazione Civiltà Bresciana, 2007.
Zürcher, Erik. "In Memoriam Anthony Hulsewé（1910–1993）." *T'oung Pao* 80（1994）: 1–4.
Zürcher, Erik. "Late Han Vernacular Elements in the Earliest Buddhist Translations." *Journal of the Chinese Language Teachers Association* 12/3（1977）: 177–203.
Zürcher, Erik. "Recent Studies on Chinese Painting: Review Article." *T'oung Pao* 51（1964）: 377–422.
Zürcher, Erik, Nicolas Standaert and Adrianus Dudink, eds. *Bibliography of the Jesuit Mission in China（ca. 1580–ca. 1680）*. Leiden: Centre of Non-Western Studies, 1991.
Zurndorfer, Harriet. *Change and Continuity in Chinese Local History: The Development of Hui-chou Prefecture 800–1800*. Leiden: E.J. Brill, 1989.
Zurndorfer, Harriet T. *China Bibliography: A Research Guide to Reference Works about China Past and Present*. Leiden: E.J. Brill, 1995.
Zurndorfer, Harriet T. "Sociology, Social Science, and Sinology in the Netherlands before World War II: With Special Reference to the Work of Frederik van Heek." *Revue européenne des sciences sociales* 84（1989）: 19–32.

作者信息

包乐史（Leonard Blussé）曾求学于莱顿、台北、东京，并获莱顿大学博士学位。他的研究集中于荷兰东印度公司的历史，17 和 18 世纪中国、日本与东南亚之间的贸易，以及荷属东印度和印度尼西亚的华人社群。现为莱顿大学亚欧关系史荣誉教授。2011 年至 2013 年，为京都大学人文科学研究所（Research Institute for Humanistic Studies）访问教授。自 1998 年以来，共指导完成 36 篇博士论文。撰写、编著、参编著作 40 余部，发表论文 100 余篇，其中包括《奇怪的伙伴：荷兰东印度公司时期巴达维亚的华人移民、混血妇女与荷兰人》(*Strange Company: Chinese Settlers, Mestizo Women and the Dutch in VOC Batavia*)、《苦涩的结合：17 世纪荷兰东印度公司的一出离婚戏剧》(*Bitter Bonds: A Colonial Divorce Drama of the Seventeenth Century*)、《看得见的城市：东亚三商港的盛衰浮沉录》(*Visible Cities: Canton, Nagasaki and Batavia and the Coming of the Americans*) 和《出岛日志》(*The Deshima Diaries*)。

柯雷（Maghiel van Crevel）为莱顿大学中国语言与文学教授，及莱顿大学区域研究所所长。他专精于多文本、社会文化和话语语境之下的中国诗歌，同时对形塑今日中国多元文学图景的非官方传播及其流散，亦颇有研究。依靠大量的田野调查，他为俄亥俄州立大学（Ohio State University）现代中国语言与文化资料中心（Modern Chinese Literature and Culture Resource Center）建立了一套独一无二的在线研究工具。他用英文、荷兰文和中文发表了大量论著，包括荷-中（与马高明合作）、中-荷、中-英文学翻译作品，大众传媒上的稿件，高中和大学的普通话教科书，以及学术专著《粉碎的语言：中国当代诗歌与多多》(*Language Shattered: Contemporary Chinese Poetry and Duoduo*)、《精神、混乱和金钱时代的中国诗歌》(*Chinese Poetry in Times of Mind, Mayhem and Money*)。

田海（Barend J. ter Haar）于1976年至1984年间，求学于莱顿、沈阳、福冈等地。曾执教于莱顿大学（1984—1994）、海德堡大学（1994—2000），2000年至2013年，重返莱顿大学，现为牛津大学邵氏汉学讲席教授。他发表了大量有关中国社会史和宗教文化方面的论著，其中包括《中国历史上的白莲教》(*The White Lotus Teachings in Chinese Religious History*)、《中国天地会的仪式与神话：创造认同》(*Ritual and Mythology of the Chinese Triads: Creating an Identity*)、《讲故事：中国历史上的巫术与替罪》(*Telling Stories: Witchcraft and Scapegoating in Chinese History*)、《天命：中华帝国的历史》(*Het hemels mandaat: de geschiedenis van het Chinese keizerrijk*)。目前已经完成《阅读经验的历史：帝制中国晚期的佛教禅宗运动》(*The History of a Reading Experience: A Lay Buddhist Chan-Movement in Late Imperial China*)，正在撰写一部关于关帝或历史上的关羽的信仰的专著。

何世泰（Albert Hoffstädt）现为博睿出版社亚洲研究部负责人。自乌得勒支大学古典学专业获得硕士学位之后，他在当时尚是威科集团（Wolters Kluwer）一部分的范·戴尔辞书出版社（Van Dale Lexicography）担任编辑。后至博睿出版社，在短期担任欧洲古典部编辑之后，于1997年转至亚洲研究部，该部门现在拥有四名编辑负责博睿出版社的亚洲研究项目。他现在聚焦于传统中国、南亚和东南亚领域的出版工作。

伊维德（Wilt L. Idema）是莱顿大学中国语言与文学荣誉教授、哈佛大学中国文学研究院教授。他在传统中国白话文学和女性诗人诗歌方面发表了大量论著。近年来出版的著作有《孟姜女哭倒长城的十种版本》（Meng Jiangnü Brings Down the Great Wall: Ten Versions of a Chinese Legend）、《包公与法律的角色：1250年至1450年间的八篇民间故事》（Judge Bao and the Rule of Law: Eight Ballad-Stories from the Period 1250–1450），以及与管佩达（Beata Grant）合著《彤管：中华帝国时代的女性书写》（The Red Brush: Writing Women of Imperial China），与奚如谷（Stephen H. West）合编《和尚、强盗、恋人与神仙：十一部早期中国戏曲》（Monks, Bandits, Lovers, and Immortals: Eleven Early Chinese Plays）。

林恪（Mark Leenhouts）自莱顿大学获得博士学位，现在是中国文学作品的翻译者和评论家。其博士论文《以出世的状态而入世：韩少功与中国寻根文学》（"Leaving the World to Enter the World: Han Shaogong and Chinese Root-Seeking Literature"）于2005年由莱顿大学非西方研究中心出版社（CNWS Publications）出版。除了在《人民报》(de Volkskrant)这一荷兰重要报纸上的评论与文学期刊上的文章，他还出版了《当代中国文学：世俗与灵性兼备》(Chinese literatuur van nu: aards maar bevlogen)一书。他翻译了韩少功、苏童、白先勇和钱锺书的小说，以及其他很多现代作家的短篇小说。目前，他正与哥舒玺思、马苏菲合作，致力于《红楼梦》的翻译计划。

莫欧礼（Oliver Moore）先后在伦敦大学、复旦大学和剑桥大学学习中文。曾在大英博物馆担任策展人，1998年，转任莱顿大学中国艺术与物质文化讲席。他亦是莱顿国立民族学博物馆中国馆藏的策展人。其研究兴趣集中在中古和近代早期，尤其是人类学、印刷文化、铭文、绘画、摄影及其他形式的复制方式方面。他的作品包括《唐代中国的官僚任用形式：读王定保〈唐摭言〉中的岁考》(Rituals of Recruitment in Tang China: Reading An Annual Programme in the Collected Statements by Wang Dingbao)；《19世纪中国视觉与摄影中的邹伯奇》("Zou Boqi on Vision and Photography in Nineteenth-Century China")，收入坚尼·哈望（Kenneth Hammond）和基斯丁·史泰普顿（Kristin Stapleton）所编之《中国的人文传统》(The Human Tradition in Modern China)一书；《有限的预见与怀旧氛围：中国的摄影图像和经验》("Narrow Predictions and Retrospective Aura: Photographic Images and Experiences from China")，收入帕特丽夏·斯拜尔（Patricia Spyer）和玛丽·斯坦利（Mary Steedly）所编之《移动的图像》(Images That Move)一书。

彭轲（Frank N. Pieke）为莱顿大学当代中国研究教授。1976年至

1982年、1984年至1992年间，先后在阿姆斯特丹大学、加州大学伯克利分校学习文化人类学。1986年至1995年，他在莱顿大学当代中国资料与研究中心担任当代中国人类学和社会学研究员讲师。1995年，转至牛津大学，担任中国现代政治与社会讲师。2010年，返回莱顿大学。他的研究主要集中于中国的行政管理与政治、往来中国的国际移民、全球化、族群与多元性。其论著包括《普通与非凡》(*The Ordinary and the Extraordinary*)、《好的共产主义者：当代中国的精英培训与国家建设》(*The Good Communist: Elite Training and State Building in Today's China*)。

司马翎（Rint Sybesma）现为莱顿大学中国语言学教授。曾在荷兰莱顿大学、中国辽宁大学求学。1987年，获莱顿大学语言学与汉学硕士学位，1992年，获莱顿大学语言学博士学位。其主要的研究兴趣是中国汉语与非汉语的语法。他就普通话与粤语的动词层级、名词层级、时态、体等相关议题发表了大量文章，也撰写了诸多有关状语的文章。其最近的论文包括与郑礼珊合著之《量词与限定词组》("Classifiers and DP.")，刊于《语言学研究》(*Linguistic Inquiry*) 第43卷第4期；与沈阳合著之《作格动词的性质和作格结构的构造》，刊于《世界汉语教学》2012年第3期；与保拉·克丽丝玛（Paola Crisma）和卢茨·马滕（Lutz Marten）合著之《班图语、汉语与罗曼语名词类别的要点》("The point of Bantu, Chinese and Romance nominal classification")，刊于《意大利语言学杂志》(*Italian Journal of Linguistics*) 第23卷第2期。

译后记

中西交通以来，西方人就开始从不同角度观察中国这个与其生活方式、价值取向和文明形态存在巨大差异的东方古国。他们生产出来的各类文化产品——信札、日记、戏剧、图像、历史作品、新闻报道等——将有关中国的各类信息传递到西方世界，为其学人和民众想象与叙述中国提供了丰富的素材，深刻地影响了中国形象在西方世界的形塑和传播。当西方的中国研究进入到学科化时代之后，其所提出的问题与研究的方法，又在很大程度上成为近代中国学术界师法或是竞争的对象。西方学界在观察和解释历史或现代中国"是什么""为什么"这些问题的过程中采用的视角、分析工具和得出的结论，很多时候是中国学者研究同类问题时一个或明或暗的对话对象。

晚近以来，中国学术界对于西方学界有关中国的研究日益重视，提出了诸如"中国学""海外中国学""海外汉学"等一系列概念，希望能跳脱出学术史或史学史的框架，建立一个新的学科。从学科建立的角度来看，它的核心和边界尚有待进一步清晰。目前，中国研究海外中国的成果不可谓不够，但就区域而言，多数聚焦于美国、英国、法国、日本、德国等地，对于其他地区中国研究的关注较少。这些地区的中国研究之所以格外受到重视，一方面是因为其中国研究传统较为悠久，无论是从事中国研究的学者，还是以中国为研究对象的论著，均为数甚多，可以挖掘的议题也就非常丰富；另一方面则是因为其学术成果多以英语、法语、日语等较为通用的语言发表，研究者相对容易搜求研究资料，把握研究对象。这种情况下，某些汉学或中国研究传统深厚、在西方中国研究历程中扮演过重要角色的地区，因为研究人员数量相对较少，学术语言相对小众，尚未引起国内海外中国学研究者的足够重视。位于欧洲西北部低地的荷兰，就是其中之一。

伊维德教授编的《荷兰的中国研究：过去、现在与未来》一书，系统而全面地介绍了中国研究在荷兰的发轫、进展和现状。通过此书，读者可以明白荷兰这个与中国相隔万里的低地之国起初为何要去研究中国和中国人，以及是怎样一步步开展研究并获得国际性声誉，目前荷兰从事中国研究的学者们关心怎样的问题，他们又是怎样看待中国研究在荷兰的前景，等等。值得一提的是，该书各个章节的作者，均是相应研究领域内的翘楚，可以说是集荷兰中国研究的一时之选。较之专门从事学术史或史学史的研究者，他们更为深入地从学科本身发展脉络讨论和评价荷兰中国研究发展历程的可能性更大。因为知识背景、看待问题的角度差异，书中某些有关中国的论述，可能会存在不符合实际情况的地方。对于这些，我们当然不会认同，但了解误解是什么、为什么会产生误解，其价值或许更大。作为译者，我们所能做的就是尽可能地将作者的原意完整地呈现给读者。

本书共有十章，耿勇负责翻译第一、二、五、九章，刘晶负责翻译第三、七、八章，侯喆负责翻译第四、六、十章。由于我们学识有限，译文存在的诸多不够精确甚至错误之处，祈请各位专家、读者不吝赐教。

在本书的翻译过程中,上海社会科学院世界中国学研究所沈桂龙所长,周武、吴雪明副所长,王圣佳主任大力支持,提供了各种便利。责任编辑包纯睿女士细心负责,提出了很多宝贵的修改意见,纠正了不少翻译中存在的不当之处。对此,一并致上诚挚的谢意。

图书在版编目(CIP)数据

荷兰的中国研究：过去、现在与未来 /（荷）伊维德编；耿勇，刘晶，侯喆译 .— 上海：上海社会科学院出版社，2021

书名原文：Chinese studies in the Netherlands：past，present and future

ISBN 978 - 7 - 5520 - 3633 - 6

Ⅰ. ①荷… Ⅱ. ①伊… ②耿… ③刘… ④侯… Ⅲ. ①汉学—研究—荷兰 Ⅳ. ①K207.8

中国版本图书馆 CIP 数据核字（2021）第 143737 号

Copyright 2014 by Koninklijke Brill NV，Leiden，The Netherlands.
This simplified Chinese edition published in 2021 by Shanghai Academy of Social Sciences Press.

上海市版权局著作权合同登记号　图字：09 - 2020 - 1162

荷兰的中国研究：过去、现在与未来

编　者：	［荷］伊维德
译　者：	耿勇　刘晶　侯喆
出 品 人：	佘凌
责任编辑：	包纯睿
封面设计：	周清华
出版发行：	上海社会科学院出版社
	上海顺昌路 622 号　邮编 200025
	电话总机 021 - 63315947　销售热线 021 - 53063735
	http://www.sassp.cn　E-mail：sassp@sassp.cn
照　　排：	南京理工出版信息技术有限公司
印　　刷：	苏州市越洋印刷有限公司
开　　本：	635 毫米×1000 毫米　1/16
印　　张：	21.5
插　　页：	1
字　　数：	265 千
版　　次：	2021 年 8 月第 1 版　2021 年 8 月第 1 次印刷

ISBN 978 - 7 - 5520 - 3633 - 6/K · 617　　　　　　　　　定价：88.00 元

版权所有　翻印必究